普化凡庶

近世中国社会一般宗教生活与通俗文学

赵益 著

国家社会科学基金项目（11BZW063）
南京大学中国文学与东亚文明协同创新中心资助项目
南京大学"世界一流大学和一流学科建设"出版资助项目

目　次

第一章　绪论……1
　一　研究的缘起……2
　二　中国宗教的特质与"社会一般宗教生活"……8
　三　通俗文学与社会一般宗教生活……27
　四　十六至十八世纪的典型性……42

第二章　沟通与两难：通俗文学的作者属性及其意义……49
　一　通俗小说的作者及其社会属性……49
　二　《西游记》的作者：以《西游记》与全真道的关系为中心
　　……69
　三　《西游记》的接受以及宗教建设者的"为我所用"……96
　四　通俗文学作者属性的文学意义和社会意义……104

第三章　需求与响应：通俗文学商业化编刊与社会一般宗教生活
　　　　的深层互动……113
　一　商业出版：竞争互利与"交流循环"……115
　二　雇佣写手：低层文人与生存写作……120
　三　神魔小说的类型意义与明代社会一般宗教生活……128
　四　通俗文学与社会一般宗教生活深层互动的结构性因素
　　……135

第四章 阅读与传流：通俗文学的传化与社会一般宗教生活的展开……143
- 一 识字率状况……144
- 二 商业出版物与社会阅读群体……150
- 三 通俗小说的销售与阅读……165
- 四 戏剧、表演与通俗文学的传流……173
- 五 乡村祭祀剧与社会一般宗教生活的展开……187

第五章 世情与因果：商业兴起与社会流动中通俗文学的伦理道德建设……203
- 一 通俗小说的伦理道德建构模式以及"因果报应"观念的时代变化……204
- 二 商业伦理道德建设：发迹变泰与道德因果……217
- 三 社会伦理道德建设：阶级流动与善恶报应……235
- 四 十六至十八世纪通俗小说的新型伦理道德及其局限……244

第六章 潜流与平潮：宗教的邪、正与通俗文学的抑、扬……246
- 一 王权政治和精英思想对于"邪教"的态度核心和批判方式……250
- 二 《七曜平妖传》："平妖"叙事中的社会否定……264
- 三 《何道士因术成奸，周经历因奸破贼》："世情"描绘中的道德审判……272
- 四 通俗文学抑扬邪、正的内在缘由……279

第七章　批判与和合：通俗小说中佛道教角色的差异与社会一般
　　　　宗教伦理道德的取向……282
　　一　现实描写对于文学表现的决定性……283
　　二　佛道教角色的不同特征……286
　　三　世情小说中佛道教角色建构的意义……299

第八章　变迁与选择：通俗文学与俗神的长成……302
　　一　"选择"的内涵、意义及其实现……306
　　二　关帝之例……313
　　三　济公之例……333
　　四　选择中的价值观构造……342

第九章　安天与封神：通俗文学与社会一般宗教生活中的神系
　　　　构建……344
　　一　道教神系结构的变化及其意义……344
　　二　通俗小说与仪式……374
　　三　《西游记》《封神演义》的神系建构……381
　　四　《西游记》《封神演义》与社会一般宗教生活中的神系
　　　　……391

第十章　概括与结论……404
　　一　通俗文学对社会一般宗教生活的建构……404
　　二　普化凡庶：中国近世社会/文化共同体的形成……408

引用及参考文献……421

后记……459

第一章 绪 论

本项研究的具体内容,是关于中国一个特定历史时期(十六至十八世纪)通俗文学与宗教生活相互关系的探讨。对此问题,当代论述虽已不少,但绝大多数研究仍基于一种简单的"影响—反映"观念——宗教生活影响了通俗文学,同时又为通俗文学所反映——进行探讨,而对二者之间的深层互动关系特别是通俗文学对一般社会宗教生活的反向作用[①],缺乏足够的关注和思考。宋以后庶民社会生活愈趋丰富,而宗教生活更是延续以往成为其中的核心内容之一;同时宋元特别是明代中期以降,通俗文学蓬勃发达,编撰、印刷和阅读、传化普遍展开,从而与当时社会一般宗教生活发生互动。在这一互动关系中,尤为重要的是通俗文学的反向建构作用。因为文学既是人生和社会的产物,同时其悲天悯人的终极主题也深刻地影响着人生和社会。通俗文学更不例外,作为一种社会文化发展到一定阶段的产物和影响最为广大的精神产品,对社会一般精神世界的核心内容——"宗教生活"发生了深层次的建构作用。本项研究即主要集中于"通俗文学对宗教生活的反向作用"这一课题进行深入分析。

文化现象彼此之间互动关系的研究,是当代人文研究多元视角和多学科综合的产物,也是一种更高层面的反思。从理论上说,

---

① 本研究所谓"正向"、"反向",只是强调两个主体之间的互动关系中存在着不同的作用方向,并无先后、主次之分。

文化整体中的每一种现象之间总是存在互动关系的,但并不是每一种互动关系都具有同等的重要性。学术研究起于某种困惑,而终于揭示问题的意义,所以问题的缘起不仅决定了问题的内涵,也决定了意义的大小。因此,在开始进行具体研究之前,必当首先阐述研究的最初原点,用以建立意义探讨的基石。

一 研究的缘起

本项研究的根本目的在于试图回答这样一个问题:区域文化多样、大小传统相对分立、精英阶层与庶民阶层文化水平分野极其显著、小农经济占主导地位、商业和工业极其微弱、始终没有发展为成熟资本主义的古代中国社会,如何成功地实现了核心价值观的传播、分享和涵化,从而延续并不断加强了一个涵融深广的文化/社会共同体?

西方学者很早就提出过类似的问题,华琛(James L. Watson)等所编 Popular Culture in Late Imperial China 一书即是对此问题研究的汇编①,华琛把这个问题总结为:"与其他许多农民社会相比,可以认为中华帝国晚期文化一致性的程度相当高。"②"是什么让中国社会能在这么多世纪以来聚合在一起?换句话说,一个有着大洲般面积的国家,居住着说互相听不懂的语言、展示一系列种族差异的人们,可能被塑造成一个统一的文化吗?是什么让中

---

① David G. Johnson & Andrew J. Nathan & Evelyn S. Rawski eds., *Popular Culture in Late Imperial China*, Taipei: SMC PUBLISHING INC., 1987.

② [美]华琛(James L. Watson)《神的标准化:在中国南方沿海地区对崇拜天后的鼓励(960—1960年)》,载韦思谛(Stephen C. Averill)编《中国大众宗教》,陈仲丹译,江苏人民出版社,2006年,第57页。

国与欧洲如此大相径庭,或在同样意义上,与南亚大相径庭?"①问题尽管高度相似,但着眼点还是有所不同:西方人关注的是构成社会共同体的认同的来源,而本项研究针对的不仅是来源,还包括这种认同感是如何传播、分享并从而发挥了其抟合社会文化共同体的功能的。

问题的着眼点和范围虽然有所不同,构成问题的核心则基本一致。这一问题所以成立,缘于其所包括的诸要素的实际存在,而且其存在的显著性在世界上是独一无二的。

首先是地域文化的多样性。区域文化在早期是文化融合的组

---

① [美]华琛(James L. Watson)《仪式还是信仰?——晚期帝制中国的统一文化建构》,宋刚译,载姚平主编《当代西方汉学研究集萃·宗教史卷》,上海古籍出版社,2012年,第330页。当然,也有一些西方研究者持有不同意见,较近的观点集中体现在2007年 Modern China 第33卷第1期"Ritual, Cultural Standardization, and Orthopraxy in China: Reconsidering James L. Watson's Ideas"(《中国的仪式、文化标准与正统行为:华琛理念的再思考》)专号中,包括有Donald S. Sutton(苏堂栋)"Introduction"、Melissa J. Brown(鲍梅立)"Ethnic Identity, Cultural Variation, and Processes of Change: Rethinking the Insights of Standardization and Orthopraxy"、Paul R. Katz(康豹)"Orthopraxy and Heteropraxy beyond the State: Standardizing Ritual in Chinese Society"、Kenneth Pomeranz(彭慕兰)"Orthopraxy, Orthodoxy, and the Goddess(es) of Taishan"、Michael Szonyi(宋怡明)"Making Claims about Standardization and Orthopraxy in Late Imperial China: Rituals and Cults in the Fuzhou Region in Light of Watson's Theories"、Donald S. Sutton(苏堂栋)"Death Rites and Chinese Culture: Standardization and Variation in Ming and Qing Times",及华琛的回应"Orthopraxy Revisited"。关于对中国文化社会共同体的质疑,本研究不作深论,因为它毕竟属于另外一个问题。需要在此特别指出的是:西方研究者特别是一些人类学家的类似观点,从某一方面凸显出当代人类学研究的困境:或囿于对文化相对主义的执着,或局限于具体田野工作的碎片式观察,既丧失学理基础,又缺乏对中国文化的整体性理解,从而不能认识到地方传统差异性与文化统一性之间的关系的辩证内涵。参阅科大卫(David W. Faure)、刘志伟《"标准化"还是"正统化"?——从民间信仰与礼仪看中国文化的大一统》,《历史人类学学刊》第6卷第1、2期合刊(2008年10月)。

成元素,在后期则主要是一种"次文化"。中国文明的发生发展是在一个幅员辽阔、地形地貌复杂、区域多样的地理舞台上进行的。文化与环境这两个变量之间尽管不存在固定不变的规律性原则,但无疑存在着错综复杂的互动关系,所谓"居楚而楚,居越而越,居夏而夏"(《荀子·儒效篇》)。在这样一个广大多样的环境里发展出来的文化中,区域特性成为必然。古代中国区域文化的存在首先表现在中国文明的发生上:中国文明的起源,无论其根源是外来的还是独自发生的,至少在本土的初显端倪就非常明显地呈现为一个多元的局面。这种"多元"无论是一种平等发展的类型"区系"[1],或是一个"相互作用圈"[2],还是一个以中原为核心的包括不同经济文化类型和不同文化传统的分层次联系的"重瓣花朵"式格局[3],可以肯定的是,目前考知的新石器文化时期明显存在着几大文化系统,每个文化系统内部还有更细微的地方性文化差异[4]。其次则体现在中国文化共同体历时性动态发展的形成过程中。不管是否存在着一个自前文明时代至文化大发展时代就有的某种"连续性"和"统一性",中国文化共同体的形成既不是一蹴而就的,也不是自古至今纯正不杂的。历史的进程证明了这一点,在西周时期就已经形成了早期社会文化共同体的雏形并持续发展,但直至十六世纪以后才进一步奠定了近世中国共同体的基础,在这样一个两千余年的长期过程中,无论是人种、族群、国家,还是语言、习俗、观念、宗教,都始终处于"统一"和"差异"的历时性的辩证互

---

[1] 苏秉琦、殷玮璋《关于考古学文化的区系类型问题》,《文物》1981年第5期。

[2] 张光直《中国相互作用圈与文明的形成》,《庆祝苏秉琦考古五十年论文集》,文物出版社,1989年。

[3] 严文明《中国史前文化的统一性与多样性》,《文物》1987年第3期。

[4] 韩建业《早期中国——中国文化圈的形成和发展》,上海古籍出版社,2015年,第29页。

动中：因为文化交流造就的融合消弭旧的差异形成统一，但统一在新的因素的作用下又形成新的差异；"今"同者"古"或异，"今"异者"古"或同。所有这一切，非常显著地体现在"中华民族"这一"国族"(nation)的形成过程中。在这个社会文化共同体中固然存在着一个主要文化，地域文化或曰次文化的多样性也是一个不争的事实。"广谷大川异制，民生其间者异俗"(《礼记·王制》)，这样一种地域差异不仅贯穿于中国历史的进程，并且仍然会成为中国未来很长一段时间里社会文化的重要特性。

其次是大小传统相对分立和精英、庶民文化水平的显著分野。大小传统(great tradition and little tradition)概念的提出原有其具体的对象内涵，现在一般用以指称上层文化与下层文化、精英文化与民众文化等各种文化的二分式社会差别。大小传统当然是相存相依、彼此互动而不是迥然对立的，并且共同构成文化的整体性，但二者之间确实也有着显著的不同。源于政治、经济和社会权力的不平等，精英与庶民之间的文化差异是古代社会的一般现象①。就古代中国而言，大小传统之间的分立仍然是相当显著的。当然，这种分立并不是说二者之间存在着足以影响文化整体性的天堑鸿沟，事实上正如有些学者指出的，中国古代大小传统存在着内在相似性，它们是一个文化实体的不同版本，彼此之间是一种"惯用的转换"(idiomatic translation)②。因此，所谓中国古代大小传统的

---

① 这里所谓"精英"，不取狭义的 elite 之义，而是指包括所有贵族统治者、被引入社会上层以辅助专制君主的贤人(官僚)、具有专门能力的知识才俊(士)等在内的与一般平民对立的阶级。

② [英]莫里斯·弗里德曼(Maurice Freedman)《论中国宗教的社会学研究》，载武雅士(Arthur P. Wolf)编《中国社会中的宗教与仪式》，彭泽安等译，郭潇威校，江苏人民出版社，2014 年。并参 Freedman, M., "Geomancy", in *Proceedings of the Royal Anthropological Institute of Great Britain and Ireland*, (1968), 5。

分立，乃是基于形成这一对范畴的内在缘由而言，亦即政治、经济、文化的不平等，而不是单纯的城乡之别①。最突出的表现就是精英、庶民知识水平的显著分野。教育程度特别是文字的掌握是衡量这种差异的重要标准之一：中国很早就发明了文字，但至少在公元前二千年就基本停止了向纯粹记音符号的演进，从而使书写变成一种书面语的记录而不是日常语言的记录。这种文字系统固然可以形成书面语以实现不同方言之间的交流并成功地保证传统的延续，但也使之因不能直接记录日常语言而成为不易掌握的高级能力。与高度发达的文献书写传统形成鲜明对照的是，中国古代的识字率非常低下。二十世纪初识字率也大约只有20%—30%左右②，而能够熟练运用书面语的比例更低。

　　第三是上述两端的经济基础未能达成真正意义上的突破。理论上，大小传统的分立和地域差异的程度会随着经济、社会的发展而不断降低，但在农业社会中这往往还不能成为有效规律。古代中国长期以来对土地私有制的坚持造成地权不断趋于集中，越是农业发达的地区程度越是显著，有研究表明，清代前二百年中土地的所有权在水稻地区某种程度上似乎更为集中③。土地的兼并使自耕农成为佃农，并使得穷人只能以季节性的帮工或各种雇工为生，生活水平的低下使他们很难接受教育。这种情况与当时江南地区经济文化的发达形成某种显著的反差，乡绅和庶民之间的鸿

---

　　① 西方人类学家和历史学家反对以大小传统来对中国社会进行二元化分析，主要有两个原因：一是中国古代的城乡之别并不显著，中国古代城市主要是政治型而不是经济型；二是士大夫往往参与乡村小传统建设，并不具备城市文化特色。参阅施坚雅(G. William Skinner)《中华帝国晚期的城市》(叶光庭等译，陈桥驿校，中华书局，2000年)第二编导言。
　　② 详见本书第四章的相关论述。
　　③ 何炳棣《明初以降人口及其相关问题：1368—1953》，葛剑雄译，生活·读书·新知三联书店，2000年，第263页。

沟并未因为社会生活总体水平的提高而缩小。从世界历史看,社会差别只有在商品经济和资本主义兴盛的状况下才能得到根本性的改变。很显然,尽管古代中国晚期的商品经济和资本主义因素都有相当程度的勃兴,但绝没有发展到一个足以催生社会变革从而缩小地域差异和大小传统分立的程度。

然而,历史事实和现实结果无可辩驳地证明:至少在十八世纪清统一帝国达到全盛以后,中国文化核心价值观已经融合成某种"一般社会观念",以此为基础的关于中国文化和中国人身份的高度认同感开始遍及凡庶,成为一种超越阶级、地位、文化水平、族群、地域、语言、风俗等一切社会、经济、政治因素的存在。这样一种存在不仅是中国从古代王朝成功过渡到现代民族主义国家的基础,而更重要的是俨然成为文化相对主义的最佳例证。

这样一种存在究竟是如何达成的?

古代中国统治阶级以阶级国家政权为工具,一贯注重自上而下的教化,儒家思想则进一步发展出"同天下、齐风俗"的文化价值同一要求。但现代研究早已证明,自上而下的教化无法实现这样一个复杂的社会/文化共同体,尤其是不能在庶民社会中形成广泛的价值认同。这是因为:古代社会虽然都是以统治者精英文化为主导,长期停滞于以血缘伦理为根本原则组织社会阶段的中国尤其如此,精英文化主导着社会的文化建设,但并不完全会同于社会一般文化;精英文化的教化力量固然可以深刻地影响社会大众的意识形态,但也无法全部征服社会生活实际中的价值观念。从另一个方向上说,"社会一般观念"是精英阶层与庶民阶层共同分享的,仅仅依靠自上而下的教化无法形成这种共同意识。

对这个问题的深入思考,导向了一个此前中国学术研究尚未认真对待过的文化课题:宗教及宗教的作用。宗教作为文化整体性因素之一,不是孤立的现象,不仅与其他文化元素发生互动,同时也一起构成文化的整体。本项研究"通俗文学对一般社会宗教生活的反向作用"正是由此而提出,其意义则在于最终发现中国社会文化共同体形成的推动力量及其作用机制。

二 中国宗教的特质与"社会一般宗教生活"

尽管对宗教的认识千差万别甚至对立冲突[①],但人们都已经承认宗教是人类本质属性的反映之一,只不过这种反映因社会、文化的不同而呈现出相当复杂的差异性而已。辩证来看,宗教的意义或许正体现在这种差异性上。因此,凡是具有文化比较的视野,同时又对中国传统深有体察者,都会对中国的宗教实际产生极大的困惑。这种困惑从十九世纪末二十世纪初西方观念传入并导致中国本土学术现代化开始以后,直至所谓后现代的今天也没有消失,从某种意义上说甚至更为显著:现当代中外学者不仅对宗教的同一性和差异性缺乏共识,而且对中国宗教本身也未能拥有一个共同的认识基础。意见纷纭并不可怕,可怕的是不承认观点有差而谎称没有实质性分歧。

简单总结起来,关于中国宗教的困惑和歧见大致可以归纳为相关又相左的三个问题。这些问题曾经被认为已经解决,有时也被认为需要暂时挂起,但在绝大部分场合下被有意无意地避开,而现在又到了不得不面对的时候。这三个问题是:

第一,古代中国文明发生以后实用理性早熟,原始宗教氛围已

---

① 宗教学奠基者弗雷德里赫·麦克斯·缪勒(Friedrich Max Müller)即有言曰:"每个宗教定义,从其出发不久,都会激起另一个断然否定它的定义。看来,世界上有多少宗教,就会有多少宗教的定义,而坚持不同宗教定义的人们之间的敌意,几乎不亚于信仰不同宗教的人们。"([英]麦克斯·缪勒《宗教的起源与发展》,金泽译,陈观胜校,上海人民出版社,2010年,第13页)

经逐渐褪去,以儒家思想为代表的人文主义甚为发达并成为主流,而后世创生型宗教又不断与此一现世伦理相结合。这个事实基本成立,不能否定也无法否定。那么,中国社会究竟还有没有真正意义上的宗教? 或者,与其他文明相比较,中国传统中的宗教色彩是否较为淡薄? 再或者,是否如梁漱溟所论的,中国以伦理代替了宗教? 更重要的是:这与宗教是人类本质属性的基本前提是否存在矛盾?

第二,中国的宗教至少又是一种特殊性的存在,既有如外来佛教的普及,又有创生型宗教融合发展形成的所谓"本土宗教"道教,而儒家思想并以祖先崇拜和自然崇拜的形式发展了类似于宗教道德的思想观念;同时,原生宗教大量存在,以"迷信"(低级的信仰)或"民间宗教"、"民间信仰"的样式活跃于社会之中。尤其不可忽略的是,即使农业伦理坚持现世倾向而使得很多创生型宗教最后都不免和世俗政治、文化发生融合,但也有不少新生宗教努力坚持自身的本性,以彻底否定黑暗的"此世"而求得"来世"的解脱。从"黄巾之乱"到"太平天国"的所有农民起义,基本上都是基于末世观念(Eschatology)而生发的"千年王国主义"(Millennialism)运动或"救世主义"(Messianism)运动[①],并是催生革命和王朝易代的

[①] 参阅三石善吉《中国的千年王国》,李遇玫译,上海三联书店,1997年; Richard Shek, "Millenarianism: Chinese Millenarian Movements", in Eliade, M & Adams. C.J. eds., *The Encyclopedia of Religion*, New York: MacMillan, 1987, 9, pp.532—535。中国古代的"千年王国主义"思想,主要基于自然的、宇宙的劫运观,与犹太—基督教所植根的历史主义的末世观念有一定的不同,参阅拙撰《〈真诰〉与"启示录"及"启示文学"》,《武汉大学学报(人文科学版)》第65卷第1期,2012年1月;又参阅魏斐德(Frederic Wakeman, Jr.)《大门口的陌生人——1839—1861年间华南的社会动乱》第十一章《华南的秘密社会》,王小荷译,中国社会科学出版社,1988年。中国古代的救世运动,以老子和弥勒转世为号召者为多,参阅王明《农民起义所称的李弘和弥勒》,载其著《道家和道教思想研究》,中国社会科学出版社,1984年;唐长孺《北朝的弥勒信仰及其衰落》,载《魏晋南北朝史论拾遗》,中华书局,1983年;马西沙、韩秉方《中国民间宗教史》,中国社会科学出版社,2004年。

根本动力之一。这些创生宗教虽然因为世俗政治、社会和文化的排斥而不得不沦为"秘密宗教",但并不意味着它们就不存在。以上这些特殊性的存在势必导致一系列问题:中国宗教的特殊性是否违背宗教的本质?尤为关键的是:具有此一特殊性的宗教在中国社会的地位究竟如何?它有没有发挥宗教的功能?又是如何发挥的?

第三,古代中国的泛神崇拜及其内核的同一性是否意味着只是一种宗教?亦即中国宗教的"多样性"和"同一性"如何理解?

困惑的产生当然与文化研究的艰难性有关:很多在本土学者看来不是问题的问题,往往被"文化他者"给予过度的阐释;而在文化人类学或宗教学研究中已经被充分证明是人类本质共同的东西,本土学者却常常囿于传统惯性而不能明察。困惑也和研究中可能存在的失误密不可分:在中国宗教文化研究领域,中外研究都存在的显著问题是人类学和宗教史的探讨并未能得到有效的结合,突出表现在学者们过多地相信了精英的历史记述和宗教内部的义理化建构,造成了"中国宗教"这一整体在研究中的阙失。整体性的阙失必然导致种种矛盾冲突,因此形成各种观点的严重对立,一种解释总是在逻辑上必欲代替另一种解释,而不是彼此之间互相解释。于是,即使在文化交流和彼此理解已经充分展开的今天,上述困惑始终不绝如缕。幸运的是,正是这些困惑推动了现当代关于中国宗教的研究在各个方向上的深入[1],并且还将持续地发挥这一推动作用。

在第一个问题上,传统观念不论,早先的西方研究也有忽视中国宗教的倾向,持守中国传统"非宗教"观点的人不在少数[2],其理

---

[1] 参阅林富士《中国史新论·宗教史分册》导言《中国史研究的宗教向度》,载林富士主编《中国史新论·宗教史分册》,台北联经出版事业股份有限公司,2010年。

[2] 参阅杨庆堃在其所著《中国社会中的宗教——宗教的现代社会功能与其历史因素之研究》(范丽珠译,上海人民出版社,2007年)导论中的简明综述。

由主要是中国社会中的宗教皆是"迷信"亦即低级的宗教,精英思想具有理性的本质。但这一观点在后来立即遭到颠覆。诚然,正如杨庆堃指出的,低估宗教在中国社会中的地位是有悖于历史事实的[①]。可以作为对比的是:世界其他地区的成熟的社会文化共同体的形成,从古代的希腊到近代的欧洲、北美、亚洲、阿拉伯世界,无不出于宗教的影响,古代中国也不应该是一个例外,关于中国社会中宗教为"迷信"从而让位于精英思想的说法,并不符合事实。但另一方面,中国社会中的宗教毫无疑问具有"迷信"特色如超级泛神化,以及"非宗教"特色如极度功利化、与世俗伦理道德紧密结合等,而且同样存在鲜明对照的是:中国古代历史上真正具有创生宗教特质的新兴宗教,不仅都为政治所压制,更重要的是它们皆为整体社会所不容。杨庆堃甚至预言未来中国宗教必然走向没落,这是一个逻辑意义上的判断,具有内在合理性。当代有学者认为这个预见是失误的:"进入二十一世纪以来,中国宗教并没有随着城市化、市场化等世俗社会的变化而'没落',相反,宗教和信仰作为人性因素,正在当今的世俗社会中恢复、转型和再兴。"[②]此论所述似是而实非,没有注意到三个事实:第一,当代社会传统文化在一定程度上发生了断裂,伦理道德体系有所阙失,没有起到替代宗教的作用,因而使宗教趋于"再兴";换言之,如果传统文化得到真正的恢复、延续,就一定能继续发挥"替代"宗教的功能。第二,伴随着宗教"再兴"的,有一大部分正是所谓"中国宗教体系"亦即与世俗伦理道德合二为一的宗教。第三,中国社会仍然没有出现宗教冲突和信仰冲突,而且始终保持着对外来宗教和

[①] 杨庆堃《中国社会中的宗教——宗教的现代社会功能与其历史因素之研究》,第 24 页。
[②] 李天纲《金泽:江南民间祭祀探源》,生活·读书·新知三联书店,2017年,第 248—249 页。

合圆融的本土化力量。个人以为,当代事实恰恰证明了杨氏判断的正确性。

当然,第一个问题不可能有确切的答案。同时,回答第一个问题就必然会引起第二个问题,后者是关键。

第二个问题的探讨已经历时甚久。在已经取得的种种成果中,杨庆堃的研究显然具备一定程度上的里程碑意义①。但杨氏研究的根本意义究竟是什么,他给我们指出的正确方向到底为何,却仍然是一个值得重新认识的问题。个人认为,杨氏提出"制度性宗教"(institutional religion)和"丛散性宗教"(diffused religion)②的分析视野,并证明"在历史的绝大多数时期里,在中国社会制度框架体系下缺乏一个结构显著的、正式的、组织化的宗教",亦即在整个中国古代社会的长时段中,"制度性宗教"是薄弱的、不充分的,"丛散性宗教"则在中国社会占据主导地位,而且是普遍流行的、活动的、生生不息的,其宗教理念与世俗伦理和社会一般价值观契合无间,其信仰和仪式在家庭、阶级、民间社会团体、行业、经济活动、生产活动中发挥了显著的宗教功能③。这个结论不仅具有可靠的事实依据,更重要的是在于:第一,它以宗教是社会作用的存在而不仅仅是义理化、组织化的存在为基本前提,把中国宗教作为一个整体来进行解释,也就是不再简单地区分儒、释、道,也不斤斤于官方、民间的析分,从而具有认识上纠补偏失的意义④。尽

---

① 参阅莫里斯·弗里德曼(Maurice Freedman)《论中国宗教的社会学研究》,载武雅士(Arthur P. Wolf)编《中国社会中的宗教与仪式》。

② 关于 diffused religion 的翻译,有"分散性"、"弥漫性"等多种译法,本人认为应译为"丛散性"较好。

③ 杨庆堃《中国社会中的宗教——宗教的现代社会功能与其历史因素之研究》。

④ 参阅范丽珠等《中国与宗教的文化社会学》(时事出版社,2012年)的相关论述,第40页。

管杨氏的研究尚未深入明确"制度性宗教"和"丛散性宗教"内在的联系和互动机制,并且其分析视野也存在着一些缺陷,但他的整体观念以及由此产生的新思路仍是一个重大的突破,其贡献在于成功地告诫研究者绝不能仅仅从"制度化的"或具有某种外在形式和宗教义理的宗教如所谓"佛教"、"道教"来认识中国宗教,更不能以二元区分的观念将社会上真正起到宗教功能的众多"丛散性"的所谓"民间宗教"、"民间信仰"另眼看待。第二,它明确地指出了"丛散性宗教"发挥宗教社会功能这一根本事实,从而揭示了中国语境中的宗教的特色,就是以占主导地位的"丛散性宗教"所呈现出来的一种与世俗伦理和社会一般价值观契合无间的宗教形态。对此很多学者并未明察,故而将质疑点放在"丛散性"的定性上,如欧大年(Deniel L. Overmyer)指出"制度性"、"丛散性"之分本身就是一种以西方基督教作为对比而产生的观念;就古代中国的事实来看,融入本土社会结构的所谓"民间宗教"并不是个别的、丛散的现象,同样是"深深地制度化的"。实际上杨氏观点的逻辑展开与欧大年的看法深相一致:"丛散性宗教"如果不具备一个同一性内核,又如何能够在一个广大的社会中发挥宗教的社会功能呢?反过来,一种发挥了社会功能的宗教,表面"丛散"但内里一定是拥有某种共同性的。

在杨庆堃研究的启发下,中国宗教研究者进行了各方面的开拓,其中最重要的是李亦园的观点。李氏极为睿智地弥补了杨氏研究的缺陷,他通过指出实际上融入地方社会结构中的宗教也是深深地被"制度化"的而绝不是"个别的"、"丛散的"现象的事实,进而提出中国传统宗教信仰是一种"普化宗教",包括祖先崇拜、神明崇拜、岁时祭仪、生命礼俗以及符咒法术等,与世俗生活联系密切,其特质在于其教义、仪式和组织都与其他世俗的社会生活混为一体,并不像制度化宗教一样有完全独立的宗教组织和教义仪式①。这一观点尽管也存在着一些问题,比如同样未能解决"制度化宗教"在"普化宗教"中的作用机制,但已经在很大程度上接近于指出中国宗教整体的特殊性。

但"丛散性宗教"占主导地位的事实的发现及进一步的结论,即"丛散性"就是中国宗教的特质所在,并没有解决前述的根本性困惑。也就是说,中国宗教的特殊性是否违背了我们所承认的宗教的普遍性规律,仍然需要回答。如果"普化宗教"是中国古代社会中宗教的主要形态,而拥有独特神学体系(或宇宙阐释系统)、形式化的祭祀系统和组织形式并独立于世俗生活之外的"制度性宗教"其实并不发挥社会功能,那么,中国社会中还有没有宗教?"普化宗教"或者"民间宗教"、"民间信仰"或者"民间化的宗教"等是否具有宗教性?其宗教性又具体何在?

关于中国古代民间宗教/信仰的"宗教性"认识,是和宗教人类学的发展所导致的认识深入基本同步的。最初开始对中国民间信仰进行现代审视的是第一代汉学家,他们中间的很多人都认为中国民间繁芜复杂的宗教活动中很少体现出清晰明确的宗教信仰,至少并不包括坚定的信念或执着的忠诚②。"五四"前后接受西方观念的本土激进者,几乎都将民间信仰视为"迷信"——混乱的、低级的信仰。但在另一端,高度重视中国民间宗教/信仰并认为其可以成为某种"宗教"的观点,不仅始终存在而且逐渐得到更多的响应:十九世纪末期,就有西方学者高延(Jan J. M. de Groot)指出,中国民间的信仰与仪式也是一个系统化的宗教。二十世纪七八十年代,英国学者弗里德曼(Maurice Freedman)认为,中国宗教作为一个体系确实存在,他进而提出一种假设:在表面的多样性背后,

---

① 李亦园《中国人信什么教?》,载李亦园《宗教与神话》,广西师范大学出版社,2004年。

② 见[法]葛兰言(Marcel Granet)《中国人的信仰》(汪润译,哈尔滨出版社,2012年)中对前有观点的总结。

中国宗教无论是在观念的层面(信仰、象征、分类原则,等等)还是在实践与组织的层面(仪式、群体、等级制,等等),都存在着某种秩序,并建议在庞大的、表面异质的和纷繁复杂行为的领域中去发现"支配性原则"①。日本学者渡边欣雄认为,中国"民俗宗教"并不基于教祖的教导,也没有教理、教典和教义的具体规定,不是单一的宗教目的的团体而是以家庭、宗族和地方性社会等既存的生活组织为母体形成的组织,其信条根据生活禁忌、神话、传说等文化共同体共有的规范、观念而形成并得到维持,是"极具地方性和乡土性的宗教"②。不过,以上这些关于"宗教性"的探寻有着两个重大缺陷:首先是对"民间宗教/信仰"的内涵界定不清。比如专指意义上的"民间宗教"就有 popular religion 和 folk religion 两种指向和多种理解方式③,其概念一开始就存在问题从而不能反映中国实际④,"民间信仰"就更加模糊而难以定义了⑤;所以有的学者不得不提出新的指称,以凸显其独特的理解⑥。其次是着重以系统性、仪式性和存在形态为区分标准,自二十世纪中叶以来,多数学者以是否平民化、大众化为"民间宗教"和佛、道教的分野所在,以

---

① [英]莫里斯·弗里德曼(Maurice Freedman)《论中国宗教的社会学研究》,载武雅士(Arthur P. Wolf)编《中国社会中的宗教与仪式》,第 21—22 页。
② [日]渡边欣雄《汉族的民俗宗教:社会人类学的研究》,周星译,天津人民出版社,1998 年,第 3 页。
③ Stephen F. Teiser, "Popular Religion", *The Journal of Asian Studies*, Vol.54, No.2(May, 1995), pp.378—395.
④ 参阅孙英刚《跨文化的迷惘:"民间宗教"的是与非》,《学术月刊》2010 年第 11 期。
⑤ 中国学者较多使用的"民间信仰"在西文中没有直接的对应,popular religion 和 folk religion 都可译作"民间信仰"。
⑥ 如韩森(Valerie Hansen)的 secular religion(世俗宗教)和万志英(Richard von Glahn)的 vernacular religion(通俗宗教),见韩森《变迁之神:南宋时期的民间信仰》(包伟民译,浙江人民出版社,1999 年)及 Richard von Glahn, *The Sinister Way: The Divine and the Demonic in Chinese Religious Culture*(University of California Press, 2004)。

是否组织化、系统化为"民间宗教"和"民间信仰"的区分标准①,多少忽略了信仰实质这一根本因素。这两个缺陷导致问题被进一步复杂化,同时形成严重的分歧。

从理论上说,原生宗教和创生宗教并不相同。原生宗教虽然一直是动态的存在,但它仍然属于原始宗教的遗存——宗教的初级形式。如果单纯以原生宗教来归纳中国宗教的"宗教性"及其特质,显然是有问题的。然而任何文明以后的创生宗教无不有赖于传统的资源,而原生宗教正是这种最重要的资源。中国古代最显著的创生型宗教是外来的佛教和本土创生宗教的集合包容体道教,后者固不待论,而前者在逐渐中国化的过程中同样取资并最终"包容"本土的原生宗教元素。就创生宗教而言,关键的历史事实是,由于环境、起源和生产方式的决定性影响,中国文化较早摆脱了原始宗教的氛围而形成实用理性精神,所有的创生宗教都在这一文化内核的作用下形成了独特的趋向:一是始终未能生成全民族宗教、国家宗教而是最终形成独立教团,二是出现"异化",即不断地向世俗靠拢而走向宗教的反面。借用李亦园的词汇,这种"异化"也就是一种"普化"。宗教研究者发现的"正统(义理化)佛、道教"和"民间佛、道教"的不同,以及很多具体研究社会信仰的学者提出的"宗教的民间化"的解释观点②,均是此一事实的客观反映。"宗教的普化"和"宗教的民间化"二者实际上是一回事情,亦即原兴于救世运动的宗教经过义理化、制度化并形成独立教团以后,又

---

① 以上见王铭铭《社会人类学与中国研究》(生活·读书·新知三联书店,1997年)、渡边欣雄《汉族的民俗宗教:社会人类学的研究》、路遥《民间信仰与中国社会研究系列丛书》总序(上海人民出版社,2010年)、王见川等《中国近世民间信仰:宋元明清》(上海人民出版社,2010年)的相关论述。
② 赵世瑜《狂欢与日常:明清以来的庙会与民间社会》"概说之部"第一篇《中国传统社会中的寺庙与民间文化——以明清时代为例》,生活·读书·新知三联书店,2002年。

在中国文化内核的作用下复归并"普化"到社会生活中来。"包融"和"普化"正是"丛散性宗教"的来源,二者交相作用使之形成中国宗教的主体。正是在这个意义上,"制度性宗教"和"丛散性宗教"成为一个有机的整体。不能"普化"而坚持宗教本性的创生宗教和原始宗教遗存的各种"淫祀"及不经之术,在总体上都受到社会的排斥,前者转入地下而成为"秘密宗教",后者则不断受到政治的禁绝。

"道教"是观照宗教的"普化"以及所形成的"普化宗教"的最佳例证。尽管后期道教借助于道家思想及外来佛教的宗教精神不断进行义理化建设,并通过模仿佛教解决它与现世的关系,构建神学体系、礼仪规戒以及宗教职业者队伍和教阶制度等,从而具备了独立教团的特性。但不可否认的是,道教在实质上是根源于原始宗教遗存和各种新兴地方性信仰等原生宗教元素基础之上的、历时性的各种动态丛生的本土创生宗教的集合包容体。形成包容体的道教天生具有向民间复归亦即"普化"的内在趋势,所以始终是在社会生活各方面发挥作用的活态宗教的主流。

"普化宗教"既是中国宗教的整体,那么其"宗教性"就等同于中国宗教的"宗教性"。梁漱溟提出古代中国"以伦理代宗教"的命题是一个突破性的贡献,完美地指出了探究中国古代社会普化宗教"宗教性"的方向。经过包括杨庆堃、李亦园等在内的一大批宗教人类学家的探索,这个问题已渐趋明朗:这种独特的"宗教性"就是宗教与世俗伦理的深入融合①,对人格化的神灵的崇奉实质上

---

① 需要说明的是,与世俗的融合不完全等同于西方宗教的 secularization,它实际表现的是在中国文化内核作用下的宗教"异化"的特性,亦即从否定现世转为改变与规范现世。即使外来的佛教,从一开始就有中国化的倾向,唐代以后更是发生了从出世向入世的转向(参阅余英时《近世宗教伦理与商人精神》,载《余英时文集》第 3 卷,广西师范大学出版社 2014 年,第 293—294 页)。在这个意义上,"中国古代宗教的 secularization"是一个伪命题,因为中国宗教整体本就具有某种世俗性本质。

反映的是对道德或绝对精神的挚诚信仰。其结果为儒释道融合形成中国思想,而儒释道在融合中又化为一事,用陈寅恪、吕思勉的话归纳分别就是:"自晋至今,言中国之思想,可以儒释道三教代表之。此虽通俗之谈,然稽之旧史之事实,验以今世之人情,则三教之说,要为不易之论"①、"中国向来,宗教、哲学,与人伦日用之轨范,并不分张。儒释道称为三教,并行不悖,正以其名虽异,其实则无大不同耳。"②

但"普化宗教"及其同一"宗教性"的存在,是不是意味着中国只有"一种宗教"?第三个问题可能是最令人困惑的。从理论上来说,既然作为一个整体并且具备某种同一性,那么这个整体完全就可以视为是一种宗教。可是在实际上,中国宗教的多样性的存在也非常明显。首先,外来的佛教和集合体的道教毕竟仍属于创生型宗教,即使是彼此不断融合并"普化",但至少在义理的层面上也保留了各自不同的特色。"普化宗教"并不能完全覆盖"义理化、制度化宗教",正是因为后者内在的义理化发展(当然是中国宗教式的义理化)也始终存在,不过仅仅停留在精英宗教的内部而已。其次,尽管就整个社会的宗教生活而言,"普化"或"三教融合"是必然趋势也是客观结果,同时在庶民社会中的初始取向和最后结果固然都是无间的,可是在精英传统的演变过程中却是存在矛盾和冲突的。所以在观念上,义理化的佛、道教的取向与民间宗教/信仰的取向,很多情况下呈现出鼎足而三的状态。如果视儒家思想也具有某种程度的信仰性因素的话③,则佛、道、儒与民间宗教/信

---

① 陈寅恪《冯友兰中国哲学史下册审查报告》,载《金明馆丛稿二编》,生活·读书·新知三联书店,2001年,第283页。
② 吕思勉《两晋南北朝史》,上海古籍出版社,1983年,第1371页。
③ 对此,余英时又提出了新的诠释。见余英时《论天人之际》,中华书局,2014年。

仰，又常常是如方四面的。清季耶、回相继开始发生影响，传统士人的这一观念更加突出，如近人刘锦藻曰："古无所谓宗教也。自释氏入中国，其道自别为宗，于是六朝后有此说，且有儒释道三教之称。儒与二氏比肩，儗不于伦，此六朝人之陋也。凡宗教之立，必异乎当世之政俗学术而自为一派，入其教乃为其徒，众人不在此列，故有教内、教外之界限，佛、道、耶、回皆然。我国尊崇孔圣，二千年来已如日月经天江河行地，释老继兴，耶回后入，其道判然以异。"（刘锦藻《清朝续文献通考》卷八十九《选举考》六《宗教》按语）代表了精英分子愈趋明显的区别于一切宗教的态度。再次，这也是较为关键的一点：如前文已经指出的，"异化"虽然是中国宗教的主流趋势，但保持宗教本色、始终坚持与世俗对立并主张摧毁罪恶现世而实现解脱的创生宗教也层出不穷，尽管因为不能和世俗伦理达成妥协而为社会所不容，最终都不免沦为"秘密宗教"[1]，但它们毕竟仍是潜流暗伏，并作为"普化宗教"的对立面证明了宗教是人类本质属性的一般原理。

在中国宗教"同一性"和"多样性"的问题上，学者的分歧一直非常明显。前已述及，弗里德曼代表着和很多中国学者相一致的观点，即认为存在以伦理为核心的同一性，倾向于中国只有一种宗教的假设[2]。渡边欣雄虽然承认中国社会具有"宗教联合国"的表象，但他认为各种统计所反映出的矛盾只是形式上的，而"混淆"与"重叠"则是内在的，中国社会的宗教性特征是诸教混合主义[3]。此类强调混合、混融的观点也是倾向于同一性的代表之一。王斯

---

[1] 本人认为，在中国社会的历史及现实中，"秘密宗教"因其坚持反抗现世的本质属性，不宜和"民间宗教、信仰"混为一谈，同时在指称上也应作区分。

[2] ［英］莫里斯·弗里德曼（Maurice Freedman）《论中国宗教的社会学研究》，载武雅士编《中国社会中的宗教与仪式》。

[3] ［日］渡边欣雄《汉族的民俗宗教：社会人类学的研究》，第21页。

福(Stephan Feuchtwang)认为弗里德曼忽视了社会与文化本质的不确定性,不赞成"在整个社会存在的宗教集体表征中,有一种所谓的中国或中国性"①。而武雅士(Arthur P. Wolf)则代表着另一种看法,主张中国人对超自然力量的信奉只是中国社会等级制与政治结构的反映②;华琛(James L. Watson)的观点与此相似,他认为不同社会背景的人对某一神灵都会持有自己的看法和信仰,而国家进行了"标准化"的工作③。《近代中国》"中国的仪式、文化标准与正统行为:华琛理念的再思考"专号的几篇论文,则强调地方传统的差异性及其延续性,质疑国家在地方上推行文化同一的程度④。这一问题至今仍没有达成一致⑤。因为宗教和其他文化符号一样都是人们理解意义上的存在,所以魏乐博(Robert P. Weller)着重从宗教象征的阐释和再阐释中去探讨这一问题。他认为,中国宗教既不简单的同一,亦非简单的不同;多样的社会关系培育出多样的阐释方式,当社会背景与社会体验变化时,所有的信仰将面临再阐释。在阐释与再阐释中,因政治经济同一而造成的广泛分享的社会经验、制度化义理化的宗教组织规范信仰的努力和政治的力量,形成了趋向同一性的压力⑥。以此,魏乐博和夏维明(Meir

---

① [英]王斯福(Stephan Feuchtwang)《帝国的隐喻:中国民间宗教》,赵旭东译,江苏人民出版社,2018年第2版,第18页。
② [美]武雅士(Arthur P. Wolf)《神、鬼和祖先》,载武雅士编《中国社会中的宗教与仪式》。
③ [美]华琛(James L. Watson)《神的标准化:在中国南方沿海地区对崇拜天后的鼓励(960—1960年)》,载韦思谛(Stephen C. Averill)编《中国大众宗教》。
④ *Modern China*, Vol. 33, No. 1, Ritual, Cultural Standardization, and Orthopraxy in China: Reconsidering James L. Watson's Ideas(Jan., 2007)。参阅前文注释所及诸文。
⑤ 以上据 Meir Shahar & Robert P. Weller eds., *Unruly Gods: Divinity and Society in China*, University of Hawai'i Press, 1996, pp.20—21。
⑥ Robert P. Weller, *Unities and Diversities in Chinese Religion*, University of Washington Press, 1987, pp.144, 167.

Shahar)倾向于认为中国显然有一种统一的宗教,即使最丛生的多样性中也存在着一系列普遍性的主题,同时也共享着一种含混的和惯常的张力①。

个人以为,所有的困惑及由此而生的种种分歧的解决,需要中西学者变换思路,改以社会生活整体而不是以各种"现象"为本体来认识所谓"宗教"这一对象。无论是西方基督教的"制度性"还是中国社会宗教信仰的"丛散性",都是社会生活的内容,也是不同文化的意义的表现。因此,与其以"上层宗教"、"民间宗教"("民间信仰"或"庶民信仰")、"世俗宗教",或"制度性宗教"、"丛散性宗教"来分析,毋宁即以"日常生活"(daily life)之有"宗教生活"作总观。所谓"宗教生活",简单地说,就是一个社会的一般信仰和仪式体系②,其具体内容,就是中国表现为"制度性宗教"和"丛散性宗教"融合普化而生成的"普化宗教"。

"宗教生活"的提出并不是变换概念,而是一种符合对象属性的合理的反思视角:首先,如果视"宗教"为生活的现象,就无所谓"制度性"、"丛散性"之分,也毋须区别所谓"大众宗教"、"农民宗教"、"民间宗教"、"通俗宗教"、"公共宗教"、"民间信仰",更不必刻意强调精英宗教与庶民宗教的不同(因为本来就存在大小传统的界限),从而契合对象事实——正如欧大年指出的——中国社会中

---

① Meir Shahar & Robert P. Weller eds., *Unruly Gods: Divinity and Society in China*, University of Hawai'i Press, 1996, p.22.需要说明的是,魏乐博的观点后来发生了一定的变化。

② 本质上比较接近于太史文(Stephen Teiser)所称的"大众宗教",即超越所有社会界限的所有人共同信奉的宗教(参见韦思谛《中国大众宗教》序言中的总结)。在某种意义上,其本质与西方学者所主张的宗教类型之一"社区宗教(communal religion)"、"地方社区宗教"或"社区宗教传统(communal religious tradition)"也约略接近(见康豹〔Paul R. Katz〕《西方学界研究中国社区宗教传统的主要动态》,李琼花译,《文史哲》2009 年第 1 期;此据林富士《中国史新论·宗教史分册》导言《中国史研究的宗教向度》),但具体内涵、外延仍有相当的不同。

无论是制度化的寺庙活动还是丛散性的民间社区的祭祀,"都是与以家庭和乡村生活的秩序为基础的组织、结构相关的"①。由是,关于中国宗教的根本困惑以及其他分歧如是否存在上层阶级的宗教和群众性宗教之分、有没有一种跨越了社会阶层樊篱而为普通民众和上层统治者所共有的行为和信仰,以及中国宗教是否为一个不断更新、论辩和自我修复的象征性过程,而非一个静态的信仰系统等等②,均可以得到相当程度的统一。其次"宗教生活"直接指向的是"活动中的宗教"亦即那些发挥社会功能的信仰和仪式。考察任何社会的一般性宗教状况,都必须以这种"活动中的宗教"为对象,中国古代社会尤然,因为有两个基本事实是无法否认的:中古以后的体系化、制度化、义理化的宗教如佛、道教等,迄于近世,已经基本停止了教团组织制度的进化发展和义理建构;而在一般社会中,"普化宗教"已经形成,亦即"佛教"、"道教"(包括所谓"民间佛教"、"民间道教")、"官方宗教"(offical religion)或"国家祭祀、地方祭祀"、"大众宗教"(popular religion)、"民间宗教"(folk religion)、"迷信"(superstition,低级的民间信仰)、"秘密教派"(secret cults)等各种概念所指称的、在社会中发挥功能作用的元素得到了综合,成为真正的"活动的宗教"。第三,文化基于符号。"宗教生活"的视角,使我们能够发现中国社会宗教所真正依赖的符号媒介系统。无论采取何种定义,宗教都可以分为信仰、仪式两个层面,"活动的宗教"信仰所依赖的媒介显然不是书面语言式的精英思想的哲学建构,而是日常言语和民俗文艺;而"仪式",本身

---

① [美]欧大年(Deniel L. Overmyer)《中国社会中的宗教》中译本序言,载杨庆堃《中国社会中的宗教——宗教的现代社会功能与其历史因素之研究》,第16页。

② 详见太史文(Stephen F. Teiser)的综述:Stephen F. Teiser,"Popular Religion",*The Journal of Asian Studies*,Vol.54,No.2(May, 1995),pp.378—395。

就是一种行为活动,仪式的层面甚至可以认为是"活动中的宗教"的象征主体,宗教生活实际上多表现为围绕着种种民间宗教仪式所建构的形式。需要特别说明的是,"宗教生活"的视角特别强调发挥社会功能的信仰和仪式,并不意味着这种思路仍然是纯粹的"功能主义"式理解。实际上,这更倾向于一种"阐释人类学"主张,也就是通过发现真正的对象特别是其符号象征体系,从而能够实现意义的阐释。

在以上理论为前提下,本研究使用一系列新的概念,兹分别定义如下:

"普化宗教":借用李亦园创造的用语,但不等同于李氏的定义。所谓"普化宗教",本研究中一般情况下即等于"社会一般宗教生活"。有时候特别使用此词,乃是用于和义理的、制度化的、几乎很难在社会中发挥功能的宗教形态形成一种对称。

"道教/佛教"和"普化道教/普化佛教":本研究认为,过去很长一段时间里对"道教"、"佛教"的认识(包括对它们使用传统定义的做法),是存在明显问题的。道教在实质上是本土创生宗教的包容集合体,而佛教则是外来创生宗教与本土思想相结合的产物,它们都吸收了原生宗教的因素,也都有义理化的提升,并互相取资且最后都采取了独立教团的存世形式;但更重要的是,它们同时也是社会一般宗教生活的来源。如果与社会相融合并成为社会生活的有机部分,即是"普化道教"、"普化佛教"。"普化道教"、"民间佛教"这一新概念可以代替不尽合理的旧概念"佛教"。需要说明的一个问题是:"普化道教"、"普化佛教"既然都已经是社会宗教生活的一部分,就等同于"普化宗教",为何还要分为二事,特别拈出道教、佛教?原因在于:"普化宗教"的本质虽一,但其来源和形式有分别。其中,"道教"指称的是教"—"普化道教"较为特殊。由于道教是本土的、吸收大量原生宗教因素的创生宗教,因此"道教"的历史形态大部分都属于"普化道教",或者说,道教的普化与非普化的界线比较模糊。

总体而言,本研究关注的是"社会一般宗教生活",因此除非对文分别而言,所称"佛、道教",即是"普化佛教"和"普化道教"。

"义理化宗教/道教/佛教":无论是哪一种创生宗教,如果仅仅停留在经院的层面上而未曾广泛深入地影响社会一般宗教生活,就属于义理化宗教。这一组概念的提出重在指出创生宗教所具有的高度认知功能可以使它们在宇宙观、世界观、道德伦理观、文学艺术等各方面产生大量的思想创造,并形成深刻的宗教式义理。佛教是其中的典型,中国古代道教虽然主要以道家思想为依托,但也通过对道、儒、释的融合形成了自己的宗教哲学。

"制度化宗教/道教/佛教":这一组概念借用杨庆堃的用语和定义,但加以修正,特指保持明显教团化特征,有完善的组织系统、僧侣队伍、教阶制度,并且运行良好的宗教形态。杨庆堃的提法具有逻辑依据,这就是尽管一种社会的宗教生活不是散乱无章而是具有内在秩序的,可是总无法与民族和国家宗教以及独立教团的形式化、组织化相提并论。另一方面,在中国特有的文化环境中,国家祭祀和佛道教独立教团都已成为政治的附庸,与其普化的一面可以说是分道扬镳的。就历史事实而看,制度化道教、佛教都明显存在,著的宗教佛教尤其突出,但它们在中国古代社会中并不发挥显

"秘密

"救世运动"形态不被政治和社会承认的创生宗教特别是其解决与政治、社会、文化内核的作用下,创生宗教如果不能为只能在"地下"秘密,就必然会被整体社会所排斥并沦一般宗教生活的主流。教尽管无时不有,但不是社会毕竟仍是社会一般宗教生

活的一部分，而且中国社会中的秘密宗教，往往呈现出鲜明的文化特色。

为更好地说明上述概念，特举一个较为形象的例子：

《金瓶梅》第六十二回至第六十八回，主要内容是李瓶儿由生病至病亡，西门庆为其大做丧事。丧事是宗教活动较为集中的事件，成为社会一般宗教生活的典型反映。在《金瓶梅》的描述中，李瓶儿病重，西门庆先是问吴道官讨符镇压邪祟，后听应伯爵的建议改请五岳观潘道士行天心五雷法。潘道士行雷法发现并无邪祟，而是李瓶儿"宿世冤愆所诉于阴曹"，乃应西门庆之请祭本命星坛。李瓶儿死后，阴阳先生看时批书之前，已先有观音庵王姑子"替李瓶儿念《密多心经》《药师经》《解冤经》《楞严经》，并《大悲中道神咒》，请引路王菩萨与他接引冥途"。小殓停当，"请报恩寺十二众僧人，先念倒头经"。到第三日，和尚做斋诵经。首七，"报恩寺十六众上僧，黄僧官为首座，引领做水陆道场，诵《法华经》，拜《三昧水忏》"，同时"玉皇庙吴道官来上纸吊孝，揽二七经"。午间上祭，"地吊锣鼓，灵前吊鬼判队舞，戟将响乐"。二七，"玉皇庙吴道官受斋，请了十六个道众，在家中扬幡修建请法救苦二七斋坛"。"那日三朝转经，演生神章，破九幽狱，对灵摄召，拜进救苦朱表，领告诸真符命，整做法事"。三七，有永福寺道坚长老，领十六众上堂僧来念经，"早辰取水，转五方，请三宝，浴佛；午间加持召亡破狱，礼拜《梁皇忏》，谈《孔雀》"。四七，请西门外宝庆寺十六喇嘛来念番经，"结坛跳沙，洒花米，行香，口诵真言。斋供都用牛乳茶酪之类，悬挂都是九丑天魔变相，身披缨络瑠璃，项挂髑髅，口咬婴儿，坐跨妖魅，腰缠蛇螭，或四头八臂，或手执戈戟，朱发蓝面，丑恶莫比"。出殡前日，有"歌郎并锣鼓地吊来灵前参灵"，吊各样百戏。发引之日，报恩寺朗僧官起棺，玉皇庙吴道官悬真。五七，西门庆原拟请吴道官做斋，因恰逢东京黄真人来泰安建醮，遂改请其来做高功，

"领行法事",而吴道官改为前一日念经。前二日,先设坛场,"上安三清四御,中安太乙救苦天尊,两边东岳酆都,下列十王九幽,冥曹幽壤。监坛神虎二大元帅,桓、刘、吴、鲁四大天君,太阴神后,七真玉女,倒真悬司、提魂摄魄一十七员神将";次日念经,敷演《生神玉章》,悬吊榜文,书斋题"青玄救苦颁符告简五七转经水火炼度荐扬斋坛"。至五七当日,黄真人登坛,表白斋意、焚香净坛、飞符召将、打动音乐、化财行香,然后请三宝证盟,颁告符简,破狱召亡。又往李瓶儿灵前摄召引魂,高功演《九天生神经》,"焚烧太乙、东岳、酆都十王冠帔云驭"。午朝,"高功冠裳,步罡踏斗,拜进朱表"。午斋毕,道众升坛,"发擂,上朝,拜忏,观灯,解坛,送圣",至晚间水火炼度正式开始,"道众先将魂幡安于水池内,焚结灵符,换红幡;次授火沼内,焚郁仪符,换黄幡","炼度毕,请神主冠帔,步金桥,朝参玉陛,皈依三宝。朝玉清,众举《五供养》",高功宣戒,道众举音乐,宣念符命。六七,烧两座等库,又"那日玉皇庙、永福寺、报恩寺多送疏,道家是宝肃昭成真君像,佛家是冥府第六殿变成大王"。断七,另一位薛姑子瞒着王姑子、大师父,独自"请了八众女僧,在花园卷棚内建立道场,各门上贴欢门吊子,讽诵《华严》《金刚》经咒,礼拜《血盆宝忏》,洒花米,转念《三十五佛明经》,晚夕设放焰口,施食"。[1]

《金瓶梅》的描写当然未必是现实生活的真实再现,因为其创作的时代——明代中期之时,一般的地方土豪恐怕很少如此大做丧事,更难请到来自京城的高功行此斋醮。在这几回的描写中,《金瓶梅》的作者不过是凭着他对社会宗教生活以及对地方土豪奢侈糜烂行为的熟稔,通过一种典型化场景的塑造,既应对于情节逻辑(西门庆不惜手段占有李瓶儿,故颇为怜爱,难免伤心其死),同时在客观上达成了现实主义义式的批判。

---

[1] 陶慕宁校注《金瓶梅词话》,人民文学出版社,2000年,第777—887页。

在这前后近五十天的典型场景中出现的所有宗教活动,性质上都可以归结为"普化宗教",加起来则组成"社会一般宗教生活"。进一步分析,无论它们在实质上已是怎样的融会,彼此仍有佛教、道教、喇嘛教的区别:报恩寺各僧官、观音庵王姑子、薛姑子所代表的是"普化佛教",而玉皇庙吴道官则是"普化道教"。东京的黄真人原奉朝廷之命来泰安建醮,故其在一定程度上也代表"制度化道教",但其所做炼度法事在仪式、义理两方面都并未超出普化道教之外。比较特殊的是原产于边远地区的所谓"喇嘛教"即藏传佛教,元以后进入中土,在明代士人和民众心目中是比较神秘诡异的宗教型态,它们如果被政治默许存在并且不为社会所排斥,就属于"普化宗教"范围;如果受到禁止而转入地下,即可归入"秘密宗教"。

社会一般宗教生活的视角,显然已经使"中国宗教"得以成立。"中国宗教"既已存在,中国社会文化共同体形成的推动力量也就不言而喻了。

三 通俗文学与社会一般宗教生活

正如没有仪式,宗教就无从表现一样,没有了文学艺术,宗教不仅失去了一套传播工具,更重要的是失去了信仰以及崇高、优美和真诚的强化可能,必将成为丧失社会功能和终极目标的行尸走肉。具体而论,宗教普化是怎样形成的?如何实现了阐释、再阐释的同一性?在庞杂多绪的、丛散的多样性中,为什么会发展出很多超越地域、族群和时间的界限而具有较广泛意义的共同的"俗神"?一言以蔽之,在区域广大、次文化多元以及延续久长的古代中国社会传统中,宗教生活如何抟合、传播和接受并形成了一种普遍认同的宗教伦理,如何具体地实现了宗教的社会功能以促成了近世中国社会文化共同体的最终形成？这一系列问题的提出，使"宗教生活"与"通俗文学"逻辑地发生了关系。

现代中国学术语境中，"通俗文学"这一概念主要是"五四"前后作为对旧有正统文学观念的一种批判而提出的①，它在具体认识上存在着一些模糊、矛盾之处，导致产生很多"不安"因素。比如郑振铎在其开创性的著作《中国俗文学史》中认为，所谓"俗文学"的根本一是大众的，二是集体创作的，三是口传的，四是新鲜而粗鄙的，五是想象奔放的，六是勇于新创的②。此一定义就模糊了"通俗文学"与"民间文学"、"庶民大众文学"的界域③，不能完全准确地概括出"通俗文学"应有的属性。在明清小说的问题上，这种"不安"尤其明显：一方面，上述观念过分强调了民间因素在通俗文学发展中的作用，如将明清章回小说特别是明代"四大奇书"都视为复制无名氏口耳相传故事的书面写本④；另一方面，由于对"通俗文学"最为关键的属性有所忽略，从而大大降低了提出"通俗文学"这一反思性概念对于明清小说研究的重要意义。

当代学者对此进行了新的探讨，西方学者姜士彬（David Johnson）主张，界定"通俗文学"的标准应该是读者或潜在接受者的文化身份状况而不是其文体形式或内容倾向⑤。这个观点是非常正确的，因为它不仅符合"通俗文学"的历史事实，而且揭示了今人之

---

① 参阅浦安迪（Andrew H. Plaks）《"文人小说"与"奇书文体"》，载《浦安迪自选集》，生活·读书·新知三联书店，2011年，第116—117页。
② 郑振铎《中国俗文学史》，上海人民出版社，2006年，第17—18页。
③ 参阅陈福康《〈中国俗文学史〉导读》，载郑振铎《中国俗文学史》。
④ 参阅［美］浦安迪（Andrew H. Plaks）《"文人小说"与"奇书文体"》，载《浦安迪自选集》，第117页。
⑤ David Johnson, "Chinese Popular Literature and Its Contexts", *Chinese Literature: Essays, Articles, Reviews*(*CLEAR*), Vol.3, No.2 (Jul., 1981), pp.225—233.

所以提出"通俗文学"概念的意义。由此出发,以宋元明清话本、拟话本、其他短篇小说、长篇章回小说为主要代表的"通俗文学"最本质的属性有三:一是"世俗性",二是"商品性",三是"普化性"。

"世俗性"即内容世俗、受众广泛。所谓"内容世俗",就是以社会生活和普通人的情感为表现对象,其精神核心是世俗的而非精英的。所谓"受众广泛",就是从内容到形式,不仅为一般民众,也为包括很大一批精英知识分子在内的人所喜闻乐见。清崔炳炎《释惑录后叙》:"《鲁论》称:'子不语怪、力、乱、神。'元明以来,小说家则专言怪、力、乱、神,士大夫锢于帖括之学,史册类不能卒读,而小说之入人心,尤甚于二氏,虽童叟妇女,语及神怪,鲜不谓然……"①理论上,"内容世俗"当然不由作者身份决定,杰出的精英文人艺术家同样可以表现极为世俗的内容,当他们有意识地关注社会生活并与普通民众打成一片之时,其作品就能够反映出一般庶民的情感从而受到欢迎。事实上,"通俗文学"仍然是书面文学或写本文学,它的创作主体是当时的"中间阶层"中的能文之人,这个阶层的人数虽然不多,但在社会中的地位却相当重要,他们不仅是社会一般文化的整理者和传播者,而且是上层精英分子和一般庶民之间的中介人,在大小传统之间扮演了沟通的角色②。因此,这一阶层实际上联系着大众群体,从而使通俗文学具有一个广泛的间接受众。同理,"受众广泛"并不在于作品是否为"口传"和"集体创作",也不在于是否"粗鄙",因为成熟典雅的书面文学可以被通俗的乃至民间的文学艺术形式如说唱、戏曲等广泛地吸收同化,并在很大程度上被加以更加世俗化的改造,遂能为粗通文墨乃

---

① [清]崔炳炎《释惑录后叙》,载[清]崔钟善《释惑录》。此据王利器《元明清三代禁毁小说戏曲史料》,上海古籍出版社,1981年,第282页。

② David Johnson, "Chinese Popular Literature and Its Contexts". 参阅后文的论述。

至目不识丁的民众所接受。就事实来看,"通俗文学"在社会大众中进行着一个互动过程:既吸收民间文艺的营养并进行艺术提升,同时又成为民间文艺的取资对象,明清说唱文艺、戏曲多取材于通俗小说的事实就是一个典型的证明。以说唱和戏曲表演为代表的民间文艺不依赖文字,而且拥有现场观众,如北宋汴京"街南桑家瓦子,近北则中瓦,次里瓦,其中大小勾栏五十余座。内中瓦子莲花棚、牡丹棚;里瓦子夜叉棚、象棚最大,可容数千人","不以风雨寒暑,诸棚看人,日日如是"(《东京梦华录》卷二、卷五);明代"目连戏"的一次演出,"凡三日三夜,四围女台百十座。……戏中套数,如招五方恶鬼、刘氏逃棚等剧,万余人齐声呐喊"(《陶庵梦忆》卷六)。其受众的广泛程度无以复加。民间文艺的直接观众至少是通俗文学的间接受众,在这个意义上,可以说通俗文学的受众范围涵盖了文化精英、识字百姓和文盲大众[1]。正是由其受众广泛的性质,通俗文学必然以社会生活和普通人的情感为表现对象,体现出社会的共同价值观,所以尽管其中融合了精英阶层的教化观念,其精神核心仍然是"世俗的"而不是"精英的"。可以说,"通俗文学"是大小传统互动的产物,也是典雅文学与民间文学彼此交流的结果。通俗文学在近现代文化史上具有极其重要的地位,最根本的原因即在于它的这种世俗性本质。

通俗文学的"世俗性",文学研究者都已经有了较为深刻的体察,从而避免了过去单纯以文体(传统叙事、话本、章回小说)、文学、文字水平和思想倾向为标准的偏失。但对于"商品性"特质,尽管有大量的研究充分揭示和描述了通俗文学编撰、刊行的

---

[1] [美]何谷理(Robert Hegel)《明清白话文学的读者层辨识——个案研究》,载乐黛云、陈珏编选《北美中国古典文学研究名家十年文选》,江苏人民出版社,1996年,第440页。

商业化表现①,迄今为止本土学者的认识不仅仍然有些模糊,甚至还存在一定的忽视、排斥倾向,也就是不愿意承认或有意无意地漠视了这个基本事实。导致这一状况的原因,不外乎我们往往囿于传统的束缚,过于执着于文学的精神性和崇高性,淡忘了一切文化现象都是社会的存在这一终极真理,从而对那些被越来越深入的研究所证明的事实视而不见。

"商品性"不单是指通俗文学作品的生产、传播具有商品经济性质,更重要的是指,通俗文学作品在本质上就是一种商品②,其撰作、生产和流通是为了满足社会需要并同时以获取利润为旨归的商业行为。宋以降通俗文学作品的"商品性"属性既是一种事实③,

---

① 此类研究主要是对通俗文学出版、传播的商业化表现进行描述,进而也涉及通俗文学的商品性特征的揭示。相关成果很多,较为集中的专门性探讨有程国赋《明代书坊与小说研究》(中华书局,2008年)、宋莉华《明清时期的小说传播》(中国社会科学出版社,2004年)、黄卉系列论文、汪燕岗系列论文、纪德君《明清通俗小说编创方式研究》(社会科学文献出版社,2012年)、韩春平《明清时期南京通俗小说创作与刊刻研究》(暨南大学出版社,2012年)等,以及从通俗小说印本书籍内部观照的何谷理(Robert E. Hegel)*Reading Illustrated Fiction in Late Imperial China*(Stanford University Press, 1998。中译:《明清插图本小说阅读》,刘诗秋译,生活·读书·新知三联书店,2019年)等;较为深入的断代小说史陈大康《明代小说史》也有相当程度的论述。

② 过去的研究虽然大部分对此认识有所不清,或有所讳言,但也已经有很多学者明确地指出了这一点,比如王水照明确地指出宋以后的文学作品存在一定的商品化(王水照《作品、产品与商品——古代文学作品商品化的一点考察》,《文学遗产》2007年第3期);而在通俗文学出版物的商品性方面,比较有代表性的如萧相恺《中国通俗小说的本质特征》(萧相恺《中国古典通俗小说史论》代序,南京出版社,1994年)、金荣华《通俗文学与雅正文学的本质与趋势》(中兴大学中国文学系主编《通俗文学与雅正文学第二届全国学术研讨会论文集》,中兴大学中国文学系,2001年)等。

③ 当代明清经济史、书籍史的研究,已经在具体事实方面充分证明了这一点。见以下论著:李伯重《明清江南的出版印刷业》,《中国经济史研究》2001年第3期;范金民主编《江南社会经济研究》,中国农业出版社,2006年;Lucille Chia, *Printing for Profit: The Commercial Publishers of Jianyang, Fujian*(转下页)

也是一种逻辑的必然：传统士大夫文人以外的中下文化阶层的出现，原本就是中古以后社会发展的产物；明代江南地区商品经济得到了进一步的发展，更加促进了这一阶层及其社会影响的壮大。同时，正是由于经济的发展才催生了社会生活的丰富和多元，从而使庶民社会越来越扩大了娱乐、交际、信仰生活的需求。二者相加，造就了通俗文学发生发展及蓬勃兴旺的土壤。在另外一方面，通俗文学不是口耳相传的"言语"而是"书本"，亦即是一种有赖于生产制作、传播流通的"物品"，故而是与印刷术的出现特别是印刷出版商业化的发生息息相关的。没有商业化的印刷出版，通俗文学作品就不可能得到广泛的传播和接受。印刷出版的商业化在明代趋于成熟，以追逐利润为目的的商业性书坊大量出现，与国家和地方政府出版、传统士人个体出版鼎足而三，根本原因在于社会对文献书籍特别是被精英分子所排除的通俗文献的出版印刷存在着较大的需求。通俗文献中，以通俗文学书、民间日常实用之书、科举应试书、医药书、宗教读物、蒙书形成明代坊刻图书的六个主要

（接上页）(11th—17th Centuries), Harvard University Asia Center, 2002(中译：《谋利而印：11至17世纪福建建阳的商业出版者》，邱葵等译，福建人民出版社，2019年); Cynthia J. Brokaw & Kai-wing Chow eds., *Printing and Book Culture in Late Imperial China*, University of California Press, 2005; Joseph P. Mcdermott, *A Social History of the Chinese Book: Books and Literati Culture in Late Imperial China*, Hong Kong University Press, 2006(中译：《书籍的社会史——中华帝国晚期的书籍与士人文化》，何朝晖译，北京大学出版社，2009年); Kai-Wing Chow, *Publishing, Culture, and Power in Early Modern China*, Stanford University Press, 2007; 梅尔清(Tobie Meyer-Fong)《印刷的世界：书籍、出版文化和中华帝国晚期的社会》，刘宗灵等译，《史林》2008年第4期；大木康《明末江南の出版文化》，東京：研文出版，2004年(中译：《明末江南的出版文化》，周保雄译，上海古籍出版社，2014年); 井上進《中国出版文化史——書物世界と知の風景》，名古屋：名古屋大学出版会，2002年(中译：《中国出版文化史》，李俄宪译，华中师范大学出版社，2015年); 《書林の眺望——伝統中国の書物世界》，東京：平凡社，2006年。

类型①，通俗文学作品的数量规模尤其可观，比如作为坊刻中心地区之一的福建建阳一度是通俗书籍编刊的大本营，嘉靖二十四年以后至明末，"建本小说杂书……其数当在千种左右，占全国出版总数之首位"②。这些出版物全部带有显著的商业化特性：编辑灵活、制作快捷、内容庞杂、印制粗糙但形式多样，并皆具有批发、零售、运输等销售流通过程。

很多小说文献、文本方面的现象如：（一）长篇章回小说之间的因袭、模仿、改编（典型的有三例：《平妖传》与《水浒》《水浒》与《金瓶梅》《西游记》与《封神演义》），（二）繁本、简本（主要是《水浒》和《西游记》），（三）不同版本的改、增（插入）、删等，（四）"世代累积性创作"与"文人个人创作"（明代四大奇书几乎都涉及此一问题），（五）小说真正作者的考证的可能性与合理性，（六）撰作、编次、评点的署名和托名，等等（当然以上问题存在交叉）；也包括文学性方面的现象如：（一）小说的真正作者的社会属性，（二）小说中存在的思想张力和内在矛盾，（三）小说的客观展现与其创作主体的主观目的、读者接受之间的悖论，等等，实质都是通俗文学"商品性"的体现。

通俗文学的"商品性"具有深厚的社会、文化意义。在这个方面，和很多明清书籍史研究者一样，姜士彬（David Johnson）特别强调了通俗文学作品作为一种"书籍"的意义："书籍的日益方便易得促进了人们，尤其是中等教育水平的人的读写能力的不断提高，读写能力的提高又会反过来促进书籍需求的增长；这是隐藏在宋代通俗写本文学出现之下的关键的社会发展。如同历史上的所有变革一样，这是不可逆转的：这批新出现的受众成了中国文化一个永恒的特色。而通俗文学作为一种无可比拟的有效的中介，促进了

---

① 详见本书第四章的相关论述。
② 张秀民著、韩琦增订《中国印刷史（插图珍藏增订版）》，第267页。

中国社会的融合。短篇小说和民歌大量兴起，相当大量的其他类型的书——年历、宗教小册子、手册、指导书等层出不穷，并都在此进程中各自起着重要的作用。"①此一观点甚为精赅。通俗文学成为一种"商品"，既是社会、文化变化的反映，同时它也就成为了推动社会的商品经济力量的组成部分。商品经济的力量不仅能带来一定程度的社会变化，而且促进了文化的普及，是近世中国社会文化共同体形成的重要基础。

通俗文学的"普化性"是指其具有广泛的接受性，同时也拥有影响整个社会的巨大力量。毫无疑问，这是"世俗性"和"商品性"的必然结果。通俗文学的"普化"作用要远远大过民间口头文学和民间文艺，因为如前所论，通俗文学虽然取资于民间文学和民间文艺，但是它反过来又深刻地影响了后者；通俗文学以其书面方式摆脱了民间文学和民间文艺因地域、方言、表现形式所造成的局限，从而形成了更广泛的同一性。杰克·古迪(Jack Goody)这样论述"书面、印刷"对"口语文化"的超越：

> 至于用文字取代口语，对神龛进行口语祈祷的做法现在基本已被书写取代了，例如主祷文，或同类的伊斯兰教祈祷文。它们是固定不变的，因此在一定意义上，人们可以说书写造成了人们从口语文化领域的撤退，那里曾以口语为主，很少具有自发性。这种变化让长篇叙述文体得以发展，例如小说，它们需要自由书写与阅读能力。小说在古典时代后期开始出现，但真正的发展却在印刷机发明之后。印刷让廉价的长篇文本得以大量出现，在作者与读者、书商与购买者之间建立起与之前

---

① David Johnson, "Chinese Popular Literature and Its Contexts", *Chinese Literature: Essays, Articles, Reviews*(CLEAR), Vol. 3, No. 2(Jul., 1981), pp.225—233.

完全不同的关系。在其他方面,人们能够称之为"提升"的东西的确开启了新领域,取代了旧领域。以叙述为例,各种文体都在快速变化。口语文本所讲述的民间故事没有被完全取代,它们继续在儿童中间流传,但主要阵地却被长篇虚构小说以一种全新的、完全不同的方式占据了。实际上,叙述的发展——它通常被看做口语文化的一种技艺——无疑能够因为书写与印刷术的发明得到促进。非洲小说出现于后殖民时代,此时口语文化已经基本转型,包括交流习惯、讲故事的人与听众之间的关系以及书写与印刷文字的采用都已经呈现出不同面貌。①

更重要的是,通俗文学是社会中间阶层的创造,在主客观两方面都成功地达成了大小传统的沟通融会,因此也就必然具有拎合整体社会观念的效果。

通俗文学的以上本质,决定了它只有在社会物质文明得到较大发展、文化水平普遍提高、社会生活的精神需要趋于迫切以后才能呈现出兴盛的面貌。中国古代通俗文学成熟与兴盛的具体表现不外有三:一是以《三国演义》《水浒传》《西游记》为代表的优秀长篇章回小说的"积累式完成",以及如《金瓶梅》《封神演义》《儒林外史》等的新型创作;二是以"三言二拍"为代表的下层文人"拟话本"、"话本小说"或白话短篇小说的出现以及后继创作;三是其他各种类型的章回小说、短篇故事集的大量创作,尤其是以书坊为编刊主体的"流行文学书本"的不断出现②。所有这一切,都是从十

---

① [英]杰克·古迪(Jack Goody)《神话、仪式与口述》,李源译,中国人民大学出版社,2014年,第149页。

② 此处"流行文学书本"大约相当于伊维德(Wilt Lukas Idema)所谓"地摊书(chapbooks)"(见其 Chinese Vernacular Fiction: the Formative Period, Leiden, 1974, xi—xii)。个人以为,至少在通俗文学出版的意义上,伊维德的这一提法是极有道理的。

六世纪中期开始,至十八世纪完成的。这一时期正是"晚期中华帝国"社会、经济及文化水平的高峰。通俗文学与整体社会发展的同步性,也决定了它必然成为不断丰富多彩的社会生活的重要象征,并必然与社会一般宗教生活发生互动。

文学来自人生和社会,同时又给予人生和社会以莫大的影响,二者本都是文学的题中之义。就宗教与文学的互动关系言,一方面是"宗教影响文学——文学反映宗教",另一方面则是"文学影响(作用)于宗教"。但现代以来的宗教与文学研究,往往重点关注于前一个方面[①],而轻视甚至忽略后一个方面。尽管"文化"视野的引入使传统研究得到了相当程度的修正,但文学对社会的反向作用的问题,仍然未能得到应有的重视。

这种情况之所以形成,主体观念的陈旧和方法的阙失是主要原因,亦即未能真正发现这个问题并理解它的重要意义,同时对此一相对较为宏大、艰难,并且难以量化论证的问题,也没有找到合理的切入角度和有效的方法手段。具体言之,过去那种认为通俗文学属于"亚文化"或未能参与社会文化建设的观点,都是基于精英文化的单一标准而被证明是完全错误的;十六世纪以降兴盛发达的通俗文学及其衍生形态,以其世俗性的本质特性,对近世中国社会一般传统和集体记忆的凝聚、价值观念的抟合和传播、文化分享和民族认同,作用极其巨大。如此事实虽未必遭到否定,但显然并未得到本土学术研究的严肃对待,也就是未能认识到通俗文学的反向作用是理解近世中国社会"文化共同体"实质内涵的关键所

[①] 相关论述数量极夥,不能一一列举。较为重要的有孙逊《中国古代小说与宗教》(复旦大学出版社,2000年)及孙昌武《中国文学中的维摩与观音》(天津教育出版社,2005年)、《佛教与中国文学》(上海人民出版社,2007年)等。在宗教影响通俗文学方面,最新成果之一吴光正《神道设教:明清章回小说叙事的民族传统》(武汉大学出版社,2012年)认为,在宗教的影响下,以明清章回小说为代表的"神道设教"的叙事模式已经成为一种"民族传统"。

在。与之相应,虽然有一些研究客观上涉及这一问题,也未能建立合理的前提并发现有效的手段,从而无法实现意义的阐释。

关于通俗文学对社会一般宗教生活的反向作用问题,虽然有一些学者如对中国文学与宗教关系素有深研的余国藩和对明清小说精研有得的程毅中提出过这样的观点①,最近也时有学者从特定角度予以标举②,但都未作详细探讨。夏维明(Meir Shahar)和魏乐博(Robert P. Weller)较早在其所编 Unruly Gods: Divinity and Society in China 一书导论及书中夏维明所撰 *Vernacular Fiction and the Transmission of God's Cults in Late Imperial China* 一文明确提出了白话小说、戏剧及口头文学塑造、传播神灵及其信仰的巨大作用、白话小说实际成为"晚期中华帝国万神殿标准化的媒介"(vernacular fiction served as a vehicle for the standardization of the pantheon in late imperial China)的观点③,但仍然只是停留在"传播"、"规范化(标准化)"、"影响"的层面上,似乎还并没有充分意识到通俗文学远远超过"规范化(标准化)"的反向的"建构"作用及其具体内涵④。总之,以上的认识并未使学术界展开进一步

---

① 余国藩《〈红楼梦〉、〈西游记〉与其他:余国藩论学文选》,李奭学编译,生活·读书·新知三联书店,2006年,第308—309页。程毅中《明代小说丛稿》,人民文学出版社,2006年。

② 如纪德君《明代通俗小说对民间知识体系的建构及影响》,《南京大学学报(哲学人文科学社会科学版)》,2017年第3期。

③ Meir Shahar & Robert P. Weller, "Introduction: Gods and Society in China", in Meir Shahar & Robert P. Weller eds., *Unruly Gods: Divinity and Society in China*, University of Hawai'i Press, 1996, p.30; Meir Shahar, "Vernacular Fiction and the Transmission of God's Cults in Late Imperial China", in Meir Shahar & Robert P. Weller eds., *Unruly Gods: Divinity and Society in China*, p.195.

④ 逻辑上,通俗文学既具有深广的传播作用,必然也就具有强烈的建构性。就宗教生活而言,而且必然以其创作的世俗性而建构出一个普化的世界。夏维明没有意识到后一方面,因而一方面认为小说中创造的超自然世(转下页)

的深入研究①。绝大部分关于通俗文学的研究甚至未能真正认识到其反向建构作用这个问题的存在,不过是在论述它们的社会影响时偶一涉及而已。至于通过对通俗文学本质的认识,将其建构作用提高到近世社会文化共同体认同的高度,并对其建构作用的必然性和发生机制、作用过程等予以具体的论证,更是一个研究的空白。

通俗文学的反向作用,建立在通俗文学的传播功能和阐释、影响功能之上。

通俗文学拥有强大的传播和影响功能自不待言②。其书面文学的外在形式可以消弭方言的歧异和时空的阻碍,又通过中下层文化之人的媒介作用成为民间文艺的资源,从而使其实现了某种矛盾的统一,达成了其广泛深入的世俗性。在商业化手段的促进下,通俗文学作品"无胫而走"、"不翼而飞"的程度更为加剧。凌濛

(接上页)界基本上呈现出一种与社会主流意识形态"完全颠倒的世界"、为民众提供了"第二种生活",另一方面又承认小说中的部分神明与儒家伦理并不对立,以及小说中的怪异反叛之神往往在其他资料中以完全不同的面貌出现(*Unruly Gods: Divinity and Society in China*, pp.196—205)。此一结论不仅存在矛盾,而且更重要的是把民众的生活一分为二,又将主次完全颠倒。实际上,通俗文学中的生活必然就是世俗生活本身而不是"第二种生活",通俗文学的价值观特别是其信仰世界之所以与儒家伦理和精英观念有同有异,正是其融合沟通并按照自己的理解建构的结果。

① 夏维明和魏乐博所指出的中国民间宗教研究和通俗文学、民间文艺研究未能实现交叉的缺憾(*Unruly Gods: Divinity and Society in China*, p.30.),二十年来似乎没有得到显著的改变。最近以来也有一些著作开始探讨古代小说对宗教生活的影响,如万晴川《中国古代小说与民间宗教及帮会之关系研究》(人民文学出版社,2010年)在关于古代小说与秘密宗教及近代帮会的互动关系的探讨中,注意到古代小说的反向作用问题。但总体看来目前研究仍有相当不足:一是相关成果不多;二是多偏重于具体事实的论述,并未进一步展开。

② 参阅 Meir Shahar, "Vernacular Fiction and the Transmission of God's Cults in Late Imperial China", in Meir Shahar & Robert P. Weller eds., *Unruly Gods: Divinity and Society in China*, pp.189—193。

初曰:"支言俚说不足供酱瓿,而翼飞胫走,较拈髭呕血笔冢研穿者,售、不售反霄壤隔也。"①清王士禛曰:"故野史传奇,往往存三代之直,反胜秽史曲笔者倍蓰。前辈谓村中儿童听说三国事,闻昭烈败则颦蹙,曹操败则欢喜踊跃,正此谓也。"(《香祖笔记》卷十)②显而易见,文学性、艺术性的存在是通俗文学强大力量的内在源泉。因为贴近社会生活,又表现了普通民众的情感,明以来通俗文学作品特别是一些优秀的篇章,在文学性上都达到了一个较高的水平,获得了这种影响人心的力量。

如前所论,所谓"制度性宗教"是指具有教团组织及体系、神职人员和经典,其中经典是阐释信仰的核心,使其呈现出所谓"经文宗教"(textual religion)的特色,传统意义上的佛、道教即属此类③。其他各种丛生的创生宗教或许也有自身的内在组织性及神职人员(如民间师巫),甚至也拥有经典(如各种"小经"及通俗经典如"宝卷"、"善书"等),但形式和内涵都较为散漫。社会宗教生活则与它们迥异,普遍的情况是一般民众根本不识文字,所信奉的是实用的、行动的宗教,借助僧人、道士或师巫来进行祈禳、治病、招魂、除鬼等宗教活动;但既没有固定的"祭司",也不存在正式的经文④。社会一般宗教生活的符号系统由两方面组成:一是仪式、集庆、"迷信"活动等行为,二是民间口头文学、民间戏剧、民俗艺术。后者为中下层文人吸收、提炼并形成书写文本,就成为了通俗文学。因此,通俗文学作品不仅反映了一般社会的宗教生活,同时也

---

① 石昌渝校点《二刻拍案惊奇》附录《二刻拍案惊奇小引》,《中国话本大系》,江苏古籍出版社,1990年,第787页。

② [清]王士禛撰,湛之点校《香祖笔记》,上海古籍出版社,1982年,第189—190页。

③ 蒲慕州《中国古代的信仰与日常生活》,载林富士主编《中国史新论·宗教史分册》,第16—17页。

④ [美]韩森(Valerie Hansen)《变迁之神:南宋时期的民间信仰》,第10页。

必然成为对宗教意义的理解的表达,亦即阐释和再阐释的工具。

最后需要说明一下本项研究所谓"通俗文学"的范围。严格来说,通俗文学包括小说,说唱文本如宝卷、道情、弹词等,民间戏剧演出脚本,甚至包括具有一定文学性的宗教通俗文本如故事型经文、仙佛传记、善书等等。戏曲文学特别是案头化的文人创作,其阅读者不是受教育程度较低的群体,恰恰相反,而是文化水平极高的文人士大夫。案头阅读剧本与演出完全不是一回事,更何况有些传奇剧本在撰写时考虑更多的是为了阅读,而不是为了舞台展现。因此,这一类戏曲作品不属于"通俗文学"范畴。明代还有一种"传奇"式小说的创作,这一体裁处于唐传奇和以奇闻轶事为主要内容的文人笔记小说之间,虚构性极强,题材也更"浪漫",同时文笔典雅,往往以炫才为旨归。自《剪灯新话》以后,明中期渐有继作,散见于文人笔记中,也出现了一些作品集如陆粲的《庚巳编》等①。嘉靖时刊行的陶辅《花影集》,是《剪灯新话》之后比较典型的个人作品集。商业出版兴起之后,除篇幅较长的作品开始单独印行外,屡有选集刊行,如《钟情丽影》《国色天香》《绣谷春容》等。另外,一些日用类书和文人清赏类图书也收入了不少。对这一类作品,今人统称之为"传奇类小说"或"文言传奇小说",其内容虽不可一概而论,但基本上可以用孙楷第的一段评析进行概括:"凡此等文字皆演以文言,多羼入诗词。其甚者连篇累牍,触目皆是,几若以诗为骨干,而第以散文联络之者。而诗既俚鄙,文亦浅拙,间多秽语,宜为下士之所览观。此等作法,为前此所无。其精神面目,既异于唐人之传奇;而以文缀诗,形式上反与宋金诸宫调及小令之以词为主附以说白者有相似之处;然彼以歌唱为主,故说白不

----

① 陈大康《明代小说史》第六章《文言小说创作的复苏》,人民文学出版社,2007年。

占重要地位，此则只供阅览，则性质亦不相侔。"①虽然它们中的绝大多数都具备"商品性"，但在根本上却不具备"世俗性"和"普化性"，亦即与普通人的情感、生活态度和价值取向有所偏离，同时也无法在社会中得到深入且普遍的传化②。所以，此类作品与明代文人的戏曲创作一样，总体上同样不属于"通俗文学"范畴。

民间戏剧、说唱（鼓词、弹词）之表演严格来说都是民间文艺，只有形成文本并发生流通者才可划入通俗文学范畴③。宝卷很早就以写本为主，但可归于通俗文学者必须是具有相当文学性的宝卷，而不是宗教性成分远远大于文学性成分的宝卷④。入清以后的"子弟书"是一种特殊的现象，性质上固属于通俗文学，但由于它是通俗小说的再创作，所以仍从属于通俗小说。

显然，通俗文学以通俗小说为主体。前已论述，通俗文学不当以文体为标准，通俗小说亦然。如果具备世俗性、商品性、普化性的通俗文学特质以及虚构性、叙事性的文学文体因素，即使是一些传统士大夫创作的文言传奇，也可以划入通俗小说的范围。不过，像《剪灯新话》《聊斋志异》这样的作品毕竟少见，大部分文言传奇的世俗性和文学性不足，尚不足与话本及拟话本、白话章回小说分庭抗礼。

有鉴于上述种种情况，因此本项研究虽以通俗小说为主要对象，但在总论内容、意义、作用等方面，仍以"通俗文学"为名。

---

① 孙楷第《日本东京所见小说书目》，中华书局，2012年，第305—306页。

② 文言传奇小说中一些作品被戏曲改编，但很少被民间说唱改编传化。同时，也不能排除这些作品本身就是文人从民间传说、表演中吸收素材然后按照自身的欣赏取向进行创作的可能。

③ 明末方有鼓词传本（参阅郑振铎《中国俗文学史》第十三章《鼓词与子弟书》），清中期以后民间戏剧亦间有脚本整理（参阅后文相关论述），其文字均亦不乏文学性，但绝大多数民间戏剧、说唱仍以口耳相传为主而没有形成书写文学。

④ 关于文学性宝卷的具体名目和内容等，可见郑振铎《中国俗文学史》第十一章的综述。

四 十六至十八世纪的典型性

"近世"一般是指宋以后时期,有时特指明清时期。本研究所谓"近世"乃指后者,并且特别选择其中十六至十八世纪这三百年为时间范围。

十六至十八世纪跨越明、清两个朝代,结合传统的政治性纪年,大致从明正德元年(1506)到清乾隆六十年(1795)。这三百年经过明清易代的顿挫,呈现为一个波浪式的轨迹,出现了两个高峰:前一个主要是在嘉靖至万历时期,表现为商品经济的愈趋兴盛;而后一个则在清乾隆时期,无论是就国族、疆域、王朝体制,还是就文化意识形态、经济和社会发展程度而言,一般被认为是整个古代中国和文化/社会共同体的终极阶段,构成了近现代中国的直接基础。

从十六到十八世纪,中国人口激增。有相关研究估计,十四世纪后期约有6 500万,万历二十八年(1600)已增至1亿5千万;十七、十八两个世纪增幅尤巨,在物质条件较为优裕和清初统治者的开明统治下,到十九世纪中期可能已达到4亿3千万①。社会史家都认为,人口是前近代社会经济发展程度的重要指标。人口的增加既是农业和商业发展的结果,同时也是广大消费市场的保障,并进一步促进了很多地区商业资本的兴盛②。在刺激商品经济方

---

① 何炳棣《明初以降人口及其相关问题:1368—1953》,第1、310页。
② 参阅傅衣凌《明清时代的商人及商业资本》,人民出版社,1956年,第2页。有一种观点认为,人口增加形成的"人口压力"是当时人稠地狭的江南地区农业生产转向经济作物生产的主要原因(黄宗智《长江三角洲小农家庭与乡村发展》,中华书局,1992年)。这个观点或许不尽正确(参阅李伯重《"最低生存水平"与"人口压力"质疑》,《中国社会经济史研究》1996年第1期;范金民《明清江南商业的发展》第五章,南京大学出版社,1998年),但不能否认的是,人口增加所形成的消费市场,无疑是刺激商品经济的重要因素。

面,人口因素甚至比当时由新大陆输入的白银所起到的作用更大①,是社会体制和生产技术并未取得实质性突破情况下的经济的重要支撑②。不惟如此,众多的人口还具有非凡的社会文化意义,人口的增加势必造成更广泛程度上的移民,使安土重迁的农业人口开始脱离农业,并造成社会世代结构变化。它在客观上进一步丰富了区域、阶层、世代、信仰、风俗的复杂性,提高了社会生活的丰富活跃程度,从而必然引起新的共同体认同的内在需要。当然,人口的增加在土地日趋集中、人地矛盾突出的情况下也会给社会形成压力并造成动乱,但这是十九世纪发生的事情,明代中期和清全盛时期尚不明显。

十六世纪至十八世纪人口、经济、社会及世俗文化的状况,集中体现在城镇化的新一轮周期的发展中。明代中期,至少在交通和贸易要道和经济发达地区的中心城市,已大大褪去了传统城市的那种政治统治功能的色彩,开始具有浓厚的商业意味,并且成为某一经济社会区系的中心③。以这样的区域中心城市南京为例,经过明代的发展进入清代,南京周围地区生产优质棉布,经广州出口西方,出口量不断增加,到十九世纪前期每年已有一百万匹以上销往英国和美国④。城市加上集镇以及"有中心服务功能的其他核心住区"形成一个中心区域,在落后的地区不断涌现,而在发达

---

① [美]迈克尔·马默(Michael Marme)《人间天堂:苏州的崛起,1127—1550》,载林达·约翰逊(Linda Cooke Johnson)主编《帝国晚期的江南城市》,成一农译,上海人民出版社,2005年,第43页注释[2]。

② 何炳棣举例道:"明清两代以商业支持巨大人口的地区包括徽州、山西一些府县、陕西和甘肃的部分州县、长江下游的若干府县、浙江的宁波绍兴两府、闽南的漳州和泉州,以及广州地区。甚至在贫穷落后的鄂西高原,人们很大程度上依靠与四川的贸易为生。"见其《明初以降人口及其相关问题:1368—1953》,第232页。

③ 参阅施坚雅(G. William Skinner)主编《中华帝国晚期的城市》。

④ 何炳棣《明初以降人口及其相关问题:1368—1953》,第236页。

的地区则继续壮大发展①。实质而言,中心城市是与各自区域里众多村落的市镇化发展相同步的,而集镇在某种程度上较中心城市更能体现出区域经济的特征,同时也更能印证手工业和商业的兴盛。有研究表明:"江南市镇的发展在明代嘉、万时期形成第一个高峰,数量约 300 个,到清代乾隆时期形成第二个高峰,达到 500 个左右(实际可能在 600 个以上),将近翻了一番。其中以苏州、松江、杭州、嘉兴等府最为明显。事实上,常州府的市镇由明入清也获得了迅速发展。"②以在通俗小说中经常出现的经济较为发达的江南市镇为例,苏州地区的震泽镇"元时村市萧索,居民数十家。明成化中,至三四百家;嘉靖间倍之,而又过焉。迄今(案:指乾隆时期)货物并聚,居民且二三千家,实邑西之藩屏也",平望镇"东汉时以乡称。宋元间两岸邸肆间列,以便行旅。明初居民千百家,百货贸易如小邑。然自弘治迄今(案:指乾隆时期),居民日增,货物益备"③。整个明清时代民间独立的手工业和小作坊广泛分布于各地的镇城乡村,不仅创造了各种不同的经济单位,而且在增加单个经济部门数目的同时减少了功能同一的经济单位数量④,表明了市场和商业竞争机制的形成。

十六至十八世纪明清社会的社会分层出现了重要的变化。在此之前的社会阶层,总体上仍是两个层面:贵族、精英士人和一般百姓,明代中期以降则有新的情况。首先是社会阶层流动性的增强,特别是寒素之人通过科举进入上层的比例大大提高。何炳棣

---

① [美]韩书瑞、[美]罗友枝《十八世纪的中国社会》,陈仲丹译,江苏人民出版社,2008 年,第 52—53 页。
② 范金民《明清地域商人与江南市镇经济》,载范金民主编《江南社会经济研究》,中国农业出版社,2006 年,第 106 页。
③ 乾隆《震泽县志》卷四。此据傅衣凌《明清时代的商人及商业资本》,第 19 页。
④ 傅衣凌《明清时代的商人及商业资本》,第 15—16 页。

较早明确地证明了这一点,近年来虽然也出现了一些不同的观点,但总体上仍无法否认从明初到清中期以前社会阶层上下流动加剧的事实①。这一现象具有两面性:一方面是宋以后社会进步的重要反映,另一方面也是古代社会并未完全进化蜕变为近代社会的表征。清中期以后的上下层流动趋于减缓,正预示着古代社会的终结以及社会变革的不可避免。其次是手工业、商业和商业资本带动的城镇化导致市民阶级和雇佣者的出现。这一阶层的人数虽然并不庞大,且主要限于手工业和商品经济发达的地区,但却是前所未有的新生事物。再次是宗教的"普化"使社会中宗教职业者成为一个较为显著的存在。因为大量的地方性寺观的建立,宗教职业者的队伍不断扩大;同时因为社会宗教生活的需要,他们也不再仅是大型寺庙中持有度牒的僧人、道士,而包括了游方僧道、乡村师巫、卜师术士等等,负责从治病厌胜、除鬼驱魔、祈禳祷求到丧葬法事等各种法术、仪式活动。这种丛散型的"宗教职业者"群体至少从南宋开始就出现在民间社会,他们不仅从未经过义理化、制度化宗教的训练,甚至大字不识,但都标榜自己来自某一特殊传统②。其中,只有掌握某一特殊"形式"的,才可以被认为某种意义上的正统。就其中的道士来说,苏海涵(Michael Saso)基于对当代台湾道士的考察,总结这一形式内容为:颂唱、掌握复杂的仪式步伐、运用手印、记忆数百段仪式文献和不计其数的与之相关的程序、规则。"如果他还写得一手能治病的好符,用剑和牛角号驱鬼,跳大神,上刀梯,并且赢得法力强大的名声,那么人们对他所提供的宗教服务的需求基本上是无限的。"③这基本符合从明清一直到近代的状况。第四是文

---

① 徐泓《明清社会史论》译者序,台北联经出版事业股份有限公司,2013年。
② [美]韩森《变迁之神——南宋时期的民间信仰》,第37页。
③ [美]苏海涵(Michael Saso)《道教仪式的正统与异端》,载武雅士编《中国社会中的宗教与仪式》。

化娱乐的需要,使民间艺人也成为一种社会群体。以上这些变化进一步催生了一个中间阶层——包括生员、"杂流"①、地主、商贾、市民和手工业者、相对富裕的小农、脱离生产的宗教职业者、民间艺人——的出现和壮大。这个阶层不仅包含着一个通俗文学和民间文艺的创作群体,同时其本身也是通俗文化的消费主体。更重要的是,它扮演了沟通上下、融合大小传统的显著作用。

上述人口、商品经济、城市和区域中心、社会流动和新兴阶层四个方面的新变化,作为十六至十八世纪典型性的重要表现,已是学术界的共识。但除此之外,还有两个方面亦不容忽视,即宗教的普化和通俗文学的兴起。

十六至十八世纪是宗教的彻底普化和社会宗教生活逐渐抟合形成一个整体(即"普化宗教")的时期。宋元以来,相对独立的佛教以外,随着社会、经济情况的变化,依据旧有道教资源和民间信仰,同时又吸收佛教因素的各种类型的新创或丛生教派纷纭出现,如影响较大的真一、大道、全真、净明以及"神霄派"、"天心派"、"清微派"等,同时很多旧有教派也在恢复,如古老的张天师一系的正一道教。所有这些,或此消彼长,或混合间杂,实际均成为新的道教包容体的内容。至明代,道教包容体虽然在形式上呈现为"全真"、"正一"两大系列,但逐渐已无实质区分。教团的组织制度上,尽管国家政权始终在加强管理,但即使是制度化程度较高的佛教亦不断趋于涣散;道教包容体本身的独立教团程度原就较为薄弱,其实际存在状况更加松散。思想义理上,明代佛、道教更是沿着宋以来的内在理路愈趋于和世俗伦理的融合,"三教融合"成为从精英思想到社会一般观念的共识。以此,佛、道教在社会上的实际追

---

① 何炳棣归纳曰:"杂流身份,包括地方与中央政府不入流的衙吏如书吏、译字官、听选、书算、承差、都吏、令史等,有时还包括宦官之子。"(何炳棣《明清社会史论》,第85—86页)

求,不在于度脱众生,而在于劝人为善,其行为活动亦以丧祭超度、祈福禳灾为主①,与社会宗教生活融为一体。

创生宗教的另一部分因坚持摆脱现世的宗教本性而与社会伦理产生冲突,同时又不能与之妥协,最终转为地下成为"秘密宗教",在明清两代潜流暗伏并时有激荡。"秘密宗教"的存在并不是宗教普化的例外,而是正相反,它恰恰证明了在中国社会中,只有与世俗伦理融合,宗教才能成为生活的内容之一。

在通俗文学方面,为中国古典小说奠定文体特征的那些作品的最早版本,正是到十六世纪才出现在历史的舞台上②。以现存可以明确的最早《三国志通俗演义》刊本的刻印时间嘉靖元年(1522)为始,以程伟元、高鹗用木活字排印一百二十回《红楼梦》的乾隆五十六年(1791)为止,十六至十八世纪是古代通俗小说兴盛并达至高峰的时期。尽管最伟大的六部长篇小说中的四部(《三国志演义》《水浒传》《西游记》《金瓶梅》)完成于十六世纪,而另两部(《儒林外史》《红楼梦》)诞生于十八世纪,但在十七世纪通俗小说和其他各种通俗文体也处在蓬勃发展之中。十七世纪时期杰出作品的相对缺乏并不意味着通俗文学兴起的中断,而是其发展过程中某种复杂性的表现,蕴藏着与政治、社会及思想潮流密切相关的文学史内涵③。所以有的学者认为,从十六至十八世纪,通俗小说与知识和其他文化显然是平行发展的④。

---

① 参阅王尔敏《明清时代庶民文化生活》中的简明综述(岳麓书社,2002年,第13页)。
② [美]浦安迪(Andrew H. Plaks)《前现代中国的小说》,载《浦安迪自选集》,第82页。
③ 参阅[美]浦安迪(Andrew H. Plaks)《坠落之后:〈醒世姻缘传〉与十七世纪中国小说》,载《浦安迪自选集》。
④ [美]何谷理(Robert E. Hegel)《明清插图本小说阅读》,刘诗秋译,生活·读书·新知三联书店,2019年,第7页。

十六世纪至十七世纪上半叶，通俗文学的创作出版主要是以书坊为主导的商业性行为，以汇纂、改编旧有传说和整理累积性创作为主。十七世纪下半叶至十八世纪即康熙到乾隆时代，尽管编创、出版有一定程度的分离，"有文之人"的"个体性"（即突出创作者的个人趣向）创作的比重逐渐加大，但商业出版的性质依旧[①]。无论是刊印小说的书坊数量还是出版种数、刊印版次，均远超前一时期。

十六至十八世纪古代通俗小说的创作呈现出显著的地域性。尽管我们无法知道很多通俗作品作者的生活和确切创作地点，但江南地区始终是最为重要的创作中心[②]，随后沿运河诸码头北上扩大至明清首都北京，这可以从数量众多的小说所反映的内容中得到证明。从出版的角度看，整个明代南京和苏州、杭州一带以及福建建阳都是出版重地，但明末开始江南地区的出版业逐渐超过了建阳，同时也取代建阳成为通俗文学刊印中心，直至十九世纪犹然。和建阳有所不同的是，江南一带的商业出版不仅是江南地域文化的反映，本身也是江南经济体系中的一个组成部分；同时，江南地区也是书籍出版物的主要市场，这一点保证了该地区出版业发展的稳固性和持续性。十六至十八世纪古代通俗小说创作的地域特征，显然是与通俗文学的世俗性、商品性相互印证的。

[①] 有一种观点认为：此一时期个体创作的通俗小说占同时期通俗小说的三分之二以上，且超过了此前所有个体性创作小说数目的总和（李明军《中国十八世纪文人小说研究》，昆仑出版社，2002年，第98页）。这个结论需要进一步核实。即使是作者、内容都呈现出一定的"文人性"（"文人性"本身也需要定义），也不能认为此际绝大部分小说就已经是脱离书坊和摆脱商品性的"文人小说"。

[②] 福建建阳地区在万历前后虽然也编刻了不少小说，但主要是以编纂、刊印而不是创作为主。明天启以后的个体性创作，基本上都是在江南地区完成的。详见本书第三章的相关论述。

第二章 沟通与两难：通俗文学的作者属性及其意义

忽视通俗文学"商品性"特质所带来的阙失是相当严重的，因为"商品性"和"世俗性"、"普化性"不仅三位一体，而且在某种意义上"商品性"甚至是"世俗性"和"普化性"规定性的源泉，它在更深层次上决定了通俗文学的本质、内涵、表现和文学意义。如果不能树立这样一种认识原则，就必然会使具体的研究发生偏差，影响到对通俗文学根本意义的探寻。明代通俗小说的作者属性问题，正是一个非常典型的例证，既可以从正反两方面证实通俗文学"商品性"特质的决定性意义，同时又能说明通俗文学所以具备"建构性"的关键所在。

一 通俗小说的作者及其社会属性

"作者属性"问题不等于具体的"作者"问题，它不是对具体作者的考证，而是关于文学创作主体的时代、身份、文化水平和社会属性、主观意识的界域性的总体认识。明代通俗小说是十六世纪随着社会经济文化和商业出版的发展、社会阶层的变化而兴起的通俗文学的主要类型和典型代表，其作者属性当然也就是通俗文学作者属性的典型反映。

无论是文言还是白话（包括浅近文言）小说，都不是口头传播的而是以书面文字书写的，它可以是说书人创作或民间流传故事的文字记录或加工,但显然不是说书表演、口头讲述而是文字创作。因此,通俗小说的作者既不可能是目不识丁的文盲,也不可能是粗通文墨的一般民众,而只有可能是至少具有一定文字和文学水平的"文人"①。理论上,这一"文人"群体也可能包括传统精英文士,但事实表明明清通俗小说的作者在总体上只能是一个低级文人群体。对此,当代研究者虽已有认识,但论断的内涵既有不同,同时也不无偏失,需要重新予以深入的讨论以明确其中真义。

绝大多数明清通俗小说的作者要么不知其名,要么就是拟托名人,再就是署以笔名。明中期至清初期最为明显,统计现存明代近百余种通俗小说出版物可以发现,除了书坊主或书坊堂号和拟托者外,剩下的都无一例外以笔名出现。即使是冯梦龙和凌濛初这样并不太讳认自己编创小说的人,同样署以笔名,如《古今小说》署"茂苑野史",《警世通言》《醒世恒言》仅署"可一主人"、"无碍居士"、"墨浪主人""评、校";凌濛初《拍案惊奇》署"即空观主人"。建阳余氏书坊翠庆堂的"雇佣写手"邓志谟,也属于这种情况,因为我们无法确证"邓志谟"究竟是一个真名,还是一个代号。事实上,"三言"等作品出于冯梦龙,乃出于当时或稍后人的"考证",并不完全是他本人的自揭。像这样的情况还有《西湖二集》之归于周楫②、《西游补》之归于董说③、《女仙外史》

---

① 此处所谓"文人"不是传统的含义,主要指"有文之人",和浦安迪《"文人小说"与"奇书文体"》提出的区别于民间作者的"文人"也有不同。

② 明末云林聚锦堂刻本《西湖二集》署"武林济川子清原甫纂"、"武林抱膝老人吁谟甫评",所附《西湖秋色一百韵》题"武林周楫清原甫著"。谈迁《北游录·纪邮》谓作者为杭州人周楫,字清源。见陈美林校点《中国话本大系·西湖二集》前言,江苏古籍出版社,1994年。

③ [清]钮琇《觚剩续编》卷二:"吴兴董说,字若雨,……余幼时曾见其《西游补》一书,俱言孙悟空梦游事,凿天驱山,出入庄、老,而未来世界历日先晦后朔,尤奇。"

之归于吴熊①。当代学者考证更多，如以《醒世姻缘传》归于蒲松龄②、以"天花藏主人"为嘉兴人徐震等③，然均难得实；即使其人不诬，生平也一无所知。

　　与之相对的，是书坊主均署以真名，如《春秋列国志传》署余邵鱼，《皇明诸司廉明公案》《皇明诸司公案》《万锦情林》均署名余象斗，并同时标明余氏书坊"双峰台"、"三台馆"。此与小说出版物于内页或书尾牌记中非常突出书坊堂号，属于同一性质。明万历时期出现的"著作权"观念，权益主体也是书坊或书坊主，而不是真正的作者。明代中后期小说出版物的作者署名往往呈现出一种非承递性的多样化模式，包括撰作、编次、批评、校阅等多重著作方式，以及同一或不同方式的不同笔名④。总体上，这一类署名以托名、虚拟为多，实质则是商业书坊的一种广告宣传手段。坊刊小说所署作者笔名——字号，同样也是书坊的虚拟化手段，随意性很强，其中有一些可能存在某些寄托，如崇祯间翠娱堂刊《辽海丹忠录》第一回卷首署"平原孤愤生戏草，铁崖热肠人偶评"；或标榜所在胜地，如明末清初杭州小说作者笔名往往冠以"西湖"字样，但大多数

---

　　① ［清］刘廷玑《在园杂志》卷二："吴人吕文兆熊，三十年旧交也。……先年所衍《女仙外史》百回，亦荒唐怪诞，而平生之学问心事，皆寄托于此。年近古稀，足迹半天下，卒无所遇。"
　　② 胡适《醒世姻缘传考证》，黄肃秋校注《醒世姻缘传》附录二，上海古籍出版社，1981年。
　　③ 戴不凡《小说见闻录》，浙江人民出版社，1980年。
　　④ 大约可分三种类型：一是实际上都指向作者和编刊者为一人。如《肉蒲团》清刊本，内封署"情隐先生编次"，正文卷端署"情死反正道人编次，情死还魂社友批评"。二是署名上显示多人以不同方式参与，但真实情况往往非是。如《开辟衍绎通俗志传》，各卷卷首题"五岳山人周游仰止集"，"靖竹居士王黉子承释"；有的本子另加封面，上题"钟伯敬先生原评"。三是表面上存在多位作者，实际则无非是故弄玄虚。《新编扫魅敦伦东度记》明万卷楼刊本，题"荥阳清溪道人著，华山九九老人述"，著、述，显为一义，无复差别。

没有显著的实指意义。《西游记》世德堂本署"华阳真人",并不一定表明作者钟情道教或本人就是道士。《鸳鸯针》署"华阳散人编辑"①,《如意君传》日本刊本序文署"甲戌秋华阳散人题,东都牛门隐士书"②,其中也有"华阳"云云。当然也有笔名不变的,如著名的"天花藏主人",与其相关的作品多达二十余种③。

　　小说出版物所署看起来像是真实姓名者,其具体情况也常常一无所知。最为著名的是《三国演义》和《水浒传》的罗贯中、施耐庵,这两个"名字"成为二书的作者姓名,实际也是明中期前后人的某种拟测,而被后来的刻印者所继承。他们的生平,当时之人亦不甚了了。《于少保萃忠传》所署"孙高亮"、《江湖历览杜骗新书》所署"张应俞"、《封神演义》所署"许仲琳"、《如意君传》所署"徐昌龄"、《禅真逸史》所署"方汝浩"、《型世言》所署"陆人龙"等,均此之属。即使是冯梦龙、凌濛初,稍后之人也仅能知道一些他们生平的大概。经过小说现代化研究百年以来对材料的爬梳,可以这样说,十六至十八世纪所产生的数百种通俗小说的作者,百分之八十以上的真实姓名和生平详情,从一开始就没有被历史所记住④。相

---

① 此本又题"蚓天居士批阅"。案:或据卓尔堪《明遗民诗》《丹徒县志》,疑此"华阳散人"即丹徒县遗民孝廉吴拱辰。拱辰字襄宗,号华阳散人;"蚓天居士"殆亦拱辰之别号。见王汝梅撰《〈鸳鸯针〉提要》,载《中国通俗小说总目提要》,中国文联出版公司,1990年,第303页。

② 《如意君传》现存最早刊本为乾隆二十八年本,此日刊本时代在后。其中"东都牛门隐士"可能是日人(即其内页所题"东都清秘阁"主人),但序文似仍为原刻所有,"华阳散人"为原序作者。

③ 此据冯伟民《平山冷燕》"校点说明"的统计,人民文学出版社,1983年,第262页。又参林辰《从〈两交婚小传〉看天花藏主人》,载王多闻校点《两交婚》附录,春风文艺出版社,1985年。

④ 有学者总结认为,"著作权肯定,生平大体有数"的明清通俗小说作者约有四十余人(周均韬、王长友主编《中国通俗小说家评传》,中州古籍出版社,1993年),纪德君《明清通俗小说编创方式研究》附录一《明清时期文人型小说作者生平状况一览表》归纳为五十四人(社会科学文献出版社,2012年),若以(转下页)

反,尽管材料同样有限,书坊之名却大多保留至今。就明代南京一地而论,可以明确的商业书坊就有一百五十余家之多①。

但通俗小说仍然是存在真实作者的。即便是由各种素材和不同创作长期累积而成的作品,也必然有一个最后的作者②,他所做的工作无论是重新创作还是"编纂"、"改写"或增加"当场描写",都势必呈现他的个人观念。然而绝大多数真实作者的姓名和事迹并

(接上页)现存十六至十八世纪小说论,差不多也就是全部作者的20%左右。实际上这四五十人的名单中,著作权完全肯定的往往不过是对应于一个姓名符号,可以谈得上生平稍详者不超过三十人,且多为清乾隆以后的作者。

① 张献忠《明代南京商业出版述略》,中国社会科学院历史研究所明史研究室编《明史研究论丛》第10辑,故宫出版社,2012年,第58页。当然,统计数字不可能完全精确。

② 参阅[美]浦安迪《"文人小说"与"奇书文体"》,载《浦安迪自选集》,第116—117页。一般认为,明代存在着"世代累积型"小说,至少《三国志通俗演义》和《水浒传》就属于这一类型。徐朔方甚至主张存在着两个基本事实:第一是在《绣榻野史》成书(万历二十七年前后)以前,个人创作的长篇小说在中国并不存在。万历二十七年是中国早期长篇小说的下限,个人创作的长篇小说的上限;在此以后,依然有世代累积型集体创作的长篇小说继续成书问世,但个人创作已经出现,并正在逐渐加强它的势头。第二是中国早期几部长篇小说都曾经历或长或短以数百年计的竞相流传的时期,它们难免彼此影响,互相渗透。彼此渗透、互相影响的事实反过来又证明它们不是个人创作。在个人创作中只有施加影响或接受影响的单向作用,不可能是双向作用(徐朔方《中国古代早期长篇小说的综合考察》,载其《古代戏曲小说研究》,浙江大学出版社,2008年)。关于其第一个"事实",这个结论完全是以"四大奇书"全部都是"世代累积型小说"为前提的,但"'四大奇书'全部都是'世代累积型小说'"本身却是一个还没有被证明的论断。如果"四大奇书"是个人创作,那么万历二十七年以前个人创作的长篇小说在中国并不存在的事实就显然不能成立了。关于其第二个"事实",确实,如果是个人创作,必然有先有后,所以影响只能是单向的。但中国早期几部长篇小说是否确实存在着素材及早期创作以外的"双向影响",目前还无法完全予以证明。个人的观点是:文学创作绝非是积水成潭的自然性行为,只要一部作品具有鲜明的文学性,无论它继承了多少前有创作成果,都仍然是某个人的"创造"而不是一群人的无意识积累;尽管我们实在无法确定在"书会先生表演——书会先生话本——书坊主及雇佣写手编刊"这些环节中,哪一个环节中的哪一个人是真正的作者,但从逻辑上说,在最后编刊成书的环节中诞生真正作者的可能性是最高的。

不可知,完全被商业书坊"巧取豪夺"了。原因很简单:通俗小说出版物既然是作为一种商品出现的,商业书坊就必然成为主导力量①。当然也有书坊主兼事创作,如建阳余象斗就挂名了《五显灵官大帝华光天王传》《北方真武祖师玄天上帝出身志传》《全像类编皇明诸司公案传》《皇明诸司廉明奇判公案传》《新刻芸窗汇爽万锦情林》等小说或小说汇编;熊大木(熊钟谷)署有《京本通俗演义按鉴全汉志传》《新刊参采史鉴唐书志传通俗演义》《新刊大宋演义中兴英烈传》《南北两宋志传》等小说。但除了从南京、杭州获取新刊以翻印者外,建阳地区在通俗小说商业刊刻兴盛的初期,书坊主如余象斗、熊大木等是否就是真正的文学创作意义上的作者,并无确切的证明②。因为绝大多数情况下书坊主所做的都只是拼凑、改编、剿袭或汇纂,文学创作程度不高;而某些具有一定文学水平的早期刊刻小说,极大可能具备隐藏在书坊主背后的另外的作者,也就是所谓"雇佣写手"(详见第三章第二节的专门探讨)。无论如何,通俗文学的商品性本质决定了通俗小说一开始是编创与刊刻发行合为一体,并由书坊主主导的。当代学者所总结的书坊主主宰创作格局的"熊大木现象",无疑是当时的真实情状;但由此而提出的所谓原本负责传播环节的书坊主"越位"而成为创作主体的"熊大木模式"③,则

---

① 详见陈大康《熊大木现象:古代通俗小说传播模式及其意义》,《文学遗产》2000 年第 2 期。

② 根据对现存小说诸版本题名、牌记、序跋、刻工等信息的综合考察,以及对明代中期以降通俗书籍商品生产的市场、分工、产业链状况的分析,嘉靖、隆庆时期及万历早期所刊小说的稿源或母本,绝大多数来自江南地区。当然,这只是出于不完全归纳而提出的假设,需要进一步研究。参阅本书第三章的相关讨论。

③ 此乃陈大康的观点。陈大康先是在《熊大木现象:古代通俗小说传播模式及其意义》(《文学遗产》2000 年第 2 期)一文中提出"熊大木现象",此后在《明代小说史》第八章第三节(人民文学出版社,2007 年)中进一步总结出"熊大木模式"。陈说甚为精辟,但以《水浒传》《三国演义》成书、刊刻为据提出通俗小说先是编创、刊刻、传播相对分离,商业刊刻兴起后,书坊主因稿源问题而"越位"进行直接创作,未必恰当。

并不完全成立,因为书坊主主导创作就是"本位"而不是"越位";关于他们并不限于"主导"而是真正进行了文学意义上的创作的说法,既无法得到证实,也不符合通俗文学商业化生产的一般规律。创作、编刊、印刷的分离大约至明末清初方具规模,出现了不少"文人书坊"①,但这些书坊仍然带有强烈的商业性,其刊刻小说同样很少出现真名实姓。

　　总之,绝大多数通俗小说真实作者的姓名和生平行事从一开始就湮没无闻,是不以我们当代人主观意志而转移的客观事实,这一情形在通俗小说勃兴并发展至高峰的十六至十八世纪最为突出。即使是完全出于下层文人自遣悲懑的创作如《儒林外史》《红楼梦》等,其作者或仅为同志群体所晓,或同样不名其谁②。周亮工《因树物书影》卷一:"《水浒传》相传为洪武初越人罗贯中作。又传为元人施耐庵作,田叔禾《西湖游览志》又云此书出宋人笔。近金圣叹自七十回之后,断为罗所续,因极口诋罗,复伪为施序于前,此书遂为施有矣。予谓世安有为此等书人,当时敢露其姓名者!阙疑可也。定为耐庵作,不知何据。"③案周亮工攻击金圣叹,固为一边之辞;其生活在清初,谓小说作者不敢露姓名,也不免有些以"今"度"古"。但周氏所言,仍能揭示小说作者一般不署真名的历史情状。通俗小说真正作者不为人知的局面,一直到封建时代晚

---

　　① 文革红《清代前期通俗小说刊刻考论》(江西人民出版社,2008年)对此问题有极其详实的论述。

　　② 此类创作最初均无一例外地以抄本形式流传。程晋芳《勉行堂文集》卷六《文木先生传》曰:"(吴敬梓)又仿唐人小说为《儒林外史》五十卷,穷极文士情态,人争传写之。"(清嘉庆二十五年冀兰泰吴鸣捷刻本)陈镛《樗散斋丛谈》卷二"红楼梦"条:"《红楼梦》巨家间有之,然皆钞录,无刊本,曩时见者绝少。"(转引自朱一玄《明清小说资料选编》,南开大学出版社,2006年,第595页)但书坊一旦发现有利可图,又纷纷加入刊刻行列。

　　③ [清]周亮工《书影》,上海古籍出版社排印本,1981年,第16页。

期都没有彻底的改观。中国古代通俗文学作者属性虽然有着明显的文化和社会特色,但在"作者属性存在着鲜明的历史阶段性特征"这一原则上,和西方并无不同①。

从根本上说,这一现象是通俗文学"商品性"的本质决定的。而具体的达成,则明显是商业书坊主导作用的结果。商业书坊不仅遮蔽了真正的创作者,而且在各种形式"包装"之外,有意识地进行某种意义的导向,以实现其商业目标。这种"导向"主要表现在明显是书坊主(或其雇佣者)所撰写的那些文字拙劣、逻辑混乱、内容牵强附会的序言中,或是贬低他书抬高己书,或是无端渲染,或是标榜教化,或是杜撰寓意迎合时尚。甚至还有"免责式声明"如《肉蒲团》清刊本内封右署"天道祸淫,此说原为淫者戒"、左署"吾心本善,斯书传与善人看",以及特别的"说辞"如清康熙乙亥刊《皋鹤堂批评第一奇书金瓶梅》百回本附有《苦孝说》《寓意说》《非淫书论》。尽管也有一些序言是作者本人或与其身份属性相同的文人之作,如《西湖二集》"湖海士"序等颇能道出心声,但总体上仍无法摆脱自身的认识局限和通俗文学商品性给予他们的限制。作品刊行以后的翻刻,同样存在这两类序言,如《西游记》世德堂本(《新刻出像官板大字西游记》)陈元之序,即为书坊主之序;李卓吾评本(《李卓吾先生批评西游记》)袁于令序,则为文人之序。二序虽不无消息透露,但大旨上仍以牵扯、夸大、申发为主。因此,以序跋特别是书坊主之作印证该小说的思想主旨,在绝大多数情况下都是极其危险的。历史实际形成了通俗小说的"作者之死",是客观情

----

① 米歇尔·福柯《何为作者?》提出,"作者"作为一种概念是历史性的形成。福柯的观点促进了对历史上的作者身份的研究,这些历史主义者认为作者身份是在西方世界过去若干世纪的发展过程中,随着不断变化着的经济条件、社会环境和制度设置而出现并相应变化着的一种"文化结构"。此据 M.H.艾布拉姆斯《文学术语词典》(第7版)"作者与作者身份(Author and Authorship)"条,吴松江等译,北京大学出版社,2009年,第31页。

形而不是批评理念的变化使我们不得不面对类似于巴特"作者已死"、福柯"何为作者"的问题。因此,胡适在1922年"发现"了《红楼梦》的作者"曹雪芹"而使"红学"变成了"曹学"①,究竟是不是一种胡氏所标榜的"科学的进步",显然是需要打上一个问号的。最近数十年来,另一部杰出的作品《醒世姻缘传》继早年胡适考订之后再次陷入"署名"争论的泥潭②,预示着走出这样一种认识误区仍然任重而道远。

  作者的缺失对我们今天的研究当然是一种障碍,但并不是不可以克服的。就通俗文学的本质来说,探寻作者的社会属性,远比知晓作者具体是谁来得重要,如姜士彬(David Johnson)所认为的,如果指望某些文本告诉我们关于一些特定社会阶层的信息,尤必须相当准确地推断出其作者属于哪个阶级或阶层。而通俗文学作者的社会属性并不难得到认识,姜士彬就提出一种以"信息沟通网络和权力结构中的地位"进行社会阶层分析的方法,实际运用中极有成效③。当我们发现通俗小说出版物的生产主体并不是真正的创作作者而是商业书坊的事实,再参考他的思路,就很容易得出通俗小说真实作者的社会属性。

---

  ① 参阅苏源熙(Haun Saussy)《署名时代:〈红楼梦〉如何最终找到一个作者的》,载卞东波编译《中国古典文学研究的新视镜——晚近北美汉学论文选译》,安徽教育出版社,2016年。
  ② 关于《醒世姻缘传》作者的考订,见叶桂桐《〈醒世姻缘传〉研究述评》(《蒲松龄研究》1994年第1期)及段江丽《醒世姻缘传研究》(岳麓书社,2003年)的相关综述。
  ③ David Johnson, "Communication, Class, and Consciousness in Late Imperial China", in David Johnson, Andrew J. Nathan, Evelyn S. Rawski eds., *Popular Culture in Late Imperial China*, Taipei: SMC PUBLISHING INC., 1987, p.56.案:此据中译本:徐彤译《明清社会的信息沟通方式、阶级与意识》,载张聪、姚平主编《当代西方汉学研究集萃·思想文化史卷》,第277、302—321页。参下文论述。

在通俗小说兴盛之前,元杂剧和稍后的南戏是最具"世俗性"、"普化性"和"商品性"(服务于民众的戏剧演出也是一种商品)的通俗文艺①,其作者的社会属性有一定的可比性②。当代学者郭英德对九十一位杂剧作者进行了分析统计:"曾为州牧以上高级官僚的十人,如史樟、李直夫、杨梓等;布衣终生,或悠游江湖,或行医业贾的十四人,如白朴、乔吉、罗贯中、萧天瑞、施惠等;为进士或府学生员的三人,即王仲元(金进士)、高文秀、张时起;教坊四人。除此之外,人数最多的是为县尹以下的下级官吏,共三十五人,占全部作家总数的百分之四十,占可略知生平的作家总数的百分之五十五左右。其余二十五人行事未详,不知曾经入仕与否。""而且,即便那些为州牧以上的达官也多为吏进。……至于府生学员高文秀和张时起,本身就是吏的后备军。而赵文敬为教坊色长,张国宾为教坊管勾,实际也是一种吏。""因此我们可以说,元杂剧作家的身份以吏为主,无论前期、中期或后期都是这样。所谓吏,盖指六品以下的低级官吏,包括省掾、府判、县尹、典史、提控、书吏、巡检、教授、山长、学正等等,同州府首领、中枢长官、封疆大吏等官僚相对而言。"郭氏认为,这一统计印证了钟嗣成所谓元杂剧作家"门第卑微,职位不振"的结论③。明代通俗小说真正作者的具体情况更为不详,无法具体统计。但比照元杂剧作家,从通俗文学的本质特性出发,再考虑到

---

① 元散曲则有一定的不同。散曲虽然通行于各阶层,上至达官贵人、文人雅士,下至教坊色长、妓女之流都善于作曲(叶德均《读曲小识》,载《戏曲小说丛考》,中华书局,1979年,第416页),但并不具备真正意义上的"世俗性"。因为贵官、文人之撰作乃为彼此欣赏,而伎人妓女作曲唱曲则是服务于上层阶级而不是社会大众。

② 明代传奇的作者则不然。详见下文所论。

③ 郭英德《元杂剧与元代社会》,北京师范大学出版社,1996年,第290—291页。

这些作者在根本上服务于商业出版并以此谋取口食的事实，不难推出这一作者群体的社会地位在明代而言无疑更为低下，其组成当亦不外乎沉沦不遇的低级文人、侘傺举业的落魄士子和略通诗文的书会先生、书坊主及其雇佣写手之类①。

从十六世纪到十八世纪，真实情况相对可知并在当时就有一定声名的"文人"作者严格来说只有冯梦龙、凌濛初、董说、李渔、丁耀亢、吴敬梓、吴熊寥寥数人。他们不仅不是例外，而是以其有限的生平材料表现出充分的典型性。凌濛初虽然出身士族，但仍然属于沉沦科场、怀才不遇之流。崇祯七年以副贡授上海县丞，已是其五十五岁时的事情，且在其编纂《拍案惊奇》之后②。据目前所能发现的有限材料看，其中岁以后主要就是来往于南京、乌程，所谓"附肤落毛，失诸正鹄"，显然就是服务于凌氏家族的编书、刻书，可能主要负责编创。吴兴闵、凌二家刻书，早期属于乡绅罢官归田的文化活动，后期则具有鲜明的商业性特征，而凌氏更为突出③。其家族刻书虽以传统四部书为主（凌濛初自己编创的"二拍"等显然是交与其他书坊刻印），但都是常见书籍，读者对象是一般应举学子。凌濛初编刊的一些经史书籍更是服务于科举的基础性、辅助性读本，如《诗逆》四卷附《诗考》一卷、《圣门传诗嫡冢》十六卷附《申公诗说》一卷和《孔门两弟子言诗翼》七卷，《后汉书纂》《倪思史汉异同补评》《左传合鲭》《战国策概》《十六国春秋删正》等

---

① 在这里，"文人"不是指传统意义上的文士，而同样是指"有文之人"即具有一定文字水平的人。参阅前文所论。
② 叶德均《凌濛初事迹系年》，载叶德均《戏曲小说丛考》下册。
③ ［日］表野和江《明末吴兴凌氏刻书活动考——凌濛初和出版》，《中国典籍与文化》2003年第3期；赵红娟《凌濛初及其家族的刻书经商活动》，《湖州师院学报（哲学社会科学）》第20卷第2期，1998年4月；赵红娟《拍案惊奇——凌濛初传》第四章，浙江人民出版社，2007年；毛文芳《物·性别·观看——明末清初文化书写新探》，台湾学生书局，2001年，第19—20页。

(《后汉书纂》以下仅存《后汉书纂》十二卷)①,其学术水平即使在"束书不观"的明代士人中也属于中下一流。凌濛初的创作,除了二拍外,主要还是以传奇、散曲及其评点为主。凌濛初交游行迹中不乏贵公达官及名士硕儒②,但正如冯保善所指出的,不过是凌濛初以才子和名门子弟的身份而得到这些达官贵士的青眼相待而已,凌濛初远未达到"一时名公硕士,千里投契,文章满天下,交与遍寰区"(郑龙采《别驾初成公墓志铭》,载《凌氏宗谱》卷五③)的程度④。

冯梦龙同样是大半生侘傺于举业,最后在崇祯三年五十七岁时方以贡生选任知县。无论是否出于救穷,冯梦龙显然是一位不折不扣的专门服务于书坊的编书家。其一生编述汇纂书籍约七八十种⑤,除晚年有感而发者如《甲申纪事》及自定诗集外,其余均属商品性书籍,是当时苏州商业出版已出现一定程度编、刻分离的一个证明。正因为冯梦龙具有一定的独立性,所以他的编述创撰并不完全出于射利的考虑,而是在一定程度上照顾到自己的兴趣和精神取向,如传奇《双雄记》之创撰及《挂枝儿》《山歌》之纂辑即为此类。同时冯梦龙严谨、认真的编创态度与书坊业主的粗制滥造更有显著的不同,"三言"等小说、《笑府》《智囊》等闲书均可以体现这一点。《麟经指月》《春秋衡库》一类的举业教科书编纂,也与"拼

---

① 赵红娟《凌濛初的编撰、刊刻活动及其刻书特点》,《古典文献研究》第19辑上卷,凤凰出版社,2016年。

② 凌濛初与冯梦祯、李维桢、袁中道、汤显祖均有交往,与虽出身士族但其本人仍为一般士人的湖州董斯张等,亦有密切关系(冯保善《凌濛初研究》第一章附录一,人民文学出版社,2009年)。

③ 《凌氏宗谱》八卷首末各一卷,清凌士麟纂修,顺治十三年抄本。此从赵红娟《凌濛初考论》(黄山书社,2001年,第56页)转引。

④ 冯保善《凌濛初研究》,第27—28页。

⑤ 由于存在相当多的不确定性,冯氏编述书籍的数量很难统计。此参考高洪钧《冯梦龙著述书目》(载《冯梦龙集笺注》,天津古籍出版社,2006年)约略言之。

着两数银子刻几篇倩人改削的窗稿、有年没月的考卷,将来圈圈点点,冒名某观风、某月课、某老师批评、某同盟僭笔"的"走名秀才"做法截然有别①。但尽管如此,冯梦龙终归是一位才情跌宕、狂放不羁却不免落魄潦倒的下层文人的典型代表,仍是没有任何疑问的。

十七世纪的李渔虽然从不隐讳自己"稗官野史"的作者身份并以此自许,"使数十年来,无一'湖上笠翁',不知为世人减几许谈锋,增多少瞌睡"②,但他仍然是一个典型的"卖赋以糊其口"的作家兼"文人"书坊主和戏剧经营者,其编刊之出版物,包括小说、戏曲在内,仍以商品书籍为主③。李渔的自命不凡、狂狷习气、反叛精神以及对享乐的追求,并不能改变其依附于人的低级文人的社会属性;而其在清初的特殊时代既为很多文人士大夫所欣赏,同时也受到不少传统士人的鄙斥。

清初编撰《续金瓶梅》的丁耀亢同样不是前述通俗文学作者社会属性的反证④,理由有这样几点:首先,丁耀亢虽然出身于官宦书香世家(其父丁惟宁为明嘉靖乙丑进士,官至湖广参政),可是其本人为明诸生,清顺治时以拔贡入国子监,终生未得科名,仅于顺治间任顺天府容城县教谕,顺治十六年(1659)六十岁左右

---

① 语出清初题"岐山左臣编次"之小说《女开科传》,春风文艺出版社《明末清初小说选刊》本,1983年,第3页。

② 《李渔全集》卷一《与陈学山少宰》,浙江古籍出版社,1991年,第163页。

③ 韩南(Patrick Hanan)认为,芥子园刊本可能全部出自李渔身后(《创造李渔》,杨光辉译,上海教育出版社,2010年,第36页),此论或是,但并不能完全排除后来的刊印之本来自早先的编辑;另外,敬业堂刊《资治新书》《新增资治新书二集》及翼圣堂刊《四六初征》等,也属于其所主导的商业出版行为。

④ 《续金瓶梅》为明末清初人丁耀亢所撰,自鲁迅《中国小说史略》首发之后,已得到完全落实。丁耀亢创撰《续金瓶梅》的具体情况,袁世硕、黄霖、石玲、张清吉、王汎森、欧阳健等学者又进行了详细的考索,虽然在一些问题上仍有不同意见,但核心事实基本上已无太大疑义。

时荐授福建惠安县令,又未到任而辞。丁氏生平有两点值得注意:一是性格上颇具疏狂不羁、率性而为的晚明文人风尚,撰传奇、编小说,与正统之士仍有差异。二是中年时遭逢易代战乱,饱经流离,晚年又因撰《续金瓶梅》被逮下狱。总体上仍是既经陵谷兴替,又始终沉沦落魄之辈。其次,考其诗集,《续金瓶梅》乃为丁耀亢行囊用尽时在杭州的自编自刻①。丁耀亢撰作《续金瓶梅》时在顺治十七年赴惠安途中经停杭州期间,前有黄霖于书中考出内证,后有中国第一历史档案馆公布所藏内阁文档案康熙四年(1665)十二月二十四日《刑部尚书龚鼎孳等为审讯丁耀亢事题本》予以确证②,原无疑义。有学者认为短短七个月的时间内无法写出"鸿篇巨制"的《续金瓶梅》③,实是不明通俗文学本质及当时书籍编刊历史实况的缘故。《续金瓶梅》固有明显的思想旨趣和一定的文学水平,但在根本上仍属于率尔操觚、急就拼凑的小说之作,同时也是取酬以充阮囊之举。顺治十七年的杭州是当时印刷出版的中心之一,寻找刻工并刊印装订《续金瓶梅》这样的书籍,并非难事。最后,丁耀亢《续金瓶梅》不仅蕴含了违碍忤时的"苦心"④,更重要的是表现了社会中间阶层的思想意趣。编刊《续金瓶梅》"借小说作《感应篇》注",和当时众多善书宝卷、功过格、因果小说之书的刊印一样,都是明清易代天崩地裂后社会中间阶层力图重建社会伦理道德的

---

① 参阅《金瓶梅续书三种》(齐鲁书社,1988年)所收《续金瓶梅》黄霖前言、《古本小说集成》(上海古籍出版社,1994年)所收《续金瓶梅》袁世硕前言、张清吉《丁耀亢年谱》(南京大学出版社,1996年)、王汎森"人间腹笥多藏草,隔代安知悔立言"——丁野鹤与〈续金瓶梅〉》(《中国文化》第12期)。

② 安双成《顺康年间〈续金瓶梅〉作者丁耀亢受审案》,《历史档案》2000年第2期。又见欧阳健《〈续金瓶梅〉的成书年代》,《齐鲁学刊》2004年第5期。

③ 见欧阳健《〈续金瓶梅〉的成书年代》(《齐鲁学刊》2004年第5期)的综述。

④ 参阅王汎森"人间腹笥多藏草,隔代安知悔立言"——丁野鹤与〈续金瓶梅〉》。

必然行动①。

《女仙外史》的作者吴熊固为传统意义上的文人,但属飘零落魄之士,仍无疑义。更重要的是,《女仙外史》本身从初衷到结果,均可谓某种政治寓意之作②。因此吴熊所具有的通俗小说作者的属性,程度要低很多。

至于十八世纪《儒林外史》《红楼梦》出现以后的一大批个人创作性极为明显的通俗小说,或谓"文人小说"、"士人小说"、"作家小说",因研究者观念、角度不同,定性尚难取得一致③。但有两点不能否认:第一是尽管这些小说颇反映出士人的情感,但它们绝不能算是上层士大夫的文学;第二是虽然有个别的例外,但总体上通俗小说作者身份属性仍未发生重大的质变④。

明代通俗小说的作者与元杂剧作者存在一定的可比性,但和明代杂剧、传奇的作者却不可等量齐观。作为中国戏剧形式的戏曲有着相当的特殊性:从起源和发展上说,戏曲表演有来自民间生活的一面,也有着来自宫廷及贵族娱乐的一面,因此它始终是沿着这两条道路交织演进的。从接受的角度说,戏曲不仅为一般民众所喜爱,同时也是王公贵族、达官贵人和文人雅士的娱乐形式。从创作上言,戏曲因其专门性和综合性,当其形式越来越趋于成熟时,只有通晓音乐、文学及表演的人,才能够创作出形式完备的作品⑤。明代无论是杂剧还是传奇的剧作者,除了藩王、宗室以外全部都是士大夫⑥。由此,戏曲的雅俗之分就更为明显,雅化和精致

---

① 参阅本书第五章的相关论述。
② 参阅本书第六章的相关论述。
③ 参阅李明军《中国十八世纪文人小说研究》。
④ 参阅本书绪论的相关论述。
⑤ 参阅叶德均《读曲小识》,载叶德均《戏曲小说丛考》上册,第416页。
⑥ 曾永义《明杂剧概论》,商务印书馆,2015年,第15页。

化之路甚至发展出一种主要是供案头阅读的戏曲文学；而俗化之路在民间社会形成各种祭祀剧、仪式剧和地方剧表演①。在精神旨趣方面，两种不同的进程尤为突出，元代杂剧就更体现出世俗性，其后的"花部乱弹"继承了这种精神，而明清文人杂剧、传奇在思想旨趣和艺术形式上则不断趋于雅化。所以，中国古代戏剧在本质上就存在着两重性：上至王公贵族、达官雅士，下至落魄文人、书会先生乃至民间艺人均可以创作，但内涵和精神取向则迥然有别。

通俗小说则有不同。通俗文学以世俗性、普化性和商品性为本质，从一开始就是产生于中下层社会并主要是为普通大众服务的(目不识丁的庶民虽然不能直接阅读，但通过民间文艺的中介得到接受)。中下层文人小说作者如冯梦龙、凌濛初、李渔等或兼有戏曲创作，但王公贵族以及上层文人如曹学佺等擅作传奇者却鲜作小说。戏曲往往以通俗文学为素材，可是戏曲的两条道路仍然通过不同的改编形成了雅俗的分野。因此，如果说戏曲、小说的"文人化进程"有所不同的话②，正是基于各自的本质特性而来。

明代晚期在思想意趣、审美和文学观念上出现的一定程度上的"雅俗合流"，并不能消弭作为通俗小说作者的下层文人的独特性。晚明士风一变，反对伪道学，鼓吹童心真性、尚情尚真，主张舒畅性灵、归于自然等成为一种崭新风尚，"万历中年，王、李之学盛行，黄茅白苇，弥望皆是。文长、义仍，崭然有异，沉痼滋蔓，未可芟薙。中郎以通明之资，学禅于李龙湖，读书论诗，横说竖说，心眼明

---

① 关于活跃在广大农村的戏剧及其演进，参见田仲一成的相关研究：《中国戏剧史》(布和译，吴真校，北京大学出版社，2011年)、《中国祭祀戏剧研究》(布和译，北京大学出版社，2008年)、《古典南戏研究：乡村、宗族、市场之中的剧本变异》(吴真校，中国社会科学出版社，2012年)。

② 谭帆《稗戏相异论——古典小说戏曲"叙事性"与"通俗性"辨析》，《文学遗产》2006年第4期。

而胆力放,于是乃昌言击排,大放厥辞。……中郎之论出,王、李之云雾一扫,天下之文人才士始知疏瀹心灵,搜剔慧性,以荡涤摹拟涂泽之病,其功伟矣"①。文学上主张新变,一方面强调"触情而出,即事而作","本于性灵,归于自然"(李维桢《王吏部诗选序》,《大泌山房集》卷二十),另一方面则推崇小说戏曲,如著名的李贽《童心说》云:"天下之至文,未有不出于童心焉者也。苟童心常存,则道理不行,闻见不立,无时不文,无人不文,无一样创制体格文字而非文者。诗何必古选,文何必先秦。降而为六朝,变而为近体,又变而为传奇,变而为院本,为杂剧,为《西厢》曲,为《水浒传》,为今之举子业,皆古今至文,不可得而时势先后论也。"②同时,某些传统士大夫与才子、山人、书坊主、小说编刊者颇有交往。但此一风尚仍属于正统思想的叛逆,像李贽、"三袁"、汤显祖乃至陈继儒、黄周星等均有不同程度的反叛性,或强调童心,或推崇性灵,均以率真放任而不拘名教为要,在很大程度上对应了通俗文学与正统文学的分野。这也就是为什么很多小说、戏曲托名于他们的原因所在。思想观念上的雅俗其实并未真正合流,小说特别是世俗性、商品性显著并得到普化周流的作品,仍然为正统所排斥。

尽管古代中国大小传统分野明显,但在社会分层的意义上并不简单就是统治与被统治两个对立的阶级,而是呈现出一个非常复杂的梯形结构:顶端的官僚阶层包括贵族和有品级的官吏。今西人所谓的"地方精英"(local elite)和本土学者所谓的"乡绅"也属于这一阶层,明清两代的所谓"乡宦"或"乡绅",主要是指退休或弃官归隐的官员和有功名之士(有功名的举人以及纳捐贡生、监生不仅获得了国家所给予的崇高身份,而且因具有入仕的资格和可能,

---

① [清]钱谦益撰,许逸民、林淑敏点校《列朝诗集》丁集中"袁稽勋宏道",中华书局,2007年,第5317页。

② [明]李贽《焚书》卷三,中华书局,2009年,第99页。

也可以算是官僚阶层的组成部分),他们在地方社会中具有相当的地位和势力,明清时代是控制地方的主要社会力量[1]。平民阶层,明清时代往往称之为"士农工商",但这是含糊的泛称而不是实指,因为有一部分"士"显然不属于平民范畴,而大地主、商业富户同样也不属于这一阶层。平民阶层的核心标准主要是基本没有受过教育、没有任何特权并且较为贫寒,由此往下,涵括贱民、奴隶。这个梯形结构并非简单的金字塔式,其中还存在着非常显著的过渡性的且包含多个次级单位的层域,亦即在顶端的官僚阶层和底端的平民阶层之间,还有"中间阶层"。必须强调的是:晚明时期出现的有才名而不由科目的"诸生"、"布衣"、"山人",如清人赵翼所举例的"各以诗文书画表见于时"的王绂、沈度、沈粲、刘溥、文徵明、蔡羽、王宠、陈淳、周天球、钱榖、谢榛、卢柟、徐渭、沈明臣、余寅、王穉登、俞允文、王叔承、沈周、陈继儒、娄坚、程嘉燧等等(《廿二史札记》卷三十四"明代文人不必皆翰林"条),均不包括在内,尽管他们中的一些人常常成为坊刊小说或其他出版物的拟托对象。另外,很多出于种种原因向下流动而不得不佣文自活、卖书自资,乃至弃儒就贾、行医卖卜者,如果他们始终坚持自己的文人品格而只是选编时文、编纂经史读物乃至应用书籍的话,同样也不包括在内,因为编书与编创小说有质的不同,他们不具备"中间阶层"的思想意趣。

不过,仅以社会地位为标准进行纯粹社会学意义上的社会分层是存在缺陷的,因为文化的因素也非常重要,尤其是在考察诸如通俗文学这类文化现象的时候,不能简单根据阶级身份对文化现

---

[1] 这已经是绝大多数当代学者的共识。参阅傅衣凌《中国传统社会:多元的结构》,《中国社会经济史研究》1988 年第 3 期;[美]科大卫(David Faure)《皇帝和祖宗:华南的国家与宗族》,卜永坚译,江苏人民出版社,2010 年;[加]卜正民(Timothy Brook)《为权力祈祷:佛教与晚明中国士绅社会的形成》,张华译,江苏人民出版社,2005 年。

象的主体作出界定,需要引入文化维度作综合评判。实际上,考察社会分层和文化分层之间的关系,是近几十年来新文化史研究领域(特别是书籍史领域)的一个重要的拓展①。在对中国的研究方面,姜士彬(David Johnson)的观点呈现出一种突破性意义,他采用"社会权力"、"文化"两个维度结合的方法来描述明清时代不同阶层的主导社会的程度,"社会权力"维度依次是"有特权"、"自立"、"依附于人","文化"维度依次是"受过经典教育"、"识字(有一定文化)"、"不识字",两两组合形成一个二维系统,形成九个不同的社会—文化群体②。在这样的框架下,我们可以发现:通俗小说作者在文化维度上无疑只能是"识字(有一定文化)"以上者③,社会权力维度上虽有可能是"有特权"、"自足"、"依附于人"的任何一类,但从上述对通俗文学作者身份的考察结果来看,他们在这个系统中只能是文化、社会两个维度上都处于中间位置的阶层。

具体来看,通俗文学作者所属这一"中间阶层"的顶端是最低一级的"士子",在明清两代主要就是所谓"生员"④。生员在性质

---

① 参阅罗伯特·达恩顿(Robert Darnton)《拉莫莱特之吻:有关文化史的思考》,萧知纬译,华东师范大学出版社,2010年,第85页。

② [美]姜士彬(David Johnson)《明清社会的信息沟通方式、阶级与意识》,徐彤译,载张聪、姚平主编《当代西方汉学研究集萃·思想文化史卷》,第303页。

③ 姜士彬将"大多数以老百姓为对象的读物的作者"大致定为"受过经学教育的平民百姓以及上层僧侣和道士"(《明清社会的信息沟通方式、阶级与意识》,《当代西方汉学研究集萃·思想文化史卷》,第304页),这个定义不尽准确。"受过经学教育(classically educated)"并不是充要条件,绝大部分生员所习的只是"举业",而非经典教育;很多书商和雇佣写手则并未"进学",亦即从未获得参加科举的资格。

④ "生员"语词意义是指明代中央学校国子监学生和地方政府学校学生,严格来说则是指通过县、府童生考试得以"进学"从而获得士人资格并从此开始科举之途的人。由于清代科举基本沿袭明制,因此清代童生试通过者亦大致等同于明代的"生员"。清代监生的地位较之明代发生了重大的退化,何炳棣认为基本上可以和生员并列,共同属于一个重要的社会"过渡性"群体。见何炳棣《明清社会史论》,第35—39页。

上已经是"读书人",理论上是国家人才及官僚的来源,同时因通过童子试而具有继续科举进程的资格与可能,所以即使尚无功名而不能出仕,却形成了一个独特的社会群体。其社会地位,一种观点是认为属于"绅士"的下层,另一种则认为是"平民"的上层①,后一种观点较为正确。明清通俗小说中,常有生员仗恃"自有功名"骄傲不羁、乡绅官吏亦不敢轻视甚至不无畏惧的描写,也多有累举不中、潦倒不堪的形象刻画,都很能说明这一群体的特质。生员考取功名的人数总是相当有限的,而且生员本身因历年积累越来越多,所以无论有多少人成功进阶,剩下的仍是绝大多数,从而使这一群体在社会上保持着稳定的存在②。"中间阶层"居中的是中小地主、商人和自足的城市市民,其中不乏兼具生员资格的人,但总体说来主要以财产跻身于平民之上。中间阶层的最低端是有一定文化或至少是识字的某些职业人,如低级衙役、相士、讼师、代笔人、书会先生以及佛僧、道士等,相对于地主、商人,他们主要是以专门职业和文化程度区别于平民阶层。当然,上述中间阶层的三个次层彼此之间既互有交叉,而且它们之间的流动性也较强。通俗文学的作者是低级的有"文"之人,虽然不能确定他们究竟是哪种类型的人,但其社会属性则毫无疑问均属于此一"中间阶层"。

至于这个有"文"群体——通俗文学作者所在的群体——的来

---

① 关于明代生员及清代相关者的社会地位,详见张仲礼《中国绅士——关于其在十九世纪中国社会中作用的研究》(李荣昌译,上海社会科学院出版社,1991年)和何炳棣《明清社会史论》的详细讨论,并可见陈宝良《明代儒学生员与地方社会》(中国社会科学出版社,2005年)的综述。

② 陈宝良认为,顾炎武《生员论》一文中关于明末生员约有五十万人的估计只少不多,约占当时总人口的 0.38%—0.46% 之间。见其《明代儒学生员与地方社会》,第 196—216 页。魏斐德(Frederic Wakeman, Jr.)则估计十九世纪中期全国有学衔的人共有约一百四十万人。见其《中华帝国的衰落》,梅静译,民主与建设出版社,2017年,第 19 页。

源,诸种因素中可能以科举最为关键,艾尔曼(Benjamin Elman)曰:"其实,科举本身并非一种能促进相当大的社会流动的途径。对于大多数的农民、手工业者而言,他们是没有机会参加考试以进入到精英圈子中的。资料显示,在地方每两年举行一次的院试中,有二三百万的落榜生(也就是大多数通过考试的不是他们)。除此之外,一个副产品现象则是政府中来自士绅、军人和商人阶层的低级精英形成有限的循环流动。后来,落第者形成一个庞大的识字人群,于是很容易地成为了其他辅助角色,如小说家、戏曲家、讼师、祭祀主持和宗族代理人等。"①这个总结在很大程度上是可以成立的。

二 《西游记》的作者:以《西游记》与全真道的关系为中心

《西游记》集中体现了作者属性问题的内涵和意义。

清中晚期陆续有人提出《西游记》作者为淮安人吴承恩后,二十世纪二三十年代胡适、鲁迅予以确立,董作宾、郑振铎、赵景深、刘修业、苏兴等现当代学者以其进一步研究加以佐证。尽管同时也有章培恒、黄永年等提出不同意见,吴承恩说仍成为《西游记》作者问题最重要的观点②。从纯粹的实证角度来说,吴承恩说是缺乏坚实依据的。所有关于吴承恩为《西游记》作者的证据中,只有两条具备深入考证的基础:一是明天启《淮安府志》卷十六《人物志》"吴承恩"小传

---

① [美]本杰明·艾尔曼(Benjamin Elman)《中华帝国后期的科举制度》,载其《经学·科举·文化史——艾尔曼自选集》,中华书局,2010年,第140页。

② 参阅苏兴《介绍、简评国外及我国台湾学术界对〈西游记〉作者问题的论述》(《东北师范大学学报》1986年第3期)、蔡铁鹰《西游记的诞生》(中华书局,2007年)、苗怀明《二十世纪中国小说文献学述略》(中华书局,2009年)。

及卷十九《艺文志》中吴承恩"《西游记》"的著录;二是世德堂本《西游记》陈元之序称其书或出于"八公之徒"、或出于"王自制",明盛于斯《休庵影语》又言有"周邸抄本",而吴承恩相关传记资料表明其曾为"荆府纪善"。第一条时贤驳论已多,理由充分,所可补充者就是前述通俗小说根本属性所规定的作者不署真名的事实,因此《淮安府志·艺文志》所著录的《西游记》只能是其同名"杂记",而不可能是坊刊小说。第二条中的前一说法虽然与小说作者身份性质相符,但后一材料不过是提供了一个非常虚弱的可能性而已。

问题的关键在于:即使淮安人吴承恩为小说《西游记》的作者,这一"发现"也是毫无意义的。通俗小说世俗性和商品性的本质使其真实作者必然隐其身形、易其表象,绝大多数情况下"小说作者"和下层文人身份就如同"分裂人格"的两面,彼此之间势同水火。这种"人格分裂"是其社会属性造成的一种内在终极矛盾的体现,也是其通俗文学作品臻致高境的关键所在,当时的社会状况注定了这种"分裂"无法弥合。事实也证明了这一点,历史上真正存在的"吴承恩",即使其生平资料、诗文杂记作品发现得再多,也只是勾画出其作为传统文人的一面,而始终无法得出其思想意识与小说《西游记》的内在关联。在逻辑上,如果吴承恩是《西游记》作者的话,《射阳先生存稿》《花草新编》等著述反映的是其人格的一面,而《西游记》则反映的是另一面,它们之间不可能存在相互印证的关系。"吴承恩"材料的发现,对《西游记》文学意义的探讨而言,没有任何作用。

通俗小说是以文本"说话"的,欲图发现作者并以此证明作品文学思想旨趣的批评方式既不具备合理性,也不具备可能性,甚至会将研究引入歧途。如考证《今古奇观》"抱瓮老人",或谓明遗民吴江人顾有孝[①],此在纯粹的历史考证意义上无可厚非。但即使

---

① 冯保善《凌濛初研究》第四章附录一《〈今古奇观〉辑者抱瓮老人考》。

这一考证是正确的,由此认定《今古奇观》对忠义题材存在特殊兴趣,并与顾氏遗民身份和思想倾向有关,则显然是一种失误。这样的情况还有不少,如谓《韩湘子全传》的真正作者就是书坊主杨尔曾①,将《醒世姻缘传》归于蒲松龄,等等。

与"吴承恩"考证基本同时,柳存仁基于明末清初以降的某种"接受"和"阐释"观念(详见后文论述),开始了对《西游记》作者的另一条考证之路,即通过发现某些文献材料,以证明作者所具有的背景或身份属性,取代过去先将作者落实到某个具体历史人物以后再去附会其思想观念的做法。应该说,这种思路至少是符合通俗小说文学批评的某种合理主张的②。但是,如果这种考证不能完全遵守实证逻辑,无视通俗小说及其作者的本质属性,就会产生相当大的偏差,同样会将研究引入歧途。

柳存仁在《西游记》中发现了一些全真教元素(包括可以涵括在全真教范畴内的"三教融合"、"内丹"等),从而认为《西游记》形

---

① 孙楷第《中国通俗小说书目》,中华书局,2012年,第126页。并见龚敏《明代出版家杨尔曾编撰刊刻考》(载《小说考索与文献钩沉》,齐鲁书社,2010年)、王岗《作为圣传的小说,以编刊艺文传道》(载盖建民编《开拓者的足迹——卿希泰先生八十寿辰纪念文集》,巴蜀书社,2010年)。杨尔曾可能仅仅是书坊主而不是实际作者。

② 即认为作者的时代、社会属性和思想意识必然反映在其文学作品中,可以通过对作品内容的考察得到揭示。这一理论依据创自胡适的科学实证方法,完善于1949年以后的现实主义文学理论。可以吴晗的一段话为总结:"一个作家要故意避免含有时代性的记述,虽不是不可能,却也不是一件容易的事。因为他不能离开他的时代,不能离开他的现实生活,他是那时候的现代人,无论他如何避免,在对话中,在一件平凡事情的叙述中,多少总不能不带有那时代的意识。即使他所叙述的是假托古代的题材,无意中也不能不流露出那时代的现实生活。我们要从这些作者所不经意的疏略处,找出他原来所处的时代,把作品和时代关联起来。"(吴晗《金瓶梅的著作时代及其社会背景》,《读史札记》,生活·读书·新知三联书店,1956年,第19页)

成过程中存在着一个全真道士添加的环节①。此后又有不少学者予以补充论证，主张《西游记》作者至少具备显著的全真教背景。这一思路本身没有问题，可是其具体考察却有意无意地违反了通俗小说及其作者本质属性所决定的事实前提，同时存在着以偏概全的逻辑失误。

百回本小说《西游记》是依据长期以来一个流行的宗教题材故事和众多创作素材而"创造性完成"（即最后形成的文本不是自发性的自然积累，而是某个人在前有基础上的自觉的完成式创作）的宗教题材作品，所以它包含当时的宗教生活元素是极为正常的。"全真教"不仅如柳存仁已经指出的那样是那个时代（明初以降至于近世）道教的代名词，实质上也可以说是整个社会宗教生活的典型内容之一。社会宗教生活当然存在着两个方面：一是佛道教的义理化与儒家思想的融合，二是佛道教的"普化"与"丛散性宗教"的混同。后者形成社会一般信仰，前者则构筑了精英层面的"三教融合"思想。两个方面彼此交融，共同形成一般社会信仰。全真教以"忍耻含垢、苦己利人"的救世宗教的本色和"其谦逊似儒，其坚苦似墨，其修习似禅，其块然无营又似夫为浑沌氏之术者"（元好问《太古观记》，《遗山集》卷三十五）、"识心见性、除情去欲"三教一家的义理化提升，以及其独创的文学化的教谕传化手段、模仿佛教禅林制度而形成的独立教团式的存在形式，从一开始就发生了巨大的影响，至明初既已在社会上与主要的传统道教丛体"正一"并立且影响渐渐过之，最终在实质内容上混同无间；同时在义理建设方面与禅宗、内丹及儒家心性理论又融合为一，因此在社会一般民众及文士群体中成为最主要的宗教生活内容之一。所有这一切，都必然

---

① 柳存仁《全真教和小说〈西游记〉》，《和风堂文集》第 3 册，上海古籍出版社，1991 年。

反映在文学作品特别是宗教题材创作及其作者的观念意识之中。

元代全真教故事已甚为流行,疑为元邓学可撰"道词"有曰:"〔呆骨朵〕休言道尧舜和桀纣,则不如郝王孙谭马丘刘。他每是文中子门徒,亢仓子志友。休言为吏道的张平叔,偎月的刘行首,则不如阐全真王祖师,道不如打回头马半州。"①全真道化剧就已经是元、明杂剧的主要类型之一,如元杂剧《吕洞宾三醉岳阳楼》(马致远)、《马丹阳三度任风子》(马致远)、《开坛阐教黄粱梦》(马致远、李时中等)、《王祖师三度马丹阳》(马致远)、《吕洞宾度铁拐李》(岳伯川)、《汉钟离度脱蓝采和》(无名氏)、《蓝采和锁心猿意马》(元明间无名氏),明杂剧《马丹阳度脱刘行者》(杨讷)、《紫阳仙三度常椿寿》(朱有燉)、《吕纯阳点化度黄龙》(无名氏)等。明传奇虽然没有专门的道化剧,但全真度脱的素材内容仍然比比皆是。小说方面,邓志谟《飞剑记》为典型的全真度脱主题。至于元明"道情"类散曲,这方面的内容就更加多了②。

全真教的一个非常典型的特征是:全真师徒继承前此《钟吕传道集》以及道情鼓子词的传统,发展了以较为浅显通俗的诗词作品进行教谕的传化方式,并且产生了极好的效果。其作品在金末元初就已经得到结集,元俞琰《席上腐谈》卷下曰:

> 金(全)真教王重阳《金真集》、马丹阳《微语集》《金玉集》、谭长真《水云集》、刘长生《仙乐集》、丘长春《蟠溪集》《鸣道集》、王玉阳《灵光集》、郝广宁《太古集》,北方有刊本,总名《七真要训》。燕山道路迩多刊丹书,大德己亥携《丁灵阳文集》惠予,又以马丹阳语录求予序,遂为序其篇端。

---

① 《自然集》,文物出版社等影印明《道藏》第 25 册,第 497 页。此据张泽洪《道教唱道情与中国民间文化研究》,人民出版社,2011 年,第 107—108 页。
② 可参张泽洪《道教唱道情与中国民间文化研究》。

入明亦流传不绝①,明正统修、万历续修《道藏》仍然收有诗词文集王重阳《重阳全真集》《重阳教化集》《重阳分梨十化集》、马钰《洞玄金玉集》《渐悟集》《丹阳神光灿》、丘处机《磻溪集》、王处一《云光集》、谭处端《水云集》、刘处玄《仙乐集》、郝大通《太古集》、尹志平《葆光集》,诗词作品不下数千首,教内著述如元俞琰《周易参同契发挥》、佚名《性命圭旨》、明阳道生《真诠》、明伍守阳《仙佛合宗语录》、明涵蟾子《诸真玄奥集成》常有引用。同时不仅为向道文人所喜读,也为宝卷、道情、各种曲词等通俗文学形式所吸收②。

明代章回小说一个重要的形式特征是大量使用(包括采入和创作)诗词曲文。据今人统计,《水浒传》用诗五百五十六首、词五十四首;《三国志演义》用诗一百五十七首、词二首、赋二首;《金瓶梅》用曲四十余支;《西游记》用诗词及骈俪文字约四百八十八处③。这首先是章回小说自然沿袭了话本和戏曲的形式元素的结果④,其次则是通俗小说的编纂撰作既必须依靠流行素材、传统母题和既有材料以节约时间成本,同时又必须夺人耳目以促其销售的商品性的必然反映。但这两种客观因素之外,还存在一个更重

---

① 全真著述除入于金、元、明道藏外,其单本亦在流行,诸家书目均各有著录。唐顺之《与洪方洲书》:"承抄道书,倘得一二语开明此心,即兄之教。但其中多浪漫,如紧要语绝少。此后不必重烦吏人,可且辍之。至如丘长春语录、马丹阳语录,人云别有刻本,或于藏经中检出,则愿兄为留意也。"(《荆川集·文集》卷七)

② 详见后文的具体论述。

③ 张敬《诗词在中国古典小说戏曲中的应用》,载其《清徽学术论著》,台北华正书局,1993年,第505—506页。

④ 随着章回小说叙事的发展,诗词曲文因为不当使用所造成的对内容表现和阅读的伤害,形式功能开始降低。所以到清代中期,优秀的章回小说比如《红楼梦》除了因内容的需要而融入外,已经较少使用诗词曲作品以作头尾起结、铺采描画和题咏赞颂(参张敬《诗词在中国古典小说戏曲中的应用》,载其《清徽学术论著》,第516—529页)

要的主观因素,即通俗小说作者属性所决定的"有文之人""炫才"传统①。所以不仅是诗词曲文的使用成为一种普遍现象,铺采摛文、博闻广识乃至故弄玄虚自古以来都是"小说"无法摒弃的创作方式。至于一些赞词、套语直接承袭书会先生的旧编或前有创作,更为常见②。《西游记》以一个广为人知并喜闻乐见的宗教故事为题材,最后完成于明万历年间,同时其编创人又显然是一位才华横溢的下层"文人"作者,因此创作、引录诗词剿袭或采用了全真作品是不奇怪的。凌濛初称小说中诗词不过为"蒜酪","间有采用旧者,取一时切景而及之,亦小说家旧例,勿嫌剽窃"(《拍案惊奇》凡例),正此之谓。

综上所述,如果要根据作品的内容包含和材料采录对作者进行定性,那么就必须要看其"包含"是否仍属于文学反映社会的范畴,其"采录"是否超越了章回小说形式功能、文人"炫才"创作传统的范围和程度。

---

① 在主要以炫才以动视听的明人中篇传奇小说中,大量插入诗词更成为一种文体特征。详参潘建国《新发现明代中篇传奇小说〈巫山奇遇〉考略》,载《古代小说文献丛考》,中华书局,2006年。

② 参阅商韬、陈年希《用〈三遂平妖传〉不能说明〈水浒传〉的著者和原本》,《学术月刊》1986年第2期;罗尔纲《关于用罗贯中〈三遂平妖传〉对勘〈水浒传〉著者和原本》,载其《水浒传原本和著者研究》,江苏古籍出版社,1992年。又据王见川的研究,明代小说《包龙图判百家公案》《金瓶梅词话》《警世通言》《五鼠闹东京包公收妖全传》《拍案惊奇》《醒世恒言》《西湖二集》《古今小说》《三遂平妖传》等对明代流行善书《明心宝鉴》多有采用(王见川《〈明心宝鉴〉与〈水浒传〉〈西游记〉关系初探》,载侯冲、王见川主编《西游记新论及其他:来自佛教仪式、习俗与文本的视角》,台湾博扬文化事业有限公司,2020年)。案:《三遂平妖传》二十二篇赞词有十三篇用于《忠义水浒传》,见罗尔纲《水浒传原本和著者研究》(第59—70页),为罗氏重要说法之一。在本人看来,此已非素材继承,而实是某种"部件组装",即书商(特别是同一书商)或其雇佣写手利用手中已有的成品部件,用于多种产品的生产。因为像"赞词"这样的诗词作品,一方面是章回小说重要的"部件",另一方面也属于典雅文学创作,轻易不能新创,只能使用已有成品。

柳存仁及其他研究者提出的证据可分为三个方面：第一是《西游记》采录了一些全真教人的诗词作品；第二是《西游记》从回目、创作诗词到正文叙述包含了很多全真教、内丹道术语、词汇；第三是《西游记》问世不久就为内丹道人士所申发。第三个方面留待下一节详论，此先就前两个方面合并其例择要分析如下。

（1）《西游记》第八回中使用了与虞集有唱和的冯尊师《苏武慢》（原收在《鸣鹤余音》中）"试问禅关"一首；第八十七回引《苏武慢》"大道幽深"一首。其他地方也使用了《鸣鹤余音》的文字，如第七十八回剿袭《鸣鹤余音》所收题宋仁宗《尊道赋》。

《鸣鹤余音》，原作应只是一卷，内容仅为冯尊师的《苏武慢》二十首以及虞集的和作十二首。今《道藏》本共九卷，据卷首虞集序（《道园遗稿》卷六亦载），乃是"仙游道士彭致中"采集古今仙真歌辞，并冯尊师作及虞集和作而刻之的结果。彭致中生平不详，清陈铭珪《长春道教源流》汇辑全真史料甚富，亦仅知其为余岫云弟子。但彭致中与虞集为同一时代人且其扩编为虞集所知，则无疑义①。彭致中扩编本编出后，原一卷本仍单独流传，明朱存理《跋〈鸣鹤余音〉后》叙之甚详："《鸣鹤余音》一卷，所刻冯尊师、虞学士《苏武慢》二家词也。学士从孙字胜伯者，居吴中，有文称于时。里人金伯祥与其子镠从游胜伯，尝刻学士《道园遗稿》，复刊此词，皆镠手书也。镠字南仲，别有巾箱小板之刻，与此无异。胜伯装嵌成册，手书跋后。成化间，予从其家得之，求题于匏庵吴公。公出示项秋官所作，喜为书一过于此册后。他日又得凌云翰之作，附书之。吾友沈润卿购藏金氏刻板，今并二家以寄润卿，俾续刻之。"（载《楼居杂著》）后世所传《鸣鹤余音》一卷本实即刻印者金天瑞将《道园遗稿》所载冯、虞二词析出者。《皕宋楼藏书志》卷一百著录元刊本《道园

---

① 《四库全书总目》"词曲类词集存目"《鸣鹤余音》提要谓疑为明初人，误。

遗稿》六卷《鸣鹤遗音》一卷,并录有金天瑞(伯祥)跋:"右《苏武慢》三十二首,《无俗念》一首,全真冯尊师、道园虞先生所共作也。天瑞昔刊《道园遗稿》,而先生所作已附于编。然其所谓冯尊师最传者廿篇,世莫全睹,今复并编次以刻诸梓,庶方外高人便于通览。惟先生道学文章,传著天下,冯尊师仙证异论,超迥卓绝,其自有《洞源集》行于世,可考见云。时至正二十四年岁次甲辰秋八月二日癸巳渤海金天瑞识。"今《四库全书》本《道园遗稿》亦收,附在卷六之末,亦题"鸣鹤余音"。于此可知包含冯尊师作及虞集和作的一卷本在元末已经由金天瑞刻出,《皕宋楼藏书志》著录本当即金氏原刻,清李调元辑《函海》所收本亦从此一卷本而来。而彭致中的扩编本同时传布世间,正统时编入《道藏》。黄丕烈《士礼居藏书题跋记》著录之九卷本和《四库全书总目》著录之内府藏八卷本,当与《道藏》本为同一系统。

冯尊师之作与虞集和作均流行颇广。元道士张雨有和虞集之作;明陈耀文编《花草粹编》虽"间及元人",仍收有冯作六首及虞集和作二首。朱存理所云凌云翰和作见其《柘轩词》,有序曰:"世传全真冯尊师《苏武慢》廿篇,前十篇道遗世之情,后十篇论学仙之事。道园先生谓费无隐独善歌之,则能知者亦罕矣。及观先生所作,非惟足以追配尊师,而使世之汩没尘埃、流连光景者闻之,而有遗世独立、羽化登仙之想,则是篇于世其可少乎。"(明凌云翰《柘轩词》,《彊村丛书》本)虞集从孙应为元、明之间人,朱存理主要生活在成、弘之间,陈耀文《花草粹编》最后编竣于万历年间,可证从元初到明中期时冯尊师《苏武慢》之作及虞集和作在文士间一直具有相当的影响。《西游记》采录其文,极为正常,并无任何特别之处。编刊于万历前后的小说《于少保萃忠全传》,卷五一首词显亦取意《苏武慢·试问禅关》,或至少是参考了词意并借用了词汇:

冯尊师《苏武慢·试问禅关》①	《于少保萃忠全传》卷五②
试问禅关,参求无数,往往到头虚老。磨砖作镜,积雪为粮,迷了几多年少。毛吞大海,芥纳须弥,金色头陀微笑,晓时超十地三乘,凝滞四生六道。谁听得绝想岩前,无阴树下,杜宇一声春晓。曹溪路险,鹫岭云深,此处故人音杳。千丈冰崖,五叶莲开,古殿帘垂香袅。免葛藤丛里,老婆游子,梦魂颠倒。	形容苍古,颜貌清癯,剃发青如蓝翠,庞眉白似银丝,顶心不冠毗卢,身体聊披衲袄。危坐蒲团,手持珠粒,敲木鱼警万姓沉迷,贮盂钵盛千家饭食;每日诵三乘经卷,尝时讲六道缘因,暇炼磨砖作镜,寒来积雪为粮,坐山中浑忘岁月,居庵内几度春秋;绝相崖前苦行,无阴树下潜修,放参知过去机关,入定晓未来事业;色相毛吞大海,胸襟芥纳须弥;分明的鹫岭云深藏佛子,宛然是雪山冰穴隐禅僧。(第三十八回)

清顺治时期丁耀亢编撰的《续金瓶梅》第三十八回开篇也有引用:"词曰:试问禅关,参求者无数,往往到头空老。积雪为粮,磨砖作镜,误了几多年少。毛吞大海,芥纳须弥,金色陀头微笑。无荫树下,绝想台前,杜宇一声春晓。 鹫岭云深,曹溪路险,是处故人杳。冰崖千丈,五叶莲开,古殿帘垂香袅。那时节,识透源流,才见龙王三宝。"③除上下片末句外,余皆大抵相同。

冯尊师此词禅、道混融,总体上仍以感叹尘世、超逸云外为主旨,意趣晓畅,辞句简白而又不失清丽,为世人所爱,良有以也。但《西游记》和《于少保萃忠全传》《续金瓶梅》都不过是作为话头诗引用而已,没有什么深关全书宏旨的用意,更不用说特定的教派隐喻和象征了。

扩编本《鸣鹤余音》除冯尊师之作与虞集和作外,还包括了全真师徒王嚞、马钰、丘处机、郝大通、孙不二、宋德方乃至更早时候如钟、吕、白玉蟾、张伯端等人之作,题宋仁宗《尊道赋》亦属此类,

---

① [元]彭致中《鹤鸣余音》,明《道藏》第24册,第262—263页。
② 影印明天启间刻本(浙江图书馆藏),《古本小说集成》第2辑,第55—56册。
③ 《续金瓶梅》,陆合、星月校点《金瓶梅续书三种》,第357页。

不少作品仅见于此编引录。《鸣鹤余音》影响既广,这些采录作品亦不难被引用。至于袭用《尊道赋》问题,徐朔方已有驳论①,可以略作补充的是:《尊道赋》用在《西游记》第七十八回中是作为典型的角色人物"上场语"出现的,而上场语或上场诗剿袭前人作品是小说戏曲的惯用手法。

(2) 第三十八回咏芭蕉诗与王重阳《望远行》、丘处机《寓声恨叹迟》《鹤》等神似。

第三十八回咏芭蕉诗首四句实仿自五代路德延《芭蕉诗》:"一种灵苗异,天然体性虚。叶如斜界纸,心似倒抽书。"(《全唐诗》卷七百十九)王重阳、丘处机是借鉴,而《西游记》作者则是钞录。这种咏物诗的材料在《全芳备祖》一类书籍中很容易读到。

(3)《西游记》第五十回《南柯子》采自马钰《渐悟集》卷下《赠众道友》;第九十一回《瑞鹧鸪》采自马钰《渐悟集》卷下《赠众道契》;《西游记》第七回咏如意棒诗第一句"一点灵光彻太虚"采自《洞玄金玉集》卷五《见性颂》第一句。

马钰的两首诗词原分别为:"心地频频扫,尘情细细除。莫教坑堑陷毗卢。常静常清,方可论元初。性烛频挑剔,曹溪任吸呼。勿令喘息气声粗。昼夜绵绵、端的好功夫。""修行何处用功夫,马劣猿颠速剪除。牢捉牢擒生五彩,暂停暂住免三途。稍令自在神丹漏,略放从容玉性枯。酒色气财心不尽,得玄得妙恰如无。"②语言浅白,多含全真词语,如"漏"、"马猿"、"酒色气财"等,颇能达到书赠道友以劝化开示的效果。

柳存仁已经指出元俞琰《参同契发挥》曾引用《渐悟集》,另外明蒋一彪《古文参同契集解》亦引有《渐悟集》,可见此集当时一定

---

① 徐朔方《评〈全真教与小说西游记〉》,《文学遗产》1993 年第 6 期。
② 明《道藏》第 24 册,第 468、475 页。

相当流行。实际上，正如前文已经论述的，马钰诗词作品既多，影响也不亚于王重阳、丘处机，明代甚至有托名马丹阳的"道情"散曲①。因此，马钰诗词被引用，乃属常情。

"一点灵光、通天彻地"等本是道教常语，马钰"一点灵光彻太虚"句似亦为后人所习用（见《道法会元》卷一百九十"太乙火府五雷大法"、元王惟一《明道篇》之《绝句六十四首按六十四卦》）。《西游记》第七回咏如意棒诗第一句采录，以及第四句中所谓"任卷舒"云云，则是小说作者巧妙的化用，甚具游戏意味。

（4）第三十六回借用了宋张伯端《悟真篇》"内外药"一首绝句"前弦之后后弦前，药味平平气象全；采得归来炉里煅，炼成温养似烹鲜"；第五十三回引《西江月十二首》之"德行修逾八百"；第二十九回引翁葆光所集《紫阳真人悟真篇拾遗》中《西江月十二首》之"妄想不复强灭"、第九十六回引"法法法原无法"；第十回引《拾遗》之《即心即佛颂》。

作为内丹书之宗的《悟真篇》，南宋以降内丹道之士无不奉为圭臬，流行已广，影响极大。《鸣鹤余音》卷八亦引录了《西江月》"德行修逾八百"，《破邪显证钥匙卷》卷上"破十样仙品第七"引用了《紫阳真人悟真篇拾遗》"绝句四首"之"不移一步到西天"。日用类书如《新板增补天下便用文林妙锦万宝全书》"修真门"也有引用。小说中以《韩湘子全传》引用最多，包括翁葆光注亦被大量采入②，这是因其"度脱小说"的性质所致。《西游记》所录张伯端诗词，除有一首被作者用以"炫才"之外（详后文所论），其他皆为堆砌式的"羼入"，与前后叙事并不相关，实无特别喻示之义。

----

① 明《乐府群珠》收"马丹阳真人"小令《道情》，见谢伯阳编纂《全明散曲》，齐鲁书社，2016年，第1551—1552页。此材料据张泽洪《道教唱道情与中国民间文化研究》所发，第128—129页。

② 详见方胜《评道教小说〈韩湘子全传〉》，《明清小说研究》1990年第2期。

自葛洪以降,金丹之说就是道教的一个核心主张,并成为劝化词曲中的主要内容之一。北宋张抡《道情鼓子词》就颇多丹道色彩:

> 阳气初生,万花潜动根荄暖。暗藏芳艳,未许东君见。
> 恰似温温,铅鼎丹初转。功犹浅,九回烹炼,日月光华满。(《点绛唇·咏春》之三)

> 深亭邃馆锁清风,榴花芳艳浓。阳光染就欲烧空,谁能窥化工。 观外物,喻身中,灵砂别有功。若将一粒比花容,金丹色又红。(《阮郎归·咏夏》之三)

> 清秋夜寂,圆蟾素影流空碧,都无一点浮云隔。河汉光微,星斗淡无色。 日精欲炼须阴魄,更深犹望清宵立。坎离二物都收得,独步瀛洲,方表大丹力。(《醉落魄·咏秋》之三)①

南宋元明之时,丹道已成为某种意义上的"时髦"。全真门徒之外,下至一般文人,上至王侯大臣,大都能道其一二,如马致远《开坛阐教黄粱梦》第一折"东华帝君"白云:"这一去使寒暑不侵其体,日月不老其颜。神炉仙鼎,把玄霜绛雪烧成;玉户金关,使姹女婴儿配定。身登紫府,朝三清位列真君;名记丹书,免九族不为下

---

① 唐圭璋编《全宋词》,中华书局,1965 年,第 1410—1413 页。案:张抡,宋淳熙初知阁门事。《武林旧事》多载其应制进词,又卷七曰:"淳熙十一年六月初一日车驾过宫,……后苑小厮儿三十人,打息气,唱道情。太上云:'此是张抡所撰鼓子词。'"([宋]周密撰,范荧整理《武林旧事》,《全宋笔记》第 8 编第 2 册,大象出版社,2017 年,第 106 页)《道情鼓子词》,清丁丙藏有抄本,附于《莲社词》后(见《善本书室藏书志》卷四十),有《春》《夏》《秋》《冬》《山居》《渔父》《咏酒》《咏闲》《修养》《神仙》词各十阕。实为后人纂集张抡词,据《武林旧事》比附而成。此材料据张洪泽《道教唱道情与中国民间文化研究》所发,第 69 页。

鬼。"①明朱有燉《十长生》第一折【混江龙】完全是敷说金丹内容：

香风时度,驾祥云瑞霭出仙都。(笑俯着)天边玉兔,(静观着)海上金乌,(配合了)姹女婴儿临玉阙,(调和的)红铅白汞入丹炉。(能将这)坎离抽换,(会把那)龙虎降伏。(正三才)乾坤定位,(顺八卦)震兑相孚。(握刚拳)安魂定魄,(调龟息)重吸轻嘘。(炼玉液)无中之有,(养金丹)有内之无。(用功向)前弦之后,(留意在)后弦之初。(分二八)一斤加减,(得一斤)二八乘除。(向九州)顺安九鼎,(御三辰)逆运三车。(咀咽)华池水溢,(包涵着)绛阙光舒。(采药是)西南之域,(寻根到)玄牝之区。(对真境)无心去住,(任黄婆)得意欢娱。(锻炼出)袖中神剑,(追求得)海底明珠。(频频地)抽添火候,(默默地)保养灵躯。(放之行)弥乎宇宙,(敛之来)隐入纤须。(那其间)脱神胎功行(有)天知,斡玄机(圣)果惟仙助。(修积的)千年寿永,(只消得)片晌工夫。②

当时的"日用类书"多有"修真"一门,《(新刻天下四民便览)三台万用正宗》在"修真"后尤增加"金丹"一门,与侧重于具体养生之法的《(新版全补天下便用)文林妙锦万宝全书》相比,《三台万用正宗》包含金丹内容较为全面。这些"日用类书"所载"修真"、"金丹"包括喻示方法、秘旨的诗词,各种释论、心得、具体功法、相关图像等。《三台万用正宗》"修真门"上栏为按摩、吐纳之法和修真诗词,下栏为"玄关秘旨"和关于火候、药物、采药的秘法,以及各种概念解释。"金丹门"上栏标目为"金丹诗词",辑录咏赞金丹的诗词作品；下栏标目"金丹门",包含"金丹秘旨"、"铅汞金丹起首秘诀"、

---

① 王季思主编《全元戏曲》第2卷,人民文学出版社,1990年,第187页。
② [明]朱有燉著,赵晓红整理:《诚斋杂剧》,齐鲁书社,2014年,第356—357页。

"阴池阳池炉式秘诀",等等。日用类书无非辗转承袭,内容未必得当,但至少反映了当时的社会需求。在此一风气下,《西游记》作者引录《悟真篇》诗词及金丹术语以引人注意,显然也是极为正常的。

(5) 第八十五回引《性命圭旨》亨集《涵养本原图》口诀:"佛在灵山莫远求,灵山只在汝心头。人人有个灵山塔,好向灵山塔下修。"

《性命圭旨》以图像为纲,附以相关言论、口诀、歌谣,本身就是一定程度上的材料汇编。"佛在灵山莫远求"诗,见罗清"五部六册"之一的《破邪显证钥匙卷》和《正信除疑无修证自在宝卷》①。"五部六册"编纂时间应在《性命圭旨》之前,可证此诗已是《西游记》完成之际的流行之语。

(6) 第十九回末引录《摩诃般若波罗蜜多心经》,第二十回开篇偈语抄录自"松溪道人无垢子"《般若心经注解》。

此一引录在柳存仁《全真教和小说西游记》一文中尚被认为是佛教材料,最近陈洪考证出此"松溪道人无垢子"实为元末明初全真道士何道全,结论甚是②。可以略作补充的是,今《道藏》所收"松溪道人何道全"《随机应化录》,有《读般若心经》诗:"这卷心经本在心,迷人枉向外边寻。若能放下全无碍,霎时大地变黄金。"③与《般若心经注解》"经"下注后偈诗"这卷真经本在心,自家藏宝不须寻。猛然检着无生品,迸出明珠耀古今"略同④。

《心经》是宋以来非常流行的佛典,与禅宗、三教合一思潮有着

---

① 各处文字不尽一致。《破邪显证钥匙卷》作"佛在灵山莫远求,三宝只在人心头,本性就是真三宝,万法归一一篮收"。
② 陈洪《〈西游记〉与全真教之缘新证》,《文学遗产》2015 年第 5 期。惟台湾新文丰出版有限公司影印本《卍续藏经》第 42 册目录,已注明《般若心经注解》为"明何道全注"。
③ 明《道藏》第 24 册,第 142 页。
④ 《般若心经注解》,《卍续藏经》第 42 册,台湾新文丰出版有限公司影印本,第 74 页。

密切的关系。全真教成立伊始就十分注重《心经》,也是出于同样的原因①。明太祖下诏令僧人穷研《心经》且御制《心经序》颁行天下,更促进了其在社会上的传播②。在唐以来的"取经故事"中,唐僧念诵《心经》一直是一个"情节要素",百回本《西游记》小说依然予以保留③,所以在十九回全文迻录,并不意外。从第二十回开篇所引偈语及陈洪的考证来看,《西游记》作者所据的《心经》版本,很大可能就是何道全的《般若心经注解》(其末附有《心经》原文)。

何道全《般若心经注解》杂引材料,兼以己语,末附偈诗一首。思想上和合三教,牵强附会,机械生硬,义理水平与同时先后其他《心经》疏解之差距不可以道里计。但文字尤其是偈诗浅近通俗,与当时宝卷、善书风格接近,可能因此而颇为流行。明晁瑮《晁氏宝文堂书目》著录有《无垢子解心经》《无垢子注心经》,当即一书。明赵台鼎《脉望》卷一所引"《心经》无垢子注云:六个门头一个关,五门不必更遮栏。从他世事纷纷乱,堂上家尊镇日安",文字与《般若心经注解》"无眼耳鼻舌身意"注下偈诗全同④。《性命圭旨》亨集《涵养本原图》"第一节口诀":"智觉禅师云:菩萨从来不离真,自家昧了不相亲。若能静坐回光照,便见生前旧主人",亦见《般若心经注解》"观自在菩萨"下注(真作"身")⑤,也可证它们是同一性质的喻教之书,皆为百回本《西游记》作者所能见。

但在《西游记》中,《心经》全文及何道全偈诗仍然不过是与正文毫无关联的炫才式"羼入"文字。陈洪认为何道全注解与《西游记》存在呼应之处:小者有以"斜月三星"喻"心"的相同,大者有

----

① [日]福井文雅《佛教与全真教的成立》,《世界宗教研究》1996年第2期。
② 李小荣《〈西游记〉〈心经〉关系之略论》,《贵州大学学报(社会科学版)》第19卷第6期,2001年11月。
③ 程毅中《〈心经〉与"心猿"》,《文学遗产》2004年第1期。
④ 《般若心经注解》,《卍续藏经》第42册,第86页。
⑤ 同上,第74页。

"牛"、"白牛"宗教喻意的契合。其实,以"斜月三星"喻"心"乃起自秦少游词《南歌子赠陶心儿》句"一钩残月带三星",以此指"心"字,古人所常用(何道全注中"古云:三点如星象,横钩似月斜,披毛从此得,作佛也由他",亦见《昙花记》第三十出"三点疏星曲,一湾新月斜。披毛从此得,作佛也由他")。"牛"、"白牛"宗教喻意见下文所论,也是禅门、道门通俗教谕文字中常用的概念。

浦安迪认为:"小说中到处可见的三教混杂的心学语言,实质上决定了书中寓言形象所代表的意义。这种哲学语言不但给这个寓言旅程所提的问题重下定义,也以修心的各种概念化措辞暗示了可能的解决办法。"①这种观点不仅是将小说这种虚构的通俗文学作品视作宗教或哲学寓言,而且把小说作家当作了严谨的宗教、哲学学者。浦安迪及持有类似观点的学者没有或不愿注意的是,《西游记》关于"心"的"哲学"式评论或改造至多也属于某位普通文人粗浅的理解乃至"误读"②,远没有达到晚明理学家所倡"心学"的高度,其钞录何道全《般若心经注解》鄙俚浅俗的偈语其实正是一个最好的证明。鲁迅称作者"尤未习佛",实就此而言,是极具洞察力的睿智之见。

(7)《西游记》中较多出现"猿马"、"心猿"(并用"心猿"代指孙悟空)。

猿性躁动,马擅快奔,心性说者以猿、马喻心、意之未宁,顺理成章。清孙奇逢的总结十分到位:

或问:心取譬于猿,意取譬于马,此何说也?曰:猿喜玩弄,马善驰逐,盖谓心与意纷飞营扰,千古上下、六合内外无顷刻定

---

① [美]浦安迪《明代小说四大奇书》,沈亨寿译,生活·读书·新知三联书店,2006年,第223页。

② 李小荣《〈西游记〉〈心经〉关系略论》。

静之时。禅家槁木死灰,只是令猿马不骋,此心常定,此意常静耳。但不似圣人无意必固,我寂然不动,感而遂通,则心之猿、意之马,皆鸢之飞、鱼之跃矣。(孙奇逢《孙征君日谱录存》卷一)

此一喻指原应来自佛经。庾信诗《陕州弘农郡五张寺经藏碑》有"身虽系马,心避腾猿",清吴兆宜笺注引《涅槃教诫经》"佛告比丘,已能住戒,当制五根,勿令放入于五欲中。若纵五根,亦如恶马无辔,猿猴得树,腾跃踔踯,谁可禁制"并《高僧传》"知彼所依处,从心猿猴起"(《庾开府集笺注》卷七),溯源甚的。此后"心猿意马"使用极多,不胜枚举。宋《法藏碎金录》谓:"学道之人虽曰有心,心常在定,非同猿马之未宁。虽曰无心,心常在慧,非同株块之不动。理性体用,至论如此。"(卷一)定性已极明确。当然,大量使用此一语汇的还是全真教祖王喆的诗词集,如果说是全真祖师建立了最后的固定喻义,也是可以成立的。但关键在于此一喻指不久就在全真以外的广泛范围内发生了影响,已无法视为全真教或内丹道的标识。元明间无名氏杂剧有《蓝采和锁心猿意马》,明贾仲明杂剧《铁拐李度金童玉女》之明万历四十五年脉望馆藏《古名家杂剧》本,题"金安筹收意马心猿"①。元纪君祥《陈文图悟道松荫梦》(残折)有"牢锁住心猿颠耍,紧拴住意马咆哮"②,《飞丸记》十七出有"猿马难羁",《绣襦记》第八出有"难拴猿马意"③,《二刻拍案惊奇·任君用恣乐深闺,杨太尉戏宫馆客》中《西江月》词有"久作阱中猿马,今思野外鸳鸯"④;"心猿意马"更成为戏曲⑤、小说、弹词、

---

① 傅惜华《明代杂剧全目》,作家出版社,1985年,第41页。
② 王季思主编《全元戏曲》第3卷,第648页。
③ [明]毛晋《六十种曲》,中华书局据1935年开明书店排印本重印,2007年第2版,第11册第53页、第7册第20页。
④ 石昌渝校点《二刻拍案惊奇》,江苏古籍出版社《中国话本大系》,第648页。
⑤ 元杂剧《竹坞听琴》:"我如今将草索儿系住心猿,又将藕丝儿缚定意马。人说道出家的都待要断尘情,我道来都是些假、假!"(第二折【醉春风】)

宝卷中的常语。通俗文学之外,《南华真经义海纂微》以"心猿意马"解"偾骄",明沈一贯《庄子通》也有"如猿马不定"的解说。特别是题张三丰《无根树道情二十四首》的"防猿马、劣更顽"(《张三丰先生全集》卷四),直是王重阳"意马心猿休放劣"(《重阳全真集》卷十二《双雁儿·自述》)①的翻版。

在世德堂本《西游记》之前的"西游取经故事"及表现此一故事的艺术形式杂剧、评话中,一些基本元素似已定型,取材于此的明代宝卷就反映了这一情况。这些宝卷如"五部六册"之《巍巍不动泰山深根结果宝卷》《苦功悟道宝卷》《销释真空宝卷》及《清源妙道显圣真君一了真人护国佑民忠孝二郎开山宝卷》《普明如来无为了义宝卷》等②。如陈洪等所已考述者,此类宝卷已经普遍以"意马心猿"喻指西游取经故事及其人物(孙悟空本身就是一只猴子),并含有不骋猿马、终归大道的喻义③。但也就仅此而已,并无太多的玄妙意味。

小说《西游记》显然继承了这些元素。在"心猿意马"成为普遍使用的语词的情况下,《西游记》既以此流行的证道故事为题材,继续使用这些词语的特定喻意,并以心猿作为孙悟空代称,都是非常普通的做法。实际上,《西游记》并未就"心猿意马"作任何发挥,相反倒是陈元之序代其言之,此后乾隆间书坊重刻《西游证道书》蔡元放序及《读法》又有标榜,这更加证明了此类语汇为世俗社会所熟悉的程度。

(8)"牛魔王"故事与何道全"人牛不见"之喻相对应。

陈洪对此问题予以深研,提出"牛魔王"故事化用牵牛皈依的

---

① 明《道藏》第 25 册,第 755 页。
② 刘荫柏《〈西游记〉与元明清宝卷》,《文献》1987 年第 3 期。
③ 陈洪、陈宏《论〈西游记〉与全真教之缘》,《文学遗产》2003 年第 6 期。

禅门典故,体现出一定的佛理内涵①。当发现《西游记》中的何道全《般若心经注解》偈后,陈洪进而认为"牛魔王"故事与何道全《般若心经注解》存在直接的对应关系②。

诚如陈洪所指出的,"牛"是禅宗常用的物象,有长久调伏、夹鼻牵引等喻意。第二十回所引何道全偈诗、何道全《般若心经注解》之"人牛不见",乃喻"人牛俱化"之万象俱空,是上述二喻的最后旨归,当出宋释晓莹《罗湖野录》卷二:"潼川府天宁则禅师,蚤业儒,词章婉缛。既从释,得法于俨首座,而为黄檗胜之孙。有'牧牛词'寄以《满庭芳》调曰:'咄这牛儿,身强力健,几人能解牵骑。为贪原上,绿草嫩离离。只管寻芳逐翠,奔驰后、不顾倾危。争知道,山遥水远,回首到家迟。牧童今有智,长绳牢把,短杖高提。入泥入水,终是不生疲。直待心调步稳,青松下、孤笛横吹。当归去,人牛不见,正是月明时。'世以禅语为词,意句圆美,无出此右。或讥其徒以不正之声混伤宗教,然有乐于呕吟,则因而见道,亦不失为善巧方便,随机设化之一端耳。"③又成为后世"牧牛图"表现主题之一。谭处端《水云集》卷下《长思仙》词、《鸣鹤余音》卷一所收郝太古《无俗念》词,均有对"人牛不见处,正是月明时"之化用。可见此喻为宋以来参禅修道者所习用,并非何道全的独门心法。

(9)《西游记》中多有道教修炼词语(包括回目、回首开篇诗词及说明文字、其他引用诗词及说明文字、正文说明性文字和相关比喻等所包括的词语),如"小仙"、"八百"、"三千"、"十二时"、"六

---

① 陈洪《牛魔王佛门渊源考》,《南开学报》1992年第5期。
② 陈洪《〈西游记〉与全真教之缘新证》,《文学遗产》2015年第5期。
③ [宋]释晓莹《罗湖野录》,上海师范大学古籍整理研究所编《全宋笔记》第5编第1册,大象出版社,2012年,第227页。[宋]洪迈《夷坚丙志》卷十八亦载此词,文字稍异,说法亦不同。见何卓点校本,中华书局,2006年第2版,第513页。

六"、"三三"、"如然"及全真词汇"龙华会"、"玉华会"等。包括有时"金公"借指行者,"木母"借指八戒,"黄婆"借指沙僧等。

这一方面实质上与第(4)(7)点属于同一性质。但《西游记》在使用上随意性更强,往往信手拈来,并无特别的潜藏喻义,完全达不到以特有的文句和词汇去渗透小说若干部分的内容、或丰富了小说情节的高度。在佛道教逐渐"普化"、社会宗教生活已达成"三教混融"的背景下,根据词汇使用而判别"宗派",是不符合逻辑和事实的①。

综上分析,可以得出两点:第一是《西游记》的这些内容并没有超过小说选取素材、借用词语以及多方引录的范围。小说是世俗性的文学,"道些世情,说些因果"是其根本主旨,因此即使是神鬼之谈,也必然反映现实世相。这些世相也许在今天已变得不为我们所察,但在当时的读者则可以一眼看出。当今天的我们惊讶于《西游记》某些内容的新奇陌生时,殊不知却是那个时代习以为常的观念、知识、宗教生活形态和社会生活实际,亦即鲁迅所谓的"常谈"②。《西游记》"字里行间更有许多地方很带有了些全真教派的

---

① 柳存仁以某些词语相同或近似为例,试图建立《封神演义》与《南华副墨》之间的关系,以证明《封神演义》的作者就是《南华副墨》的作者陆西星(《陆西星吴承恩事迹补考》,载《和风堂文集》),方法与此处所论如出一辙。其逻辑和事实之谬,章培恒有文论之甚详(《〈封神演义〉作者补考》,载《不京不海集》,复旦大学出版社,2012年)。

② 鲁迅《中国小说史略》,人民文学出版社,1976年,第140页。以中野美代子的相关研究(《西游记的秘密(外二种)》,王秀文等译,中华书局,2002年)为代表的详细勾勒,亦不外乎就是对这种"常谈"的发掘。最近李丰楙又结合对道教仪式的考察,更深入地揭示了《西游记》对当时宗教生活的客观反映(李丰楙《问讯土地:〈西游记〉中的斯土斯神与鬼律叙述》,香港浸会大学"道教与文学国际学术研讨会"论文,2015年12月;《谢土:土地秩序的恢复》,台湾正修科技大学"2015宗教生命关怀国际学术研讨会"论文,2015年12月)。

气味"固非偶然,因为全真教在元明以降是当时社会宗教生活方面的主要内容之一。这些内容必然反映在当时的文学作品如《西游记》中,就像"好大圣,按落云头,去郡城脚下,摇身一变,变做个游方的云水全真"(《西游记》第四十四回)那样简单、自然。第二是相关诗词、经文及词语的采用并不是小说中心思想的提炼与呈现,而往往是文人作者"炫才"的需要。诗词能否与小说描写内容相配合,是引用诗词是否达至思想喻指的关键。但事实上有很多小说的诗词不能配合情节,甚至与文旨毫无关联,《西游记》所引全真祖师诗词也是这一情况,这一点是柳存仁也不能不承认的。相关经文和用语的采用,同样如此。既能抄流行的全真诗词、《心经》和科仪文书(比如第九十八回鲁迅所谓"荒唐无稽之经目"或即抄自当时普遍使用的《佛门请经科》[①]),也能抄《圣教序》,同时又抄录了当时善书中的伪托之文(如第十一回"太宗御榜文"即抄自明代善书《明心宝鉴》中托名宋仁宗的一段文字[②]),说明小说《西游记》的最后作者固然是一位有"文"之人,但明显不是一位有"学"之士。

《西游记》作者不可能是全真教人或是具有全真背景的向道之士,也可以从其文本中得到简单证明。柳存仁已经提到的第三十七至三十九回文殊菩萨坐下"骗了的狮子"受命下凡作怪,偏偏就扮作全真道士,所谓"钟南忽降全真怪"者,就是一个显著之例。当然更重要的证据是整部作品的思想意趣,对此前人时贤论述已多,此处仅举典型一例,第四十四回:

这行者却引八戒、沙僧,按落云头,闯上三清殿。……行

[①] 侯冲《〈佛门请经科〉:〈西游记〉研究的新资料》,《宗教学研究》2013年第3期。

[②] 李天飞校注《西游记》,中华书局,2014年,第164页。又见王见川《〈明心宝鉴〉与〈水浒传〉、〈西游记〉关系初探》,载侯冲、王见川主编《〈西游记〉新论及其他:来自佛教仪式、习俗与文本的视角》。

者道:"这上面坐的是甚么菩萨?"八戒笑道:"三清也认不得,却认做甚么菩萨!"行者道:"那三清?"八戒道:"中间的是元始天尊,左边的是灵宝道君,右边的是太上老君。"行者道:"都要变得这般模样,才吃得安稳哩。"那呆子急了,闻得那香喷喷供养,要吃,爬上高台,把老君一嘴拱下去道:"老官儿,你也坐得彀了,让我老猪坐坐。"八戒变做太上老君;行者变做元始天尊;沙僧变作灵宝道君。把原象都推下去。及坐下时,八戒就抢大馒头吃,行者道:"莫忙哩!"八戒道:"哥哥,变得如此,还不吃等甚?"

行者道:"兄弟呀,吃东西事小,泄漏天机事大。这圣象都推在地下,倘有起早的道士来撞钟扫地,或绊一个根头,却不走漏消息?你把他藏过一边来。"八戒道:"此处路生,摸门不着,却那里藏他?"行者道:"我才进来时,那右手下有一重小门儿,那里面秽气畜人,想必是个五谷轮回之所。你把他送在那里去罢。"

这呆子有些夯力量跳下来,把三个圣像,拿在肩膊上,扛将出来;到那厢,用脚登开门看时,原来是个大东厕。笑道:"这个弼马温着然会弄嘴弄舌!把个毛坑也与他起个道号,叫做甚么'五谷轮回之所'!"那呆子扛在肩上且不丢了去,口里㖃㖃哝哝的祷道:"三清三清,我说你听:远方到此,惯灭妖精。欲享供养,无处安宁。借你坐位,略略少停。你等坐久,也且暂下毛坑。你平日家受用无穷,做个清净道士;今日里不免享些秽物,也做个受臭气的天尊!"①

---

① 《西游记》,人民文学出版社,1980年第2版,第543—544页。此本以明世德堂本为底本,参校明崇祯刊《李卓吾批评西游记》及清代六种刻本校订整理而成。

对神圣的戏谑、嘲讽与反抗是《西游记》世俗精神的绝佳体现。将"三清"像推倒并放入茅厕"做个受臭气的天尊",在某种程度上比大闹天宫,嘲弄如来、观音以及呵骂老君等等更要登峰造极。这段描写绝不是全真教道人或修性炼命之士所能道其一言的,而只可能是下层文人的心志流露。余国藩用老庄通脱一切的幽默和禅宗"呵祖骂佛"的反传统智慧来解释这一与"神圣"相左的"喜感"①,如前文评论蒲安迪的,也是把小说当作哲学经典,将小说家的世俗精神视为宗教家的信仰情怀。如果说"五谷轮回之所"和"受臭气的天尊"也能称得是上禅门"话头",那么一切世俗的反讽与批判也就不存在了。

柳存仁等学者在论证逻辑上也是存在问题的。

欲证明甲因具有某元素而就是乙,必须要具备两个前提:(1)甲虽具有其他元素但不是非乙;(2)凡丙、丁、戊、己、庚等具有相同元素者均是乙。落实到《西游记》某"底本"作者为全真道士的问题上,两个前提都不存在:《西游记》(无论是可能存在的"底本"还是百回本"定本")显然具有更多的佛教元素,但没有绝对理由证明作者不是佛教中人;其他具有全真道元素的作品如全真道化剧等,其作者显然并非全真教人。

柳氏的逻辑甚为复杂含混,其大前提是:百回本《西游记》存在全真教的气息;小前提一:《西游记》是累积型创作,从原型到元再到明百回本《西游记》,经过了一系列发展和增删修饰;杨、朱二节本均在繁本百回本之前。小前提二:百回本《西游记》虽然存在全真气息但痕迹已经不多,而且这些气息明显也经过了变动和修饰

---

① 余国藩《宗教与中国文学——论西游记的"玄道"》,载李奭学编译《〈红楼梦〉、〈西游记〉与其他——余国藩论学文选》,第379—383页。

增刊;结论:所以《西游记》在明百回本之前一定存在着一个经过全真教道士之手的本子。

首先,大前提和小前提二就存在着矛盾。其次,小前提一在事实上不尽成立。从百回本《西游记》小说的文学成就和思想主旨中不难得出判断:它不是对前有各种形式的"西游取经故事"的简单因袭,所以也就不是从一个环节到另一个环节的自然演化,而是创造性的再述,这种创造绝不是一种简单的刊削旧痕、涂抹新颜的过程①。"西游取经"一直是个流行的题材②,在百回本之前存在着各种形式的关于这个题材的有意敷演,比如戏曲、传奇故事、道情、宝卷之唱说等等③,但均与洋洋百回的章回小说巨制不能等量齐观。只有在百回本的基础上刊削为节本,而不是正相反④。再次,柳氏的论证存在明显的"丐题"谬误:结论和小前提二明显属于"循环论证"。最后,大、小前提即使全部成立,并不能推出最后的结论,也就是前文所详论的,其大、小前提不能成为"明百回本之前存在着一个经过全真教道士之手的本子"的充分条件。

"西游取经"故事从内容、人物、母题和情节要素等各方面都经

---

① 公认的所谓"世代累积型"的《水浒传》其实也是这种情况。青木正儿指出:元杂剧及明朱有燉创作之《黑旋风仗义疏财》《豹子和尚自还俗》,故事情节和人物性格与小说《水浒传》不合者甚多。见青木正儿《中国近世戏曲史》,王古鲁译,蔡毅校订,中华书局,2010年,第111—112页。

② 对此,前人时贤研究已多,可见蔡铁鹰编《西游记资料汇编》(中华书局,2010年)。近年来又发现内容时代很早的佛教科仪文书"佛门请经科"已具有唐僧取经内容,有学者认为可能是西游故事的直接源头之一。见侯冲《〈佛门请经科〉:〈西游记〉研究的新资料》,《宗教学研究》2013年第3期。

③ 道情亦有"西游"之唱说。[明]李诩《戒庵老人漫笔》:"道家所唱有道情,僧家所唱有抛颂,词说如《西游记》《蓝关记》,实匹休耳。"(魏连科点校本,中华书局,1982年,第173页)其中《西游记》实指道情所敷演的西游取经故事,而不是指百回本小说。

④ 具体研究,见杜德桥《西游记祖本考的再商榷》,《新亚学报》第6卷第2期,1964年。

历了一个较长的发展演变过程,此无疑义,但百回本小说《西游记》却不是一个自然演化的结果。易言之,"西游取经"故事和小说《西游记》严格说来不是一回事情。作为一个流行的宗教题材故事,"西游取经"不仅为民间宗教所敷演,同时也为佛教、道教所取材,同时为各种文艺所表现。但小说《西游记》的撰写、成书实质上已经脱离了原型故事的来源和演变的环节发展过程,而且已经成为一种新的文学体裁①。这一事实其实无人否定,但柳存仁等人甚至包括批评他们的学者,往往先入为主,始终囿于"环节演变"的模式而不能自拔,以致一定要将每一"环节"落实而后可。这显然是十分错误的。

柳氏的具体论证手法亦有不当之处:一是有意地将基本事实前提予以化解。其巧妙之处在于并不掩饰事实,但总是以退为进,将一般事实变作例外。或者以逆命题否定命题,典型者如:"吕祖的这几阕词,普通研究内丹修持的人都可以利用,本不一定要是全真。但是全真教的创始者王嚞既然在终南山甘河镇喝过纯阳真人给他的仙水,吕祖自然而然地也就登上了他们这一派祖庭的龛位,元世祖至元六年东华帝君、钟离、纯阳、刘海蟾四祖更和王重阳、马丹阳等一祖七真同时获得新的封号,流传的纯阳文字,全真诸人当然要时时引用了。"②二是常常自相矛盾。柳氏在《全真教和小说〈西游记〉》一文中的论述,与其在另一文中所谓"小说作家熟于道教事,盖信手拈来,不必一一胶柱鼓瑟也"相互抵牾③。最关键的是,柳氏提出其结论,必然就要面对"为什么编书的人,一面崇扬道教,称赞它惟恐不力,一面又这么诋毁道教,贬低它的价值呢"的疑

---

① [美]浦安迪《"文人小说"与"奇书文体"》,《浦安迪自选集》,第126页。
② 柳存仁《全真教和小说〈西游记〉》,《和风堂文集》第3册,第1358—1359页。
③ 柳存仁《陆西星吴承恩事迹补考》,《和风堂文集》第3册,第1398页。

问,柳氏的解释是全真教乃是道教的一派,所以为其所看不起的旁门行径,就必然成为邪恶的代表而受到批判。为此,柳氏不惜将小说中常见的"旁门左道"的描写直接对等于全真之外的道教。柳氏的这一解释,遂与文中"在十六、七世纪刊行的旧小说里,它(案:指全真)似乎已经变成了一般道士的代名词"、"七百多年前在元代全真教飞黄腾达的势力"、"百回本《西游记》里的道士,不论他们站在什么立场,品格的善恶,是仙真还是妖邪,他们也常常被称做全真"的论断相互矛盾①。

关于全书"弃道归佛"或"崇佛抑道"的基本倾向和书中"全真印记"发生矛盾的"死结",陈洪的解释是:

> 隆万之际,因对嘉靖帝佞道的反拨,朝廷多次打击道教,社会舆论也普遍扬佛而厌道,因此最后的写定者既承继了全真教化了的某种"底本",又自然而然地把当时"扬佛抑道"的舆论倾向,带到了本属道教一脉的作品中,于是就在文本的书写中造成了这个"死结"。②

姑不论当时是否存在这样的"时代思潮",也不论这位"天才作家"是否具有这样的"政治觉悟"和思想倾向,此一说法既不能消除《西游记》同样存在揶揄嘲讽佛教的悖论③,也无法解释"全真印记"本身就混融三教的事实。

总之,"全真教"或社会一般宗教信仰当然和小说《西游记》存

---

① 柳存仁《全真教和小说〈西游记〉》,《和风堂文集》第 3 册,第 1353 页。当然,更重要的是不符合事实。明初以降,一方面全真和正一成为所有道教的代名词,另一方面全真和正一除了一些外在的标志外,旨趣基本一致。近世以还,在社会中发挥功能的道教,其实并无烧炼、符法和丹道的迥然之分。
② 陈洪、陈宏《论〈西游记〉与全真教之缘》,《文学遗产》2003 年第 6 期。
③ 参阅礒部彰《〈西遊記〉受容史の研究》第Ⅲ部《〈西遊記〉の文学の特徵》,東京:多賀出版株式会社,1995 年,第 394—396 页。

在关系,而且就是一种"影响—反映"的关系,但这种关联或影响完全属于现实生活背景、流行观念、文学素材与小说创作之间的一般关系范围,远未达到足以发挥决定性作用从而形成某种特殊性(如成为证道、喻教之书)的程度。

三 《西游记》的接受以及宗教建设者的"为我所用"

文学具有一种召唤人心内在情感和意志的强大力量,促使接受者表达他们的价值诉求,无论接受者是传统士子,还是中下层文人、市民或其他特殊群体。因此,优秀的小说作品总会激起读者对真实作者和创作旨趣的追索欲望。受到感动的读者通过这种追索以获得同情和理解的落脚点,从而实现情感的宣泄和诉求的满足。所谓一部《红楼梦》,"经学家看见《易》,道学家看见淫,才子看见缠绵,革命家看见排满,流言家看见宫闱秘事"①。此类现象作为一种"文学接受",是文学应有的题中之义。

《西游记》同样深刻地反映出这一文学接受中的典型现象。

《西游记》以其流行的题材和强大的艺术魅力,从其流行后不久就激发了读者的相关猜度。当各地书商很快就获得南京传来的新印之书并立即翻刻后,"或曰出八公之徒"、"或曰出王自制"的说法(世德堂本《西游记》陈元之序)就已经颇为流行,不过这还可能只是一种商业手段。如果就文学接受中的有意识的建构而言,最初的源头当是世德堂本所具有的一些评点②,但最典型的还是大

---

① 鲁迅《〈绛洞花主〉小引》,《鲁迅全集》(编年版)第5卷(1927—1928),人民文学出版社,2014年,第26页。
② 详见王见川《关于世德堂版〈西游记〉的底本、前身本与祖本》,载侯冲、王见川主编《〈西游记〉新论及其他:来自佛教仪式、习俗与文本的视角》。

约起自明末的丘处机作者说。《西游证道书》刊行于清康熙间①，无论其是否有"大略堂古本"可依，"证道"应是其首创，而且通过所载伪撰虞集序正式确立了丘处机为作者及相关证道之说。汪象旭（原名淇，字右子，号憺漪子、瞻漪、残梦道人等②）仍是一位书坊主，曾编刻过《吕祖全传》。其刊载伪虞集序可能主要出于书坊托名宣传的目的③，但也表明以丘处机为作者的观念早已出现，否则书坊主不会想到用虞集来作号召。康熙时丘处机说已经在士人间得到普及，如刘廷玑《在园杂志》已谓："盖《西游》为证道之书，丘长春借说金丹奥旨，以心猿意马为根本，而五众以配五行，平空结构，是一蜃楼海市耳。"④虽然丘处机作者说至少在乾隆时就因其过于荒诞无征而受到有识之士的摒弃，然而却和陈元之、袁于令二序相结合，直接引发了另一种关于其喻意的接受观念⑤。这一观念产生于一个特定的读者群体，也就是胡适所谓的"和尚道士"，实际上主要为道士，包括明末的伍守阳，清代的朱玄育、潘静观、陈士斌、刘一明、张含章⑥。其中康熙时人陈士斌《西游真诠》、乾隆时人刘

---

① 王裕明《〈西游证道书〉成书年代考》，《明清小说研究》2004年第4期。
② 曹炳建《〈西游记〉版本源流考》，人民出版社，2012年，第256页。
③ 关于虞集序的真伪，见矶部彰《〈西遊記〉形成史の研究》（東京：創文社，1993年）、曹炳建《〈西游记〉版本源流考》。虞集序之伪是毫无疑问的，不仅是因为虞集的时代不可能出现"数十万言"的西游小说，更主要的是序中所言"喻大道"、"收放心"等完全是明末清初的一种《西游记》接受观念。
④ ［清］刘廷玑著，张守谦点校《在园杂志》，中华书局，2005年，第83—84页。
⑤ 清代"证道"说三本均强调丘处机为作者：《西游真诠》卷首题尤侗《西游真诠序》曰"世传为丘长春之作"；《西游原旨》扉页右题"长春邱真君著"；《通易西游正旨》扉页题"天□□□邱真人著"。
⑥ 其间还有一些不知名者，如题"顾道民脱稿"、"客夫人校字"清初刊本《狐仙口授人见乐妓馆珍藏东游记》（今藏北京大学图书馆），一题《西游记释喻》，书中有谓《西游记》暗喻炉鼎者。此据孙楷第《中国通俗小说书目》（第115—116页）及侯忠义所撰提要（载江苏省社会科学院明清小说研究中心编《中国通俗小说总目提要》，中国文联出版公司，1990年，第456页）。

一明《西游原旨》二部评点解说起的作用最大。在此期间，乾隆十五年金陵文盛堂重刊《西游证道书》，书坊主蔡元放撰序并《读法》称"《西游记》一书，全是讲仙佛同源、金丹大道"①，和早先的汪象旭一样，又从商业角度予以推波助澜，使之影响到正统人士②。此一观念的核心，就是以《西游记》为"修真证道"的寓言，并以此阐发内丹之说。

《西游记》金丹证道说的产生尤和"三教合一"的宗教义理化实践内涵的发展理路密切相关。世界范围内的宗教大多都会发展出某种"神秘主义"（mysticism，或译密契主义）内容，这既是宗教本身目的性的需要，也是其赖以发挥社会功能的武库。以自然宇宙启示为主的中国宗教尤其如此，融合佛道儒的禅宗和内丹正是典型代表。因为这种灵修是对具体的修炼技术比如假外物以自固的"外丹"的扬弃，所以它从一开始就不是一种技术的发展而是某种哲学化的思考。

早期的绝大多数内丹著作论述的并不是具体技术，而是通过象征和隐喻的方法对某种原则和程序、模式的讨论，并集中于对错误或不当的批判。因为从原则上说一涉及具体技术就会遭受泄漏天机的严谴，或者陷入拘泥于炼气、服食以及营卫的小道。这导致内丹的技术根本就是一个谜团，包括其术语和关键原则在内，从来也没有呈现出一个清晰的面貌。实际上，就丹道而言，"内丹"或许就没有具体的技术可言，它有的只是一种原则上的态度而已。所以，内丹的意义更多的是以其所具有的鲜明的玄学意味而彰显出

---

① 文盛堂本题《西游证道大奇书》，今藏浙江图书馆。此据赵红娟《〈西游证道大奇书〉及其相关问题》，《文献》2011年第4期。

② 如俞樾虽然认为《西游记》丘处机作者说为伪托，但也有"金公木母，意近丹经"之论。见孔另境编《中国小说史料》引俞樾《九九消夏录》，上海古籍出版社，1982年，第76页。

来的:作为一种观念,"内丹"本身就是佛、道、儒心性学说相互糅合交汇的产物,它体现出一种玄学的思辨性,着重于大、小宇宙秩序的探讨,以及对修炼关键的洞察。所有的核心观念如"火候"、"玄关"、"时"等,无非都是一种思想原则而已。内丹的目的很明确,旨在寻求与道体的完美契合,夺取造化的生机;但它的具体内容实质上不过是一种类似于禅宗话头的不堕言筌的"教学启发"(尽管内丹学派有时亦对禅学展开批判):"内丹是一种教学,它具有辨诉性的天性,师傅试着使学生感应神秘的经验及世界的视野,其不仅仅包括因气功上的实践而来,也因由一种思想的再教育而产生;内丹标的于打破一般思想的窠臼,将之弹性化,使之扩大层面。"①这使得内丹充满着神秘的况味。总之,这种"思辨""教学"也许可以指导具体的肉体和精神修炼,但在根本上是原则性的而不是技术性的。

因此,内丹和禅宗一样,从一开始就完全依赖象征性的喻示,藉助于文学意象、比喻、故事以及外丹术语进行思辨的教学,张伯端《悟真篇》就是此一方式成熟的标志。义理化道教"修真成仙"的宗教主旨仍然需要实践方法,外丹既已日显末流之弊,故不得不向内丹寻求解决之道。当内丹这种本来属于哲学范畴的思辨一旦成为宗教实践的具体方法,就必然面临着技术危机,于是等而下之者就不免夸大渲染、故弄玄虚。元俞琰曾批评白玉蟾曰:

> 玉蟾《谢陈泥丸书》《谢张紫阳书》无非张皇其说。然所谓青山暮云、碧潭夜月,芭蕉春风之机、梧桐秋雨之秘,以论升降浮沉,极尽形容之妙,彼所以宛转为之假托者,盖欲深取信于当时学者故尔。(《席上腐谈》卷下)

此论虽然是就某些具体的行为而发,但却一针见血地指出了

---

① 贺碧来(Isabelle Robinet)《内丹》,王秀惠译,台北中研院中国文哲研究所《中国文哲研究通讯》第6卷第1期。

内丹的无奈,以及其无端牵扯的弊端。同时,俞琰的批评其实也深刻地道出了内丹家们必然会利用各种隐喻和象征以为阐释利器的深层原因。

传统文士对待小说不外乎三种态度:一是斥为妄作,指为不经;一是谓有寄托,非徒作之;一是目为寓言,称有深旨。后二者属于和前者相对的一类,是士人称赞并抬高小说的唯一途径,也是符合中国传统"寄托讽谕"文学思想内在理路的必然结果。毫无疑问的是,这些批评或许具有某种合理之处,但在根本上仍然是一种特定读者阶层的"接受",并不符合通俗小说的本质属性及其思想旨归。

从伍守阳到刘一明属于一种特殊的"宗教家"读者群体,和传统士大夫不同的是,由于其特殊的身份属性和内丹观念的取向,他们主要采取的是最后一种态度。救世宗教必须依托于文学实现教谕与传化,所以元明以来的民间新兴宗教如全真教等都普遍作有诗词、道情、宝卷,并始终强调文学喻示的重要性。《西游记》所依据的根本素材"西游取经"故事,原已经被赋予了很多宗教喻示色彩,而商业书坊又从不同方面进行了攀附和夸大。在内丹家的需要下,具有丰富素材、深厚魅力的小说《西游记》不可能逃过他们的接受式重构。

既然是"接受",就是"借他人之酒杯,浇心中之块磊",或者"言者无心,听者有意"。陈士斌、刘一明的内丹申发在接受者的主观意义上固无可非议,但在作品及其意旨的客观事实上则实在不足与论。如第二十九回所引"妄想不复强灭"词,刘一明借以阐论内丹,自是其"接受"之论,但谓"此词不特为此回而发,乃上贯白虎岭,下接莲花洞,为五回中之脉络,读者须要着眼",即属牵强附会①。至于将孙悟空故意刁难宝林寺僧官的话"赶早儿将干净房子打扫一千间,

_____

① 在此方面,袁世硕有非常简明扼要的析论,见其《清代〈西游记〉道家评本解读》,《文史哲》2003年第4期。

老孙睡觉"①,解作"'打扫干净',是不容一物留与方寸之中也;'老孙睡觉',是使其早自觉悟"之类②,无乃荒唐已甚。清乾隆时张书绅最早批评曰:"此书由来已久,读者茫然不知其旨。虽有数家批评,或以为讲禅,或以为谈道,更又以为金丹采炼,多捕风捉影,究非《西游》之正旨。将古人如许之奇文,无边之妙旨,有根有据之学,更目为荒唐无益之谭,良可叹也!"③此言确属至论,但可惜的是他却主张《西游记》"只是教人诚心为学"④,在批判一种"荒唐无益之谭"的同时,又掉进了另外一种泥淖。

鲁迅早已指出了各种接受的必然性,并评判了其结果:

……特缘混同之教,流行来久,故其著作,乃亦释迦与老君同流,真性与元神杂出,使三教之徒,皆得随宜附会而已。假欲勉求大旨,则谢肇淛(《五杂组》十五)之"《西游记》曼衍虚诞,而其纵横变化,以猿为心之神,以猪为意之驰,其始之放纵,上天下地,莫能禁制,而归于紧箍一咒,能使心猿驯伏,至死靡他,盖亦求放心之喻,非浪作也"数语,已足尽之。作者所说,亦第云"众僧们议论佛门定旨,上西天取经的缘由,……三

---

① 《西游记》第三十六回:"他即开门,只见行者撞进来了,……那老和尚慌得把方丈门关了。行者赶上,扑的打破门扇,道:'赶早将干净房子打扫一千间,老孙睡觉!'僧官躲在房里,对道人说:'怪他生得丑么,原来是说大话,折作的这般嘴脸。我这里连方丈、佛殿、钟鼓楼、两廊,共总也不上三百间,他却要一千间睡觉,却打那里来?'道人说:'师父,我也是吓破胆的人了,凭你怎么答应他罢。'那僧官战索索的高叫道:'那借宿的长老,我这小荒山不方便,不敢奉留,往别处去宿罢。'行者将棍子变得盆来粗细,直壁壁的竖在天井里,道:'和尚,不方便,你就搬出去!'……"
② 《西游原旨》第三十六回刘一明评语,影印嘉庆二十五年湖南常德府护国庵重刊本,《古本小说集成》第5辑第23册,第1019页。
③ 《新说西游记》"自序",影印上海古籍出版社藏本,《古本小说集成》第1辑第111册,第1—2页。
④ 《新说西游记》"西游记总论",《古本小说集成》第1辑第111册,第2页。

藏箝口不言，但以手指自心，点头几度，众僧们莫解其意，……三藏道，'心生种种魔生，心灭种种魔灭，我弟子曾在化生寺对佛说下誓愿，不由我不尽此心，这一去，定要到西天见佛求经，使我们法轮回转，皇图永固'"（十三回）而已。①

"皆得随宜附会"、"已足尽之"、"而已"三语，已足驳倒三百年来"和尚、道士、儒生"之说及今人鹦鹉学舌之论。前辈识见之明，本无待表揭申论，但我们仍然不得不做一些补充，原因是《西游记》的文学本质，固不为刘一明等所领会，亦渐为今天的某些学者所忽略，以至于沉渣浮泛、竟成珠玉。对那些假文学研究之名而行阉割文学之实的言论，似不可听任其重复千遍就成为真理。

游戏精神和戏谑意趣是《西游记》的文学核心之一，滂沛尺素，洋溢楮墨。可以视而不见，但不能刻意销磨。姑举一例，以概其余。

《西游记》第三十六回借用张伯端《悟真篇》绝句"前弦之后后弦前，药味平平气象全。采得归来炉里煅，炼成温养自烹煎"（《西游记》最后一句改作"志心功果即西天"）一段描写，一向是阐求大旨者的重要材料。真实情况如何，上一节的实证考察之外，还需要回到文学本身进行探讨。

这一段文本的内容是唐僧晚间出门小解，只见明月当天，忽起怀归之感，不禁口占一诗，结果遭到孙悟空的批评、揶揄，又受到沙僧的教训，最后又被猪八戒粗鄙地调侃。作者先是借唐僧之口创作一首对月怀归的"古风长篇"，不过诗歌水平与说话家近似，谓之"村夫子诗"，并不为过。而后就是孙悟空的解说：

> 行者闻言，近前答曰："师父啊，你只知月色光华，心怀故里，更不知月中之意，乃先天法象之规绳也。月至三十日，阳

---

① 鲁迅《中国小说史略》，第140—141页。

魂之金散尽,阴魄之水盈轮,故纯黑而无光,乃曰'晦'。此时与日相交,在晦朔两日之间,感阳光而有孕。至初三日一阳现,初八日二阳生,魄中魂半,其平如绳,故曰'上弦'。至今十五日,三阳备足,是以团圆,故曰'望'。至十六日一阴生,二十二日二阴生,此时魂中魄半,其平如绳,故曰'下弦'。至三十日三阴备足,亦当晦。此乃先天采炼之意。我等若能温养二八,九九成功,那时节,见佛容易,返故田亦易也。诗曰:前弦之后后弦前,药味平平气象全。采得归来炉里炼,志心功果即西天。"①

有学者谓此段文字节略自张伯端《玉清金笥青华秘文金宝内炼丹诀》之《蟾光图论》②,并不正确。因为《西游记》此段的主要内容重点在以消息卦之理说明月相,和张伯端《蟾光图论》借月相之阴阳消长以及日月交会喻指性命关系全不相同;而月相盈亏消长之理,凡粗通文墨者无不知晓,实不待得张伯端之教而后知。另外,"温养二八,九九成功"和月之盈虚之"先天法象",在金丹之说中也不是一回事情。刘一明在《西游原旨》中以"先取上弦金八两,次取下弦水半斤"为解,实为误导。《西游记》此段完全是由"前弦之后后弦前"一句引发的,所以重点落在月相上,最后又因为需要强落到"采炼",故把月相和"温养二八,九九成功"牵扯一处。其后的沙僧语,前半段言"阴中阳半,得水之金",后半段又说"土"调"水""火"、"三家同会"并以禅家语作结③,前后意思毫不相关。作

---

① 《西游记》,第 442 页。
② 李天飞校注《西游记》,第 493 页。
③ 《西游记》第三十六回:"沙僧在旁笑道:'师兄此言虽当,只说的是弦前属阳,弦后属阴,阴中阳半,得水之金;更不道:水火相搀各有缘,全凭土母配如然。三家同会无争竞,水在长江月在天。'"(第 443 页)《五灯会元》卷十六:"曰:如何是体中玄? 师曰:影浸寒潭月在天。"卷二十:"偈曰:航海来探教外传,要离知见脱蹄筌。诸方参遍草鞋破,水在澄潭月在天。"(宋普济著,苏渊雷点校:《五灯会元》,中华书局,1984 年,第 1061、1367 页)

者在这里借孙悟空、沙僧之口长篇大论,是典型的"炫才"创作,主观上毫无学理可言,客观上则达到了弟子教训师傅的喜剧效果。接下来:

> 八戒上前扯住长老道:"师父,莫听乱讲,误了睡觉。这月啊:缺之不久又团圆,似我生来不十全。吃饭嫌我肚子大,拿碗又说有粘涎。他都伶俐修来福,我自痴愚积下缘。我说你取经还满三途业,摆尾摇头直上天!"①

终于使戏谑之趣,达至高潮。读者读到此处,只要难忍一笑,古今所有的无端申发便已在文学的无穷魅力中烟消云散了。

综上所论,"金丹寓言"说固然是《西游记》阅读接受史中的必然现象,但不能以此颠覆《西游记》的世俗性本质以及在社会中的普化之由。游戏之精神、神魔之斗争、炫丽幻化的神话意趣、鲜明生动的人物形象、诙谐有趣的语言、多姿多彩的描写,更不能因某种接受而得到消解,也终究不可能被消解。

四　通俗文学作者属性的文学意义和社会意义

如果仅就文学成就而言,十六至十八世纪的通俗小说的真正作者可以简单分为三大类:一类粗通文墨,作品大率粗制滥作或钞缀编汇,像大多数淫邪小说以及诸如"四游记"等坊编小说的作者,皆乃此辈。一类略具见识,并兼文采,所作虽不无模仿因袭,文字亦不见佳,但或述奇闻异事,或摹人伦世相,内容仍有可观,如邓志谟及诸多演义、神怪、公案、才子佳人小说作者,可归此类。一类才

---

① 《西游记》,第443页。

学颇佳,见闻极富,虽不得不寄食于书商、谋生于笔楮,但能寄意抒愤并讥刺现实,客观上使其作品臻致悯世伤生之高境,如明"四大奇书"、《封神演义》《醒世姻缘传》《韩湘子全传》《儿女英雄传》《西游补》等作品的作者,以及冯梦龙、凌濛初、周楫、董说、蒲松龄、吴敬梓等,均为此属。但文学成就的高低,既无法影响通俗小说的本质属性,也不能改变作者群体社会属性的同一性;而作者属性的同一性,正反映出通俗小说在文学成就以外的更重要的文学意义。

通俗小说的作者,无论是"不登科的进士"还是"能识字的山人"(《西游记》第十回)都是这个社会的亲历者和描写者。《醒世姻缘传》的作者,最能体现出其中文学成就较高者的阅世之富和经历之杂。金性尧总结曰:"作者当是天启、崇祯时人,可能活到清初。他的经历很复杂,交游很广阔,上自大珰达官,下至市民僧尼、衙役地痞,都有结识。他游历过许多地方,不但在北京住过一段时期,连彰义门外葬埋穷人的义冢都晓得;可能还到过西南的镇雄、乌撒等土官所治地区,即今天的云、贵一带。第九十九回中写的那一带战争情状,就不是单凭想象能够写得那么具体。他在乡村中也住得很久,第二十四回写的明水镇风光,就颇能表现出古典白话小说的白描特色。……他看过许多当时流行的小说、戏剧,这可能是触发他写此书的一个契机。……书中对八股文间有嘲讽,看来作者对医书也懂一些。这种多方面的兴趣,不但使我们认识到他的文学生活的概貌,也代表了明末一部分士夫的思想倾向。由于作者对生活很熟悉,写一个村庄,一座衙门,一家商店,他都可以写得很细致具体,好多事物,都不是普通人所知道的。这说明作者阅历之深和观察力的敏锐。"[①]确如金氏所言,读罢这部小说,我们可能不

---

① 金性尧《〈醒世姻缘传〉前言》,载黄肃秋校注《醒世姻缘传》,第13—14页。

得不把作者定性为集生员、最低层次的落第者、幕客、衙师、书会先生等于一身的有文之人①。当然在事实上很少有人能够集中这样多的身份属性于一身，但《醒世姻缘传》作者却仍可以视为通俗小说创作群体的一个缩影，它可以进一步说明这样一个问题：十六至十八世纪通俗文学作者群体的社会属性，当然需要予以清楚的认识；但通俗文学特别是通俗小说作品的具体作者，则是不可知的，也是毫无意义的。"世代累积"的作品已可不论，即使是带有鲜明个人色彩的创作，也不存在考证作者的必要，因为任何一种作者可能性的考证都会形成对作品的遮蔽和歪曲，同时消减甚至抹杀了我们通过创作主体社会属性的考察而获得的文学批评材料。

通俗文学作者群体的社会属性决定了创作主体的思想情感的取向。《西湖二集》"湖海士序"记作者周楫之自述及一己之感慨，则最能体现出这一群体的典型心境：

> （周子）乃谓余曰："予贫不能供客，客至恐斫柱刬荐之不免，用是匿影寒庐，不敢与长者交游。败壁颓垣，星月穿漏，雪霰纷飞，几案为湿。盖原宪之桑枢，范丹之麈釜，交集于一身，予亦甘之；而所最不甘者，则司命之厄我过甚，而狐鼠之侮我无端。予是以望苍天而兴叹，抚龙泉而狂叫者也。"……逾时而以《西湖说》见示，予读其序而悲之。士怀才不遇，蹭蹬厄穷，而至愿为优伶，手琵琶以求知于世，且愿生生世世为一目不识丁之人，真令人慷慨悲歌泣数行下也。②

周楫自己的态度是：

---

① 袁世硕认为《醒世姻缘传》的作者明显曾托迹于官府衙门，故极有可能是地方官的文房师爷。见其《〈醒世姻缘传〉作者、成书年代考证》，载《文学史学的明清小说研究》，天津教育出版社，2008年，第170页。

② 陈美林校点《西湖二集》，《中国话本大系》，江苏古籍出版社，1994年，第603页。

看官,你道一个文人才子,胸中有三千丈豪气,笔下有数百卷奇书,开口为今,阖口为古,提起这枝笔来,写得飕飕的响,真个烟云缭绕,五彩缤纷,有子建七步之才,王粲登楼之赋。这样的人,就该官居极品,位列三台,把他住在玉楼金屋之中,受用些百味珍馐、七宝床、青玉案、琉璃钟、琥珀浓,也不为过。叵耐造化小儿,苍天眼瞎,偏锻炼得他一贫如洗,衣不成衣,食不成食,有一顿,没一顿,终日拿了这几本破书,"诗云子曰"、"之乎者也"个不了,真个哭不得、笑不得、叫不得、跳不得,你道可怜也不可怜?所以只得逢场做戏,没紧没要做部小说,胡乱将来传流于世。(《西湖二集·吴越王再世索江山》)①

如韩南所论,周楫无疑是一位尚未放弃理想情怀的失意者,所以在内心里仍不时地伤痛于自己的"逢场作戏"——对通俗文学的"俯就"②。周楫这样的自觉者固然是这一群体在精神方面的佼佼者,但身份属性和社会地位显然并不例外。

因此,通俗小说的作者不仅仅是文化、社会意义上的中间阶层,同时也是思想观念意义上的中间群体。通俗文学作者之辈绝大多数奔走衣食、贫困潦倒且始终未能拥有任何权力、资源,故能更接近于广大人民从而具备了强烈的世俗性。同时,他们的文化水平和最低一级的"有文之人"身份,又使其自觉维护传统伦理而有意教化。表现在文学创作上,最重要的就是其作品中的佼佼者既实现了"沟通",又往往在思想深处体现出一种"两难"。如《水浒传》的造反与妥协、暴力渲染与道德标榜,《金瓶梅》的世相揭示与

---

① 陈美林校点《西湖二集》,《中国话本大系》,第2—3页。
② [美]韩南《道德责任小说:17世纪40年代的中国白话故事》,载《韩南中国小说论集》,北京大学出版社,2008年,第295—301页。

情色趣味,《西游记》的戏谑反讽与服从皈依等,均展现出强烈的内在冲突。即使是《儒林外史》和《红楼梦》这样具有鲜明的价值取向的作品,也无法避免时时流露的自我否定。

以《西游记》而论,戏谑和讽刺的"玩世不恭"之外,可以发现作者对孙悟空这个猴子的冥顽仍然持以批评态度;在对宗教的反讽批判中也未能彻底地消解自身对皈依大道、修证正果的信从。尽管包括《西游记》作者在内的"文人"无论是在对历史材料、民间口头故事或说唱文艺的精心改写中,还是在新创中,常常"不得不在官方意识形态和通俗需求之间斡旋协商"①,类似于书坊主的序言、批语以及后继文人的专门评点那样,或试图避免离经叛道的指责,或竭力揭示其不亚于经典的"奇书"性质。但其作品中的内在两难,并未能由此得到化解,因为它根本上并不源自官方意识形态和通俗需求之间的抵牾,而是如有学者所分析指出的,这种"戏言"与"圣教"的紧张感本质上就是作者"身处于三教语言杂然并陈,各方真理对话竞争的文化氛围中,其处境以及可能面对的矛盾、荒谬与两难"②。一言蔽之可曰:众多杰出通俗小说所表现出来的内在"张力",来自于作者本身价值观念中所存在的不可调和的终极矛盾。

价值观的矛盾无疑是他们的身份属性的产物。这种矛盾并非社会学意义上的"阶级局限性"理论所能解释,因为它归根结蒂是人性的复杂性所致。人性的复杂性正集中地体现在处于社会中间阶层的下层文人身上,因为他们本身就是大小传统冲突交融的产物。反过来说,作为中间阶层的有文之人,必然又是大小传统之间

---

① 商伟《礼与十八世纪的文化转折——〈儒林外史〉研究》,严蓓雯译,生活·读书·新知三联书店,2012年,第231页。
② 刘琼云《圣教与戏言——论世本〈西游记〉中意义的游戏》,《中国文哲研究集刊》第36期,2010年3月,第35页。

的沟通者和催化者①,也是社会一般价值理念的主导者。正因如此,通俗文学作品方能体现出深厚的世俗性并得到普化,并具有抟合社会一般理念的建构作用。

最后需要解决的是如何认识出版商"书坊主"和真正作者二者所起到的作用的问题。王岗以杨尔曾为例考察认为,出版商事实上充当了精英文化和通俗文化的中介,传播两个阶层各自的知识的同时又成为其沟通的桥梁②。这一点从客观上来说是没有疑问的,问题是出版商的出版品固然在客观上能够达成这样的效果,但他们在主观愿望上是以这种沟通为目标,还是以大众读者的趣味为追求?书籍皆产自出版商之手固无疑问,但绝大多数书坊主毕竟不是诸多原创作品真正的作者,即使书坊主亲自改编、仿作,也在很大程度上以谋取利润为旨归;他们对已往典籍的出版,更是基于畅销程度而进行选择的结果。就杨尔曾来说,他可能是明代中晚期为数不多的身兼书坊主和小说(包括其他原创作品)作者两种身份的人,但即便如此,也不能将书坊主和真正作者混为一谈。因为两种角色共同参与了书籍的制作,但各自所承担的工作的性质和内涵完全不同,如果一人承担两个角色——书坊主和作者,商业的本质必然决定了前一种角色对出版行为本身所起到的规定性将远远大于后者。杨尔曾"夷白堂"、"草玄居"编刻之书现存有《狐媚

---

① David Johnson,"Chinese Popular Literature and Its Contexts".有学者认为包括"地方精英"在内的士绅群体才是大小传统交流互动的重要力量(王见川、皮庆生《中国近世民间信仰:宋元明清》,第23页),这一观点并不正确。士人群体确实是地方和乡村建设的主导力量,并是国家政策、地方政府和普通乡民之间的调停者和中介者,但前一种"调停"行为仍然属于一种自上而下的教化,后一种"中介"身份则是政治意义上的中间阶层;同时,士绅群体在阶级身份、思想观念上仍然属于精英传统范畴,并不同时兼为两个传统的支持者。

② 王岗《作为圣传的小说,以编刊艺文传道》,载盖建民编《开拓者的足迹:卿希泰先生八十寿辰纪念文集》,第467—479页。

丛谈》《图绘宗彝》《海内奇观》《吴越春秋注》《食物本草》《许真君净明宗教录附净明归一内经》《新镌仙媛纪事》，加上《韩湘子全传》（今存《韩湘子全传》最早刻本是武林人文聚本①，并非"夷白堂"、"草玄居"），前三种是"清赏、杂著"类，《吴越春秋注》乃地方文献，然后是医书一种、宗教书一种、小说二种，并未超出商业书坊的出版范围。当然，因为小说二种均为宗教内容再加上一般书坊较少刊刻的《净明宗教录》，杨氏编刊图书中宗教意味确实较浓，其堂名"夷白"、"草玄"之旨趣亦颇有文士气息，但仅凭此以及其在书前之序认定其有较为强烈的宗教信仰并具备教派意识，肯定是有疑问的；将其定性为商人和传教者的结合则显然更为夸大。综合而言，杨尔曾仍然是一个能够兼事编创的书坊主，出版书籍以合乎晚明文人的清赏旨趣为主，其编辑、撰作（？）的《净明宗教录》和《韩湘子全传》当然在客观上也传达了其作为社会"中间阶层"的宗教生活旨趣。如果杨尔曾就是《韩湘子全传》的真实作者，他的出发点无非就是既能售书，又兼劝世，和出版《醒世姻缘传》的书坊主相同，而和撰写《醒世姻缘传》的真实作者差异较大。

《醒世姻缘传》也很能说明这个问题。《醒世姻缘传》同德堂本约1400印板，按半叶十行、行二十五字计算，约70万字。据《颜氏家藏尺牍》周在骏致颜光敏信②，当时即装订为五册，售价绝不便宜。在明中叶至清初的小说中，这应当是篇幅最大的两三部小说作品之一。从文学的某个层面来说，这部小说缺乏曲折的情节，结

---

① 过去一般以为最早刻本是金陵九如堂本，有学者考察此本字体、讳字等，认为实非明本，乃清康熙时据天启三年武林人文聚本翻刻（王若《〈韩湘子全传〉九如堂本疑非明刊》，《读书》1990年第3期）。此论甚是。金陵九如堂为清时书坊，刻有《西游证道奇书》等。

② 此据《古本小说集成》影印同德堂本《醒世姻缘传》袁世硕前言，《古本小说集成》第5辑第18册。

构散漫,行文拖沓①,可以说对古今各个文化阶层的读者而言,可读性都不强。很难想象这样一种成本相对较高、接受度较低的商品会受到市场的欢迎。事实也是如此,从其出版后一直到现当代,没有引起过多的注意;即使是胡适、徐志摩予以鼓吹并使得文学研究者充分注意到它的价值以后,也没有使现当代普通读者对它发生浓厚的兴趣。这再一次证明了前文所强调的一点:商品的畅销与否并不依凭商品生产者的意志,而是取决于消费者的选择;一部小说的倡导者(书坊主)和作者(雇佣写手)不能决定市场。当时的通俗文学出版之所以多为对现有畅销书的盗版、模仿、改编、衍生,而较少独立新创(特别是大部头的新撰作品),正是因为前一种做法较为可靠而后一种风险巨大。有证据表明,十六世纪几部长篇小说都是由非经营性的藩府率先刊刻的;十八世纪杰出的作品《红楼梦》,也是在经过一个时期的抄本流传后才首先被活字印刷,再雕版刊行的。当然,随着时代的进步和通俗文学、商业出版的发展,独立新创势必逐渐增多,但是否能够畅销仍是另外一回事情。

既然如此,那为什么还会有像《醒世姻缘传》这样的书被付诸刊刻?或者换一种问法:"恶姻缘/醒世姻缘"(《醒世姻缘传》原题"恶姻缘")这样一种原本非常能够动人耳目的主题,为什么竟会被写成现在这种样子?答案其实并不复杂。通俗小说的编刊原由书坊主主导,"恶姻缘/醒世姻缘"本身肯定是市场欢迎的主题,当然也就是《醒世姻缘传》编创的原始出发点。这也能够解释胡适的问题——为什么《醒世姻缘传》和《聊斋志异》"江城"一篇的主题那么相像②,原因在于:像这种因果报应模式中"名虽伉俪缘,实是冤家

---

① 同德堂本"东岭学道人"题辞亦曰"乍视之似有支离烦杂之病"。此据黄肃秋校注《醒世姻缘传》附录九,第1537页。
② 胡适《〈醒世姻缘传〉考证》,黄肃秋校注《醒世姻缘传》附录二,第1449—1452页。

到"故事,确是当时流行的题材。书坊主挑选这样的主题,是极其正常的。但作品的具体创作者——《醒世姻缘传》的真正作者就不同了:虽然他和书坊主一样都以编创一部既能畅销同时又能兼喻因果报应的作品为初衷,但《醒世姻缘传》的作者实际承担创作的具体工作,他既不可能不在作品中融进自己的生活经验和价值观,同时也不可能不虚夸、敷演、炫才、任意发挥甚至填充注水,否则他就完不成任务或得不到较高的报酬。有意思的是,正是他的这样一种"雇佣写手"的商业化撰作,造就了这部小说的不朽。如果这位作者严格遵循"恶姻缘/醒世姻缘"的路数精心结构一个两世报应的故事,世界上反而就会少了一部伟大的作品。也就是说,《醒世姻缘传》的编创固然由书坊主创始并主导,但最终成为一部文学杰作,仍赖于背后那位不知名姓的真正作者。

《金瓶梅》《醒世姻缘传》这样的作品可以称之为"客观现实主义"。这个词是本人的杜撰,用来指称如下意思:《金瓶梅》《醒世姻缘传》所达成的对现实的揭露和批判,以及高妙的写实效果,并不来自其作者的主观愿望,而是来自通俗文学商业化出版的语境以及他们的身份和社会属性等客观因素。《金瓶梅》《醒世姻缘传》的真正作者绝对不可能想到的是:那些不待思考就从心中汩汩而出的身边生活芜杂琐碎的见闻描写,原本只是用来填充内容、扩展篇幅的文字,结果却成了作品赖以步入文学殿堂的华彩之章。对于《金瓶梅》《醒世姻缘传》,我认为这个定性是合理的、恰当的。"客观现实主义",是通俗文学作者属性及其意义的另一种典型反映。

第三章　需求与响应:通俗文学商业化编刊与社会一般宗教生活的深层互动

《醒世姻缘传》第五十四回,写狄家厨子尤聪"欺心胆大,撒泼米面",遭雷劈死:

> ……狄员外只得报了兵马司,转申了察院,题知了本,下了旨意,相验明白,方才买了棺材,抬出义冢上埋了。这日酒也不曾吃得。童七夫妇都过来慰唁,把这事都传布了京城。那闲的们把本来都刊刻了,在棋盘街上货卖,吆喝叫道"九月重阳,国子监门口,冰雹霹雳劈死抛撒米面厨子尤聪的报儿哩!"走路的听得这异事,两个钱买一本,倒教人做了一个月极好的生意。①

这段描写虽然没有完全交待清楚,但"闲的们"肯定是指书坊主及其周边的人,刊刻的小册子即使不是真正的小说,也至少是经过添油加醋的文本。《醒世姻缘传》的时代约在清初,写实的程度相当高,这个情节可以反映出当时社会对"因果报应"这类故事的阅读需求,以及书坊出版响应的速度。

从《醒世姻缘传》的时代上溯约七八十年,明万历二十年(壬辰)

---

① 黄肃秋校注《醒世姻缘传》,第790页。

稍后,金陵世德堂《西游记》刊行(世德堂本陈元之序后记年月为"壬辰夏")。约五年后的万历二十六年(1598),出现了《西游记》的模仿之作三山道人刻本《三宝太监西洋记通俗演义》①。又几年后,建阳地区也出现了模仿《西游记》编创小说的一个高潮,刊行了一大批所谓"神魔小说"②,与苏州刊印的《封神演义》③、南京刊印的《三教开迷归正演义》,共同促成了此一小说类型的兴旺。谓之(建阳书坊)"模仿《西游记》编创小说",理由有三:第一是建阳书坊立即就跟进了《西游记》的出版,今存《新刻出像官板大字西游记》本身为世德堂本与两种刷印本的装订本,其中之一为"书林熊云滨重锲"本④;壬辰十一年后之癸卯(万历三十一年),建阳杨闽斋以原世德堂本为据刻出《鼎锲京本全像西游记》(即今所谓"闽本")。第二是建阳刘莲台刊行了一种节本《新锲全像唐三藏西游释厄传》十卷(题朱鼎臣撰,今称"朱鼎臣本")。第三是也是最主要的,如当代学者皆已指出的,建阳出版的这一批"神魔小说"的编刊时间不仅都在百回本《西游记》之后,而且从主题、内容、形式显然受到《西游记》的重大影响⑤。

建阳书坊继《西游记》而编创神魔小说,当然与其商业编刊的本质属性相关⑥。已有学者指出,万历以降小说编刊的类型化比

---

① 原题"二南里人著,闲闲道人编辑",二南里人即罗懋登,万历间人,作有传奇,并为邱浚《投笔记》、高明《琵琶记》、传施惠的《拜月亭》和《西厢记》作过注释(详见赵景深《中国小说丛考》,齐鲁书社,1980年,第264—265页)。《三宝太监西洋记通俗演义》的刊刻地点极大可能是南京,见后文讨论。

② 程国赋较早对这一现象进行了论述,详见其著《明代书坊与小说研究》。

③ 《封神演义》的编撰及刊印时代,见本书第九章第三节的讨论。

④ 这个版本极大可能是在南京据世德堂书板付费印刷,并就地销售。另见拙文《"装订"作为书籍"交流循环"的环节及其意义——一个基于比较视野的书籍史考察》(待刊)。

⑤ 参阅陈大康《明代小说史》、程国赋《明代书坊与小说研究》相关论述。

⑥ 陈大康《熊大木现象:古代通俗小说的传播模式及其意义》,《文学遗产》2000年第2期。

如"讲史小说"、"神魔小说"等，与小说本身的商品性质也密不可分①。包括对"畅销书"如《三国演义》《水浒传》的争相刊刻以及明末应时而生并集中出现的"时事小说"类型等，都是快速响应市场需求的商品生产本性的反映。这些结论都是正确的。但就"类型化"出版现象而言，"神魔小说"类型的竞相出版，既反映出建阳书坊逐利而动的商业化编刊共性，更是深刻地折射出通俗文学商业化编刊与社会宗教生活的深层互动。在此方面，前有研究着墨不多，或有未当②，需要深入探讨。

一 商业出版：竞争互利与"交流循环"

福建建阳成为刻书重地，历史传统和物质条件是主要原因。南宋偏安东南，福建特别是闽北地区文化得到发展，成为东南的文化中心之一；加之建阳独特的竹、木资源和相对便利的交通，故而以建阳麻沙、崇化等地形成刻书中心。入明以后建阳刻书仍持续发展，但文化中心已经转移，总体上文化创造的能力已经大大下降，不可能拥有大量的书籍稿源，只能向外索取。所以明代中期的建阳不过是商业出版意义上的中心之一，而绝非创作中心。其刻书不仅以通俗书籍为主，而且多为翻印旧版、改换拼凑、汇编钞纂，甚至盗版私印。明郎瑛《七修类稿》所云"我朝太平日久，旧书多出，此大幸也，亦惜为福建书坊所坏。盖闽专以货利为计，但遇各省所刻好书，闻价高即便翻刊，卷数目录相同而于篇中多所减去，

---

① 张清发《从产销看明代书坊对通俗小说的经营策略——以商品形态为主要观察》，《台北教育大学语文集刊》第 21 期，2012 年 1 月。
② 程国赋认为，在商业因素之外，建阳地区崇信神佛的文化特色也是重要原因（《明代书坊与小说研究》）。此一观点，似可商榷。详见下文所论。

使人不知，故一部止货半部之价，人争购之"①，颇贱其实。建阳刻书的重要门类之一"日用类书"的出版刊印，典型地反映了以上特征。万历以降南京、杭州、苏州商业刻书兴旺以后，建阳刻书遂迅速衰落。继之而兴的长汀四堡，也只能在民俗书籍的刊印方面保持一定的特色而已。

小说的情况也是如此。在明末彻底让位于苏州、杭州之前②，建阳固是通俗小说刊刻的重地之一。根据杜信孚《全明分省分县刻书考》初步统计，建阳所刻小说约52种，南京约30种，苏州约27种，杭州约8种③。建阳地区刊刻小说接近明代已知出版小说之半数，谓之小说刊刻之中心，殆无疑义。不过，建阳是明嘉靖至万历时期小说出版的主要地区之一，却并不一定是编创中心。易言之，如上引郎瑛《七修类稿》所云，建阳坊刻兴盛时期的小说稿源或翻刻祖本，有相当数量来自南京、苏杭一带。

关于建阳坊刻小说在南京、杭州购买、寻求稿源的情况，已有学者作了十分详尽的研究④，基本可以证明上述结论。特别是如研究

---

① ［明］郎瑛《七修类稿》，上海书店出版社，2009年，第478页。

② 对此问题研究甚多，参阅李忠明《明末通俗小说刊刻中心的迁移与小说风格的转变》，《南京师大学报（社会科学版）》2004年第4期。

③ 各家统计范围、标准不一。明代建阳刊刻小说，王清源等《小说书坊录》（北京图书馆出版社，2002年）统计66种；涂秀红《明代建阳书坊刊刻小说之概况》（《闽江学院学报》2014年第3期）统计万历以前有80种，天启崇祯间不到20种；张献忠统计万历四十年前有21种，此后有14种（《从精英文化到大众传播——明代商业出版研究》，广西师范大学出版社，2015年）。南京刊刻小说，韩春平《明清时期南京通俗小说创作与刊刻研究》（暨南大学出版社，2012年）统计55种。苏州刊刻小说，汪燕岗《明代苏州通俗小说的出版》统计22种（载中国社会科学院文学研究所中国古代小说研究中心《中国古代小说研究》第3辑，人民文学出版社，2008年），张献忠统计万历四十年至明末有27种。杭州刊刻小说，《小说书坊录》统计15种。基于坊刊书籍的复杂性和不明确性，准确的数字很难获得。

④ 肖东发《明清小说家、刻书家余象斗》，《明清小说论丛》第4辑，春风文艺出版社，1986年，第204—206页。程国赋《明代坊刊小说稿源研究》，《文学评论》2007年第3期，后收入其《明代书坊与小说研究》。

者都已注意到的是,明代建阳坊刻小说,有不少非常注重在序言、标题上标榜"京本"、"京板",表明其并不讳言其书稿来源。著名者如《京本水浒传》(今存残叶,藏上海图书馆)、《京本通俗演义按鉴全汉志传》(书林文台余世腾刊本)、《新刻京本补遗通俗演义三国全传》(书林熊清波刊本)、《新刊京本校正通俗演义按鉴全像三国志传》(万历乙巳书林郑少垣联辉堂刊本)、《鼎镌京本全像西游记》(书林杨闽斋刊本)、《京本增补校正全像忠义水浒志传评林》(余氏双峰堂刊本)等①;有一些署有"×××的本(或编集等),×××梓行(或重梓)"者,前一"×××"多有"金陵"、"武林",后一"×××"则多为"书林"。如嘉靖癸丑杨氏清江堂刊本《新刊参采史鉴唐书志传通俗演义》署"金陵薛居士的本",万历辛卯书林杨明峰刊本《新镌龙兴名世录皇明开运英武传》题"南京齐府刊行,书林明峰杨氏重梓",万历间书林师俭堂刊本《古今律条公案》卷端题"金陵陈玉秀选校"。以往不少研究都指出这些标榜可能是出自商业宣传的目的,未必属于事实②。但结合各种事实来看,这些所谓"京本"、"京板"绝不全是虚妄之称。《大宋演义中兴英烈传》卷首熊大木序:

  武穆王《精忠录》,原有小说,未及于全文。今得浙之刊本,著述王之事实,甚得其悉。然而意寓文墨,纲由大纪,士大夫以下,遽尔未明乎理者,或有之矣。近因眷连杨子素号涌泉者,挟是书谒于愚曰:"敢劳代吾演出辞话,庶使愚夫愚妇,亦识其意思之一二!"余自以才不及班马之万一,顾奚能用广发挥哉?既而恳致再三,义弗获辞,于是不吝臆见,以王本传行状之实迹,按《通鉴纲目》而取义。至于小说与本传互有同异

---

① 详见程国赋《明代坊刊小说稿源研究》。
② 郑振铎《西谛书话》,生活·读书·新知三联书店,1998年,第107页;胡士莹《话本小说概论》,中华书局,1980年,第492页;程国赋《明代书坊与小说研究》。

者,两存之,以备参考。①

　　熊大木宣称此书乃由其在"浙之刊本"基础上"发挥"而成,是否属实,尚难确定,但熊大木至少拥有一个底本仍是无疑的。其他类型的书籍也存在这种情况,如建阳宗文堂所刻《皇明文衡》有牌记云:"《皇明文衡》一书,原板出在金陵,乃于我朝名贤之所著,纂集百余卷,其间载有圣道、治度、诏诰、表章、诗书、礼乐、词赋、碑铭、序文、形物、议论诸事类,正后跋俱全集也。今书坊宗文堂购得是本,命工刊行,以广其传,四方君子幸为鉴焉。时嘉靖八年孟春月榖旦。本堂告白。"②井上进指出建阳余象斗既重刊南京、苏州的书籍,又认为同时南京的书肆也出版有着"双峰堂刊行"印记的书籍③。前一结论十分正确,后一结论没有交待是哪一部书,但应该是搞错了事实。实际情况应是建阳书商采购南京坊刻之书,或据南京坊刻书板付费刷印后,重印标有"双峰堂刊行"的扉页,再装订销售。

　　建阳书坊也努力编创小说,如嘉靖至万历中期出现了一大批以书坊或书坊主署名的历史演义,余氏、熊氏等家族书坊均有刊印,其中以熊钟谷(大木)为最,一人署有《全汉志传》《西汉志传》《东汉志传》《唐书志传》《大宋演义中兴传》《南北两宋志传》数种。有学者称其为"熊大木现象"④,即书坊主直接参与创作。但如前举《大宋演义中兴传》之例,熊钟谷(大木)是不是这些小说的真实作者,以及其编撰实情如何,实际上都没有确切的证据。题李大年《唐书演义序》明言其为"编集",与其书正文卷端所署相同;若此

---

① 《大宋演义中兴英烈传》卷首,影印明嘉靖三十一年杨氏清江堂刊本,《古本小说集成》第4辑第139册。
② 国家图书馆藏明嘉靖八年宗文堂刊本《皇明文衡》一百卷目录二卷。
③ [日]井上进《中国出版文化史》,李俄宪译,第168页。
④ 陈大康《熊大木现象:古代通俗小说的传播模式及其意义》。

"编集"实为创撰,则无必要在正文卷端又署"金陵薛居士的本"。另外的佐证是,熊大木及建阳所刻历史演义小说固然数量甚夥,但其他地区也有类似纂刻,如金闾叶敬池所刊《新列国志》、世德堂所刊"新刊出像订补参采史鉴"系列之《南北宋志传》《唐书志传》、金陵周氏大业堂所刊《重刻西汉通俗演义》《东汉十二帝通俗演义》等,均难证明其初刻一定在熊大木后。《东西晋演义》或更能说明问题,其书现存有世德堂本及金陵周氏大业堂据其板再印本,另有武林刊本和建阳余氏三台馆刊本①;综合考察,最早编刊《东西晋演义》的不是杨尔曾书坊,就是世德堂,余氏三台馆的可能性最低②。所以,从一般情况上考虑,熊钟谷应和其他建阳书坊一样,若非获得稿件,即乃根据某种钞本文稿编纂成书,至多也就是综核史事,汇为一编。在历史题材方面,这样的资源是相当丰富的,编集也相对容易。至于具体的编纂工作,往往也并非其本人而是其雇佣的人承担的。

整个明代,南京、苏、杭一带始终是文化中心和通俗文学创作中心,不待详论。北京书坊数量本不多,其刻书有唱本、传奇③,但几无小说出版,这与其远离江南此一通俗文学创作中心有很大的

---

① 建阳余氏三台馆刊本原本未见,清嘉庆四年敬书堂覆明本题有"三台馆余氏梓行"。此据孙楷第《中国通俗小说书目》,第 38 页。

② 明书林余季岳刊本《盘古至唐虞传》,题"景陵钟惺景伯父编辑"、"古吴冯梦龙犹龙父鉴定";上下文,半叶十行,行十八字。封面中题"盘古志传",右上题"钟伯敬先生演",左下题"金陵原梓"(孙楷第《日本东京所见小说书目》,第259页)。末卷有广告一叶,其语云:"迩来传志之书,自正史外,稗官小说虽辄极俚谬,不堪目睹。是集出自钟、冯二先生著辑,自盘古以后以迄我朝,悉遵鉴史通纪为之演义,一代编为一传,以通俗谕人,总名之曰《帝王御世志传》。不比世之纪传小说,无补世道人心者也。四方君子,以是传而置之座右,诚古今来一大帐簿也哉。书林余季岳谨识。"由此可知,至少书名前均冠有"按鉴演义帝王御世"之《盘古至唐虞传》《有夏志传》《有商志传》三种,原稿当来自江南。

③ 1967 年上海嘉定出土明成化七年至十四年北京永顺书堂刻印十一种说唱词话,参赵景深《谈成化刊本说唱词话》,《文物》1972 年第 11 期。

关系。所以万历以后的小说创作中心并不是从建阳"转移"出来，而实际上它本来就不在建阳。建阳的特色在于它的商业刻书最早发达，商品化程度显著，主要面向低端市场，出版物产品形式多样，营销手段丰富多样。而南京、苏、杭虽然也是商业刻书，但相对来说面向高端市场，比较注重出版质量，不似建本那样有时为了追求利润刻意降低成本，宣传销售等商业手段也不像建阳书商无所不用其极①。以此，建阳书坊追逐稿源既能嗅觉灵敏，亦能很快响应，并能立即形成商业生产。《西游记》的刊刻引发建阳所谓"神魔小说"的编刊热潮，即为其例。

二　雇佣写手：低层文人与生存写作

前文已论，在编、刊尚未能完全分离的十八世纪以前，通俗小说编创出版既由书坊主主导，而书坊主的本质属性又决定了其不可能从事原创性工作，因而隐藏在其后的、为其雇佣的、真正编创者的存在，就是唯一可能的结论。邓志谟的被"发现"②，不仅落实

---

① 消费群体的扩大和市场分层，会出现一个对上层阶级奢侈品代用品的需求，明清时期的江南就发生了这样的情况（参阅王家范《明清江南消费性质与消费效果解析》，原载《上海社会科学院学术集刊》1986年第2期，后收入其著《明清江南史丛稿》，生活·读书·新知三联书店，2018年）。就书籍消费而言，江南无疑是"奢侈品"的生产和消费地，而建阳则是"奢侈品之代用品"的生产地。

② 关于邓志谟的研究极夥，不能一一列举。较为典型的有李丰楙系列论文《邓志谟〈萨真人咒枣记〉研究》（《汉学研究》第6卷第1期，1988年6月）、《邓志谟〈铁树记〉研究——兼论冯梦龙〈旌阳宫铁树镇妖〉的改作问题》（台湾清华大学人文社会学院中国语文学系主编《小说戏曲研究》第2集，台北联经出版事业股份有限公司，1989年）、《邓志谟道教小说的谪仙结构——兼论中国传统小说的神话结构》（台湾清华大学人文社会学院中国语文学系主编《小说戏曲研究》第4集，台北联经出版事业股份有限公司，1993年）、金文京《晚明小说、类书作家邓志谟生平初探》（载辛美高、黄霖主编《明代小说面面观——明代小说国际学术研讨会论文集》，学林出版社，2002年）、程国赋《明代书坊与小说研究》等。

了这个结论,而且为通俗小说最后成书的真正作者无非就是书坊"雇佣写手"的论断,提供了典型的证据。

　　建阳"神魔小说"之编刊中,"四游记"尚为拼凑之作①,只有邓志谟所撰三部小说《新锲晋代许旌阳得道擒蛟铁树记》《锲五代萨真人得道咒枣记》《锲唐代吕纯阳得道飞剑记》(以下分别简称《铁树记》《咒枣记》《飞剑记》)属于独立新创的作品。这里所谓"独立新创",是指有一位明确的"文人"作者,即使其仍不免杂采旧说、模仿抄袭,但具备了独立的构思并进行了一定程度上的创造性敷演。显然,这在缺少原创的建阳是一个异数。书坊主既非小说创作的真正作者,则邓志谟此类人物的存在,不仅是"神魔小说"既得后续编创,又能蔚然成为一种类型的关键,更是十六至十八世纪通俗小说赖以持续创撰的重要保障。

　　毫无疑问,邓志谟生平事迹注定不显,就像稍早一些时间在金陵三山街某书坊中创作神魔小说《三宝太监西洋记通俗演义》的罗懋登一样②,姓名基本上就是一个"代号"。根据其所编书中的序跋及其他零星记载,其字景南,别号甚多,主要有"竹溪散人"、"百

----

① "四游记"的情况虽然较为复杂,但可以确定为余象斗编刊者,大都有旧本依据(参阅柳存仁《伦敦所见中国小说书目提要》,书目文献出版社,1982年,第21页),编刊者只是做了编纂、删改的工作,而且情节杂乱、文字粗疏(程毅中《明代小说丛稿》,第110—111页)。赵景深认为余象斗组织故事的能力较强,也是和吴元泰《东游记》相比而言的(赵景深《中国小说丛考》,第223—224页)。总体来说,"四游记"明显缺乏文学性的润色加工。另外,《五显灵官大帝华光天王传》(《南游记》)、《北方真武玄天上帝出身志传》(《北游记》)同样可能在余象斗之后存在着一个"雇佣写手"。

② 案:今存万历刊本《三宝太监西洋记通俗演义》并不能明确为何处所刊,但正文卷端除"二南里人编次"外,尚署"三山道人绣梓",此"三山道人"极大可能是南京书坊主(参向达《关于三宝太监下西洋的几种资料》,载其著《唐代长安与西域文明》,生活·读书·新知三联书店,1957年,第557—558页)。又据金陵唐氏富春堂刊《新刻出像增补搜神记》罗懋登序,万历癸巳(1593)其在唐氏富春堂,则万历丁酉年(1597)撰《三宝太监西洋记通俗演义》时亦当在金陵。

拙生"等，江西饶州府安仁县人①，大约生活在明隆庆至天启年间。目前所存的由邓志谟编纂、建阳余氏萃庆堂出版的各类书籍有十八种，包括小说、类书、故事汇编、诗文汇编、游戏文学等类型。孙楷第《中国通俗小说书目》谓邓氏"尝游闽，为建阳余氏塾师，故所著书多为余氏刊行"②，这一结论为现当代研究者普遍接受，但并无明确的根据。近年则有日本学者金文京做了进一步的爬梳，主要结论是邓志谟可能与当时的著名文人汤显祖及名宦汤宾尹存在某种关系。但金氏据此认为邓志谟可能是"汤宾尹的诸多学生当中科场不利以编书为业的不遇书生之一"，并是"晚明从事小说创作的文人的一个典型"、"重要的作家"③，定性并不准确。

邓志谟绝不属严格意义上的士子阶层。尽管他的族人邓士龙进士及第并位居翰林院庶吉士、国子监祭酒，但不能据此证明邓氏家族就是书香门第。邓志谟或如邓士龙所云"丁年屈首，暂戢翼于云程"④，但在邓志谟相关文字中，只有简单的一句"操瓠就试"⑤，既无屡试不第的身世之述，亦无明显的科场失意之叹，而是颇有穷病之悲⑥。这

---

① 邓志谟自署籍贯或曰"饶安"，或曰"云锦"、"安邑"，惟《故事白眉》署"安仁"。综合以观，当为江西饶州府安仁县。见孙楷第《中国通俗小说书目》，第123—124页。安仁属金溪，邓志谟可能如南京三山街的唐氏家族一样，都是原籍在金溪的书坊从业者。江西、福建联系紧密，江西人氏前往建阳编书、刻书者不在少数，诸如《乐府玉树英》等"戏文杂纂"即多由江西人编纂并刻于建阳。见何予明《家园与天下——明代书文化与寻常阅读》，中华书局，2019年，第112页。

② 孙楷第《中国通俗小说书目》，第124页。

③ ［日］金文京《晚明小说、类书作家邓志谟生平初探》，载辛德勇、黄霖主编《明代小说面面观——明代小说国际学术研讨会论文集》。

④ 日本安永三年重刊本《丽藻》邓士龙序，台湾政治大学古典小说研究中心主编《明清善本丛刊》第7辑《邓志谟专辑》，台湾天一出版社影印本，1985年。案：日本刊本《丽藻》即《锲旁注事类捷录》（《丽藻》序称"锲注捷录"，后者今故宫博物院图书馆、华东师范大学图书馆、浙江图书馆有藏（据谢水顺、李珽《福建古代刻书》，第240页）。

⑤ 日本安永三年重刊本《丽藻》邓志谟序。

⑥ 同上。

完全可以证明他的身份意识，原本就和由科举而入仕的传统士子有所不同。据现有材料可以肯定，邓志谟几乎不为当时的著名士人所知，故而没有留下任何关于生平经历的记述，他的交游也仅限于与他身份相同的下层文人①。需要特别指出的是，建阳坊刻包括邓志谟作品中的那些普遍存在的广告式的署题和名人序跋，虽不能说是百分之百的托名伪造，但绝大部分是书商利用各种关系因缘攀附的结果②，不能说明建阳书商如余氏、编纂者如邓志谟和那些名士如汤显祖、丘兆麟、汤宾尹等存在实质的关联。

  邓志谟当然也可以称得上是一位有"文"之人，但其文字水平和学问修养，即使以明代中晚期"空疏不学"的标准来看，也是极其一般的③。金文京所论及的同治《安仁县志》邓志谟小传，无论是否有前志依据，其所谓邓志谟"其人弱不胜衣，而胸藏万卷，众称两脚书柜。临川汤显祖尝以异才称之"云云④，绝非是一种正规意义上的评价，和邓志谟友朋序跋中的那些标榜之语如"材实豫章，族望邓林，胸藏二酉，目破五车，著述富而博采多，森森武库；声名重而闻见广，郁郁龙宫"（《重刻增补故事白眉》魏邦达序）属同一性质。邓志谟的游戏文章和白话小说，文字虽然较为熟练，但总体水平并不甚高。古文则极不通顺，诗词亦颇低劣。所编创的故事、笑

---

① 《锲注释得愚集》中的尺牍，其对象如果不是出于拟托虚构，亦可证明这一点。
② 参阅程国赋《论明代坊刊小说的广告手段》，《学术研究》2007年第6期。
③ 程毅中认为："明代的书坊主和编书匠，包括编写《皇明开运英武传》的武定侯郭勋及其门客，编写《三宝太监西洋记》的罗懋登，他们的文艺修养比宋元时的书会才人差得很多，在小说艺术上简直是历史的倒退。"（程毅中《明代小说丛稿》，第182页）虽然"文艺修养"和"小说艺术"都有一定的历史性内涵，雇佣写手和"书会才人"或许不可仅作如此简单的比较，但程毅中的论断还是具有一定道理的。单就其《事类捷录》自序而言，文字都极欠通顺。
④ 同治《安仁县志》卷二十六"人物"。此据金文京《晚明小说、类书作家邓志谟生平初探》转引。

话、章回小说等,与当时前后水平较高的通俗文学相距亦远。邓志谟所编类书以及某些具有教学功能的文本如诗词汇编、尺牍选本,就其内容、水平来看,读者对象只能是修养不高的一般人士,充其量也就是明代下层文人中最为底层的一类。

因此,邓志谟其人身份的正确定位,应该是一位极其典型的商业性"雇佣写手"、"编(写)手",或是一位书坊主的"签约作家",是建阳书坊主自称的"广聘缙绅诸先生"之一(实际上当然不是"缙绅"),与漂泊各处为书坊主编创各类通俗文学作品的有姓名(如罗懋登)或不知姓名(如众多署以别号者)的作者属性相当,而与明代建阳可能进行过某种程度创作的书商或书坊主如余象斗等人并不完全同类①。

西方书业商业化时代也出现了大量的雇佣写手,其受出版商、书商主导的境遇直至十八世纪仍无太大的改观,彼得·伯克(Peter Burke)对此指出:"我们不应该草率地理想化18世纪作家们的处境。在所谓的'格拉布街'(英国印刷出版业的中心,就像是16世纪的威尼斯城和17世纪的阿姆斯特丹)上,每一位成功的文人背后都隐藏着数百位穷困潦倒的文字'工人',甚至是从事文学创作的妇女。这些落魄文人为了金钱而工作,为了生存受雇于人("hack" writer),甚至还有人将他们比作18、19世纪大街上的雇佣马车。"②当然,与十六世纪只能靠编辑和校稿为生的写手相比,

---

① 陈美林曾提出过"专业作家"的问题,并认为以清初的天花藏主人为代表(《章回小说史》,浙江古籍出版社,1998年,第137—139页)。程国赋则认为:"以邓志谟为代表的下层文人,标志着中国古代小说创作史上最早的专业作家队伍的形成。"(《明代坊刊小说稿源研究》,《文学评论》2007年第3期)案:尽管"专业作家"的内涵甚难统一,但这一概念明显具有摆脱商业书坊主导的意义。邓志谟仍受雇于书坊,尚难称"专业作家"。

② [美]彼得·伯克(Peter Burke)《知识社会史(上卷):从古登堡到狄德罗》,陈志宏、王婉旎译,浙江大学出版社,2016年,第184页。

欧洲十八世纪的文人确实享有更高程度的自由①。这在同期的中国也是一样的,随着时间的推移,出版个人化倾向加剧,从而使商业出版中通俗写作的自由度提高②,但提高的幅度是相当有限的。在中国,可能是十九世纪二十年代以后才有了较为显著的改变。

当时建阳类似邓志谟这样的通俗文学写手应该还有不少,如与之同时的吴还初③,以及稍后的朱鼎臣④。南京当更多,可以肯定的有罗懋登,时间在邓志谟前,另外还有潘镜若、方汝浩⑤。撰作戏曲则有陈所闻,评点者有叶昼⑥。理论上,所有书坊主以外的署(笔)名者均有可能是,但很难证明⑦。明代后期逐渐参与到通俗文学创作中的绝大多数作者都是这些"下层文人"写手⑧,主要

---

① ［美］彼得·伯克(Peter Burke)《知识社会史(上卷):从古登堡到狄德罗》,陈志宏、王婉旎译,浙江大学出版社,2016年,第185页。
② 入清以后的"烟水散人"、"天花藏主人",其创作自由度可能有一定的提高。
③ 程国赋《明代小说家吴还初生平与籍贯新考》,《文学遗产》2007年第4期。
④ 齐裕焜《明代建阳坊刻通俗小说评析》,《福建师范大学学报(哲学社会科学版)》2006年第1期。
⑤ 韩春平《明清时期南京通俗小说创作与刊刻研究》,暨南大学出版社,2012年,第107—108页。
⑥ 详见何朝晖《晚明士人与商业出版》,上海古籍出版社,2019年,第343—345页。关于各地写手的考定,可见程国赋《明代坊刊小说稿源研究》,《文学评论》2007年第3期。
⑦ 判断是否为雇佣写手有两个标准:一是此小说不为购稿,亦不为编纂,而是新撰或新编;二是此写手不具备是书坊主的任何可能性。因为材料的缺乏,这两个标准很难考量,我们往往无法判断雇佣写手的身份。所以在邓志谟、罗懋登等有限的人以外,较难发现其他的典型之例。但没有发现,并不意味着不存在。
⑧ 创作通俗小说的"雇佣写手"与寄身书商编选时文或其他文史读物、应用书籍、娱乐小品的"雇佣编手"还是存在相当的差异:一是通俗小说写手身份地位总体上更加卑下,基本没有署以真名的权利;二是志趣倾向与其他书籍的编手有明显的不同,后者更加具备传统文人的属性;三是带有更强烈的世俗性和商品性。关于书坊雇佣编手,何朝晖有较详细的论述,见其著《晚明士人与商业出版》第五章《书坊经营者与职业作者、编校者》。

为书商服务,具备典型的商业性,既缺乏必要的修养,且又以牟利为主,故而在编辑上都选择了简易快速的手法①。同时,在内容、形式上都十分注意契合读者的需要,争取更大的销量。在此方面,邓志谟极具代表性,他先后编纂十几种书籍,数量既夥,速度亦快,如万历三十一年,就至少编成《铁树记》《咒枣记》《锲旁注事类捷录》三种。《蔬果争奇》与《童婉争奇》均刊于天启四年冬。现存十八种书,大约都是在十年左右的时间内完成的。邓志谟始终根据书坊主的要求进行写作,如"争奇"文体,因为最初的《花鸟争奇》《山水争奇》反响不错,于是接续编撰《风月争奇》《童婉争奇》《梅雪争奇》等数种。初编《故事白眉》,"海内咸赏之"(《精选故事黄眉》魏光国序),遂又续编《故事黄眉》,出版者余氏又对前作再予增补重刻。其他作品如三部神魔小说以及各种类书、故事、笑话,亦都根据市场需要而作。

  在明代的商业出版中,书坊主和书坊主雇佣的写手一贯是主动署名的,无论是托于名人还是经常变换笔名,都极力标榜自己的作品是原创。而真正出于不得已原因"造为小说"者,多半是在内心深处不愿与俗流同处,因此往往否认自己的原创性贡献,如冯梦龙编撰《古今小说》,却只说"家藏古今通俗小说甚富,因贾人之请,抽其可以嘉惠里耳者凡四十种,畀为一刻"(《古今小说》序),凌濛初创作《拍案惊奇》,亦仅曰:"因取古今来杂碎事可新听睹、佐谈谐者,演而畅之,得若干卷。"(《拍案惊奇》序)在这方面,邓志谟与冯梦龙、凌濛初迥然有别。邓志谟当然也并非毫无目的的编纂机器,他最为明显的主观意图就是展现自己的"才学"。邓志谟并不认为自己的文学水平低劣,相反却具有强烈的自信。这种主观动机,也

---

① 详见陈大康《明代小说史》,第 431、493 页。又参阅本书第二章、第四章相关论述。

是由书商主导下的通俗文学创作主体的共同属性。

　　商业化编刊并不是单单取决于题材的流行和成本的低廉,同样还取决于通俗文学性的高低,这也就是书坊主所以力聘写手进行创作的原因所在。邓志谟的水平较诸余象斗等书商还是要高明不少,余氏书坊其他自编作品基本上是拼凑,而邓氏三书则相对纯粹,各以一人为主角敷演,故事连贯。情节虽然不够复杂精彩,叙事描写乏善可陈,但内容尚颇紧凑,主题亦较突出。邓志谟自称其编撰手法是"考寻遗迹,搜检残编",这在《飞剑记》上表现得最为典型:此书叙吕洞宾种种故事,基本上是"多采宋元人记载,杂以俗说"捏合而成①,因此内中仍然体现出主人公吕洞宾品性的某种矛盾性。但邓志谟毕竟实现了关于吕洞宾故事的整合,从而为他人的进一步改编发挥提供了基础。而《铁树记》与《咒枣记》则实际上进行了较大程度的改编与新创。李丰楙通过详细的比勘后发现,这两部作品是邓志谟受较近流行的相关仙传、故事的启发,在继承前有作品某些内容的基础上,新增许多材料,重新创撰出来的具有新构想、新内涵的通俗小说②。这种改编新创,符合邓志谟作为一名雇佣写手的身份,因为他毕竟肩负着创作的责任,同时具有创作的动力,所以不像书商那样只是东拼西凑、改头换面。

　　总之,邓志谟著述的编与刊,从命意、类型、文体、内容、形式、编辑安排、版刻艺术到生产模式、广告策略等,都是明代中晚期商业出版的典型体现。其中,邓志谟创作的三部长篇"神魔小说",在商业化出版及文学层面之外,更为深刻地反映出另一种意义。

---

　　① 孙楷第《日本东京所见小说书目》,第278页。
　　② 李丰楙《邓志谟〈铁树记〉研究——兼论冯梦龙〈旌阳宫铁树镇妖〉的改作问题》(《小说戏曲研究》第2集)、《邓志谟〈萨真人咒枣记〉研究——南宋到明末的萨、王传说之考察》(《汉学研究》第6卷第1期,1988年6月)。

三 神魔小说的类型意义与明代社会一般宗教生活[1]

自鲁迅提出"神魔小说"以后,小说研究者对此一类型概念的理解并非没有问题[2]。或以为白话通俗小说中凡敷叙神仙佛祖、鬼怪妖魔者均属此类;或将源远流长的志怪述异之说一并包括,并改以"神怪小说"一词统之。另外,亦有学者根据内容作机械处理,又将"神魔小说"划分为"佛教小说"、"道教小说"。凡此种种,可以说都未能正确理解鲁迅的用意,更重要的是,未能获得类型研究的真谛。

鲁迅《中国小说史略》原曰:

> 奉道流羽客之隆重,极于宋宣和时,元虽归佛,亦甚崇道,其幻惑故遍行于人间,明初稍衰,比中叶而复极显赫……而影响且及于文章。且历来三教之争,都无解决,互相容受,乃曰"同源",所谓义利邪正善恶是非真妄诸端,皆混而又析之,统于二元,虽无专名,谓之神魔,盖可赅括矣。其在小说,则明初之《平妖传》已开其先,而继起之作尤夥。凡所敷叙,又非宋以来道士造作之谈,但为人民闾巷间意,芜杂浅陋,率无可观。然其力之及于人心者甚大,又或有文人起而结集润色之,则亦为鸿篇巨制之胚胎也。[3]

---

[1] 李丰楙较早对邓氏三部小说进行详尽的研究(《邓志谟〈萨真人咒枣记〉研究——南宋到明末的萨、王传说之考察》《邓志谟〈铁树记〉研究——兼论冯梦龙〈旌阳宫铁树镇妖〉的改作问题》《邓志谟道教小说的谪仙结构——兼论中国传统小说的神话结构》《出身与修行——邓志谟道教小说的叙事结构与主题》,后均收入《许逊与萨守坚:邓志谟道教小说研究》,台湾学生书局,1997年),主要考察了它们的创撰情况、主题、结构及其与道教和当时信仰实际的关系,发明甚多。本小节所论与李氏的研究,问题、角度及诠释结论,都有所不同。

[2] 参阅冯汝常《中国神魔小说文体研究》的相关综述(上海三联书店,2009年)。

[3] 鲁迅《中国小说史略》,第127页。

鲁迅定义"神魔"的要点有三：第一是以民间接受的、"普化"意义上的道教内容为题材；第二是混同三教关于"义利、邪正、善恶、是非、真妄"的不同主张，统一于"神魔二元对立"之中；第三是此种"道教"遂非"宋以来道士造作之谈，但为人民间巷间意"，撰作上虽然"芜杂浅陋"，影响却颇巨大。其中第一点是内容表现，第二、三点是核心。"神魔对立"包括神鬼怪争奇斗法和宗教灵奇故事自古就有，但统一融入极为典型化的"神魔二元对立"并以此承载社会一般道德和宗教伦理的善恶是非价值观念的通俗小说，《西游记》之前并未出现。有的学者注意到了神魔小说"神魔斗法"的情节模式和张扬世俗道德规范及宗教思想的指向①，仍然未能切实看到"神""魔"之"二元对立"的关键意义。"二元"思维是中国思想的方法特色之一，也是价值观体系的最佳表达模式，因为价值观是非此即彼的，善就是恶的对立面，有了极恶，才有对极善的向往。所有文明以后的创生型宗教，大都以一种"二元对立"观念以解释善恶来源问题，中国古代世俗信仰所析出的"神""魔"之对立，正是其典型表现。如傅勤家所谓："迨知识进步，则以为有善恶二神，相为消长，彼此争斗，而人民则仰善神之佑护，此即神佛与魔之所由起。"②很早的时候西方学者高延（Jan J.M. de Groot）就以其"文化他者"的敏锐指出了"神魔对立斗争"——鬼魅无时无地不在，但上天或神以其道德正义终将驱除一切魔鬼——信仰在中国乃至东亚的根深蒂固③。当宗教越来越向世俗"普化"并与之融合一体形成一种统一的社会一般宗教生活，"神—魔"二元对立斗争自然也就

---

① 冯汝常《中国神魔小说文体研究》，第6页。
② 傅勤家《中国道教史》，商务印书馆，1937年，第1页。
③ ［荷兰］高延（Jan Jakob Maria de Groot）《中国的宗教系统及其古代形式、变迁、历史及现状》第6卷，芮传明译，花城出版社，2018年，第1590—1593页。

成了这一统一性观念的最简明直接的象征。鲁迅的观点特别是后两点的总结深刻地揭示出宋元以来的一般社会的宗教生活实况,同时也恰如其分地概括了明初以降此类通俗小说的实质,具有极强的合理性和极大的启发性。"神魔"一词不过鲁迅的"强为之名",如果望文生义,必然离题万里①。

小说类型学研究存在着一些天然的弊端,因为"类型"因逻辑依据的不同而不同,并且存在交叉和重叠。比如我们今天将百回本《西游记》单纯地归入"神魔小说"就并非没有问题,因为《西游记》固然典型地呈现出以上三点属性,并且曾经起到了促进"神魔小说"兴盛的历史作用,但作为一部具有强烈神话寓言色彩、戏谑精神和象征意味的"文人"之作②,它在很大程度上又超越了"神魔小说"所具有的类型意义。另外一方面,因诸如脱度、灵验等一类主题的作品具有某些神魔小说类型因素,就将它们一概划入,那就会削弱这一类型提出的意义。不过,以上的一些问题是认识方法的局限性造成的,不能抹杀鲁迅提出"神魔小说"这一反思性概念的价值。

邓志谟三部小说的文学价值不高,但却不妨碍它成为《西游记》《封神演义》以外的"神魔小说"的典型。首先,它们都以"道教"为形式主体,以民间广泛传播的神仙事迹为基本内容,如许逊、吕

---

① 在当代研究中,曾出现过关于"神魔小说"这一类名的辨析和争论。实际上,此类研究均是没有意义的。鲁迅之"神魔"与今人之"神怪"的类型取义完全不同,两个类型也确实不可混淆以观。神鬼怪一类源远流长,与鲁迅标出的"神魔"固然存在相似的地方,但本质上则是有差别的。比如鲁迅虽然说"《平妖传》已开其先",但据此认为明代《三遂平妖传》开创神魔小说类型,则是对鲁迅之说的误解。《三遂平妖传》(二十回原本)固多神道幻化,其实质仍为敷演"平妖"史事;《平妖传》(四十回本)"多补述诸怪民道术",也受到《西游记》的影响,但性质上乃为增饰神怪以炫视听者,只可归于"神怪"一类。

② 此所谓"文人",仍指下层文人。参阅本书第二章的论述。

洞宾、萨守坚,不仅俱是道教塑造出来的仙真,其早先传说中的种种事迹亦无不表现出降妖伏魔、济世度人、善恶有报、修真上仙等典型的世俗宗教的主题意义。

"神魔小说"常以"道教"为形式主体是一种必然。汉魏之后以"神仙不死"为核心而整合起来的道教,尽管呈现出一种独立教团的外形,但其实质仍是一个不断丛生的、不断融汇本土原始巫术宗教、各种创生宗教观念及行为、社会伦理道德及中国化佛教的混合体。道教可谓产生于民间,最终又复归于民间,宋元以后成为民间宗教生活的代名词,代表着人民信仰的精髓,道教教团的义理化努力并不能改变这一实质①。神怪之说、悠邈之谈向来是小说的主题,道教整合形成并开始它的丛生过程以后,"神仙"就成为神怪之谈的重要一端,从而在通俗小说兴起以后成为反映宗教生活的主要角色。正如鲁迅和其他研究者都已经指出的那样,明中期以后统治者奉道隆重,道教教团在官方的扶持下颇为兴盛,从士人到庶民对其形成了高度的认同,使形式上的"道教"成为社会一般信仰的主要承载形式。就邓志谟本人来说,其家乡江西饶州府安仁县,距许真君信仰的发源地南昌西山甚近,又与龙虎山接壤,当地浓烈的道风,显然决定了他以道教为形式主体的基本信仰倾向。以"道教"为形式主体,与社会宗教生活的一般理念和"三教融合"的信仰实际,并不矛盾。

其次,邓志谟小说中所呈现出的"神魔世界",不是精英的而是一般庶民的,不是典雅的而是通俗的,不是哲学的而是信仰的,因此同样不是"宋以来道士造作之谈",亦即与道教义理化原则迥乎有别。在这一方面,它与源远流长的神怪类型有着一致性。"神鬼怪"是民间口头文学永恒的主题,它们既是神话的遗迹,也是文明

---

① 见本书第一章的相关论述。

以后不断涌现的创生宗教的内容反映。通俗文学的早期形式,从《汉书·艺文志》所总结的"街谈巷语"之"小说家言"到《搜神记》《冥祥记》之文人重述,再到唐宋时的变文、俗讲、评话的文字记录,"辨论妖怪精灵话,分别神仙达士机"一直是主要类型之一。明清长篇章回小说的视野更加拓展,在将整体社会生活无不纳入的同时,亦富含宗教生活的宏观与微观叙事。这是因为,宗教生活在中国古代庶民社会生活中同样占据核心地位。邓志谟小说所呈现的同样是这样一种社会宗教生活,而不是宗教的义理化、仪式化"造作"。

《铁树记》之许(逊)真君信仰本就是江西南昌地区渊源甚古的一种地方信仰,历经流衍,元初以后开始形成一种新的道派"净明道",明代继续发展,并得到了政治与社会的承认。净明道与南宋末以降形成的各种所谓"新道教"性质相同,都具有三教合一、排斥旧有禁咒之术、强调日常生活伦理实践的基本态度[1],它们虽然在形式上逐渐具有独立教团的意味[2],并成为所谓道教的直接代表之一,但所有的"新道教"不久即基本停止了义理化建设,而且其在社会上的活动性质上已经属于复归一般社会的普化"道教",亦即从属于"丛散性宗教"范畴,成为社会一般宗教生活的组成部分。《飞剑记》之吕洞宾及其故事传说,原本也发生于民间信仰。虽然道教内史给吕洞宾加上了不少新的寓意,但在民间接受的层面上仍然以仙真神迹、"神—魔"的戏剧化冲突和佛道混同为中心主旨。《咒枣记》之萨守坚,其原型应为北宋时人,后世传称其属当时较为

---

[1] [日]秋月观映《中国近世道教的形成——净明道的基础研究》,丁培仁译,中国社会科学出版社,2005年,第177页。

[2] 各种"新道教"中,全真道最为典型。净明道在组织及制度方面较全真弱,但在谱系、义理方面亦未遑多让。参阅许蔚《断裂与建构:净明道的历史与文献》,上海书店出版社,2014年。

盛行的、以雷法仪式为表征的符箓道派神霄一系。在"雷法"理论中,所谓"雷"或"雷霆"为元气之祖或天地枢机,雷法的目的是保全根本、修炼得道,而功用则是"驱雷驭电,祷雨祈晴,治祟降魔,禳蝗荡疠,炼度幽魂,普施符水"①。由于具备这样的实用功能性,"神霄雷法"及后来的"清微雷法",遂在民间具有较大影响。萨守坚事迹由元赵道一《历世真仙体道通鉴》予以初步定型,明代仙传又将其与另一民间十分流行的王灵官信仰进一步融合。《咒枣记》的增饰敷演,则着重于修炼得道、纪功察过、降魔除妖、济生度鬼等主题,同样都采取了社会一般信仰的取向。

当然,更为重要的是邓志谟小说本质上和最为杰出的《西游记》《封神演义》一样,通过"神魔二元对立"的主题模式反映出以"三教融合"为代表的社会一般信仰与价值观念。这一特性尤为重要,它在很大程度上是此类小说最本质的内涵所在。"三教融合"与道教的包容性实质和佛教的本土化实相等同,是中国社会以现世伦理道德取代宗教的表现,自元明之际起更成为社会一般宗教生活的常态。邓氏小说于此极其显著,如《铁树记》第一回开篇便有"粤自混沌初开,民物始生,中间有三个大圣人,为三教之祖。三教是甚么教?一是儒家,乃孔夫圣人……一教是西方释迦牟尼佛祖……一教是太上老君,乃元气之祖"云云,并附"三教源流"图曰:"教演于三,岂云天地分多术;道原于一,若剖藩篱即大家"②。此类虽是当时俗书之常语,但在邓氏之前的通俗文学中仍不多见。

有意识的口号式的标揭之外,更多的则是不经意的流露。《飞剑记》第十一回叙吕洞宾游杭州天竺寺,"闻得一僧法珍,坐禅一十

---

① 题萨守坚《雷说》,载《道法会元》卷六十七,明《道藏》第29册,第213页。
② 所引邓志谟作品,均据台湾政治大学古典小说研究中心主编《明清善本小说丛刊》第7辑《邓志谟专辑》。

二年,颇有戒行",遂造其禅堂:

> 既而问取法珍说道:"尊师坐定禅宗,以为道在坐乎?"珍曰:"然。"道人道:"佛戒贪嗔淫杀,为甚方其坐时,自谓无此心矣。及其遇景触物,不能自克,则此种心纷飞莫御。道岂专在坐哉?"……法珍问道:"先生姓甚名谁?"道人道:"吾吕公也,见子精忱可以学道,特来教子。盖人之性,念于善则属阳明,其性入于轻清,此天堂之路;念于恶则属阴浊,其性入于粗重,此地狱之阶。天堂地狱,非果有主之者,特由人心自化成之耳。子尚必精必勤,毋妄尔心,毋耗尔神,毋劳尔形。"言讫,遂隐而不见。法珍不胜怏怏。后法珍得纯阳子点化,亦自得道成真。

这就是将佛、道、儒统一于善恶二元框架,并将佛儒之精勤修心与求仙之炼身保真的实践方式合而为一,简明易晓,无待深求,深刻地反映出当时社会一般理念的实际。

三部小说中,混同三教的思想意趣固为一贯,即使在具体形式上也常不区分,如"单单说一神仙"的《咒枣记》中,萨真人"第一世修缘的前身"吴成痛改前过,"每日清晨早起,只是烧一炷香,念几声佛,写着几句警语云:善有善报,恶有恶报,善恶不报,日子未到。又云:积善之家必有余庆,积不善之家必有余殃"(《咒枣记》第一回)。"萨君叹罢了皮囊的谛语,乃口里又念不住的《心经》云……"(第三回)这是因为在明代社会一般宗教生活中,修道与念佛、因果轮回与善恶有报均为一事,既不可分,也不必分。通俗文学中的这种"当场描写",正是当时社会宗教生活实际的展现。

归根结蒂,鲁迅所揭示的"神魔小说"类型性,是与明代社会一般宗教生活的特质相互印证的。它的合理性和重要意义,亦皆在此。

四 通俗文学与社会一般宗教生活
深层互动的结构性因素

"宗教生活影响通俗文学——通俗文学反映宗教生活"只是宗教生活与通俗文学之间表面的和形式上的关系,而不是结构性的关系。二者的结构性互动需要透过现象发现更本质的内涵。个人以为,通俗文学与宗教生活深层互动的最重要的结构性因素是某种内在的需求性;通俗文学作品与社会宗教生活的需求相关,而且在很大程度上是应乎这一需求的直接产物。"神魔小说"类型的兴起和商业化编刊作为一种显著的通俗文化现象,典型地反映了通俗文学与宗教生活之间的需求和响应的深层互动关系。

如果从内容类型的角度对明中期以后的小说史做一个简单的归纳,可以认为"讲史小说"、"神魔小说"、"世情小说"三个类型的渐次出现是非常显著的现象,都是对不同需求的响应结果。前文已述,"神魔小说"的兴起,首先是万历二十年(1592)一百二十回本《西游记》的刊印并立即发生了重大影响,其后则是南京刊印的二里南人罗懋登编撰之《三宝太监西洋记通俗演义》以及建阳书商余象斗等模仿编刊的所谓"四游记"①;紧接着在万历三十一年前后短短一年中,建阳书商的雇佣写手邓志谟创作了《铁树记》《咒枣记》《飞剑记》,并由余泗泉翠庆堂出版。邓氏三部小说同样也是受到《西游记》的影响和刺激,《铁树记》第十二回中的"被孙行者讨去的"如意棍,当取自于《西游记》的如意金箍棒;《咒枣记》甚至存在

---

① "四游记"中,《北方真武祖师玄天上帝出身志传》(《北游记》)或刊刻于万历三十年(大塚秀高《中国通俗小說書目改訂稿[初稿]》,東京:汲古書院,1984年);其他三种的准确刊刻时间无法确定。

直接剿袭《西游记》的成分①。可以认为,和余象斗编刊《北游记》《南游记》《东游记》一样,余泗泉乃是因《西游记》受到欢迎之后,以书坊主敏锐的商业判断,进行了《铁树记》《咒枣记》《飞剑记》的刊刻。在短短的一年左右的时间里,创作三部共三十余回的小说并同时镂版印行,同时还能保证相当高的编印质量,对作者和书坊主而言都颇具挑战性。如果没有强烈的社会需要,"神魔小说"就不会有阅读受众,书坊主也就失去了追逐利益的动机,完成这样的事情便是很难想象的了②。

社会阅读需求中,娱乐需求当然是很重要的。就"妖魔鬼怪"一类的文学作品而言,确实也存在着较强的娱乐性,所谓"讲鬼怪令羽士心寒胆战",并且一直以来都具有较大的市场需求。可是娱乐需求很难催动新类型的创生,尤其无法导致神鬼怪娱乐因素之外的"神—魔二元对立"的宗教伦理内容的加入,更不可能促使绝大多数小说对道德规范的主动建设。娱乐固然也属于精神层面,但不过是较低的层面,只有在娱乐中感受到美丑善恶的对比从而体会到终极的快感,才是真正意义上的精神享受。正如通俗文学发轫于寺庙讲唱一样,它的兴盛并终于达至反映社会、人生的高度,更为重要的需求力量是来自更高的精神层面的。就一个社会来说,宗教信仰是最高的精神层面之一。中国古代神鬼怪文学始终得到受众的欢迎,根本原因就在于它包含了社会一般宗教信仰及其伦理价值观念。

从宋代开始经历元再至明中期,世俗伦理与宗教伦理的融合越来越趋向深入,十六至十八世纪,社会一般宗教生活在多样性基

---

① 陈大康《明代小说史》,第 385 页。
② 李丰楙较早指出了这种社会需求对神魔小说的意义,并认为正是这种需求造成了神魔小说长达三十年的流行风潮。见其著《许逊与萨守坚:邓志谟道教小说研究》,台湾学生书局,1997 年,第 315 页。

础上的同一性愈益得到加强,这两方面的内容在精英传统层面上可以所谓"三教融合"予以概括。在"民俗传统"上,则主要体现为"因果报应—善庆恶殃"的宗教道德原则的最终定型。这样的新局面,促成了新的精神需求的产生。

鲁迅论述"神魔小说"时即已指出:宋元以后的三教融合不仅是"制度性宗教"的义理化趋向,也是"丛散性宗教"之"闾巷间意"的一种必然,所以"文人起而结集润色之"。此一观点极为精辟。既然融合是一般社会信仰的最终选择,并渐渐演变为文化价值观念系统的核心意识,客观上便要求将传统儒释道各种概念范畴和种种伦理原则予以调整、整合,并重新赋予新的内涵①。因此,最能充分展现社会一般观念的通俗文学首先必须适应这样的普遍需要。与这一过程相同步的,下层文人自身也需要一个三教容受性的思想整理,否则他们就无法面对"闾巷间意"的各种"怪妄支俚之谈"。只有将融合的价值观统一到"神—魔"之争,即将宗教道德的核心标准简化为"正—邪"二元必分原则,其创作才能适应社会一般观念而得到广泛的欢迎。

普遍的精神需求是一种决定性的力量,它指明了通俗文学中宗教道德构建的方向,奠定了通俗作品所以被广泛传播、接受并发挥其反向建构作用的内在根由。混同一切而统之以"神—魔"二元戏剧化冲突的神魔小说所以大盛,并能在对宗教生活的影响方面发挥出巨大的作用,原因即在于此。

社会宗教生活对通俗文学存在着永恒的需求,归根结蒂是由通俗文学的功能决定的。通俗文学本身既是社会生活的象征和隐喻,同时无论是神魔小说还是其他各种神怪主题的作品,都不乏现实主义的"当场描写",能够生动地再现社会宗教生活的种种场景,

---

① 余国藩《〈红楼梦〉、〈西游记〉与其他:余国藩论学文选》,第 308—309 页。

以及民众日常的仪式化行为。因此优秀的作品也像当时的历史小说一样,具有一种整合社会的力量①,亦即可以形成一种主导倾向,从而实现某种观念选择,并进而将这种选择反过来影响社会信仰。《飞剑记》之吕洞宾故事在社会上有广泛的流传;《铁树记》之净明道是明代流行的道教信仰,《咒枣记》之萨真人传说及其背景内容"神霄雷法"和"清微雷法",在民间更有较大的影响。三部小说的主题选择,符合社会一般宗教生活的价值取向。邓志谟的汇纂和改编新创,加之以建阳书坊的刊刻流通,使得三种神魔故事系统得以丰满和定型,成为后世戏曲、说唱等更加世俗的文学艺术形式的取资对象,从而发挥了影响选择的主导作用。

同时,通俗文学以其文学反映生活又高于生活的本质,又能实现生活的再创造。以社会宗教生活为中心内容的"神魔小说"所实现的最大创造,是整合民间散漫的神仙谱系,发明出种种崭新的具体仪式。宋元以后的仙真谱系,至少是道教内史与民间传说彼此互动的结果;而明清以降社会一般宗教信仰与仪式,与其说是来自独立教团内部的义理化构建,无宁说是来自民间传说和通俗文学的创造,这可以由《西游记》《封神演义》得到证明。邓氏三种小说同样也起到了类似的作用。在《西游记》影响下建阳地区刊刻的"神魔小说"中,有一些标榜为"出身传":《三藏出身全传》《北方真武玄天上帝出身志传》《南海观世音菩萨出身修行传》《宣封护国天妃林娘娘出身济世正传》《八仙出处东游记》(案"出处"实同"出身"),或"得道传":《二十四尊得道罗汉传》及邓志谟三书②,均带

---

① [美]何谷理(Robert Hegel)认为:"历史小说有助于整合明清社会,因为它把体现国家利益的价值观放在首位,而在不太重要的问题上,又允许平民百姓中的不同读者各投其所好。"(《明清白话文学的读者层辨识——个案研究》,载乐黛云、陈珏编选《北美中国古典文学研究名家十年文选》,第461页)

② "出身"、"得道"题署或见于扉页,或见于卷首,或见于版心,情形不一,有的可能题署时间在后,但用意则是前后一贯的。

有交待重要俗神来龙去脉、普及、强化信仰的用意；像《北方真武玄天上帝出身志传》明刊本（北京大学图书馆藏"壬寅岁季春月书林熊仰台梓"本）书末甚至附有真武祭祀科仪，包括设供、忌食、圣养之要、真武御讳、圣降之辰及《玄帝圣号劝文》。又如邓志谟三书：《飞剑记》汇纂了吕洞宾的各类故事，进一步强化了这一仙真人物的接受程度；历时悠久的许逊传说，经过《铁树记》的戏剧化展现，强化了其降魔除妖的主题，凸显出许逊真人的形象，也加剧了净明道在其他地区的影响；至于萨守坚，《咒枣记》的再创造不仅使其呈现出更加生动、清晰的面貌，并且进一步强化了这一神灵所反映的信仰主题。

更重要的是，通俗文学的典型化创作，能够宣扬基本的宗教信仰理念，强化集体无意识的价值核心。在古代中国，信仰调合或观念强化的作用过程显然是在大小传统两个层面上进行的，前者的主要操作者是儒士，后者的主要操作者却不是一般民众，因为庶民大众不具备发言的能力。小传统层面的真正操作者是下层文人、有文化的一般民众、普通僧道以及社会宗教生活的中坚力量如师巫之辈，他们以独特的话语方式承担了操作的责任，直接成果除了宝卷、善书这些宗教文本以及一些实用类图书如黄历、万宝全书、医书等外，便是通俗文学作品。后者的效果最为巨大，神魔小说崛兴本身正能说明这一点。"神怪"是通俗文学中永恒的主题，"神魔小说"混三教而统之以"神—魔"二元所形成的戏剧化冲突，既是民众喜闻乐见的主题，也是民间价值观的主要表现形式。既然三教融合是社会一般信仰的最终选择，是文化价值观念系统的核心意识，充分展现这种意识的通俗文学必然得到整体社会的普遍接受，从而又反过来强化了社会对此核心意识的认同。事实也正是如此，三教融合成为明清时代社会一般思潮，为一般士子、商人、僧道及普通庶民所共同拥有的通俗文学，起到了至关重要的作用，这同样可以从《西游记》《封神演义》等作品的强大影响力中得到佐证。

在邓氏三种小说中,《咒枣记》所蕴含的社会一般宗教价值观念最为突出。前已述及,《咒枣记》的新创性在三种小说中也是最高的,邓志谟在这部作品中较多地赋予了自己的思想理念。整部小说主要有两大块内容:一是湘阴广福庙之神王恶(后来归顺萨真人后被易名为王善)因索祭童男童女,被萨真人焚毁其庙。因此王恶暗中伺察二十年,只候真人有过即行天罚报复前仇。但萨真人一无过错,最后功德圆满,上升仙籍。二是萨真人前世杀罪颇重,修炼成仙后,发愿济拔幽滞,遂游于酆都鬼狱,目睹种种受苦果报,返回后建西河大供超度枉死。

"考功记过"是中国古代社会一般宗教信仰发展出来的规范准则,是"因果报应—善庆恶殃"道德核心的典型反映。作为一种行为观念和信仰教条,在庶民社会中发挥着重大的作用,明清时期出现的大量善书、功过格等通俗宗教文本,正是此一作用的表现。而冥界、地狱观念,则是传统信仰与佛教结合的产物。地狱惨状之说从中古以后逐渐发展,东岳大帝(泰山府君)、酆都大帝与阎罗王(十王)趋于合流,均为总司地狱之神,阎罗王的影响更为广泛一些。种种不善之人死后为鬼并被罚入地狱受苦,因为契合于中国社会的伦理准则和一般宗教教条,可以说是中古以后特别是元明以来中国古代社会最普遍、最深入、最核心的信仰观念,也是宋以后庶民社会宗教教谕文本特别是通俗文学着力表现的内容。反过来,通俗宗教文本的各种形式的建构,特别是通俗文学的文学化、形象化展示,又使得这种观念更加具备合理性而得到不断的强化。《咒枣记》后四回所展现的地狱景象,是目前所能见到的明代通俗小说中最早也是最集中、最详细的描写之一[①],在游狱拔冥主题文

---

① 详细的研究,见李丰楙《邓志谟〈萨真人咒枣记〉研究——南宋到明末的萨、王传说之考察》,《汉学研究》第 6 卷第 1 期,1988 年 6 月。

学化表现过程中是一个不容忽视的环节。

　　书籍生产的商业化保障了通俗文学作为一种"响应"的实现。宗教生活所蕴含的集体无意识价值要求及其社会化积淀传承,一直都要求相应的文化涵化与传播手段,口头宣讲和造型艺术以外,经文的通俗书写及其制作生产也是非常重要的一端。书籍史的研究已经证明,印刷术产生的直接动因之一就是传播佛像及宗教文本的需要[1]。此后,宗教经典始终是印刷的主要类别之一。在宋以降兴起的实用型图书中,宗教生活指导一类的内容也始终是其重要的组成部分,建本实用类书如余象斗所刻《新刻天下四民便览续补三台万用正宗》承续以往内容,在此方面分为两大类,一是民间禁忌、方术,一是佛道教基本仪规,包括道教法术及其施用的"玄教门""法病门"。后者不仅针对普通民众的宗教生活需要,甚至还具有指导僧尼道士的教学作用。明清以还,大众宗教经卷如各类宝卷、善书、诵本的广泛流行,同样是这种社会需求的典型表现。当宗教生活通俗文本特别是通俗小说因应乎社会需求而有着广大的市场时,逐利而动的建阳书商遂应声而动,通过各种方式进行生产,客观上促进了"神魔小说"的兴起。

　　最后需要指出的是:通俗文学"应需而生"的商品本性决定了它必然具有"流行性",亦即很多作品虽然畅行于一时,但却是昙花一现,经不起时间的考验。文学史已经证明,只有那些努力超越社会需要表层,不断追求悲天悯人的终极境界,并能同时取得完美形式的作品,才能够垂诸久远。明代中后期兴起的神魔小说中,《西游记》《封神演义》等少数几部作品正是在这些方面达到了较高的

---

[1] 较早的论述见刘国钧著、郑如斯补订《中国书史简编》,书目文献出版社,1982年,第59页。此后相关研究甚多,结论基本一致。最新的研究可参辛德勇《论中国书籍雕版印刷技术产生的社会原因及其时间》,《中国典籍与文化论丛》第16辑,凤凰出版社,2014年。

成就,所以至今仍播于人口,而其他大多数作品都未免沉沦,邓志谟三部神魔小说亦然。这是因为它们尽管满足了一定的需要,达成了很多功能作用,但在文学的根本层面上未能更进一步。不过,文学意义上的优胜劣汰与它们所具有的历史功能并不矛盾,相反却更加证明了不同时期、不同层面、不同意义的社会需要,是整体通俗文学发生发展过程中始终存在并一直发挥着重要作用的因素。

第四章 阅读与传流:通俗文学的传化与社会一般宗教生活的展开

通俗文学的读者属性和作者属性有着显著的差别。理论上,从精英文士到粗通文墨的凡夫俗子都可以阅读通俗文学作品。事实也是如此,至少就最为典型的通俗文学代表——白话小说而言,有证据表明从皇帝、贵族、精英传统知识分子到一般识字者,都可能是小说的读者。这也是通俗文学所具有的"普化性"的体现,钱大昕"古有儒释道三教,自明以来,又多一教曰小说"(《正俗》,《潜研堂集》文集卷十七)①的感慨就说明了这种普化的深入程度。

但阅读是一回事,接受又是另一回事,不同读者对通俗文学的理解存在着层次差异也是一个逻辑必然。也就是说,不同文化层次和社会属性的读者,显然有着不同的接受。从另外一个维度亦即通俗文学的创作生产上看,既然它们都是某种商品,也必然具有不同的针对性:某类作品可能旨在面向较广泛的读者,而某类作品则专门针对某一特定的读者群体。但这里同样也存在一个问题:商业书坊固然主要是根据不同的读者编刊作品,不过其客观效果则未必符合商业出版者的最初预期。

如果转入更深一层的"接受"上,我们还可以发现并非只有"阅

---

① [清]钱大昕《潜研堂集》,吕友仁校点,上海古籍出版社,2009年,第282页。

读"可以实现对通俗文学的接受,亦即识字与否并不是一个绝对的标准。因为通俗文学(甚至包括某些典雅文学)的内容被很多民间文艺形态如说唱、曲艺、戏剧表演等所吸收,目不识丁的文盲也可以通过这一中介环节实现对通俗文学内容的接受。也就是通俗文学在直接的阅读接受外,也可以获得间接的接受①。

因此,若要深入认识通俗文学的阅读和接受,并从而研究通俗文学对社会宗教生活发生建构的内在性,就必须探讨几个不同层面上的问题:首先是识字率或社会中不同文化水平的比例究竟如何,从中估测通俗文学可能的读者范围究竟达到一个什么样的程度。其次是不同通俗文学作品的不同读者群体及其接受情况,以期获得通俗文学所具有的影响所在。第三是商业出版的主观目的与客观效果是否能达成一致、如何达成一致的种种具相,以了解书籍商品性实现的内在原因。最后就是通俗文学这样一种书写而不是口头的文学形式如何在不识字的社会群体中通过文艺形式达成了深入的普化,从而具有了强大的建构力量。

一 识字率状况

关于明代以降的所谓"近世"或"晚期中华帝国"的识字率问题,明清史研究者已经做了一些探讨,其中罗友枝(Evelyn Sakakida Rawski)进行了专门的研究,她得出的结论是清代的识字率已经较高,十九世纪中期到晚期,男性约为 30% 到 45%,女性有 2% 到

---

① 潘建国将通俗小说的读者分为"直接读者"和"间接读者"两类(《明清时期通俗小说的读者与传播方式》,《复旦学报(社会科学版)》2001 年第 1 期),可称卓见。但直接的阅读固可以称为"读者",间接得到接受的人则不能如此称呼,因为这样两类人的获得方式仍是需要区别的:一种是文字阅读亦即直接接受,而另一种则是文艺观赏亦即间接接受。

10%具有读写能力①。如此,低限平均为16.6%至20.5%,高限为24%至28%②。罗友枝的主要理由是:首先,下层文员能够读写,而这样的文员在小城市中至少有百余人,大城市中最多有三千余人,则全国大概有三百万名基层文官(基层文官任期为五年,保守候补梯队人数约为职位数量的两倍),这还不包括供职于县、省、中央的官吏以及官府所雇佣的协助处理政务的吏员。其次,商人也大多认字,因为商业活动中的记账、保存事务历史记录、向政府申报等都要求基本的读写能力。再次,口岸码头的工人和往来各地的船主,在贸易中需要签订合同,因此也能读写。最后,一般民众购买、按揭田产、租赁土地、雇佣劳工、借钱,甚至买卖儿童都需要契约,至少也需要代笔者。城市作为书面交流的中心地区,识字率固然很高,而农村的识字率同样也比我们想象的要高③。罗友枝同时认为,识字率普及的最主要动力是十三世纪后印刷的发展。这个观点几乎是大多数文化史家共同的结论,其推理过程为:因为明代不仅书籍印刷持续发达,而且出版商业化程度较高,通俗书籍得到大量出版,所以明代识字率也就同样很高。

但总体而言,此类研究很难得到确切的答案。特别是识字率的提高来自印刷的发展的主张,更是难以成立。没有足够理由可以证明印刷物的出版与识字率的提高存在必然的互动关系,"印刷物的大量出现提高了识字率,识字率的提高加剧了出版的发展"显然属于一种循环论证。印刷物特别是通俗读物如传奇、小说固然

---

① Evelyn Sakakida Rawski, *Education and Popular Literacy in Ch'ing China*, The University of Michigan Press, 1979, p.140.

② 张朋园《劳著〈清代教育及大众识字能力〉》(书评),《近代史研究集刊》第9期。

③ Evelyn Sakakida Rawski, *Education and Popular Literacy in Ch'ing China*, pp.1—23.

具有识字教学功能,李渔《闲情偶寄》载其教姬妾识字有曰:

> 妇人读书习字,所难只在入门。入门之后,其聪明必过于男子,以男子念纷,而妇人心一故也。……乘其爱看之时,急觅传奇之有情节、小说之无破绽者,听其翻阅,则书非书也,不怒不威而引人登堂入室之明师也。其故维何?以传奇、小说所载之言,尽是常谈俗语,妇人阅之,若逢故物。譬如一句之中共有十字,此女已识者七、未识者三,顺口念去,自然不差。是因已识之七字,可悟未识之三字,则此三字也者,非我教之,传奇、小说教之也。(卷三)①

可是我们必须注意其中隐藏的逻辑:传奇、小说可以当作很好的教材,但传奇、小说之出版却不是教育行为。相反,传统文献的出版倒是为教育服务的,只不过它面对的是专门对象——精英教育而已。书籍史研究者罗杰·夏蒂埃就曾指出:识字率及人们对书写文字的熟悉度、社会总体图书占有率和贫穷者阅读群体的数量没有严格的正比例关系②,也就是能够识别一些简单的文字并不意味着能够阅读书籍(包括白话小说),印本在社会上的大量流行与勉强糊口的一般民众并没有太大的关系。实际上,识字率的提高取决于教育特别是普及教育,并不取决于书籍出版。我们必须明白这样一个事实:是教育进一步促进了书籍印刷,而不是正相反。

从一般道理上说,识字率或受过基本教育的人群比重是随着社会的发展而逐步提高的,所以明清识字率在前代的基础上持续抬升,应该是可以成立的。但其时识字率达到一种什么样的程度,

---

① [清]李渔《闲情偶寄》,《李渔全集》第3卷,浙江古籍出版社,1992年,第143—144页。
② [法]罗杰·夏蒂埃(Roger Chartier)《书籍的秩序——14至18世纪的书写文化与社会》,吴泓缈等译,商务印书馆,2013年,第98—99页。

第四章　阅读与传流:通俗文学的传化与社会一般宗教生活的展开　147

是否实现了突破,则仍存在疑问。以二十世纪上半叶的识字率为标准进行倒推[①],我们有理由认为,尽管宋以降社会经济的发展确实促进了教育,但明、清时代的全民教育程度并没有发生实质性的突破,即清末的识字率不会超过20%,罗友枝对清代识字率的估计过于乐观[②]。十六至十八世纪通俗文学昌盛的时期,识字率也就在10%—20%之间。而且这一识字率极不平衡,城镇和乡村、政治经济中心地带和偏远地区、男性和女性之间的差别极其巨大。

在此方面,"书信"——这种随着社会发展而越来越重要的人际交往活动——的状况非常能够说明问题。缘于教育普及程度的低下、方言歧异、古代书面语的艰难等诸多因素,直到二十世纪中期,中国相当一批城镇乡村的普通民众,写信仍然需要代笔。上溯明、清,这一情形无疑更为普遍。因为需要代笔,所以"书信范本"一直是民间社会的主要日用图书之一。目前可见最早的民间书信范本是敦煌卷子中的"书仪",明代坊刻图书中则有很多专门的书信指导和书翰型类书,如《新镌历世诸大名家往来翰墨分类纂注品粹》《新镌注释里居通用合璧文翰》《新刻含辉山房辑注古今启礼云章》《增补易知杂字全书附新镌幼学易知书札便览》等等[③]。较为综合的日用类书中也有大量的相关内容,《事文类聚翰墨全书》《三台万用正宗》《文锦妙林万宝全书》《士民万用正宗不求人》等均有

---

① 关于这一时期的识字率有不同的说法,但大致在20%—30%的范围内。参阅刘晓红《20世纪上半期中国农村文盲问题及其成因》(《广西社会科学》2008年第2期)、张朋园《劳著〈清代教育及大众识字能力〉》(《近代史研究集刊》第9期)。

② 参阅 Wilt L. Idema, "Review of Evelyn Sakakida Rawski, Education and Popular Literacy in Ch'ing China" (The University of Michigan Press: Ann Arbor, 1979) in: T'oung Pao LXVI(1980), pp.314—324。

③ 均见中国社会科学院历史研究所文化室编《明代通俗日用类书集刊》,西南师范大学出版社,东方出版社,2011年。

"文翰"或"书启"类别,《文锦妙林万宝全书》"文翰门"有"书启摘用"、"久别近别"、"未识□识"、"拜访承顾"、"具体称呼"、"尊长亲戚"、"师友官员"、"称人自答","启札门"有"书柬活套"、"庆贺馈送"、"请召劳问"、"酬谢委托"、"小柬请式"、"小柬馈送"、"荐拔假借"、"内外书信"。很显然,这些书信范本或写作指导并不是提供给通信者,而是针对代笔者,因为即使是简明的范本和"活套",也不能使粗通文墨者马上就能熟练掌握书信表达,更遑论目不识丁的一般庶民。古代社会的代笔者大多都是类似于算卦相命、游方郎中的专门职业书手,以为人代笔谋生。当然,地方童生、塾师、讼师、僧道乃至一些下第文人也经常代人写信,但他们并不以此为专门职业,同时本身文化水平较高,并不赖于机械的活套[①]。前述书信指导书以及实用类书中的"文翰门",和术师所依赖的工具书一样,只能成为专业代笔者必不可少的"秘籍"。

罗友枝引为证据的民间商业、社会活动的契约,同样也是由专门人员代笔的,契约文书往往载有这些专门书手的姓名。明代日用类书中常常也有相关写作模板或某种"活套",如《三台万用正宗》"民用门"就含有民用文书"契约"内容。契约范本、活套在日用类书中的出现,说明了社会的需求,间接反映出明代社会的状况[②]。正如书信范本始终都是坊刻的重要出版物一样,日用类书的编刊者正是敏锐地发现了这种需求,从而制作相关教本,期以提供代笔者使用并实现自身的商业目的。

这些代笔人显然要比罗友枝所估计的官员或候补官员、衙门

[①] 文人书信则有另外的标准,并形成一种文体——尺牍,具有独特的文体内涵。因此也产生了一些写作指导,如清代较为流行的《秋水轩尺牍》等。

[②] 有一种观点认为:直到明代,书面契约的使用才在中国大部分地区推广开来,而其原因则是明代贸易和手工业的蓬勃发展。见科大卫(David Faure)《近代中国商业的发展》,周琳等译,浙江大学出版社,2010年,第15—16页。

吏员、商人等群体要多出不少,卜正民(Timothy Brook)根据徽州休宁县现存的契约文书情况估计:"像其他县一样,休宁县如果没有成千的,也有成百的这样的书手来满足人们录写文字的需要。在明朝前期有成千上万的职业书手,分布在全国各地,他们的存在极大地便利了明代经济生活中的文书书写,在这方面起着关键的作用。"①但问题在于,代笔需要的旺盛恰恰说明社会普通民众书写能力的缺乏,否则他们即使不能书写专门的诉讼、契约文书,至少也能书写最为普通的家信和日用文字。所以,书手人数比例的增大反而可能意味着识字率的下降,至少前者和后者不是等比关系。

可资比较的是欧洲的情况。本尼迪克特·安德森(Benedict Anderson)的一个总结是:迟至 1840 年,即使在欧洲最进步的两个国家——英国和法国——也有近半数的人口是文盲,而在落后的俄罗斯则几乎 98% 是文盲;"阅读阶级"指的是拥有权力的阶层,除了贵族和地主士绅、廷臣与教士等旧统治阶级外,包括平民出身的下层官吏、专业人士以及商业和工业资产阶级等新兴的中间阶层②。就明中期至清中期这一阶段而言,阅读阶层的涵括范围要比欧洲小,再加上非拼音文字、教育普及程度极差、农业人口居多及地区文化水平差别较大等因素,最高 20% 的识字率应该是比较合理的估测。

---

① [加]卜正民《纵乐的困惑——明代的商业与文化》,方骏等译,生活·读书·新知三联书店,2004 年,第 57 页。
② [美]本尼迪克特·安德森(Benedict Anderson)《想象的共同体——民族主义的起源与散布》,上海人民出版社,2005 年,第 73 页。在中国明清时代,"专业人士"是指从事某种专门社会文化工作的人,除了前文所述的代笔者外,还包括塾师、讼师、术士、师巫、僧道、记账算账人、郎中,他们在古代乡村社会中发挥着重要的作用,见 James Hayes, "Specialists and Written Materials in the Village World", in David Johnson, Andrew J. Nathan, Evelyn S. Rawski eds., *Popular Culture in Late Imperial China*, Taipei: SMC PUBLISHING INC., 1987, pp.75—111。

二 商业出版物与社会阅读群体

十六至十八世纪坊刻图书中,通俗文学和科举用书、医药书、日常实用之书(日用之书)、宗教读物、蒙书形成六个主要类型①。常为出版史学者引用的佐证材料有明叶盛《水东日记》:"今书坊相传射利之徒伪为小说杂书,南人喜谈如汉小王(光武)、蔡伯喈(邕)、杨六使(文广),北人喜谈如继母大贤等事甚多。农工商贩,钞写绘画,家畜而人有之;痴骏女妇,尤所酷好,好事者因目为《女通鉴》,有以也。"(卷二十一)②明李濂《纸说》:"其甚无谓者,科举程式之文也。决裂章句,侮圣人之言,纪诵套括,迎合主司,以幸一得。比岁以来,书坊非举业不刊,市肆非举业不售,士子非举业不览。"(《嵩渚文集》卷四十三)明徐官《古今印史》"古今书刻"条:"於乎!昔精而今不然者何邪?盖前所刻者,皆有用之书、可传之本,珍重之至,宜乎其刻之精也。比年以来,非程文类书,则士不读而市不鬻,日积月累,动盈箱箧,越二三载,则所读者变于前,所鬻者非其初矣。是皆无益于用者,安得求其刻之精乎。昔人有云'加灾于木',正为此耳。"

小说中的记载,则更为具体。何予明已举出《醒世姻缘传》第二回中的一个场景,提到了《缙绅录》《春宵秘戏图》《如意君传》《万事不求人》四本书③。这个场景典型地反映了坊刊书籍的类型,以及像小说主人公——浪荡的官家子弟——家中应该会有什么样的书籍。

再如《韩湘子全传》第三回:

---

① 张秀民著、韩琦增订《中国印刷史(插图珍藏增订版)》对金陵书坊和谢水顺、李珽《福建古代刻书》对建阳书坊进行分析后认为,坊刻书主要为通俗文学、科举应试书、医药书、民间日常实用之书四种类型。早先的研究大都忽略了宗教读物、蒙书也是非常重要的通俗出版物类型。
② [明]叶盛《水东日记》,魏中平点校,中华书局,1980年,第213—214页。
③ 何予明《家园与天下——明代书文化与寻常阅读》,第129—131页。

张千领命,走去对那阴阳先生说了。那先生姓元名自虚,号若有,向年是一个游手游食矸光的人,头上戴着一顶六楞帽子。一日走在外县去,被一个戴方巾的公相羞辱了一场。他忿气不过,道:"九流三教都好戴顶方巾,我就不如你,也好戴一顶匾巾,如何就欺负我?"当时便学好起来,买了几本星相、地理、选择日子的书,逐日在家中去看。又寻得本《历朝纲鉴》,也在家中朝夕念诵。把这几本书都记熟了,便在人前"之乎也者",说起天话,掉起文袋儿来。夸奖得自家无书不读,无事不晓,通达古今,谙练世故。只是时运不济,不曾做得秀才,中得举人、进士。其实是个三脚猫儿,一件也是不到家的。谁知那昌黎县城里城外这些有钱有势的主子,都是肚子里雪白,文理不通的。平日只仗着这些钱势去呼赫人,一时间见元自虚说出了这许多才干,便被惊倒了,骗得滴溜儿团团转。那一个不称赞元自虚是个才子,人间少二,世上无双?自虚便戴起一顶方巾,穿件时样衣服,门前贴下一个招牌,写道:"阴阳元若有在此。得遇仙传,与人择日合婚,夫荣妻贵。兼精地理,催官救贫。"①

这表明市场上普遍可以买到术数类书和"纲鉴"一类文史读物,前者属于民间日常实用之书,后者大约属于"素质教育"图书(文史基础书和辅助书),可以归入到广义的科举用书的范围(见后文讨论)。《儒林外史》记述科举用书的编刊情形,最为详细生动。再如邓志谟《咒枣记》第二回:

(萨守坚)又思医道乃是个仁术,遂买了甚么神农的《本草》,王叔和的《脉诀》,又买了甚么孙真人的《肘后方》,尽皆看熟了……

---

① 《韩湘子全传》,影印金陵九如堂本,《古本小说集成》第1辑第122册,第70—72页。

医书也是书籍市场的大宗之一。《脉诀》是王叔和《脉经》的托名改换本,属于坊贾射利型的通俗性医书。小说类似的记载还有很多,可以证明坊刻图书主要类型确不出前述六种之外。

当代书籍史研究者普遍建立了这样一个逻辑:"大众"书籍既为应乎需求而出版,则必然具备日常生活所需的应用知识,同时也反映了庶民社会的生活实际,而且一定会获得畅销并达成流行。然而,此一逻辑却不无疑问。当代著名的文化史家罗伯特·达恩顿(Robert Darnton)以法国文化史研究者所重视的十八世纪"黄历书"为例部分否定了这一逻辑。达恩顿认为:"(黄历书)体现的价值骨子里跟法国王后的化妆舞会是一脉相承的。黄历书所代表的是上流社会文化向民间的普及,而不是真正的大众文化。它们是别人针对大众而写的,却不是大众自己写的。它们甚至不是原创,而是从既定的精英文学作品中扒下来的,有时候就是印刷坊的工人从现成作品中顺手牵羊。"[1]这一结论既来自具体的考察,更来自在于他对一种先验观点的证误,即出版商和书贩子根据市场需要印刷、存货、销售的书籍,并不一定就是植根于当地大众文化的东西。尽管前述通俗文学书、科举应试书、医药书、民间日常实用之书、宗教读物、蒙书这些图书在理论上属于畅销的商品,但不容忽视的是:这六类图书中的每一类都有着特定的对象群体,而不是涵盖所有的大众;同时,也并不是每一种图书都会因其类型符合某种"实用"而就能获得商业效应的,流行与否还得看它们的内容质量和内容功能是否能满足需求以及满足何种需求。

在此,先讨论通俗文学以外的通俗出版物类型。

首先可以肯定的是,科举用书和医书的读者对象最为明确。后者主要是具有相当文化的精英分子和具有医学专门知识的人士,而

---

[1] [美]罗伯特·达恩顿(Robert Darnton)《拉莫莱特之吻:有关文化史的思考》,第215页。

不是一般意义上的能够断文识字的庶民。因为宋以来刊刻的医书，大多都是十分专精的医学经典以及医方、本草著作，并非卫生、医疗常识。即使是通俗医书（包括日用类书中的相关日用医学知识）和入门医书的读者，必然也是具备一定文化素养的人士①。科举用书的读者，则毫无疑问是从童生到秀才、举人的应举阶层。当然，科举用书具有一定的复杂性：第一，所谓"科举用书"，实际上也包含了"素质教育"类书籍如经典解释、常识读物、经史纲要、古文选萃等②。以明代为例，如《四书人物考》《四书名物考》《诗经百家答问》《通鉴纲目》《诸子纲目》《新刊续文章轨范》等，都兼有一般性知识教育的功能。第二，科举用书具有一定的历时性变化，大体上唐、宋、元、明、清各有不同。"明代儒生，以时文为重，时文以'四书'为重，遂有此类诸书，襞积割裂，以涂饰试官之耳目"（《四库全书总目》"四书人物考"提要），明时"四书"类书籍数量极夥③。第三，针对性较强的应试之书如举业要览、"四书五经"讲解、名文点评、馆课、墨程精选之类，获利最大，当然商业化程度也最高，这在《儒林外史》中有极为生动的反映④。无论如何，科举用书的阅读

---

① 梁其姿（Angela Ki Che Leung）《明代社会中的医药》，《法国汉学》第 6 辑，中华书局，2002 年；"Medical Instruction and Popularization in Ming-Qing China", *Late Imperial China*, Vol. 24, No. 1 (June 2003)。

② 有学者将科举用书分为"'四书''五经'为主的课本"和"参考书"，此"参考书"实乃除四书五经本文以外专门的应试之书（见周彦文《论历代书目中的制举类书籍》，《书目季刊》第 31 卷第 1 期，1997 年），与此处所谓"素质教育类书籍"不同。缪咏禾《中国出版通史·明代卷》将科举书分为"经史要籍的通俗解释和提要"、"前朝和本朝考试卷子的选评"、"文本模式和典故辞藻的书"（中国书籍出版社，2008 年，第 134—136 页），其中第一、三类中的某些图书，和"素质教育类书籍"有所重合。

③ 参阅沈俊平《举业津梁：明中叶以后坊刻制举用书的生产与流通》附录二《明人编撰制举用书·四书类》，台湾学生书局，2009 年，第 366—390 页。

④ 参阅大木康《明末江南的出版文化》第五章《〈儒林外史〉反映的出版活动》，周保雄译，上海古籍出版社，2014 年，第 99—114 页。

对象并未因其复杂性而发生重大变化。相反,科举用书因包括所谓"素质教育"甚至涵括了一部分"准精英文献",证明坊刻图书的主要受众仍是中层以上知识分子。

其次看"日用之书"。这个概念的内涵相当复杂,很难进行合理的归类,只能据其名义大致划分为术数方术书、商书、生活知识书、习吏书等等①。术数方术书并不一定服务于专门的民间社会中的师巫卜祝,因为不是所有这些人都能具有阅读能力;实际上术数方术书的读者仍然还是知识分子,甚至包括精英文士。"商书"是最近几十年里明代经济史研究中新总结出的现象②,一些学者将明代中期以后出现的诸如"经商便览"、"水陆路程"等内容的图书称之为"商书"("商人书"、"商业书"),典型代表有《士商类要》《新刻京本华夷风物商程一览》等。这些学者认为,明代中叶以后,商业日趋繁荣,从商者越来越多,"为了进一步适应商海竞争的需要,一些针对性较强、专门论述经商之道和商业知识的商业书便应运而生"③。"大量商书的公开刊行,反映了社会经商、行商风气之盛,同时它本身也凸现了商人意识的觉醒及经商者自身对这一职业的认可与重视,说明这一时期的商人已开始重视商业知识的累积与传播,并对子弟生徒授以职业的商贾教育。"④"商书"的出现当然并非偶然,毫无疑问是明中期以后江南商品经济发展的反映,

---

① 缪咏禾《中国出版通史·明代卷》将后两类归为一类,称为"商人和小官吏之书"(第139—140页)。

② 本土代表性学者有陈学文、张海英。陈学文著有《明清时期商业书及商人书之研究》(台湾洪叶文化有限公司,1997年);张海英撰有系列论文,近有新著《走向大众的"计然之术"——明清时期的商书研究》,中华书局,2019年。

③ 张海英《日用类书中的"商书"——析〈新刻天下四民便览三台万用正宗·商旅门〉》,《明史研究》,2005年。

④ 张海英《从明清商书看商业知识的传授》,《浙江学刊》2007年第2期;张海英《明清社会变迁与商人意识形态——以明清商书为中心》,载《复旦史学集刊》第1辑,2005年。

也是当时商业出版商品经济本色的一个典型体现。不过,"商书"的数量并不多,编纂出版上也存在辗转承袭、杂纂拼凑的坊刊之习,需求量也比较小,只属于一个较小的日用图书类型[1]。明代的《士商类要》《新刻京本华夷风物商程一览》等书以行程为主,直到清代中后期才出现非常专门的针对商人的经商便览型图书。无论如何,其内容性质决定了它的阅读面既不甚广,也无法催起社会上新的阅读动力的出现。

生活知识书的范围比较广,其中值得深入讨论的是所谓"日用类书"。

自南宋开始历经元到明,特别是明代中后期出现了一批以坊刻为主,带有极强商业性目的的、实用类或百科类知识的类编型书籍,今一般通称为"日用类书"[2]。其特点是主要集中刊印于福建建阳书坊,彼此之间有密切的影响、取材、模仿或翻刻、改换关系;编者多为不知名的下层文人或书坊主本人;编辑出版完全商业化,编辑灵活,内容庞杂,印制粗糙但形式多样,并辅以多种营销手段。

---

[1] 陈学文将《杜骗新书》包括在"商书"范畴之内(《明清时期商业书及商人书之研究》),有些学者甚至认为还应包括"计算方法"、"世事通考"、"契约活套"等内容的图书(缪咏禾《中国出版通史·明代卷》),这些观点都是值得商榷的。

[2] 最早有日本学者仁井田升等称之为"日用百科全书",此后日本学者酒井忠夫对此展开深入研究,将明代商业性类编书籍分为总括型、举业型、启札翰墨型、故事型、幼学型和居家日用型、山人隐士编纂型、商业日用型数类。明代万历前后集中出现的坊刊日用类书主要是以明代万历期间具有代表性的《新锲全补天下四民利用便观五车拔锦》《新刻天下四民便览三台万用正宗》《新刻全补士民备览便用文林汇锦万书渊海》《新刻搜罗五车合并万宝全书》《鼎锓崇文阁汇纂士民万用正宗不求人》《新板全补天下便用文林妙锦万宝全书》六种(酒井忠夫《中國日用類書史の研究》,東京:国書刊行会,2011年)。见吴惠芳《万宝全书:明清时期的民间生活实录》(台北花木兰文化出版社,2005年)、《〈中国日用类书集成〉及其史料价值》(《近代中国史研究通讯》第30期)、《酒井忠夫〈中國日用類書史の研究〉书评》(《"中央研究院"近代史研究所集刊》第74期,2011年12月);王正华《生活、知识与文化商品——晚明福建版"日用类书"与其书画门》,载胡晓真、王鸿泰《日常生活的论述与实践》,台北:允晨文化实业股份有限公司,2011年。

其书题名"居家必用"、"万用正宗"、"万宝全书"、"四民便观"等等，无不刻意标榜其服务于"天下四民"的出版宗旨。但通过实际分析可以发现，"日用类书"显然不可能达成服务于"天下四民"的效果：在出版层面上，日用类书仍然是一种书写文本，阅读和接受首先需要具备"识字"能力这样一个先决条件。在识字率没有根本提升的情况下，整体通俗书籍的直接受众是非常局限的。从纯粹的商品销售角度看，日用类书想要达到普遍畅销的程度也是不可能的，因为其篇帙均不小（以明代各版"万宝全书"为例，最多者为四十三卷，最少者也有十卷），很难想象如此卷帙的大书会被广泛购置。在内容上，类目设置极其概念化和模式化，内容性质则呈现出典型的士人化和正统化特色，充斥了大量的历史性、继承性内容而不是当代新知；具体知识非常固定，彼此剿袭模仿，陈陈相因①。"日用类书"不可能成为一种普遍需要的商品，就像通俗医书、科举指导书、春宫图必然服务于特定人群一样，《醒世姻缘传》中所提到的杨大舍家购有"万事不求人"的日用类书，总体上仍属于一个特定的群体的行为②。

明代日用类书的实际情况，证明了出版物商品也只能为"有文之人"所购买、阅读，同时商品书籍都是针对某一对象的，并不因为标榜"日用"或具备某些世俗内容就一定周流凡俗。元杂剧为什么在十四世纪出现了刊本而没有仅仅停留在如早期话本那样的表演脚本的手抄形态上，同样印证了这样一个道理。伊维德认为："刊印于十四世纪的元刊杂剧最有可能针对的是这样一批读者：他们

---

① 以上对日用类书的论述，详见拙文《明代通俗日用类书与庶民社会生活关系的再探讨》，《古典文献研究》第 16 辑，凤凰出版社，2013 年。
② 当然，这些读者群体有高度的重合，亦即某一人可以同时兼购这些书籍（如《醒世姻缘传》中的杨大舍），但这些群体的叠加仍然不会溢出"中间阶层——乡绅"范围之外。

在观赏表演过程中对理解唱词有一定困难。而演员所依赖的则是称为'掌记'的袖珍手抄本。购买杂剧刊本的观众之所以在演出后保留了这些刻本,可能是学习唱词的需要,也可能是将曲词作为文学艺术赏玩的结果。"①这一分析不尽准确。观众有不同的层次,较低文化层次的人如果不能理解唱词,也就没有能力阅读文本;当时的戏剧演员大多数都可能不识字,只是通过文人编剧或戏班师傅的教习学习唱词。因此,唯一可能的解释就是伊维德总结的最后一点:购买杂剧刊本是将曲词作为案头文学予以欣赏的结果。此后明代出版了大量的元杂剧及当代的杂剧、传奇剧本,同时进行加工,"将元杂剧作为舞台艺术搬到书斋里,并将剧本演绎为读本",而且越来越案头化②,就是非常充分的证明。有学者举《红楼梦》一例颇佳③:《红楼梦》第二十三回载茗烟见贾宝玉终日不快,"因想与他开心,左思右想,皆是宝玉顽烦了的,不能开心,惟有这件,宝玉不曾看见过。想毕,便走去到书坊内,把那古今小说并那飞燕、合德、武则天、杨贵妃的外传与那传奇角本买了许多来,引宝玉看"。其中"传奇角本"颇重要,它并非演出脚本,而实际就是指文人创作专供案头阅读的剧本。这个例子可以说明当时书坊所刻剧本是主要供阅读而不是为演出的。所以,戏曲文学出版物和戏曲表演在受众方面显然存在着一个不亚于"花部、乱弹"和"雅部"之别的巨大鸿沟,正如日用类书与真正的"日用"绝不能混为一谈一样。

---

① [美]伊维德(Wilt L. Idema)《元杂剧——异本与译本》,凌筱峤译,《中国文哲研究通讯》第 25 卷第 2 期。

② [美]伊维德(Wilt L. Idema)《元杂剧——异本与译本》。又参阅 Katherine Carlitz, "Printing as Performance: Literati Playwright-Publishers of the Late Ming", in Cynthia J.Brokaw & Kai-wing Chow eds., *Printing and Book Culture in Late Imperial China*, University of California Press, 2005。

③ 潘建国《明清时期通俗小说的读者与传播方式》,《复旦学报(社会科学版)》2002 年第 3 期。

再次看宗教读物。"宗教读物"是本研究提出的一个新概念，用来特指坊贾主导编刊的，既不属于宗教经典及其阐释，也不属于宗教精英分子或向道文士宗教义理著作，主要面向于一般庶民识字群体的宗教书籍。就十六至十八世纪而言，宗教读物可以分为两类：一类是宝卷，可以分为宣教型和通俗文学型两类。宣教型宝卷中的绝大多数虽然属于新兴教派（包括不得不转入地下的"秘密宗教"），时遭禁绝，但与所谓"小经"或"妖书图本"仍有显著的不同①，它们重在宣喻而不重在秘术，并在很大程度上努力融合世俗伦理，拥护君主政权。宝卷是新兴宗教的重要工具，文字浅易，形式明快。尽管阅读仍需要略通文墨，但易于接受传播则无疑问。同时，因为造经者强调刊印经卷可以获致功德，所谓"刊造真经宝

---

① 明代《皇明条法事类纂》卷三二、朱国桢《涌幢小品》卷三二、余继登《典故纪闻》卷十五均载有一份明成化间所禁"妖书图本"目录，文字有不同。酒井忠夫《中国善书研究（增补版）》录有前二者（第 451—453 页），今再录《典故纪闻》者如次："番天揭地搜神记经、金龙八宝混天机神经、安天定世绣莹关、九龙战江神图、天空知贤变愚神图经、镇天降妖铁板达通天混海图、定天定国水晶珠经、金锁洪阳大策、金锋都天玉镜、六甲明天了地金神飞通黑玩书、通天彻地照仙炉经、三天九关夜海金船经、九关亡返纂天经、八宝擎天白玉柱夫子金地历、刘大保泄漏天机伍公经、夺天册收门纂经、佛手记、三煞截鬼经、金锁拦天记、紧关周天烈火图、玉盆经、换天图、飞天历、神工九转玉瓮金灯记、天形图、天髓灵经、定世混海神珠通玄济世鸳鸯经、锦珊瑚通天立世滚云裘银城论、显明历、金章紫绶经、玉贤镜、四门记、收燕破国经、通天无价锦包袱三圣争功聚宝经、夺天策海底金经、九曜飞光历、土伞金华盖水鉴老、照贤金灵镜经、朱书符式、坐坛记、普济定天经、周天烈火图、六甲天书、三灾救苦金轮经、智锁天关书、感天迷化经、变化经、镇国定世三阳历、玄元宝镜、玉伞金华盖换海图、转天图、推背书、九曜飞天历、弥勒颂、通天玩海珠照天镜玄天宝镜经、上天梯等经、龙女引道经、穿珠偈、天形图、应劫经天图、形首妙经、玉贤镜、透天关尽天历、玄娘圣母亲书、太上玄元宝镜、降妖断怪五家经、金光妙品夺日金灯、红尘三略照天镜、九关番天偈、天神图、金锋都天玉镜、玉树金蝉经、玄娘圣母经、七返无价紫金船、银城图样龙凤勘合。"（［明］余继登《典故纪闻》，中华书局，1997 年，第 266—267 页。）从名目上即可略窥其内容重在图谶、世运、秘术等方面，与宝卷有别。

卷,与流天下,永远长存,福量无边"之类①,也促使个人捐助刊印十分兴盛。所有这些,导致了宝卷被大量印刷。不过,宝卷类书籍的流行有助于促进识字或扩大识字群体只是一种理论上的可能,因为很多情况下宝卷是通过中间人的朗诵和宣讲("宣卷")才达成接受的。

另一类宗教读物是善书、道德训诫及神仙传记、故事等。这一类书籍和通俗文学作品比较相似,有出于长期的累积如《太上感应篇》等善书,有出于对前代作品的钞纂重编如《三教源流搜神大全》《新刻出像增补搜神记大全》《广列仙传》《列仙全传》《仙佛奇踪》《新镌仙媛纪事》等仙传,也有书商主导下中下层文士的编纂如洪应明《菜根谭》,以及为书坊所推重的袁黄所编功过格及《了凡四训》等②。其中"善书"最为重要,从宋到明末清初出现了几种具体

---

① 《销释悟性还源宝卷》第二十品,明崇祯十三年重印本。
② 案:袁黄(了凡)生平事迹学术界已经多有研究,主要有酒井忠夫《中国善书研究(增补版)》(刘岳兵等译,江苏人民出版社,2010年)、奥崎裕司《中國鄉紳地主の研究》(汲古书院,1978年)、章宏伟《袁了凡生平事迹考述(上)——袁了凡的家世、生卒年和籍贯考》(田澍等编《第十一届明史国际学术讨论会论文集》,天津古籍出版社,2007年)、林志鹏《袁黄〈四书删正〉考述》(《中国典籍与文化》2016年第3期)。袁黄的身份应该算是上层文士,但亦有复杂之处,主要是其五十余岁方进士及第而入仕。另外,袁黄是十六世纪和商业出版关系非常密切的一位士人,其父兄及其本人著述颇丰,确实编撰过科举书、家训及功过格一类,因批削《四书》《尚书》而为书坊刻出《四书删正》,"坐非儒见黜,焚其书"(查继佐《罪惟录》"列传"卷十八;《明史·陈幼学传》)。因享有大名,故成为明中期以后和李贽、陈继儒、冯梦桢等齐名的最常为坊贾索稿、借重并伪托的人物。所以其他题袁黄撰如《谈录》《举业彀率》《心鹄》《四书疏意》《二三场群书备考》《新刻八代文宗评注》《古今经世文衡》《史汉定本》《新镌了凡家传利用举业史记方润》等,很难确定是袁黄本人的编述(参阅张献忠《袁黄与科举考试用书的编纂——兼谈明代科举考试的两个问题》,《西南大学学报(社会科学版)》第36卷第3期,2010年5月)。后世影响极大的《了凡四训》,也是入清以后书商对于其立命、积善、改过、谦德相关言论的汇纂。见吴震《关于袁了凡善书的文献学考察——以〈省身录〉〈立命篇〉〈阴骘录〉为中心》(《中国哲学史》2016年第3期)。

文本类型:(一)康济录;(二)太上感应篇;(三)阴骘文;(四)功过格;(五)救济倡导和方法指南;(六)饮食起居的是非规范①。其中最为典型的是《太上感应篇》。《太上感应篇》的作者和撰作时代已难确定,但至少在南宋理宗时就有刊本出现。由于《太上感应篇》完美地融合儒、释、道三教并与社会一般道德伦理深相契合,极端强调行善积福的道德规范,从而成为上至士人、下至一般文化水平者无不奉行的宗教经典。《太上感应篇》、各种《功过格》等善书和《菜根谭》等道德训诫书与通俗文学一道,通过中间阶层的传化,在十六世纪以降的社会道德规范的构建过程中发挥了巨大的作用。此类宗教读物的易读程度可能仅次于通俗文学,但是否能够促进识字,同样很难得到证明。《太上感应篇》等确实文字不多,用语浅易,朗朗上口,但毕竟为简洁文言,且典故颇丰,粗能识字者恐无法借此增强阅读能力。

总体来说,宗教读物无论是品种还是印刷数量都比较多,有的图书并不一定是现实社会宗教生活的完全反映(参阅第九章关于"明代仙传"的相关论述),但宝卷、善书等确实与社会宗教生活紧密相关。宗教读物和通俗文学一样与戏剧、表演结合较紧,它的世俗性、普化性也十分明显。

最后考察一个比较特别的类型——"杂字书"。所谓"杂字书",即启蒙识字教材,一般是将常用字编成韵语,以便初学。《隋书·经籍志》著录有《杂字解诂》四卷、《杂字指》一卷,《旧唐书·经籍志》小学类著录"尔雅、广雅十八家,偏旁、音韵、杂字八十六家,凡七百九十七卷",宋陆游《秋日郊居》诗"授罢村书闭门睡,终年不著面看人"自注:"农家十月乃遣子弟入学,谓之冬学。所读《杂字》《百家姓》之类,谓之村书。"(《剑南诗稿》卷二十五)但宋以后基本

---

① 此据酒井忠夫《中国善书研究(增补版)》,略有改动。

不见于精英文献目录。有部分流入日本，屡见翻印传抄①。严格意义上，"杂字书"属于"蒙书"的一个类型。在明代中晚期，后世所习知的蒙书"三字经"、"百家姓"、"千字文"等均已出现刊本，并开始用以启蒙，比如明内廷用以教导宦官学习，据明宦官刘若愚《酌中志》卷十八《内板经书纪略》载，司礼监刊有供内官学习的《千家姓》《蒙求白文》《千字文》《千家诗》《三字经》《启蒙集》《四书杂字》《七言杂字》等②。本节中并没有对"三、百、千"等蒙书专门进行讨论，原因是这些图书在宋以后就一直是基本的童蒙教材，上引陆游《秋日郊居》诗以外，元郑德辉《虎牢关三战吕布》杂剧头折：

> 某长沙太守孙坚是也，自幼而读了本《百家姓》，长而念了几句《千字文》……③

可见"三、百、千"并不因为明中期商业出版兴盛得到印刷而突然普及开来，至少目前没有充分的材料和实物证据证明这一点。有一些研究者认为明代社学曾普遍使用"三、百、千"，实际上支持证据也有不足，明吕坤所谓"初入社学，八岁以下者，先读《三字经》以习见闻，《百家姓》以便日用；《千字文》亦有义理"（吕坤《实政录》卷三），不过是他"兴复社学"的建言；而全祖望《鲒埼亭集》外编《明初学校贡举事宜记》的记叙，时代过晚④。即使是社学采用，亦非来自购买，而需要由缮写人抄成："有司先将此书令善写人书姜字体刊布社学，师弟令之习学。"（吕坤《实政录》卷三）⑤不过，明李诩

---

① 参阅陆坚、王勇编《中国典籍在日本的流传与影响》，杭州大学出版社，1990年。
② 《酌中志·内板经书纪略》，冯惠民、李万健等编选《明代书目题跋丛刊》，书目文献出版社，1994年，第615页。
③ 王季思主编《全元戏曲》第4卷，第396页。
④ ［美］施珊珊(Sarah Schneewind)《明代的社学与国家》，王坤利译，浙江大学出版社，2019年，第150—151页。
⑤ ［明］吕坤撰，王国轩、王秀梅整理《吕坤全集》，中华书局，2008年，第993页。

《戒庵老人漫笔》卷二"《百家姓》不同"条有曰：

> 《村学训蒙夜记》有《百家姓》一书，四言成句，单姓四百零八，复姓三十，以赵为首者，必宋人所编也。……"百家姓终"，一本不以此凑断句，余儿时习之，今书肆所鬻犹然，此传世本也。[1]

《村学训蒙夜记》撰者、内容不详。结合一些明代小说的描写来看，至少乡村社会中的"村学"使用"三、百、千"，书肆颇有售卖，确为寻常之事。但其书成为规范性教材而需求量猛增，应该是十七世纪以后的事情。"今学童初入蒙塾，必先授以《三字经》《百家姓》《千字文》诸书"（梁章钜《浪迹三谈》卷三）[2]，时代更晚。

"杂字"类蒙学图书，明代承宋元之绪，多有编刊。尽管除了保留于域外的《魁本对相四言杂字》《莆曾太史汇纂鳌头琢玉杂字》《新镌增补类纂摘要鳌头杂字》《增补素翁指掌杂字全集》《居家紧要日用杂字》《新刻订补直音杂字世事通考》《新编对相四言》等数种外[3]，我们现在所能看到的"杂字"书大都刊印、抄录于清代，但可以肯定的是其中很多内容来自对前有成书的传承和剿袭。特别值得注意的是，明清以来徽州书坊及民间颇多"杂字"书的编印与传抄，其特点是：（一）总体上形式多样，内容丰富，语言较浅俗；（二）内容注重实用，与日常生活联系紧密，特别是较多与商业、手工业知识相关联；（三）具有徽州地方特色[4]。由此可见，"杂字"书

---

[1] ［明］李诩撰，魏连科点校《戒庵老人漫笔》，中华书局，1982年，第61页。

[2] ［清］梁章钜撰，陈铁民点校《浪迹丛谈　续谈　三谈》，中华书局，1981年，第443页。

[3] 参阅酒井忠夫《中國日用類書史の研究》第十三章《幼學·童蒙教育の日用類書》，東京：国書刊行会，2011年；金程宇编《和刻本中国古逸书丛刊》第15册《魁本对相四言杂字》题解，凤凰出版社，2012年；商伟《一本书的故事与传奇——美国哥伦比亚大学东亚图书馆藏〈新编对相四言〉影印本序》，南京大学古典文献研究所《古典文献研究》第18辑上卷，凤凰出版社，2015年。

[4] 以上参阅戴元枝《明清徽州杂字研究》，上海教育出版社，2017年，第103—116页。

确实是民间社会较为流行的蒙书类型,有学者将之归结为较一般蒙书更加浅俗的"土教材":"这种书由于特别通俗,一般只流行在当时的中下层社会,仿佛是'正式的'启蒙课本'三、百、千'以外的'非正式'读物,因此比'三、百、千'更'不登大雅之堂'。"①定性是有相当道理的。

　　以上事实表明:诸如《三字经》《百家姓》《千字文》等尚是比较高一级的启蒙读物②,在此之下还有像"杂字"这样一种更加低级的"土教材"。可以从逻辑上推知的是:真正的有文化者或士人家庭,启蒙教育往往由家长负责,并不一定需要"三、百、千"一类蒙书;其延聘教师教育子弟时大抵都直接学习"四书"。而一般市民和乡村民众需要时又往往缺乏这样一笔多少有些奢侈的费用。因此,夹在科举启蒙书和低级教材"杂字"书之间的"三、百、千"类蒙书的市场在当时注定并不十分巨大,南京、苏州、杭州及建阳的大型书坊当然就没有大量刊印"三、百、千"的原始动力。相反,"杂字"一类启蒙图书可能是因为真正适应了下层民众识字的需要,所以不仅建阳、徽州书坊较多刊印,徽州民间更是多有传抄。

　　当代研究者对"杂字"在历史上所起到的扫盲作用评价很高:"杂字,在历史上所起的作用,所作的贡献,是难以估量的。""在实际上,也确是靠了这一路土教材,才真正解决了中下层社会人家(也包括只想做土财主不怎么巴结功名的上层人家)的子弟只用短时间学会识字,以应付日用需要的问题。任何一种编得好些的杂

---

　　① 张志公《传统语文教育教材论——暨蒙学书目和书影》,中华书局,2013年,第30页。
　　② 这种"高级"有两层含义:一是其内容虽然采用诗歌形式朗朗上口、易于背诵,但并不浅易,需要有老师的解释,或将来获得更多教育以后再进行反刍;二是其本身基本属于有条件受到传统教育(或至少是政府设立的公益教育)的人的启蒙课本,在很大程度上不是面对下层民众的。

字书,大致都能用一次(顶多两次)冬学的时间学完;学会那些字,记记账,写写信,看看通俗小说和唱本,的确可以对付对付了。恐怕要归功于这类'上不得台盘'的杂字书,在封建社会历史上相对地减少了文盲在全社会的比例。"①这个结论可能也有些绝对,因为明代"社学"、"冬学"的普及程度和有效实施程度,远未达到理想的标准②。识字归根结蒂有赖于教育而不是课本,假如国家所设立的公共教育达不到一定的水平,扫盲就很难取得效果。不过,从建阳地区的刊刻和徽州地区的流行来看,"杂字"书成为当时识字的主要教材,在某一层次的人群中确实发挥了扫盲作用。但对此仍要辩证对待,包筠雅在一些学者的研究基础上就指出,主要用于传授某一领域行业常用字的"杂字"书,不仅使这些下层民众进一步远离了科举考试的道路,而且使其同时也无法获得更为复杂的职业教育;"杂字"书等常用字初级教材的存在既维护了一小部分文化精英对教育的绝对垄断地位,也限制了人们对更高教育程度(尤其是古文教育)的追求③。这个观点也是不无道理的。总之,只有教育的普及和大众媒介的出现才能真正有效地促进民智(包括识字),因为当教育成为一种必需,以及媒体读物发挥着无与伦比的作用时,人们才不得不去阅读,从而不得不去识字。

以上分析可以很好地回答前面所提到问题,即商业通俗出版物的兴盛是否急剧扩大了社会阅读群体。一般认为,十六世纪中期以降因为通俗读物、白话文学的商业化出版,使书籍阅读者突破

---

① 张志公《传统语文教育教材论——暨蒙学书目和书影》,第30、33页。

② 参阅施珊珊(Sarah Schneewind)《明代的社学与国家》的相关论述(特别是第六章和第七章)。

③ [美]包筠雅(Cynthia J.Brokaw)《17—19世纪中国南部乡村的书籍市场及文本的流传》,张玉龙、翟辉译,载《史华兹与中国国际学术研讨会论文集》,华东师范大学出版社,2006年。

了精英阶层的范围,涵盖了包括官吏、儒生、商贾、僧侣、平民在内的"天下四民",从而形成了一个崭新的阅读群体①。可是实际上,所有的日用书、科举书、医书、宗教读物和通俗文学出版物仍然都是针对一个特定群体亦即所谓"有文之士"的,并没有开始面向普通大众,当然也就无法促进识字率达成质的突破。高彦颐认为,在一个大多数人为文盲的社会中,不管读者大众群的发展有多快,它一定不会超过总人口的10%②。针对中国近世,仍必须考虑到地区差异,也就是说如果高彦颐的判断是合理的话,通俗出版物的读者群体不会超过江南地区总人口而不是整个明代总人口的10%。商业化出版所形成的通俗书籍固然扩大了精英文士和"有文之士"群体的阅读面(即从经典扩充到通俗作品),并在客观上又加速促进了他们阅读趣味的剧烈变化,但并没有显著扩大这一直接阅读群体本身的数量规模。

通俗出版物虽然没有扩大阅读群体,并不意味着它们不发挥其影响,因为这些出版物都可以通过中间阶层实现对整个社会的"传化",从而给社会带来一种文化的建构力量。在这方面,通俗小说出版物最为典型。

三 通俗小说的销售与阅读

直接阅读通俗小说(或其他通俗文学作品如各种说唱文本及文学宝卷等)的读者究竟是怎样一种情形,特别是通俗文学作品读

---

① Anne E. McLaren, "Constructing New Reading Publics in Late Ming China", in Cynthia J. Brokaw & Kai-wing Chow eds., *Printing and Book Culture in Late Imperial China*, University of California Press, 2005, pp.152—183.

② [美]高彦颐(Dorothy Ko)《闺塾师:明末清初江南的才女文化》,李志生译,江苏人民出版社,2005年,第39页。

者群体的分层,明清小说研究者已经做了很多研究①。不过,读者的分层辨识是一个理论上和实践上都极为艰难的课题。

理论上,文体形式、风格、文字和文学水平都不能成为判别标准②。矶部彰关于《西游记》从小说系统到各地说唱系统的不同艺术形式的读者对象层次的分析和大木康关于中国语言、文学及其与社会结构的关系的分析③,实质上是相同的,都主要是根据文学作品(或出版物)文体、形式和文字程度的难易,然后一一对应于不同文化水平的社会阶层。这种分析固然不错,但对通俗小说这一种文体的读者识别而言,并没有实质性意义。因为在实际情况中,文化水平决定其阅读书籍的层次高低是比较含糊的,同时任何一个阶层均可以兼容其下层。一些基本事实就可以证明这一点:典雅文学可能只会被精英文士所欣赏,但通俗文学则可为所有识字者所阅读;同时,通俗文学也包含典雅文学语言、文体在内的多层次语言和多样文体。对中国语境中的一般读者而言,白话并不一定就比文言更容易理解,因为它们仍然是文字书写,其受众至少必须是粗通文墨的人,而"粗通文墨"大多数情况下又是针对传统书

---

① 较为典型者有大木康《关于明末白话小说的作者和读者》(《明清小说研究》1988年第2期)、矶部彰《〈西遊記〉受容史の研究》、何谷理《明清白话文学的读者层辨识——个案研究》(载乐黛云、陈珏编选《北美中国古典文学研究名家十年文选》)、潘建国《明清时期通俗小说的读者与传播方式》(《复旦学报(社会科学版)》2002年第3期)、宋莉华《明清时期的小说传播》(中国社会科学出版社,2004年)、程国赋《明代小说读者与通俗小说刊刻之关系阐析》(《文艺研究》2007年第7期)、李舜华《明代章回小说的兴起》(上海古籍出版社,2012年)、蔡亚平《读者与明清时期通俗小说创作、传播的关系研究》(暨南大学出版社,2013年)。

② [美]何谷理《明清白话文学的读者层辨识——个案研究》,载乐黛云、陈珏编选《北美中国古典文学研究名家十年文选》,第439—440页。此文同时也涉及了本章下文所说的原因,但具体认识略有不同。

③ [日]矶部彰《〈西遊記〉受容史の研究》,第24—25页。大木康《庶民文化》,载森正夫等编《明清时代史的基本问题》,周绍泉等译,商务印书馆,2013年,第503页。又参大木康《明末江南的出版文化》,第44页。

面语而言的。所以,白话文本并不比文言书籍更加普及①,文字水平低劣的作品也不意味着就会获得更广泛的接受,反之亦然。从接受的意义上说,特定读者群体的形成固然是由不同的价值取向决定的,但价值观念既十分复杂含混,也并不和其社会属性完全对应。我们至今并未发展出一种有效的理论以建立辨识读者群体的认识模式②。实践上,通俗文学作品及其读者的情况纷繁复杂,既然缺乏证据材料来发现其中的真实面貌,也就没有办法建立具体的对应关系。明叶盛《水东日记》"小说戏文"条说当时有人认为妇女读者把历史小说当成了《通鉴》来读,这一记载并不意味着建阳本演义小说就只是服务于女性读者,更不能证明所有的妇女都能阅读小说。

何谷理采用了这样一种方法来研究不同文本的读者的价值观念:选择一个来源于隋亡唐兴"传说群"(cycle of tales)的李密"故事丛"(story complex)为对象,这个"故事丛"的不同明清白话"版本"包括一个明代早期的戏剧三部曲(《老君堂》《魏徵改诏》《四马投唐》)、一部通俗志传(《隋唐两朝志传》)、一部起于十七世纪中叶的改写过的话本叙事(《大唐秦王词话》)、两部十七世纪的历史传奇(《隋史遗文》《隋唐演义》)、一部十八世纪军事演义(《说唐演义》)、一部晚清京剧(《双投唐》);何谷理将它们归纳为"精英小说"、"非精英叙事作品"、"戏剧"(又分"明代戏剧"和《双投唐》两个子类别)三类。通过对其表现主题和内在结构的分析,特别是对不同事件在不同类型作品中的出现比例的统计,何氏建立起不同文

---

① 参阅 Cynthia J. Brokaw,"On the History of the Books in China", in Cynthia J. Brokaw & Kai-wing Chow eds., *Printing and Book Culture in Late Imperial China*, pp.11—14。

② [美]何谷理《明清白话文学的读者层辨识——个案研究》,载乐黛云、陈珏编选《北美中国古典文学研究名家十年文选》,第 439 页。

本内容、价值观与读者的关系,从而得出了以下结论:早期杂剧的戏剧类型原本以及后来的戏剧演出,均是以文化程度较低的人(包括文盲)为观众的;而通俗志传和改编话本的读者范围,则靠近社会层次较低的一端亦即识字而非精英的读者;《隋史遗文》《隋唐演义》两部"精英小说"只能是面向趣味典雅的精英读者①。

这个结论表面看来似乎无可非议,特别是文盲只能从戏剧表演中直接得到文学教诲尤其是一个基本的逻辑事实。但是,何氏研究显然存在重大问题:首先是局限性非常明显。他的研究是在一个特定的对象"故事丛"中进行的,因此其结论充其量只能适用于这个"故事丛"不同文本的读者辨识,而无法进行推广。因为以历史为材料的通俗文学创作和其他题材的作品,存在着不同的特性。其次是何氏的研究和大多数类似考察一样,并没有解决所采用方法的合理性,从而存在着逻辑上的失误:第一,文化水平和价值观念本身是非常复杂的,它们是否可以进行显著的划分,并且能和不同文本形成一一对应?第二,不同文本所蕴藏着的不同价值观,就一定会被完全无误地移植到不同读者的意识中去吗?文化水平接近或相距较远的读者,其接受状况就一定相近或相异?由此可知,这一方法的根本逻辑困境在于:我们只能知道某些人不能阅读或无法理解某些作品,但却无法知道能够阅读所有这些作品的人究竟阅读了或更愿意阅读哪些作品。

就通俗文学而言,读者的价值观和阅读行为之间恐怕不存在对应关系。明沈德符《万历野获编》卷二十五"《金瓶梅》"条:"袁中郎《觞政》以《金瓶梅》配《水浒传》为外典,予恨未得见。丙午遇中郎京邸,问曾有全帙否。曰:'第睹数卷,甚奇快。今惟麻城刘涎白

---

① [美]何谷理《明清白话文学的读者层辨识——个案研究》,载乐黛云、陈珏编选《北美中国古典文学研究名家十年文选》。

承禧家有全本,盖从其妻家徐文贞录得者。'又三年,小修上公车,已携有其书,因与借抄挈归。吴友冯犹龙见之惊喜,怂恿书坊以重价购刻。马仲良时榷吴关,亦劝予应梓人之求,可以疗饥。予曰:'此等书必遂有人板行,但一刻则家传户到,坏人心术。他日阎罗究诘始祸,何辞置对? 吾岂以刀锥博泥犁哉!'仲良大以为然,遂固箧之。未几时,而吴中悬之国门矣。"[1]清昭梿《啸亭杂录》卷二"小说"条:"自金圣叹好批小说,以为其文法毕具,逼肖龙门,故世之续编者,汗牛充栋,牛鬼蛇神,至士大夫家几上,无不陈《水浒传》《金瓶梅》以为把玩。"[2]这些记述表明,拥有最广阅读范围的士大夫,即使与其思想观念发生冲突,仍然广泛地涉猎小说。这显然是因为通俗文学所具有的世俗性和娱乐性,并不因为保守力量的限制而消减其魅力和影响,特别是在明代这样一个特定的历史时期之内。明胡应麟尝谓:"然古今著述,小说家特盛;而古今书籍,小说家独传。何以故哉? 怪力乱神,俗流喜道,而亦博物所珍也;玄虚广莫,好事偏攻,而亦洽闻所眈也。谈虎者矜夸以示剧,而雕龙者间掇之以为奇,辩鼠者证据以成名,而扪虱类资之以送日。至于大雅君子,心知其妄而口竞传之,且斥其非而暮引用之,犹之淫声丽色,恶之而弗能弗好也。夫好者弥多,传者弥众;传者日众,则作者日繁,夫何怪焉?"(《少室山房笔丛》卷二九《九流绪论下》)[3]此语虽非就通俗小说而言,但所道"小说家""特盛、独传"的缘故,与通俗小说流行的原因,本质上是相同的。

作者的价值观念或其趣味也很难左右可能的阅读者,因为文学的存在往往取决于接受一端而不是创作一端。以"西游取经"的"故事丛"而言,小说《西游记》所特有的戏谑精神几乎不为古代的

---

[1] [明]沈德符《万历野获编》,中华书局,1959年,第652页。
[2] [清]昭梿撰,何英芳点校《啸亭杂录》,中华书局,1980年,第427页。
[3] [明]胡应麟《少室山房笔丛》,上海书店出版社,2009年,第282页。

大多数人所欣赏,而它所继承发扬的"神—魔"斗争才是普通读者以及凡庶大众喜闻乐见的根本原因。与之相对的,主要是在话本、宝卷中着重表现出来的宗教主题,则得到了很多士大夫们的响应,以至于他们将这一主题纳入对小说《西游记》的阐释中①。在"李密故事丛"中,较之戏剧和说唱文本,《隋史遗文》和《隋唐演义》固然集中反映了某些精英意识,但它是否超越了一般价值观念而不能被教育水平不高的一般阅读者所接受,并没有确切的理由可以证明。

小说毕竟是商品,商品的性质和价格决定了其受众。因此有相当一批研究者转而从这个方面考虑问题,即研究当时通俗小说出版物的市场价格以考察购买者的范围。矶部彰得出的结论是,通俗小说的价格不仅较传统古籍、日用类书、文集等为高,而且就当时物价和各阶层收入而言也是较为昂贵的②。宋莉华通过从明末到晚清、近代的前后比较,也基本赞同这一结论③。但也存在着不同的意见,井上进比较了南宋到明末的情况,认为明末的书籍特别低廉④;大木康提出了一些新的例证,也认为因为技术革新和需求的高涨,明末的书价非常便宜⑤。不过,井上进、大木康都没有直接回答通俗小说的价格高低问题。王岗在井上进的基础上对当时的传奇小说作品集的价格进行了估算,并根据周启荣所分析的晚明时期购买力水平,认为像《国色天香》《绣谷春容》《万锦情林》《燕居笔记》《一见赏心篇》等书籍的定价不高,可以为从精英阶层、

---

① 详见本书第二章的相关论述。
② [日]礒部彰《〈西遊記〉受容史の研究》。
③ 宋莉华《明清时期的小说传播》附录一《明清时期说部书价述略》,中国社会科学出版社,2004年。
④ [日]井上进《中国出版文化史》第十五章《书价的周围》,李俄宪译,第178—181页。
⑤ [日]大木康《明末江南的出版文化》,周保雄译,第62—66页。

文人士子到普通市民的各类读者所购买①。黄卉认为，就目前的资料来看，小说的价格既不昂贵，也不低廉，与当时其他图书大致相当；但明代中后期工商业发展迅猛，物质生活日益富足，再加上奢靡风气的影响，小说的购买力应该是增强的②。李舜华在前有研究的基础上进行较为细致的分析，她的主要结论是：古典小说的价格与其他书籍（新本）相比较，并不能说非常昂贵，部分书价的上涨是需求增多的产物；物价的低廉和收入的微薄本身并不能单独拿来评价小说的购买力③。

明清书籍特别是通俗出版物究竟是何类人员所能购买，目前的研究大约趋向于在总体上书价较为便宜的结论，周启荣认为：从晚明开始，由于人力和材料成本不断降低，书籍市场不断扩大，商业印刷迅速扩展，书籍已经在大多数地区成为一般的消费商品。书商推出不同类别、档次的书籍，中下档次新出的单册刊本大抵不会超过一两银，科举、大众娱乐、实用书籍则价格相对更低。刊本的售价相对当时的消费品物价并非特别高，一斤菠菜、一只鹅的价钱便可以买到一本科举参考书、实用类书或曲本。一两银以下的书籍不但富商官宦可以购买，贫穷的士人、一般的工匠也都可以根据自己的经济条件来购买④。然而，要想准确地定位十六至十八世纪通俗出版物的价格及其与购买者的关系，显然是非常困难的。一方面是因为材料的缺乏，我们目前可以获得的关于通俗小说价

---

① Richard G. Wang, *Ming Erotic Novellas: Genre, Consumption, and Religiosity in Cultural Practice*, The Chinese University Press, 2011, pp.64—87.

② 黄卉《明代通俗小说书价与读者群》，《明清论丛》第 6 辑，紫禁城出版社，2005 年。

③ 李舜华《明清章回小说的兴起》，上海古籍出版社，2012 年，第 64—76 页。

④ ［美］周启荣《明清印刷书籍成本、价格及其商品价值的研究》，《浙江大学学报（人文社会科学版）》第 40 卷第 1 期，2010 年 1 月。

格的确凿材料只有数条①,其他可资比较的书籍价格的记录也不丰富②。另一方面,商品价格既受其所蕴含的价值(就书籍而言,包括类别、新旧程度、质量高低、卷帙多寡等)的影响,更重要的是由市场的需求决定。因此在无法全面了解不同商品的价值和市场需要及其共时分布和历时变化的情况下,考察准确价格及其实际意义就不免证据不足。更关键的是,当时的物价和民众收入是一回事,一般庶民日常开支中能否列入图书消费则是另一回事,生存必需品和非必需品并不因为价格相同就能获得同样的销量,二者的市场是完全不同的。所以就中国的情况看,可以肯定的是:在任何时代特别是古代社会,文化商品总不可能是社会底层的民众所能购买的,即使存在如放牛的王冕也能凭其工钱购买"几本旧书"③,仍是极个别的现象。也就是说,无论价格如何,通俗小说的购买者如同其读者一样,仍然是存在着一个下限的。从这个意义上说,古典小说虽然并不一定如矶部彰所定性的是极其昂贵的"高价文艺",其购买者也不一定完全局限于官僚和巨商,但勉强糊口的有文之人恐怕确实很难进行这样的消费,更遑论贩夫走卒之流。

---

① 即矶部彰发现的万历末天启间刊《封神演义》(日本内阁文库藏)二十册,附图五十。每部定价纹银二两;大木康发现的大致刊刻于同时的《陈眉公先生批评春秋列国传》(日本内阁文库藏)十二册,附图六十,每部纹银一两。此据李舜华《明清章回小说的兴起》,第68页。另外,袁逸发现两种俗曲、戏曲坊刻的牌记所标价格:明万历福建书林拱唐金氏所刻俗曲汇编《新调万曲长春》每部纹银一钱二分、明万历四十四年杭城丰乐桥三官巷口李衙刊戏曲散曲选编《月落音》四卷每部纹银八钱(见《明代书籍价格考——中国历代书价考之二》,《编辑之友》1993年第3期)。

② 参阅沈津《明代坊刻图书之流通与价格》(台北"国家图书馆"馆刊》1996年第1期)、袁逸《明代以前书籍交易及书价考》(《浙江学刊》1992年第6期)、《明代书籍价格考——中国历代书价考之二》(《编辑之友》1993年第3期),大木康《明末江南的出版文化》第二章第四节等。

③ 《儒林外史》第一回。参见大木康《明末江南的出版文化》,第65页。

所以,通俗小说的可能的购买者较其可能的读者,范围更小。

因此,在通俗小说读者的问题上可以得出的结论是:绝大多数作品的直接读者只能指向这样一个群体:其最低限度为受过简单教育且具有基本识字水平的人,没有最高限度。这一阅读群体的规模大大小于识字群体,而且开始时期主要分布在出版物商品贸易较为发达的地区。

当然,读者群体是随着时代的推移和通俗小说的影响力增强而持续扩大的。浦安迪认为十七世纪白话小说出版的全面兴旺(数量的增多、各种亚类型的出现、刊刻的精良),必然意味着读者数量的增加[1],这一结论可以成立。无论古典通俗小说的高峰究竟是十六世纪还是十八世纪,从明中期开始至于近代,通俗文学的读者群体始终在扩大之中是不容否定的事实。问题在于,至少是在十八世纪以前,能够直接阅读小说的群体在整个社会中所占的比重仍相当有限[2]。

四 戏剧、表演与通俗文学的传流

通俗文学和民间文学的不同性质,决定了通俗文学的"流化"并不仅仅是通过直接的阅读(更不是购买书籍)而实现的,因为如

---

[1] [美]浦安迪《坠落之后:〈醒世姻缘传〉与 17 世纪小说》,载《浦安迪自选集》,第 307—308 页。

[2] 何谷理的总结是:"总之,在中国明清时期,通俗小说的潜在读者范围无疑非常广泛。文献资料表明,这一群体包含官员、文人以及那些接受过同等教育却科举失败的人。其他识字的人群,如富裕家庭里的妇女及商人的儿子,也一定会阅读小说。具有相对较低阅读能力的人群很可能构成了廉价小说的部分读者,这些书的相对价格(并非其内容)很可能是限定其读者群体人数以及社会构成的因素。"(《明清插图本小说阅读》,第 352—353 页)这和本小节框定的范围基本一致,但何谷理强调"潜在读者非常广泛",而本人则强调"十八世纪以前小说读者在社会中所占的比重相当有限"。

前文所论，直接的阅读者只能是具有一定文化水平以上的人，而且这个群体远远少于社会的绝大多数。虽然通俗文学的世俗性决定了它必然会得到社会的普化，但这一目标却不是由通俗文学（包括原创的或由通俗小说改编而来的说唱文本、戏剧演出脚本）本身所完成。研究者如果执着于通俗文学的世俗性而忽略了这一根本事实，就会导致认识的偏差。

毫无疑问，真正能够在社会大众层面实现流化并发挥传播功能的是民间文艺，它的实质是"表演"而不是"文字"，也就是"耳目渐染"或"播在人口"，所谓"斜阳古柳赵家庄，负鼓盲翁正作场"（宋陆游《小舟游近村舍舟步归》），乃取决于视听而不是阅读。即使在文化水平普遍较高的近代西欧，视、听传播也是极其重要的，"尽管横跨全欧熟悉拉丁文的知识阶层是建构基督教想象的一个重要成分，然而以较个别而具体的视、听觉创造物当作向不识字的民众传播教义的媒介的做法，也同等重要"①。"表演"有多种形式，最主要的是说唱表演、戏剧表演和各种仪式表演，三者都有交叉重叠，而后二者在某种意义上可以归为一大类。

通俗文学兴起后的民间文艺有两个来源，第一当然是民间故事、传说、表演的固有传统，第二就是通俗文学。很多学者如夏维明（Meir Shahar）虽然已注意到戏曲和口头表演将通俗小说转达给不识字的民众这一现象②，但李福清则睿智地发现了其中所蕴含的具有中国特色的内在机制："章回小说的归流传到民间，也影响民间口头文学的传统，在民间说书艺人的创作过程中，这些作品

---

① ［美］本尼迪克特·安德森（Benedict Anderson）《想象的共同体——民族主义的起源与散布》，第21页。
② Meir Shahar, "Vernacular Fiction and the Transmission of God's Cults in Late Imperial China", in Meir Shahar & Robert P. Weller eds., *Unruly Gods: Divinity and Society in China*, University of Hawai'i Press, 1996, pp.191—192.

又被加工而变成口头的作品，复影响到民间讲的故事。总而言之，自民间经过文人改写，这些作品后又回归民间。通过民间艺人的创作，它们又转化为非专业的 passive-collective 创作。这情况，在世界文学中比较少见，研究中国文学者一定要注意。"①通俗文学汲取民间文学的营养，经过低级文人的创造后转化为白话书面文学与出版物商品，不仅使"积累的"故事形成定本，而且逐渐开始了新的创作；其作者和主要读者居于社会中层，具备沟通融合大小传统的中介功能，从而在其创作和接受过程中抟合形成了社会一般价值观念，最终反过来影响或直接转化为民间文艺形式。同时，通俗文学在艺术上模仿民间文艺（比如最初的小说都模仿了"说话"艺术形式②），二者在结构、技巧上存在相似性，也使得这一艺术形式的转化自然顺畅，全无扞格。从另一端说就是：民间文艺内容并非主要来自民间口头文学，而是来自通俗文学或其衍生的各种表演形式。李福清一个基于通俗版画（年画或其他消费型图画）的研究证明：尽管我们无法判断它们使用的故事素材是来自通俗文学还是戏剧表演，但可以肯定的是极少来自口头传统③。

民间文艺的主要类型是说唱表演和戏剧表演。在说唱表演方面，除了有一部分鼓词、弹词、文学性宝卷由"文人"创作成为通俗

---

① ［俄］李福清（Борис Львович Рифтин；Boris.L Riftin）《中国小说与民间文学的关系》，载李福清《古典小说与传说》，李明滨选编，中华书局，2003年，第164页。

② 关于这种"模拟"，参看韩南的相关研究以及梅维恒的总结（《唐代变文——佛教对中国白话小说及戏曲产生的贡献之研究》，杨继东、陈引驰译，中西书局，2011年，第135—136页）。

③ Boris Riftin, "Chinese Performing Arts and Popular Prints", in Vibeke Bordahl & Margaret B.Wan eds., *The Interplay of the Oral and The Written in Chinese Popular Literature*, NIAS studies in Asian topics; 46, NIAS press, 2010, pp.187—221.

文学的一部分外,绝大多数的"说书"、"弹唱"都来自对通俗小说的转化,亦即敷演小说内容。学者常引用李延昰《南吴旧话录》卷二十一"莫后光"条:"莫后光三伏时每寓萧寺,说《西游》《水浒》,听者尝数百人,虽炎蒸烁石,而人人忘倦,绝无挥汗者。后光尝语人云:'今村塾师冷面对儿童,焉能使渠神往,记诵如流水?须用我法,庶几坐消修脯。'"无论其提到的《西游》《水浒》是不是已经出版的印本小说,莫氏说书都是一种传化行为,目的是让不识字或没有机会阅读的人听到故事①。《古今小说叙》有曰:

> 试令说话人当场描写,可喜可愕,可悲可涕,可歌可舞。再欲捉刀,再欲下拜,再欲决胆,再欲捐金。怯者勇,淫者贞,薄者敦,顽钝者汗下;虽日诵《孝经》《论语》,其感人未必如是之捷且深也。②

明以后的"说书"甚至可以视作通俗小说的一种衍生形式,是通俗小说实现传播流化的主要方式之一③。此方面研究已多,不待详论。值得注意的是两点:一是"说书"在清代更为民间化的存在,比如渔鼓道情之说《西游记》,清李斗《扬州画舫录》卷十一《虹桥录下》载曰:

> 大鼓书始于渔鼓简板说孙猴子,佐以单皮鼓、檀板,谓之段儿书,后增弦子,谓之靠山调,此技周善文一人而已。④

清捧花生《画舫余谭》:

---

① 参阅胡士莹《话本小说概论》,商务印书馆,2011年,第478—479页。
② 《古今小说》附录二《绿天馆主人叙》,《中国话本小说大系》,江苏古籍出版社,1991年,第646页。
③ 详见宋莉华《明清时期的小说传播》第四章第二节。
④ [清]李斗《扬州画舫录》,汪北平、涂雨公点校,中华书局,1964年,第258页。

无业游民,略熟《西游记》,即挟渔鼓,诣诸姬家,探其睡罢浴余,演说一二回,籍消清倦,所给不过杖头,已足为伊糊口。擅此艺者,旧推周某,群呼为"周猴"。自入京为某公所赏,名遂益著。某公败,猴乃丧气而归,今且不知所往。①

"道情"本是最为广泛普遍的民间说唱形式,常为僧道游方化缘、乞儿讨饭及滑稽之徒表演糊口之具,成本既低,索求亦廉,和各种行走江湖的说唱一样,其传化通俗小说并影响社会一般庶民更具深度与广度。

另外一点就是雍乾以降逐渐兴盛的"子弟书"。子弟书在艺术形式上受到鼓词、弹词、戏曲的影响,主要素材来源则是通俗小说,而且集中于《水浒传》《三国演义》《西游记》《金瓶梅》、"三言"、《红楼梦》等社会上流行并具有较大影响的作品②。子弟书脚本在后来虽然也抄成读本供租借、售卖,但它仍然以说唱表演为主。子弟书是说唱传化通俗小说的另一个典型,完美地展现出通俗小说经过某种"中介"式改编而流化到一个文化层次较低的特殊群体的实现过程。

"表演"形式无疑以戏剧表演为最重要的部分,因为它的综合性和视听性、剧场性,故而成为文艺传化影响庶民大众的主体,明时"徽州旌阳戏子"的一次目连戏演出:

……搬演目莲,凡三日三夜。四围女台百什座。戏子献技台上,如度索舞𦁲、翻桌翻梯、筋斗蜻蜓、蹬坛蹬臼、跳索跳圈、窜火窜剑之类,大非情理。凡天神地祇、牛头马面、鬼母丧门、夜叉罗刹,锯磨鼎镬,刀山寒冰,剑树森罗,铁城血澥,一似吴道子《地狱变相》,为之费纸札者万钱,人心惴惴,灯下面皆

---

① [清]捧花生《画舫余谭》。以上据张泽洪《道教唱道情与中国民间文化研究》所发,第36页。

② 关德栋、周中明《论子弟书》,《文史哲》1980年第2期。

鬼色。戏中套数,如《招五方恶鬼》《刘氏逃棚》等剧,万余人齐声呐喊……(明张岱《陶庵梦忆》卷六)①

目连戏与其文本母体"目连变文"一样,虽然形式上不无娱人耳目之处,但教化的功能和效果极其显著。可能一般观众对诸如灵媒的体验、冥间的可怕以及佑助祖先脱离苦难的种种仪式更感兴趣②,但道德观和价值观的认同往往正是从这些具体的、富有意义的视觉和听觉表现中获得的,而戏剧又是这一切表现的高度艺术化的综合。

清李调元《剧话序》:

剧者何?戏也,古今一戏场也。开辟以来,其为戏也多矣。巢、由以天下戏,逄、比以躯命戏,苏、张以口舌戏,孙、吴以战阵戏,萧、曹以功名戏,班、马以笔墨戏,至若僬师之戏也以鱼龙,陈平之戏也以傀儡,优孟之戏也以衣冠,戏之为用大矣哉!孔子曰:"诗可以兴,可以观,可以群,可以怨。"今举贤奸忠佞,理乱兴亡,搬演于笙歌鼓吹之场,男男妇妇,善善恶恶,使人触目而惩戒生焉,岂不亦可兴、可观、可群、可怨乎!(《童山集》文集卷四)

戏剧作用于社会信仰的力量极其巨大。许道龄以元杂剧《桃花女破法嫁周公》一剧为例分析其对真武信仰的影响,可以作为一个非常典型的个案。兹引其文如下:

元朝某戏剧作家,搜集这种材料,加以附会,编成《桃花女破法嫁周公》一剧,大意谓:

---

① [明]张岱撰,马兴荣点校《陶庵梦忆 西湖梦寻》,上海古籍出版社,1982年,第52—53页。
② [日]太史文(Stephen F. Teiser)《幽灵的节日:中国中世纪的信仰与生活》,侯旭东译,浙江人民出版社,1999年,第80页。

周公洛阳人,善算卜,桃花女任姓(父曰任定),善解禳,一日,周公闷坐无事,为其佣人彭祖算命,算毕,谓彭祖曰:"汝后日午时,合该于土坑上板僵身死。"彭祖闻之大惊,即至任二公家告别,女问其故,彭祖以实告,女乃教彭祖祷告于北宫七星君真武神,为之增寿三十年,得以不死。周公闻之,怒甚,即命彭祖备花红酒礼,送于任家,名为答谢,实则为其子增福订婚,桃花女早知其来意,因即允之。周公俟其迎亲日,处处择凶神恶煞时辰,以谋加害,而女则一一设法破之,周公佩其高明,即备庆喜筵席,以宴宾客,一家团聚,其乐融融,因周公与桃花女二人,皆天上种,故归天后,真武皆收为侍将云。

起初这种迷信,社会上知者很少,等到编成戏文以后,就会不胫而走,普遍全国,人人相信北宫七宿和善占卜的周公、善解禳的桃花女,都掌管人类寿命的事,所以近代的真武庙中,多附设这两个神像,以崇祀之。这种传说,不但关内人民相信,连满族的帝王也相信了,顺治八年,定致祭真武之礼,每年遇万寿圣节,遣官致祭北极佑圣君于地安门外日中坊之显佑宫(按:此即永乐十三年所敕建的帽儿胡同真武庙)。其祝辞曰:"维某年月日,皇帝遣某官某,致祭于真武之神曰,兹朕诞辰,惟神永远默佑,谨以茶果之仪致祭,尚飨。"清世祖八年,既将真武列入祀典,规定于万寿圣节日,遣官致祭,而其祝辞中又有"祈神永远默佑"之文,可知真武已被认为"司命"之神。我们试看看妙峰山的"开路会"和"五虎少林会"所表演的五鬼捉刘氏和赵匡胤郑子明等故事,便可知道没有一种不是根据小说或戏剧而来,文学作品的影响人心实在太大了。[①]

[①] 许道龄《玄武之起源及其蜕变考》,《史学集刊》第5期,1947年12月,第238—239页。

如果宗教缺乏文艺,不能得其崇高之美;而宗教文艺如果少了表演性的戏剧,则不能使宗教得其普化社会之深之广。

从绝对证据上来说,宋元戏曲与平话孰先孰后是无法说清的,但从理论上推演,仍可以获得相对合理的结论:首先,变文、俗讲、平话乃至宣卷、影戏,和祭祀戏剧一起,可能是宋元戏曲的重要源头[1]。也就是说,观赏戏剧本身之兴起就在口头文学之后。其次,戏剧是一种表现形式,当文人作者尚未参与创作新的主题时,它必然是对旧有故事、素材的"表演",因为只有当舞台上出现观众所熟悉的人物和情节,人们才有可能被其生动的表现形式所打动并产生共鸣。当明代通俗小说印本出现后,情况又与宋元不同,印本小说所具有的巨大的定型作用,使后来的民间戏曲必然以之为取材渊薮。如宋元以来各种地方戏剧和杂剧中就有关于"西游"的剧目,内容与当时的说经本《大唐三藏取经诗话》关系紧密,尽管理论上俗讲应在戏剧表演之前,但具体谁影响谁仍不太容易断定。百回本通俗小说《西游记》诞生以后的情况就很明显了,它对戏曲的作用是决定性的,而且基本淹没了之前所有的元素[2]。就今天保存的较为古老的目连西游戏来说,均可以断定是源自百回本《西游记》。即使有些学者坚持有些地方比如泉州傀儡目连全簿中的"三藏取经"保留了早期的西游元素,但也承认有一些情节是晚出并且只有百回本小说才具有的[3]。

---

[1] 早在上世纪三十年代,就有佟晶心、吴晓铃、叶德钧对宣卷、影戏与戏曲的关系问题进行过讨论,见车锡伦《现代中国宝卷研究的开拓者》的综述,《固原师专学报(社会科学)》1997年第4期。又可参阅田仲一成《目连戏的成立过程——以宋代佛典〈佛说目连救母经〉为起点的考察》,载黄仕忠主编《戏曲与俗文学研究》第2辑,社会科学文献出版社,2016年。

[2] 详参矶部彰《〈西游记〉受容史的研究》。

[3] 胡胜《重估"南系"〈西游记〉:以泉州傀儡戏〈三藏取经〉为切入点》,《复旦学报(社会科学版)》2017年第6期。

印本小说不仅可以使故事定型，同时也通过其世俗性、普化性获得了巨大的"权威"，所以即使是目不识丁或根本无法阅读的盲瞽艺人，也需要借人教习而获得敷演小说的能力，如明姜南《蓉塘诗话》记男女瞽者艺人："世之瞽者或男或女，有学弹琵琶，演说古今小说，以觅衣食。北方最多，京师特盛。南京、杭州亦有之。"（卷二"演小说"条）田艺蘅《留青日札》所记杭州盲女："曰瞎先生者，乃双目瞽女，即宋陌头盲女之流。自幼学习小说、词曲，弹琵琶为生。多有美色，精技艺，善笑谑，可动人者。大家妇女，骄奢之极，无以度日，必招致此辈，养之深院静室，昼夜狎集饮宴，称之曰先生。"（卷二十一"绣花娘 插带婆 瞎先生"条）当然，戏曲、说唱等表演如果在原有小说素材的基础上获得更大突破，而且前有作品已经亡佚，它也有可能被重新再改编为小说，如桃花女与周公斗法故事，最后就从戏剧再改编成小说《桃花女阴阳斗传》[①]。

入清以后，民间戏剧表演大抵由两大部分组成。第一大部分是逐渐取代"雅部"而成为社会普遍接受的戏剧表演的"花部乱弹"，亦即沿续旧有民间戏剧传统并受到元明文人戏曲影响的各种地方戏[②]。清代以后的文人戏曲创作（包括改编）虽然也有取资于新兴通俗小说的部分，但主要还是沿续明传奇的传统（和通俗小说具有同样的题材资源如唐宋文言小说，元明杂剧，历史故事，民间传说如"水浒"、"三国"、"西游"故事等）。而"花部、乱弹"虽然也有继承、沿袭的一面，但因为其世俗性的内在作用，开始全面、深入地改编通俗小说以满足社会的需要。清嘉、道之际四大徽班虽仍昆、

[①] 《桃花女阴阳斗传》，今存清道光间丹柱堂重印本，藏于英国博物院。见刘世德等主编《古本小说丛刊》第4辑影印本前言，中华书局，1990年。

[②] 需要强调的是，这些所谓的"地方戏"——无论是京腔、秦腔、梆子、皮黄还是后来的粤剧等，都从一开始就发生融合，并由于占据都市演出阵地，逐渐扩大了其覆盖区域，从而不仅仅是"地方"的，甚或还具有某种全国性的影响。

乱杂演，每日根据时间不同安排相应剧目，已多搬演《三国》《水浒》诸小说①。至清乾隆年间，《水浒》《三国演义》《列国志》《西汉通俗演义》《东汉演义》《东西晋演义》《大宋中兴通俗演义》《杨家通俗演义》《西游记》《封神演义》等通俗小说出版流行已将近一个半世纪，早先民间口耳相传的相关故事已经完全被这些小说的创造性叙事所覆盖，从而不可避免地成为花部乱弹的内容取资。张净秋的研究表明，清代宫廷西游连台本戏《升平宝筏》吸收前代西游戏所占比重不到一半，"在作品的情节内容、主题思想、审美情趣等诸多方面都受到了小说《西游记》的影响，而且这种影响很大程度来源于作者在创作或改编中主动地、有意识地借鉴和沿袭"②。

二十世纪八十年代发现的手钞本《乾隆三十九年春台班戏目》，正文共收戏目七百四十三种（含重目），分为五个部分：一、属于老徽戏的连台本戏剧目四十七种；二、"三国志"戏单出三十种；三、其他单出、杂出提纲戏五百六十六种；四、全班戏名九十六种；五、初排新戏四种。有学者考察得出，当时徽班所演剧目以二黄腔为主，也包括乱弹诸腔和昆腔，除昆腔剧目基本同于《缀白裘》《纳书楹曲谱》所载来自杂剧、传奇、昆曲的折子戏外，绝大多数剧目都取材于诸多演义小说和《西游》《封神》二书③。根据金登才对近六百种清代中期以前的花部剧目的考索，亦可以证明这一点④。从

---

① 杨懋建《梦华琐录》："四徽班各擅胜场。四喜曰'曲子'。……三庆曰'轴子'。……和春曰'把子'。每日亭午，必演《三国》《水浒》诸小说，名'中轴子'。……春台曰'孩子'。"（载张次溪编纂《清代燕都梨园史料》上册，中国戏剧出版社，1988年，第352页）金登才《清代花部戏研究》："早轴子相当于开锣戏，聚集观众；中轴子为豪客服务，多为昆曲杂出，或乱弹折子戏；大轴子最晚，看戏的主要是市井贩夫走卒，大轴子主要为全本二黄戏。"（中华书局，2014年，第55页）

② 张净秋《清代西游戏考论》，知识产权出版社，2012年，第329页。

③ 以上均据朱建明《清代徽班史料的重大发现——记〈乾隆三十九年春台班戏目〉》，《黄梅戏艺术》1983年第1期。

④ 金登才《清代花部戏研究》下编《花部剧目》，中华书局，2014年。

后起的其他地方戏如剧目数量众多的粤剧来看,其早期剧目亦不外乎三个方面:一是来源于宋元南戏、元明杂剧、明清传奇,包括昆、弋的流行剧目,二是来自皮黄系统剧种的流行剧目,三是取材于演义小说的剧目①。

民间戏剧表演的第二大部分是活跃于乡村的"土戏",其主要观众是中国社会最广大的农民群体。日本学者田仲一成将文人"雅部"及案头戏曲文学之外的、真正活跃在社会基层——广大农村的戏剧分为"乡村戏剧"、"宗族戏剧"和"市场地戏剧"②,基本能够概括"土戏"的内涵与功能。据田仲一成的研究,在乡村戏剧、宗族戏剧中占优势的是忠孝、节义、功名类剧目,而风情类、豪侠类和仙佛类的三种剧目则在市场地戏剧中处于绝对优势:明代市场地戏剧豪侠类和仙佛类最多,占百分之七十八,风情类也占百分之十六;清代则英雄、神怪两类剧目占八成以上③。明代"市场地戏剧"中的剧目很多取自于旧有的野史小说,随着通俗小说的兴起,新的内容开始融入,如田仲一成所举之例:明末松江府迎神赛会时的演出剧目即来自《唐书志传通俗演义》,巡游扮演的"寡妇征西"则取

---

① 余勇《明清时期粤剧的起源、形成和发展》,中国戏剧出版社,2009年,第191—192页。

② 所谓"市场地"大约即指集镇。中国乡村是农业生产条件、居住条件、安全条件综合选择的结果,但以生产条件为主,因此其交通性往往不能尽如人意,农产品和日常用品的交换以分散性的集市类型为主,费正清描述其特色曰:"一个集市中心与附近步行可达范围内的乡村组成一个单元,当然这个单元遇上像水灾、旱灾这类自然灾害时可能被毁灭,但反言之只要自然条件良好差不多也能自给自足地生存。传统的集市中心和乡村经济小型分散的性质使之不受战争、入侵以及在有历史记载的城市和行政中心出现的巨大社会变化的影响,能以极大的惰性或是原有途径的稳定性生存下来。"(费正清、赖肖尔《中国:传统与变革》,陈仲丹等译,吴世民等校,江苏人民出版社,1992年,第14页)

③ [日]田仲一成《中国戏剧史》,布和译,吴真校,北京大学出版社,2011年,第219—220、320页。

材于叙述杨家将故事的《北宋志传》①。另外一个较为典型的例证是,山西潞城县南舍村曹氏藏万历二年抄本《迎神赛社礼节传簿》中的供盏献艺、队戏、赛戏,仙佛类剧目中属于取经故事的只有"猿猴脱甲"以及"唐僧西天取经";对比王穉登《吴社篇》关于苏州迎神赛会及明末小说《鼓掌绝尘》第三十三回关于南京元宵节巡游的描述②,可以明显看出世德堂本《西游记》产生前后的不同③。时至清代,土戏中明显采自《水浒传》《三国志演义》《隋唐志传》《西游记》《北宋志传》等流行小说的"水浒戏"、"三国戏"、"隋唐戏"、"西游戏"、"杨家将戏"等,更是得到显著的增加。

贵州安顺地区由明代军事移民所传来并逐渐形成的"地戏",同样是"土戏"取材通俗小说的典型例证。"地戏"的雏形虽然源自移民的家乡——江南地区,但实际成形则是在清代,现存脚本的写定则更晚④。安顺地戏以武戏为主,民国《续修安顺府志》曰:"黔中民众多来自外省,当草莱开辟之后,多习于安逸,积之既久,武备渐废,太平岂能长保?识者忧之。于是乃有跳神之举,借以演习武事,不使生疏,含有寓兵于农之深意。迄今安顺境内,盛行不衰。时当正月,有跳神之村寨,锣鼓喧天,极为热闹。跳神者头顶青巾,腰围战袍,额戴面具,手执刀矛,且唱且舞。所唱戏文,或为东周列国故事,或取自《封神演义》《汉书》《三国演义》,或为《仁贵征东》《丁山征西》《狄青平南》《说唐》《杨家将》故事,都属武戏。跳神者

---

① [日]田仲一成《中国戏剧史》,布和译,吴真校,北京大学出版社,2011年,第212—213页。
② 同上,第237—246、214—215页。
③ 参阅矶部彰《关于〈礼节传簿〉中的〈西游记〉队舞戏》,中国戏曲学会・山西师范大学戏曲文物研究所《中华戏曲》第10辑,山西人民出版社,1991年。
④ 朱伟华《建构与生成——屯堡文化及地戏形态研究》,广西师范大学出版社,2008年,第245页。参阅薛若邻《关索的由来和关索戏的缘起》,中国戏曲学会・山西师范大学戏曲文物研究所《中华戏曲》第12辑,山西人民出版社,1992年。

各组团体,邀请跳神之村寨,须予招待。"①地戏文本与小说的关系,朱伟华经过对比后认为:

> 现存的25个地戏剧目,与同题材演义小说存在下列三种关系:
>
> 1. 小说有成熟定本,地戏与小说直接对应,或者说自小说改编而来,这种情况在地戏文本中占主要的地位。《三国》《封神》《说唐》系列、《狄家将》系列、《岳传》系列以及明代的《英烈传》等都属于此类。
>
> 2. 小说有基本的构架,地戏受小说的影响,虽然没有直接改编自小说,但明显看得出小说与地戏的连带关系,或者为地戏提供了改编的背景,或者为地戏提供了情节框架,地戏同小说交错相互影响,《杨家将》系列的几个地戏《杨家将征辽》《三下河东》《九平河东》《二下边关》都属于此类。
>
> 3. 没有小说影响的直接证据,基本可以明确为专门为地戏演出而创作,这类地戏文本目前可以认定的有《大破铁阳》《王玉连征西》《沈应龙征西》。②

当然,现有的地戏文本编成于后世,并不能否定早期移民也自有其演出内容。不过,正如朱伟华从剧目及内容上分析得出的,安顺地戏定型于明以后是可以肯定的,而且相当多的戏本改写自通俗小说也没有疑问,至少,这样一些取自通俗小说的内容取代了明代早期移民的演出内容,并且随着时间流逝,这种"取代"或"覆盖"一直不断地在进行,直至形成今天的面貌。

---

① 安顺市志编撰委员会《续修安顺府志》(内部资料),1983年,第353页。此据张定贵《仪式过程中的村落、族群和国家》转引,载何明主编《仪式中的艺术》,社会科学文献出版社,2011年,第121页。

② 朱伟华《建构与生成——屯堡文化及地戏形态研究》,第267页。

民间戏剧之传化小说,在根本上当然都是将阅读转化为视听,从而拥有了广大没有文化的接受者。但实现的过程仍有不同方式,"花部乱弹"唱腔高昂、节奏明快,特别是连台本戏情节完整、戏剧冲突彰显,更加适合普通民众的欣赏口味,"其徘徊不忍去者,大半市井贩夫走卒"①。而"土戏"则是另一种方式,如明代市场地戏剧中的很多剧目,常常是取小说情节随意润色敷演②;安顺地戏则是将小说内容改编成说唱文本进行搬演,其表演甚至还没有发展成为完全意义上的戏剧形式③。如同民间各种"傩堂戏"一般,这种简明直接的形式更能为乡民所接受。

形式之外,民间戏剧在内容上的进一步转述、讲解作用也是不可忽视的。民间戏剧编排演出者通过对小说中不同故事的选择、冲突的营造和唱词的改编,也形成了一种更加简易直接的意义传化。关于内容传化,在性质上可以用来比较的是西方基督教的圣像,圣像原本就已经是一种教义的传化形式,但"将画像视为文盲的圣经,这一观点一直受到批评,理由是教堂墙壁上的许多图像对普通民众来说还是太复杂了,不能理解。然而,无论是圣像还是它表述的教义,都可以由牧师做出口头的解释,而图像的作用是提醒,以强化口头传达的信息,而不是充当独立的资料"④。作为视觉形式的图像都需要中介者对内容进行具体解释,小说更不例外。反过来说,作为教义的表现形式——无论是图像还是通俗文本,仍然还必须通过内容上的进一步传化才能获得更有效的结果。

---

① 杨懋建《梦华琐录》,载张次溪编纂《清代燕都梨园史料》上册,第354—355页。

② [日]田仲一成《中国戏剧史》,第214页。

③ 朱伟华《建构与生成——屯堡文化及地戏形态研究》,第261页。帅学剑《安顺地戏》,文化艺术出版社,2012年,第91页。

④ [美]彼得·伯克(Peter Burke)《图像证史(第二版)》,杨豫译,北京大学出版社,2018年第2版,第67—68页。

五　乡村祭祀剧与社会一般宗教生活的展开

戏剧起源于原始宗教仪式,中国亦不例外①,根本原因在于宗教仪式本身的要求,亦即献祭中娱神、请神、降神、祷神、送神环节中必然出现的萨满式象征性行为。从中国戏剧历史上看,广大乡村一直保持着"仪式戏剧"的传统,诸如傩戏、迎神赛会的娱神杂技、醮祭的酬神以及超度拔狱的仪式性表演,不仅是民间宗教生活和娱乐生活中的存在,而且是促成戏剧形式发展完善的重要推动力量。田仲一成认为:此类可以统称为"祭祀戏剧"②,源于古代农村的社祭仪式;随着独立分散的村落社会向核心集市为中心的新兴社会的发展,农业神祭祀被具有人格神信仰的"迎神赛会、超幽建醮"活动所取代,祭仪活动遂进一步向文艺形式转化,产生了以参军和苍鹘为基础的参军戏、院本(爨体)庆贺戏和"镇抚冤魂的审判戏",它们既是中国戏剧的早期形式,也是戏剧在另一种场合——乡村社会发展的主要内容之一③。

明代江南的迎神赛会称为"社"或"社火",《二刻拍案惊奇》卷二《小道人一着饶天下,女棋童两局注终身》中有曰:

你道如何叫得社火?凡一应吹箫、打鼓、踢球、放弹、拘

---

① 参阅田仲一成《中国祭祀戏剧研究》附录一《中国戏剧从祭祀中产生的条件及其发展过程》(第234—250页)。关于中国戏剧的发生及早期形态,自王国维、闻一多之后,现当代研究已颇深入,参阅王小盾的综述(《中国戏剧的早期形态·序》,载王胜华《中国戏剧的早期形态》,云南大学出版社,2005年)。总体来看,中国戏剧发生于古代原始"巫一宗教"仪式,是绝大部分学者的共识。

② "祭祀戏剧"主要是日本学者田仲一成提出的概念,国内学者或称"宗教戏剧",或称"仪式戏剧"、"原始戏剧"等,尚未取得一致。见刘祯《20世纪中国宗教祭祀戏剧的研究》,《戏剧文学》1997年第5期。

③ [日]田仲一成《中国祭祀戏剧研究》《中国戏剧史》。

拦、傀儡、五花爨弄,诸般戏具,尽皆施呈,却象献来与神道观玩的意思,其实只是人扶人兴,大家笑耍取乐而已。所以王孙公子尽有携酒挟伎,特来观看的。直待诸戏尽完,赛神礼毕,大众齐散,止留下主会几个父老,亭中同分神福,享其祭余,尽醉方休。①

江南社火因颇能反映吴中地区的所谓奢靡风气,当时即遭到有识之士的批判,如明徐复祚《花当阁丛谈》有曰:

> 夫里社之设,所以祈年谷,祓灾禩,洽党闾,乐太平而已。吴风淫靡,喜诡尚怪,轻人道而重鬼神,舍医药而崇巫觋,毁宗庙而建淫祠,黜祖祢而尊野厉,呜呼,弊也久矣!每春夏之交,妄言神降,于是游手逐末、亡赖不逞之徒,张皇其事,乱市井之听,惑稚狂之见。朱门缨绂之士,白首耄耋之老,草莽镈笠之夫,建牙黑虎之客,红颜窈窕之媛,无不惊心夺志,移声动色。金钱玉帛,川委云输,百戏罗列,威仪杂沓,启僭窃之心,滋奸慝之行,长争斗之风,决奢淫之渐,溃三尺之防,废四民之业。嗟乎!是社之流生祸也。(卷七)

但从中可以明显看出,社火的规模、耗费及民众的参与,确实达到了极高的程度。社火的具体内容,则有明人王穉登《吴社编》述吴地社火,最为详尽。其中除了赛会的过程外,特别记录了一些表演性内容如"色目"、"杂剧"、"神鬼"、"人物"、"技术"、"乐部"(其他尚有"缠结"、"珍异"、"火器"。"缠结"乃是指所搭彩棚之类,"珍异"是指各种道具,"火器"为烟火爆竹)。宗教生活有完备体系的闽南地区,"迎神赛会,莫盛于泉"(明陈懋仁《泉南杂志》卷下),明

---

① 石昌渝校点《二刻拍案惊奇》,《中国话本大系》,江苏古籍出版社,1990年,第20—21页。

王世懋《闽部疏》:"闽俗重岁首,民间不开正户,庆节后即相率拜墓,挂纸钱,一如清明。迎春日,多陈百戏。……自兹春事日盛,尤重元宵,十三日始放灯,数步一立表,一表辄数灯,家联户缀,灿若贯珠。如是者下弦犹不肯撤。……是月也,一郡之民皆若狂。"《闽书》卷三十八引《清流志》:"泉中上元后数日,为关圣会,大赛神像,妆扮故事,盛饬珠宝,钟鼓震锽,一国若狂。"乾隆《泉州府志》卷二十引《温陵旧事》的一段记述,常为研究福建民俗者所引:

> 吾温陵以正月谓之"朝拜",亦曰"会",盖合闾里之精虔以祈年降福,亦尊古傩遗意,相沿已久,事亦无足甚非者。凡会,皆于正初择其境之齿德而裕财者首其事,鸠金订期设醮,然后迎神,周其境内,人家置几楮焚香楮甚恭。

> 绅富家之先有所祈请者,妆为神像,名曰赛答。假面盛饰,高擎其座及于楣檐,正神八座,端拱其行前者称某将军、某元帅,则选长躯伟干者,亦八枱,挺立结束不亚正神。复有一无所执惟拱手躬身如庙中泥塑,位置既高道,上下转折,凝然不动,足称绝技者。乐之部有马上吹,有步吹,有五音铜鼓,宦川云得之者,即所云诸葛鼓也;旗之部有高招旗、五方旗、帅旗、三军司命旗、清道旗、飞虎旗、巡视旗;执事则戈、铤、矛、戟、箭架、剑盾、龙头、钩镰等刀,无不毕具;而材官、骑士、执盖、椊马、奚奴、军校、苍头、旗手之类复百余人。好事者又或摘某诗句某传奇,饰稚小僮婢而为之,名曰抬阁;或结彩绸为棚,悬以珍玩,执之而行,名曰软棚。凡皆疲累日之精神,以供一朝之睇盼。神皆四昇,惟通淮关大帝、花桥吴真人、南门天妃、虎山王相公、古榕境元檀元帅则八枱。吴真人、天妃步耳,余皆驰,脚攒力齐,其疾如风,虽奔马弗及。其或异饰花面,极为丑态,鸣锣助喊以为神威,观之一笑而已。

> 神之前为道士,又前为鼓吹,又前为巡逆(岂即"逐疫"二

字之讹乎?①),虎冠假面,为厉鬼之形,筛金执桃茢,古傩遗式也。吴真人巡逆,独多至数百人,余或半,或十之二三。锣声震天地,久之而神始过矣。凡会一日之事,大略止此也。

至夜,首事者例以锣数面呼人家门首点灯,二更时呼出灯牌、火把,于是不论大小人家,各执长柄方灯,一持香灯,书"风调雨顺、祈保平安"等字。闻之故老云:旧例,每十步敲金,则持香者皆拜,朝拜之名以此。然持香吾犹及之,每灯数十,间以钟鼓架,其制四人昇之,周围灯火,缘以练锦,缀以流苏,鼓鸣于内,钟应于外,复夹以二觱篥为左右行。又一种名香架,鼓吹一如钟鼓架,而制加侈,大略如吴下酒船。长河官座,四周纱屏,画山水人物,皆名笔也。灯火三层,爇沉檀其上,香闻数里矣。关大帝、吴真人灯牌以数千计,钟鼓架、香架以数百计,火炬亦千百计,长街一望,如星宿,如燎原。凡兹皆不招而至,不约而同,欣欣而来,满愿而归者也。

此一材料所以可贵,即在于其对赛会中丰富的表演有较详细的记述。神像前的队列式游行表演,当地或称"阵头"②,已被地方戏研究者公认为类似于戏剧的表演形式③。特别是其中"好事者又或摘某诗句某传奇,饰稚小僮婢而为之"的"抬阁",明清时期十分繁盛。所谓抬阁,即由人抬着木制四方形小阁游行,其中有两三个儿童扮饰小说戏曲或传说中的故事人物,"坐婴儿高槊上,儿皆惯习,饮啖自若,了无怖惧"(《闽部疏》)。明陈懋仁《泉南杂志》卷下:

---

① 案:此句疑为作者自注,今改用括号括起,以示区别。
② 骆婧《闽南打城戏文化生态研究》,厦门大学出版社,2015年,第127页。
③ 参阅吴慧颖《闽南民间游艺的文化解读——以宋江阵为例》(载方友义等主编《闽南文化研究论丛》,文化艺术出版社,2006年),郑政、林志杰《闽南民间表演艺术》(鹭江出版社,2009年),詹双晖《白字戏研究》(中山大学出版社,2009年)。

第四章 阅读与传流:通俗文学的传化与社会一般宗教生活的展开

游闲子弟,每遇神圣诞期,以方丈木板,搭成台案,索绸绮绘,周翼扶栏,置几于中,加幔于上,而以姣童妆扮故事。衣以飞绡,设以古玩,如大士手提筐笸之属,悉以金珠为之。

明代濮院镇真武神会:

三月三日秀水濮院镇醵金为神会,结缀罗绮,攒簇珠翠,为抬阁数十座。阁上率用民间娟秀幼稚妆扮故事人物,备极巧丽。迎于市中,远近士女走集,一国若狂。(明李日华《味水轩日记》卷二"万历三十八年四月二日")①

抬阁后来发展成为可以在木阁中直接说唱演戏,但其本身似仍属于迎神仪式,所以其原始形式当是妆扮诸神、表演故事②:

壬申七月,村村祷雨,日日扮潮神海鬼,争唾之。余里中扮《水浒》……五雪叔归自广陵,多购法锦宫缎,从以台阁者八:雷部六,大士一,龙宫一,华重美都,见者目夺气亦夺。(明张岱《陶庵梦忆》卷七"及时雨"条)③

枫桥杨神庙,九月迎台阁。十年前迎台阁,台阁而已,自骆氏兄弟主之,一以思致文理为之。扮马上故事二三十骑,扮传奇一本,年年换,三日亦三换之。其人与传奇中人必酷肖方用。全在未扮时,一指点为某似某,非人人绝倒者不之用。迎后,如扮胡樵者直呼为胡樵,遂无不胡樵之,而此人反失其姓。

---

① [明]李日华撰,屠友祥校注《味水轩日记》,上海远东出版社,1996年,第98页。
② 车文明认为:"台阁初现时主要妆扮仙佛鬼神,其次为故事,到后来,尤其是清代以降,基本上是演戏曲、扮故事,而没有仙佛鬼神之类了。这说明此类艺术娱神的功能逐渐减退,娱人的成分逐渐增多。"(车文明《台阁:一种古老而广泛的广场表演艺术》,《文化遗产》2008年第2期)但实际上"台阁"在民间赛会中仍然保留着祭祀、驱魔仪式的内容。
③ [明]张岱撰,马兴荣点校《陶庵梦忆 西湖梦寻》,第63—64页。

人定，然后议扮法，必裂缯为之。果其人其袍铠须某色某缎某花样，虽匹锦数十金不惜也。一冠一履，主人全副精神在焉。诸友中有能生造刻画者，一月前礼聘至，匠意为之，唯其使。装束备，先期扮演，非百口叫绝又不用。故一人一骑，其中思致文理，如玩古董名画，一勾一勒不得放过焉。土人有小小灾祲，辄以小白旗一面到庙禳之，所积盈库。是日以一竿穿旗三四，一人持竿三四走神前，长可七八里，如几百万白蝴蝶回翔盘礴在山坳树隙。四方来观者数十万人。市枫桥下，亦摊亦篷。台阁上马上有金珠宝石堕地，拾者如有物凭焉不能去，必送还神前。其在树丛田坎间者，问神，辄示其处不或爽。（明张岱《陶庵梦忆》卷四"杨神庙台阁"条）[1]

赛神之举，莫盛于枫泾，始于乾隆癸巳岁，至戊戌，更踵事增华，后间三四年辄一为之。择童子十岁以下貌端好者，遍扮诸天列宿，尽态极妍，衣皆奇丽，珠以万计，金玉以千计。其有不足，则假诸邻邑。互相夸耀，举国若狂，费几累万。至期，士女倾室往观，百里内闻风而来者，舟楫云集，河塞不通，一时传为盛举。（清许光墉等《重辑枫泾小志》卷十）

都天会最盛者为镇江，次则清江浦，每年有抬阁一二十架，皆扮演故事，分上中下四层，最上一层高至四丈，可过市房楼檐，皆用童男女为之，远观亭亭然如彩山之移动也。（清欧阳兆熊、金安清《水窗春呓》卷下"都天会"）

清朱景英记录乾隆时期的台湾：

俗喜迎神赛会。如天后诞辰、中元普度，辄酾金境内，备极铺排，导从列仗，华侈异常。又出金佣人家垂髫女子，装扮故事，

---

[1] ［明］张岱撰，马兴荣点校《陶庵梦忆　西湖梦寻》，第32—33页。

舁游于市,谓之"抬阁",靡靡甚矣。(《海东札记》卷三《记气习》)

所以,"抬阁"被某些地方的一般民众称为"装故事"①。这种称呼很能道其本质,"抬阁"实际上就是用一种指代的方法将某个故事"装载"起来游行。

总体来说,赛会中有一部分是与迎神直接相关的表演,还有一部分则是间接相关的,但却是更加纯粹的化妆游行表演。田仲一成将之统一归纳为"迎神赛会"的户外装扮性队列表演,都是戏剧的一种表演形式②。各个地区的类似游行表演,所扮演的人物和表演内容一般都是来自通俗小说。如泉州赛会中的妆阁,儿童扮演的是《水浒传》中的梁山好汉,故称"宋江仔",后来演化成"宋江戏"③。中国国家博物馆藏有一幅绘制时代大约在十九世纪后期的《天后宫行会图》,描绘的是天津天后宫立会时游行的盛况。其中"盐纲总署运署"出有八架抬阁,内容都是民间喜闻乐见的各种传说故事,第二十四起(第四架)"替天行道"、第二十七起(第五架)"火焰山"和第三十起(第六架)"雷师成圣",分别来自《水浒传》《西游记》和《封神演义》④。游行虽是最简单的仪式戏剧形式,但却是乡村迎神赛会主要的、也是最为精彩的内容⑤。装扮性游行的客

---

① 涂祥生、卢真福《永定县陈东"四月八"迎神活动》,载劳格文(John Lagerwey)主编《客家传统社会》,中华书局,2005年,第796页。

② 田仲一成并谓,《吴社编》户外表演剧目安排,"在明末剧作家李玉《永团圆》中《会崃》一出南京城门元宵节活动时的戏中装扮队列中也能见到。……同样是在明末南京的元宵节,和上述三种资料里看到的形式相同,把在野外的队列打扮成走马灯式样的演出形式,在明末小说《鼓掌绝尘》第三十三回中也可以看到"(《中国戏剧史》,第215—216页)。

③ 详见郑政、林志杰《闽南民间表演艺术》。

④ 高惠军、陈克整理《天后宫行会图校注》,天津古籍出版社,2017年,第30页。

⑤ 参阅万志英(Richard von Glahn)《太湖盆地民间宗教的社会学研究》,载李伯重、周春生主编《江南的城市工业与地方文化(960—1850)》,清华大学出版社,2004年,第287—318页。

观效果固然在于娱乐,但它的宗教目的性也是很明确的,和傩事活动的假面扮演一样①,最重要的是驱逐路上和村边的野鬼,震慑各种妖魔②,因此这种游行首先需要装扮成各种可以战胜妖魔的英雄,而且要让人一望即知。没有哪些比《水浒传》《西游记》《封神演义》中的形象更加妇孺皆知的了。

城镇和乡村社火及各种赛会期间另外还安排有专门的戏剧演出,此与上述社火本身的仪式性表演性质密切相关,也是祭祀仪式和庙会活动娱神兼具娱人功能的本质所决定,明人田艺蘅说:"今人看街坊杂戏场曰'社夥',盖南宋遗风也。宋之百戏皆以社名,如杂剧曰绯绿社,蹴球曰齐云社,唱赚曰遏云社,行院曰翠锦社,撮弄曰云机社之类。详见《武林旧事》。夥者,《说文》:'多也',方言,凡物盛而多也。或作'社火',言如火然,一烘即过也。"(《留青日札》卷三)江南的传统说法称为"社戏",当代学者将其归结为包括乡村各种节庆、祭祀活动中上演的"年规戏"、"平安戏"、"庙会戏"、"偿愿戏"等③;北方地区较大的庙会以及祭祀活动则统称"献乐"、"献戏"。在明清时代,赛会和戏剧实已被视为一体,"凡神所栖舍,具威仪箫鼓杂戏迎之曰'会'。优伶伎乐、粉墨绮缟、角觝鱼龙之属,缤纷陆离,靡不毕陈。香风花霭,迤逦日夕,翱翔去来,云屯鸟散,此则会之大略也"(《吴社编》"会")。观戏也被明确为神之所好,《(万历)绍兴府志》卷十九《祠祀志一》:

……各立有庙,府城中诸坊里民私创亦甚多。土人竞为戏剧以赛神,殆无虚夕。云神盖好观戏,掣签投笅,以命戏目。

---

① 参阅赵世瑜《明清华北的社与社火:关于地缘组织、仪式表演以及二者的关系》,载其著《狂欢与日常:明清以来的庙会与民间社会》,北京大学出版社,2017年,第213页。
② [英]王斯福《帝国的隐喻:中国民间宗教》,第88页。
③ 蔡丰明《江南民间社戏》,台湾学生书局,2008年,第59—60页。

有疾病灾患,则以戏券于神,祈福佑,谓之戏文愿。有司屡禁之,不能止也。

甚至具体剧目,有时也需要用某种仪式来让祀神决定,如清黄钧宰《金壶七墨》卷八《金壶浪墨》"金龙四大王"条:

> 大王姓谢氏,越人,为民捍灾赴水而死,灵爽赫奕,累请锡封。因神行四,故曰四大王。化身常为金色小蛇,故曰金龙。北方舟子皆敬之,见有金蛇方首者游泳而来,必以朱盘奉归,祀以香火,可保一方安吉。南河每岁霜降,以安澜故,演剧赛神,居民辄见神来,供奉高座,上杂书戏目进之。神以口衔一二,即知所点之剧。

这实际就是以酬神为号召,将举行娱人表演的行为合理化、制度化。但"社戏"或祭祀所献戏剧的实际内容较为宽泛,因为来自传统杂剧、传奇的世俗戏目同样可以在这些节庆、祭祀活动中演出[1],因此不能划入乡村祭祀剧的范畴。另外有一种产生于驱鬼、禳瘟逐疫仪式的"傩戏",固属纯粹仪式性的戏剧,乡村祭祀剧若仅限此,范围又失之过窄。在这里,我们把与民间宗教祭祀直接相关的,主要在节庆、庙会及迎神赛会活动中演出的,以请神、祈禳、还

---

[1] 一方面,戏剧是献祭形式之一,或是某种意义上的祭品,具有"娱神"的功能(参 Barbara E. Ward, "Regional Operas and Their Audiences: Evidence from Hong Kong", in David Johnson, Andrew J. Nathan, Evelyn S. Rawski eds., *Popular Culture in Late Imperial China*, Taipei: SMC PUBLISHING INC., 1987, pp.164—165)。另一方面,"神圣仪式"也具有"加强仪式"的功能,必然以宗教信仰为核心扩展出一系列世俗活动,在"娱神"之外兼以满足"娱人"及社区民众的其他需求。所以民间宗教活动中往往会加入世俗内容的文艺表演,形成神圣性与世俗性象征行为的交替运作。随着社会的发展,世俗性内容越来越占主要地位(见黄美英《神圣与世俗的交融:宗教活动中的戏曲和阵头游戏》,载李亦园、庄英章主编《"民间宗教仪式之检讨研讨会"论文集》,台湾中国民族学会,1985年,第80—102页)。

愿、救度为主要外在表现的各类形式的戏剧统称为"乡村祭祀剧"，既涵盖各种"傩戏"、"游行"等仪式表演，也包括由职业演员表演的与迎神赛会关联紧密的戏剧性演出，比如山西上党祭祀活动中的"供盏献艺"①。"乡村祭祀剧"与宗教生活"仪式"相关，其宗教出发点在于"请神"、"酬神"，但也具有娱乐大众的观赏功能，"祭祀"和"戏剧"是一种整体性的结合。姜士彬（David G. Johnson）通过考察山西迎神赛会戏剧表演，认为乡村仪式和乡村戏剧应被视为一个单体仪式—戏剧表演综合体中的不同的面相②，这个意见是非常正确的。

作为迎神赛会的重要组成部分的祭祀戏曲，娱神娱人以外，更重要的是它也是传化价值观的媒介，此类戏曲表演的内容多半与"神—魔二元斗争"相关，并且具有强烈的明辨是非、惩恶扬善的道德关切③。乡村祭祀剧的典型凝聚者或曰集大成者无疑是"目连戏"，目连戏不仅是一种特殊的戏剧形态，而且还是戏剧发展过程中的一个环节因素，它反过来又成为各种祭祀戏剧的母体④。目连戏的原始主题、素材来源于变文，同时也影响了后世的说唱乃至通俗小说，"目连文化"成为民间宗教文化的组成部分之一⑤。另一方面，发展流行起来的目连戏常常是一个统摄系统，不仅演目连故事，还包括其他内容特别是搬演小说如各种历史演义、《三国演

---

① 黄竹三《上党祭祀活动中的"供盏献艺"》，《戏曲研究》2002年第2期，总第59辑。

② David G. Johnson, *Spectacle and Sacrifice*: *The Ritual Foundations of Village Life in North China*, Harvard University Asia Center, 2009, pp. 3—4.

③ 范丽珠、欧大年《中国北方农村的信仰与价值》，载范丽珠、欧大年《中国北方农村社会的民间信仰》，上海人民出版社，2013年，第136—141页。

④ ［日］田仲一成《中国祭祀戏剧研究》附录五《镇魂戏剧"目连戏"的形成与发展》，第302页。

⑤ 参阅刘祯《中国民间目连文化》，巴蜀书社，1997年。

义》《西游记》《封神演义》的戏目①,如各地傩戏往往统摄"姜女戏"一般。清张照所编目连连台本戏《劝善金科》相关唐僧取经故事,很多直接承自小说《西游记》②。

可以肯定,通俗小说特别是《西游记》《封神演义》等小说对十七世纪以后的民间祭祀戏剧的内容、形式产生了较大影响。反过来看即是:除了"花部乱弹"地方戏以外,包括祭祀戏剧在内的民间土戏吸收并传化了通俗小说,使之进一步被社会一般庶民所接受。在此方面,以保持宗教本性的所谓秘密宗教为最典型表现,清黄育楩攻击民间"邪教"时有曰:

> 噫,造邪经者,系何等人?凡读书人,心有明机,(继)〔断〕不肯出此言。凡不读书人,胸无一物,亦不能出此言。然则造邪经者,系何等人?尝观民间演戏,有昆腔班戏,多用"清江引"、"驻云飞"、"黄莺儿"、"白莲词"等种种曲名。今邪经亦用此等曲名,按拍合板,便于歌唱,全与昆腔班戏文相似。又观梆子腔戏,多用三字两句、四字一句,名为"十字乱谈"。今邪经亦三字两句、四字一句,重三复四,杂乱无章,全与梆子腔戏文字似。再查邪经白文,鄙陋不堪,恰似戏上发白之语,又似鼓儿词中之语。邪经中"哭五更"曲,卷卷皆有,粗俗更甚,又似民间打拾不闲、打莲花乐者所唱之语。至于邪经人物,凡古来实有其人而为戏中所常唱者,即为经中所常有;戏中所罕见

---

① 有的学者认为目连戏所统摄的相关戏目不一定源自明中期以后的通俗小说,而是有着更早的素材,如朱恒夫即主张福建泉州提线木偶目连戏中的"三藏取经"以及江西目连戏中的"西游"戏目产生于明初之前(《目连戏中的孙悟空故事叙考》,《明清小说研究》1993年第1期)。问题在于,目连戏本身和它所统摄的戏目不是一回事情,以前者形成时间定后者的来源,并不妥当。从现存西游戏目的内容来看,毫无疑问来自小说《西游记》的影响。

② 朱恒夫《吴承恩〈西游记〉与傩歌"唐忏"之关系》,《明清小说研究》1994年第4期。

者,即为经中所不录。间有不见戏中而见于经中者,必古来并无其人而出于捏造者也。阅邪经之腔调,观邪经之人才,即知捏造邪经者,乃明末妖人,先会演戏而后习邪教之人也。以演戏手段捏造邪经,甚至流毒后世。虽尽法惩治,而习染既深,急难挽救,深可恨也。惟望即邪经以思邪匪,当共知其万不可信也。(《破邪详辩》卷三"邪经与演剧")①

黄氏所见乃出于亲身调查,其归纳分析又能切近对象实质,故能精辟指出乡村戏剧对于宗教经文(宝卷)和宗教活动的重要推动作用。而黄氏口中的"演剧",其较为精彩的、能够更深打动一般民众的内容,大多源自通俗文学经典作品。

以现存情况举例而言,山西各地流行的社赛杂剧、锣鼓杂戏、队戏,很多剧目的内容源自演义、评话②;闽西上杭高腔傀儡戏中有"华光戏",与小说《南游记》至少是同源关系③;福建省邵武市大阜岗乡河源村"跳番僧"傩舞,显受小说《西游记》的影响④。黔东北、湘西、鄂西南土家族聚居地流行的傩堂戏,"外戏"剧目有《封神》《三国》《杨家将》《目连传》《柳毅传书》《孟姜女招范西郎》《槐荫记》《赵五郎行孝》《郭老幺借妻回门》《张少子打鱼》《陈幺八娶小》《老公公春碓》《假斯文算账》《安安送米》等。贵州"地戏"节目以"神"为主要内容,剧目有《封神演义》《东周列国》《楚汉相争》《三国演义》《四马投唐》《薛仁贵征东》《薛丁山征西》《下南唐》《下河东》

---

① [清]黄育楩原著,[日]澤田瑞穗校注《校注破邪詳辯——中國民間宗教結社研究資料》,東京:道教刊行會,1972年,第78—79頁。
② 张之中《山西傩戏概述》,中国戏曲学会·山西师范大学戏曲文物研究所《中华戏曲》第12辑,山西人民出版社,1992年。
③ 叶明生《闽西上杭高腔傀儡与夫人戏》,王秋桂主编《民俗曲艺丛书》,财团法人施合郑民俗文化基金会,1995年,第25页。
④ 叶明生《福建省邵武市大阜岗乡河源村"跳番僧"与"跳八蛮"》,王秋桂主编《民俗曲艺丛书》,财团法人施合郑民俗文化基金会,1993年,第74—77页。

《杨家将》《岳飞传》等。安徽贵池傩戏《陈州放粮》脚本,与明代成化年间刊行的"说唱词话"《包龙图陈州粜米记》前半《打鸾驾》的唱词对白几乎完全相同。秦晋道情戏和山东道戏,均以八仙故事为主①。山东八仙戏中,有十六个西游折子戏②。

就通俗小说经过戏剧传化影响社会宗教生活而言,以《封神演义》衍生的"封神戏"最为典型。

前已述及,明代《封神演义》出现以后,"花部"诸腔都有源于《封神演义》的戏目。其中,清中叶以后流传最广、影响最大、曲目也最多的梆子腔系统最为典型。根据二十世纪进行的各种调查,各地梆子腔所知曲目中"封神戏"数量颇多。日本学者山本一夫归纳指出,这些封神戏可分为"吉祥戏"与"本戏",吉祥戏就是在寿庆堂会上演出的剧目,如《渭水河》等;本戏又分为庆节戏或祀神戏,庆节戏与节日主题相关,而祀神戏则是在相关神诞生日等典礼或庙会中上演。这些戏目的内容都改编自《封神演义》,但神祇形象、性格都按照民众的信仰心理发生了一定的流变③。封神戏开始频繁出现在本来以目连戏演出为中心的中元斋醮演出场合。田仲一成综合了江西、湖南、四川等地区清末以来的调查结果,发现有的地方演出目连戏之前,往往先搬演封神故事;民国时期四川甚至从六月二十六日至七月十五日当天演出整本封神传④。在各地"土

---

① 周育德《中国戏曲与中国宗教》,中国戏剧出版社,1990年,第83、87、91、108—109页。
② 山东省艺术研究所、淄博市文化局《古本戏曲西游记:校点注释本》,山东文艺出版社,1991年。此据张净秋《清代西游戏考论》,知识产权出版社,2012年,第5页。
③ 以上均见山本一夫『封神演義』の戯曲化と民間信仰への影響》,《東方宗教》第101號,2003年5月。
④ [日]田仲一成《道教镇魂仪式视野下的〈封神演义〉的一个侧面》,载陈伟强主编《道教修炼与科仪的文学体验》,凤凰出版社,2018年,第151—190页。

戏"特别是傩戏中，"封神戏"更为常见①。这些"封神戏"虽然面貌不尽相同，但有一个共同的特点，就是具有"祭祀戏剧"的性质：不仅在庙会、神诞节庆等宗教活动中表演，直接具有酬神娱人的功能，而且其本身往往转化为请神、祈禳、救度仪式的组成部分。

封神戏的繁盛以及成为祭祀的重要组成部分有多种解释。如果从田仲一成的"镇魂戏剧"理论出发，《封神演义》之"封神"本身就具有拯救阵亡魂灵的意义，"将阵亡忠臣孝子、逢劫神仙，早早封其品位，毋令他游魂无依，终日悬望"（第九十九回），与战乱过后百废待兴时的国家政策出意相同；国家祭祀仪式很难影响到乡民，但封神戏则以其独特的仪式因素成为民间仪式的模仿对象。田仲一成甚至认为某些地区封神戏在中元节演出的根本目的就在于安慰阵亡英雄的游魂，达到类似黄箓斋、九幽斋拔冥施食安魂特别是安慰死亡英雄，防止其打扰现世的功用②。尽管这一观点可能夸大了封神戏的仪式性渊源，但在一定程度上还是可以成立的，在各地傩戏特别是巫术表演中就保存有类似的封神仪式。

除此以外，"封神戏"祭祀特性的形成还有几个重要原因。第一点即是在本书第三章提到的，由所谓"神魔小说"的杰出代表《西游记》《封神演义》所展现的"神—魔"二元对立斗争的信仰主题，是促使封神戏——无论是作为祭祀剧还是世俗娱乐剧广泛兴盛的内在原因。无论是祈禳、镇魂还是救度，不外乎就是镇妖除魔，由《封神演义》衍生的封神戏以生动、形象的戏剧形式传达了这一简明直接的信仰旨意，故而封神戏本身也就成为民众宗教仪式的内容。

---

① 如云南昭通地区的"端公戏"、文山地区的"梓潼戏"、维西县保和镇的"大词戏"、保山市和施甸县的"香童戏"中，均有封神戏（见《中国少数民族傩戏介绍——1991年中国少数民族傩戏国际学术讨论会论文摘编》，中国戏曲学会·山西师范大学戏曲文物研究所《中华戏曲》第13辑，山西人民出版社，1993年）。

② ［日］田仲一成《道教镇魂仪式视野下的〈封神演义〉的一个侧面》。

第二点是《封神演义》系统地归纳整理民间"万神殿"并在此基础上进行了创造性的发挥，从而制造出一个严密整饬的神祇系统，明末以来和《西游记》及《三教源流搜神大全》等明清仙传共同成为民间信仰甚至道教仪式科范的重要来源。传统的义理化佛道教的科仪规范是无法影响到乡村社会的，因此文化不高的民间神道、师巫及乡民取材小说并加以发挥成为常见形态。这样的例子大量存在，如广西傩舞（跳神）中内容多依《封神榜》的正神为主[①]；山西曲沃县任庄村所存清宣统时钞本《扇鼓神谱》[②]，其整体神谱明显已经是《西游记》《封神演义》及《三教源流搜神大全》等明清仙传影响下的结果，其中并有："奉请起三清教主元始天尊、混元老君、姜尚太公、十二门人、金吒、木吒、雷震子、哪吒，封神榜上一切诸神来受香烟！"[③]完全照搬小说塑造的神祇。

由《封神演义》衍生的封神戏不仅传化了小说的观念，更重要的是促成了民间宗教的进一步展开。其中最重要的就是《封神演义》整理创造的神祇谱系，因为通俗易知和合理有序被底层贱民普遍接受而成为某种社会认同的重要因素。清黄育楩《破邪详辩》卷一论《古佛天真考证龙华宝经》曰："又云：'无生母，差皇胎，东土在世，顶丹光，身五彩，脚踏二仑。'噫！衣裳之制，始自黄帝。皇胎儿女，何以有五彩仙衣。至于'脚踏二仑'，盖仿《封神传》哪吒而言。

[①] 顾乐真《从"古傩"到师公戏》，《中国傩文化论文选》，贵州民族出版社，1989年，第258页。

[②] 此为当地每年元宵节前后祭神活动所请神祇的科本，为清宣统元年所钞。见段士朴、许诚《〈扇鼓神谱〉初探》，中国戏曲学会·山西师范大学戏曲文物研究所《中华戏曲》第6辑，山西人民出版社，1988年。

[③] 李一《〈扇鼓神谱〉注释》，中国戏曲学会·山西师范大学戏曲文物研究所《中华戏曲》第6辑，山西人民出版社，1988年。又见黄竹三、王福才《山西省曲沃县任庄村〈扇鼓神谱〉调查报告》，王秋桂主编《民俗曲艺丛书》，财团法人施合郑民俗文化基金会，1994年，第38—39页。

混沌之初,仑何自来,以九百六十万儿女,尽数脚踏二仑,满天乱飞,有是理乎?仑当作轮。邪经尽属妖言,兼多讹字,不可信也。"①黄育楩以后,近代梁启超等更加明确地指出了《水浒传》《三国演义》《西游记》《封神演义》等小说对秘密宗教及近代会道门的影响,当代学者则爬梳出更翔实的证据予以凿实②。而山本一夫以离卦教、义和团依赖于封神戏以构成其祀神系统的例子证明这些秘密宗教教团中大量文化不高的成员的知识基本都依赖于从小说改编的祀神剧,尤是非常正确的论断。广大庶民从表演艺术形式中得到小说的传化,就相当于"有文之人"的小说阅读,所以普通民众以《封神演义》及"封神戏"等为宗教生活的教义依据,和一般文士往往以《三国演义》为信史③,正可以说是"异曲同工"。

---

① [清]黄育楩原著,[日]澤田瑞穗校注《校注破邪詳辯——中國民間宗教結社研究資料》,第 21 页。

② 详见万晴川《中国古代小说与民间宗教及帮会之关系研究》第四章《古代小说对教门和帮会的影响》,人民文学出版社,2010 年。

③ 章学诚《丙辰札记》:"《三国演义》则七分实事,三分虚构,以致观者往往为所惑乱,如桃园等事,士大夫直作故事用矣。"(《章学诚遗书》,文物出版社,1985 年,第 396—397 页)又王重民《中国善本书提要》"《古今奇文品胜》"条:"明天启间刻本。原题'句容王衡孔贞运编选,古莘元赟曾楚卿校阅,临川毛伯丘兆麟参订'。贞运,孔子六十三代孙也,万历四十七年以殿试第二人授编修,天启中充经筵展书官,崇祯九年入内阁,及张至发去位,贞运代为首辅,事迹见《明史》卷二百五十三本传。观于此,可知是书何以托名贞运之故矣。卷内书题标作《鼎锓百名公评林训释古今奇文品胜》,然差误百出,讹白满纸,盖出于三家村学究之手,较坊贾又下矣。所选关云长、诸葛亮之文半出小说,然则三家村中古文大师已奉《三国演义》为正统矣。"(此据马幼垣所揭,见其著《水浒二论》,生活·读书·新知三联书店,2017 年,第 456 页)明人甚至有以《水浒传》征田虎为实事者,亦见马幼垣《田虎王庆二传的背后确有真人真事吗?》,载其著《水浒二论》。

第五章　世情与因果：商业兴起与社会流动中通俗文学的伦理道德建设

宋代以降，中国社会逐渐发生的"近世化"转向，已经越来越成为当代学术关注的课题。余英时依据韦伯（Max Webber）的理论并考察宋以降精英思想的"转向"，认为"新禅宗"、"新道教"以及"新儒家"在宗教伦理道德和儒家伦理道德两个方面都进行了新的建设，并影响到社会一般层面，且使之发生了深刻的变化[①]。这种新的建设以及新的变化的具体内容是否为某种"商人精神"及与之相关的社会意识[②]，容有不同意见，但余氏的观点仍不失睿智，因为它提出了占主导地位的"宗教思想"的巨大作用问题，而这一点是囿于经济基础决定上层建筑论者所往往忽略的。

不过，余英时的研究并没有解决"入世的"宗教和儒家义理所构筑的新伦理是如何传化并作用于社会的。众所周知，中国思想最注重自上而下的教化，"觉世牖民"是精英传统始终不变的努力目标，但在近世以前，这种教化很难缩小大小传统的鸿沟。而明清

[①] 余英时《中国近世宗教伦理与商人精神》，载《余英时文集》第3卷《儒家伦理与商人精神》，广西师范大学出版社，2014年。

[②] 余英时认为，这种新的建设以及新的变化的具体内容之一是形成了一种入世做事、劳动自给、诚敬为人的思想转向，终于在十六至十八世纪催生了一种"商人精神"，具体表现在：一是普遍以治生为立世之本，二是充分肯定商人的社会价值，三是以勤俭、诚信、不欺为经商致富之道。余氏认为，此与新教加尔文派"入世苦行"思想所生成的所谓"新教伦理"的资本主义精神——勤俭、诚实、努力赚钱以完成神圣天职——有极其相似之处。

时代特别是十六至十八世纪,中国社会却发生了重大推进,如余英时所指出的,新的伦理极大地作用于社会一般观念;尽管其间发生改朝换代、异族入主,此一推进并未中断①,社会文化共同体得到持续的加固。显然,如果我们认同"上层建筑"与近世以来商业经济发展、阶级流动加剧、社会共同体稳固等至少是交互影响的关系,那么新的伦理道德精神如何作用于一般社会并发挥其功能的问题,就必须首先予以解决。

十六世纪开始真正勃兴的通俗文学,因其"世俗性"、"商品性"而具有"普化性",不仅仅是社会、经济、政治的反映,更重要的是,它也是主要的精神建构力量。通俗文学的建构性,正是新伦理道德精神得以作用于社会并使之"转向"的核心因素之一:通俗文学既在极大程度上参与了对新的伦理道德精神的形塑、强化,又主要发挥了承载、传化这种新型伦理道德并实现沟通上下阶层、融合大小传统的功能。对此,各种研究长期以来都予以忽视,不仅使新型宗教伦理道德精神作用于一般社会的机制无从认识,而且也将使此一新型伦理道德精神的实质内涵得不到真正的理解。

一 通俗小说的伦理道德建构模式以及"因果报应"观念的时代变化

"因果报应"是中国社会一般宗教生活最普遍、最核心的观念。死后投胎转世观念并非印度独有,在世界其他文明地区也有出现,但印度佛教所认为的转世来生由此世、此生的所作所为决定的构

---

① 余英时《士商互动与儒学转向——明清社会史与思想史之一面相》,载《余英时文集》第 3 卷《儒家伦理与商人精神》。

想,最具特色①。中国佛教之所以继承并加强了"业"与轮回的因果关联,使之在中国社会一般宗教信仰体系中发展得尤为充分,原因虽然颇为复杂,但揆其要点则不外两端:一是从认知意义上说,发展于农耕基础之上的中国古代文明很早就形成了强烈的关于时间、宇宙本体及天道人事规律的循环观念,和"轮回"存在着思维模式上的天然契应。二是从中国宗教的社会特性上看,以血缘伦理为本的社会逐渐发展出以伦理道德代替宗教的思想倾向,亦即以是非善恶的判定作为对生与死、幸福与痛苦等终极问题的解脱方式。所以"积善余庆,积恶余殃"以及祖先与子孙相互"承负"的道德因果观念,与轮回因果存在着高度的一致性,必然也就在接受、改造印度佛教的过程中与之形成无间的融合。重要的是,这种契应和融合主要是发生在社会一般信仰的层面,因此具有了一种超越政治、经济的强大的力量。

众所周知,"因果报应"也是宋元以后通俗文学的核心主题。社会一般宗教生活的核心观念与通俗文学的核心主题的高度一致性,正是庶民社会一般信仰与通俗文学互动关系的体现:"因果报应"不仅在通俗文学中得到表现,而且通过通俗文学的加工、提炼和深化进一步反作用于世俗社会。

当然,发挥这一作用的文学也包括精英文学。早自东晋南北朝时期"冥祥记"、"宣验记"一类文人笔记小说即多因果之谈,因其书与当时佛教流化东土直接相关,鲁迅径谓之为"释氏辅教之书":"《隋志》著录九家,在子部及史部,今惟颜之推《冤魂志》存,引经史以证报应,已开混合儒释之端矣,而余则俱佚。遗文之可考见者,有宋刘义庆《宣验记》、齐王琰《冥祥记》、隋颜之推《集灵记》,侯白

---

① [英]关大眠(Damien Keown)《佛学概论》,译林出版社,2013年,第27页。

《旌异记》四种,大抵记经像之显效,明应验之实有,以震耸世俗,使生敬信之心,顾后世则或视为小说。"①较之于归为内典的教内作品《佛教灵验记》《道教灵验记》等,此类小说对后世影响极大。北宋汇编《太平广记》之后,南宋文人型汇纂集大成之作《夷坚志》,亦为因果故事之渊薮。就宽泛的因果报应主题而言,在六朝至南宋此类笔记小说作品中,各种子类型都已基本涉及,重要的情节要素(母题)均已呈现,"征明善恶,劝戒将来,实使闻者深心感寤"(唐临《冥报记序》)的思想宗旨也已经非常明确,而且共同成为后世文人传奇小说、通俗文学最重要的素材来源。尽管如此,真正能够发扬"因果报应"并作用于社会的,根本上还是以通俗文学特别是明代中期以后兴起的通俗小说为最②。

对此问题仅作表面上的简单机械式理解是极为不当的。文学反映社会与人生,最高级的文学悲天悯人、艺术地展现人类的困境,所以当一种观念成为社会一般信仰的意识形态核心时,它就必然反映在这个社会的各种文学中,其反映程度当然以民间文学(文艺)为重。但当"通俗文学"特别是通俗小说这一创作于"中间阶层"、沟通大小传统、掺合融会社会一般观念并能够普化凡庶的文学形态兴起之后,"因果报应"不仅是其始终不变的表现内容和教化主题,同时也成为其深层结构模式,乃是一种逻辑的结果。清静恬主人《金石缘序》有曰:"小说何为而作也? 曰:以劝善也,以惩恶也。夫书之足以劝惩者,莫过于经史,而义理艰深,难令家喻而户

---

① 鲁迅《中国小说史略》,第 39 页。鲁迅尚不及见而基本完备者,尚有发现于东瀛的傅良、张演、陆杲《观世音应验记》(关于此三种《观世音应验记》,见孙昌武点校《观世音应验记》卷首"点校说明",中华书局,1994 年。并参李剑国《唐前志怪小说史[修订本]》,天津教育出版社,2005 年)。刘义庆另一种著作《幽明录》,也颇有宣传佛法之篇章。

② 《轮回醒世》一类虽用文言写成,但以其强烈的世俗性和商品性,仍可划入通俗小说的范围。

晓,反不若稗官野乘福善祸淫之理悉备,忠佞贞邪之报昭然,能使人触目儆心,如听晨钟,如闻因果,其于世道人心不为无补也。"[1]此论虽然以教化立场为本位,但也清楚地阐明了通俗小说具有建构的客观性。诸如通俗小说多叙因果乃出于当时佛教盛行、文人作者愚民之念、统治者"神道设教"政教合一之刺激等等观点,均为片面结论。

通俗小说表现并强化"因果报应"观念典型地体现在作者的教化意识之上。凡是具有文学意义的作品,必然存在着主体的创作追求,也就是作者具有对单纯娱乐读者之外的更高目标的追求的主观动机。没有这种动机,所有的小说便会停留在商业性的编汇拼凑的层面上,或者流为"地摊书"。缘于通俗文学作者的社会中层地位及其沟通上下、抟合集体意识的属性,有意识地建构社会需要的宗教道德体系并以此教化凡庶,是其创作编纂小说的主要动机之一[2]。我们可以在绝大多数作者的自我表述和相关揭示中看到这种"教化"欲望,有的虽然是故作姿态,但绝大部分完全是真实想法的流露。关键是,这种创作追求是与其社会属性、思想意识和作品主旨极相吻合的。古代中国以小农生产方式为主,社会发展长期停滞,以血缘伦理组织社会的原则始终未能被打破,故而一直维持着与君权结合的少数精英统治大多数民众的政治制度。在此情况下,因为文化教育和经典学习较为艰难,从而使整个社会的文化水平形成了金字塔结构:最上是精英分子阶层,其次是中下文化阶层,最下是占社会绝大多数的一般庶民。以儒家为主导的精英传统极为强调自上而下的"教化",以维持传统的延续和社会的稳定。这种"教化"既有实用的功能,即受过教育的人可以通过一定

---

[1] 朱一玄编《明清小说资料选编》,南开大学出版社,2012年,第732页。
[2] 参阅陈美林、李忠明《中国古代小说的主题与叙事结构》,安徽文艺出版社,2000年。

渠道比如中古以后的科举制度实现社会地位的上升；更有强烈的道德内涵，即凡接受经典熏陶的有文之士，必须努力化民成俗。但中间阶层的"教化"与精英分子的自上而下式"教化"无疑是有区别的，因为它作为大小传统的沟通媒介，实际上是进行了一种通过选择、阐释融会上下阶层思想观念并形成社会一般观念的"普化"。这种媒介和"普化"作用不外乎通过其实践行为和文化产品得到体现，实践行为包括乡村社区中的各种活动如文化教学、礼仪和祭祀训导、规范制定等；文化产品则是各种写本通俗文献，包括课本、启蒙读物、科举用书、实用知识之书、通俗宗教手册以及通俗文学作品。通俗小说因其受众更加广泛，在某种程度上是此一"教化"的中坚手段。明代"拟话本"之"三言二拍"是中间阶层文人作为创撰者和阅读者的典型，其内容既来源多样，又都富于现实社会的描写，虽"多近人情日用，不甚及鬼怪虚诞"，且因非文人完全独立创作的特性而不免观念混杂多样[①]，但"因果报应"的"宗教叙事"仍然是其核心的主题。而其编纂初衷，无论是冯梦龙的"喻世"、"警世"、"醒世"，还是凌濛初的"主于劝戒"，实质都是其追求"万世太平"的教化愿望的体现。当他们认识到为广大中下层读者所喜闻乐见并易于传播的话本小说形式是一种有效的教化手段时，遂投身于此，孜孜不倦。可能从明中期以后通俗小说的"劝惩"意义即渐趋突出[②]，至《西湖二集》以下，"颂帝德、垂教训"的意味尤浓，鲁迅谓："宋市人小说，虽亦间参训喻，然主意则在述市井间事，用以娱心；及明人拟作末流，乃诰诫连篇，喧而夺主，且多艳称荣遇，回护士人，故形式仅存而精神与宋迥异矣"[③]，是以今日之眼光指出了由教化观念主导的通俗文学创作的局限性，但同时也精辟地分

[①] 齐裕焜《明代小说史》，浙江古籍出版社，1997年，第366页。
[②] 刘勇强《中国古代小说史叙论》，北京大学出版社，2007年，第369页。
[③] 鲁迅《中国小说史略》，第174页。

析出下层文人在通俗文学创作上的原始动力所在。

通俗小说创作主体的主观追求不用说是一种决定性的力量，它决定了这些创作者的价值观必然渗透于整个传统小说创作中，而且其支配作用几近于一种结构原则：坚持使传统小说中的神话和技巧因素从属于社会价值观的要求①。

小说作者的教化观念分为主动的和潜意识的两个部分，主动的教化观念随着编刻分离程度的加深和文化程度、社会地位较高的作者的不断加入，越来越趋于明显。前引鲁迅所谓"明人拟作末流，诰诫连篇，喧而夺主"，即此之例。约十八世纪初期清四桥居士《隔帘花影》序最能反映这一主体意识：

> 《易》曰："积善之家，必有余庆；积不善之家，必有余殃。"《书》曰："作善降之百祥，作不善降之百殃。"从古以来，福善祸淫之理，天固不爽毫厘。即或有作善之人，未尝获庆；作恶之人，未见遭殃：其皆不无可疑。然天道无私，不报于其时，必报于其后；不报于其身，必报于其子孙。从未有善人永不获福，恶人世享豪华者！报应之机，迟速不同，人特未之深观而默察耳。《金瓶梅》一书，虽系寓言，但观西门平生所为，淫荡无节，蛮横已极，宜乎及身即受惨变，乃享厚福以终，至其殁后，亦不过妻散财亡，家门零落而止。似乎天道悠远，所报不足以蔽其辜，此《隔帘花影》四十八卷所以继正续两篇而作也。至于西门易为南宫，月娘易为云娘，孝哥易为慧哥，其余一切人等，名目俱更，俾阅者惊其笔端变幻，波澜绮丽，几曾识其所自始。其实作者本意，不过借影指点，去前编有相为表里之妙。故南宫吉生前好色贪财等事，于首卷轻轻点过，以后将人情之恶

---

① ［美］韩南（Patrick Hanan）《道德责任小说：十七世纪四十年代的中国白话故事》，载《韩南中国小说论集》。

薄,感应之分明,极力描写,以见无人不报,无事不报,直至妻子历尽苦辛,终归于善,以赎前愆而后已。揆之福善祸淫之理,彰明较著,则是书也,不独深合于《六经》之旨,且有益于世道人心者不小!后之览者,幸勿以寓言而忽之也可!①

从今天的立场观点看,《金瓶梅》的作者固然存在着局限性,但无损于这部作品的价值,因为《金瓶梅》的伟大在于它对社会的客观性表现而不在于作者的主观意图。"兰陵笑笑生"显然不具有某种"寓言"初衷,即使略有批判现实之意,也是不自觉的、充满矛盾的。然而这不仅不为"四桥居士"所理解,而且在他看来已经成为一种显然是不可忍受的缺陷。所以在特意表彰其有"寓意"之外,还要继之而作,删改前有《续金瓶梅》并题名"三世报","以见无人不报,无事不报"。从意旨上看,"四桥居士"就是《隔帘花影》作者本人的可能性相当之大②,至少他的观点是可以代表作者的主观意图的。

潜意识中的教化观念更为重要,因为它是通过文学本身的魅力无声透露并且潜移默化地发挥其效用的:"最有益的,论些世情,说些因果,等听了的触着心里,把平日邪路念头化将转来。这个就是说书的一片道学心肠,却从不曾讲着道学。"(《二刻拍案惊奇》卷十二《硬勘案大儒争闲气,甘受刑侠女著芳名》)③早期在积累性素材、传说或民间艺术形式(说书、戏剧)基础上改编、新创并定型的长篇小说如《水浒传》《三国志演义》《西游记》,以及饱含寄托、讽谕及身世之慨的个人创作如杰出的作品《儒林外史》《红楼梦》等,在意识深处其实均无不蕴藏着某种教化观念,而且因其对社会、人生

---

① 朱一玄编《明清小说资料选编》,第566页。
② 参阅孙楷第《中国通俗小说书目》,第89页。
③ 石昌渝校点《二刻拍案惊奇》,《中国话本大系》,江苏古籍出版社1990年,第241页。

的深刻反映和峻厉批判超越了一般大众的层面,达成了文学所应具有的意义。即使是纯粹逐利的声色、猎奇、狎谑的"地摊书",书坊主也多有"天道祸淫,此说原为淫者戒"、"吾心本善,斯书传与善人看"(《肉蒲团》清刊本内封)的类似标榜。这当然主要是出于避免官方查禁或正统观念排斥的需要,但不可否认的是此类作品中确实也存在相当多的"补救"措施,体现了编撰者潜在的伦理信条和不能或缺的社会意识——尽管这并不能避免某些作品仍然会遭到以儒家思想为主导的当政者的严厉禁毁。

主动的和潜意识的教化观念的存在,可以解释为什么"因果报应"甚至成为明清至近代的绝大多数通俗小说的一种"模式":无论作品是否以"因果报应"为根本主题,也无论其内容是"讲史"、"灵怪"、"烟粉"还是"哨棒",即使是并不存在主动教化意识的优秀之作和娱乐之作,最后的文本也总会被套入一个"因果报应"的形式结构,再不然就是披上一件类似的外衣。主动教化的作者姑不待言,其作品不仅在体裁、内容、主题上都会有意建构此一模式,而且从一开始就会鲜明地提出"因果报应"的教化主张。而对于潜意识教化的作者来说,他们往往会在作品的开头、末尾或在某个关键地方嵌入一些模式化的套件,比如宇宙范式、天地劫难、魔鬼出世、子孙报应等等,并间以谶语、预言、禅机等仪式性的交待,以表现对"因果报应"的内在契同。至于那些书坊主及雇佣写手,如前所论,出于补救的需要,也为了避免正统观念对"诲淫诲盗"的批判和禁止,也必然在其编刻书籍中主动加上"因果报应"的形式因素。总之,"循环果报"一直是通俗小说编纂出版者的思想宗旨和行动口号,直到近代亦无改变。清末民初连续编创有济公系列小说,光绪年间上海石印本《评演接续后部济公传》第一回开头曰:

> 前部《济公传》未能全完,皆因工本浩大,独立难成。今本房不惜重资,觏求全部刊刻,以图全豹。此书正人心、化风俗,

讲循环果报。书中之题名曰"天理人情,因果报应",这八字内有劝世要言。①

其说与三四百年前小说中标榜编刊宗旨的言论,几无变化。套话的长期存在,其实正是某种潜意识一以贯之的体现。

十六世纪以降逐渐兴起的通俗小说中,在越来越有意识地运用"因果报应"道德伦理原则以服务于教化之外,"因果报应"的具体表现内容和表现方式又发生了较为重大的改变。

除了缘于拟话本的语言形式所增加的"当场描写"和细节描写使其叙事更加生动之外,明代通俗小说特别是"三言二拍"拟话本在具体因果故事的表现方面,至少有几个前代或当代文人之作不可能具备的非常独特的地方。首先是强烈的教化目的性。各种"志怪"型笔记小说仍然主要是文人猎奇心态的反映,而话本(及拟话本)及其他商业小说则为世俗社会需求的产物,二者的目的性不同,故而对故事意义的揭示重点和表现方式也不尽相同。"笔记小说常直录其事,少有议论,其底蕴深邃专一,却只求读者意会,并不强加于人。话本小说则不然,其故事结构往往体现出明确的、顽强的目的性,所有描写都被纳入劝诫的框架中,以致因果报应故事连篇累牍。"②同时,"说话人"作者往往加入训诫式的话语或诗歌、偈语等,以强调故事的主旨并提起读者的注意,这几乎已经成为通俗小说的基本特征。

尽管很多作品都不免议论过多的"话本习气",但议论毕竟仍是围绕故事进行阐发,和一些宣教说理式文章还是有所不同的。

---

① 《济公后传》,载《济公全传》,齐鲁书社,2008年,第1页。
② 刘勇强《话本小说叙论——文本诠释与历史构建》,北京大学出版社,2015年,第72页。另外,当时还有一些书坊创编的专言因果轮回(如《醒世轮回》)或文人创作的间杂果报(如《剪灯新话》以降诸多传奇小说)的文言小说,也有这样的特色。

第五章　世情与因果：商业兴起与社会流动中通俗文学的伦理道德建设　213

直接改编自文人小说的话本作品最能反映出这一点，如《二刻拍案惊奇》卷三十七《叠居奇程客得助，三救厄海神显灵》在情节内容上完全照搬蔡羽《辽阳海神传》，但细节描写和人物刻画已大大过之。《辽阳海神传》中原有一些近乎说教式的阐发，如：

> 他夕，程问："天堂地狱、因果报应之说有诸？"曰："作善降之百祥，作不善降之百殃，心所感召，各以类应，物理自然。若谓冥冥之中，必有主者，铢铢两两而较其重轻，以行诛赏，为神祇者不亦劳乎？""轮回之说有诸？"曰："释以为有，诬也。儒以为无，亦诬也。人有真元完固者，形骸虽毙，而灵性犹存，投胎夺舍，间亦有之，千亿中之一二也。"……①

这一段很长，实是作者借小说主人公与海神之问答表达自己的思考。凌濛初《叠居奇程客得助，三救厄海神显灵》敷演其事一无改易，独独省略此段，正因为这段阐论较为理论化而显然不太应乎读者的需要。

其次是非常紧密地切近现实生活，而不仅仅是因果报应主题的简单呈现。例如"三言二拍"言及因果报应的作品虽都有本事可依，而且教谕意旨鲜明，但绝大多数作品也具备真实的现实生活背景，情节生动合理，这也是"三言"最重要的文学成就之所在。"三言"中最杰出的作品之一《蒋兴哥重会珍珠衫》，原型故事和冯梦龙的"改写"的初衷②，本都意在"果报"；可是我们读罢这篇小说后，

---

① 《辽阳海神传》，原载明陆楫编《古今说海》。此据谭正璧编《三言两拍资料》，上海古籍出版社，1980年，第879页。

② 冯梦龙或其他作者的"拟话本"创作，主要是将某一体式的叙事作品转换成"话本"，但这种转换并不仅仅是所谓"改写"，更多的是新的创作。如韩南(Patric Hanan)所言："每一个文学领域中，将虚构的故事由一类型转为另一类型是很普通的事，而其如此普遍以至于英文中无一适当的字可配合之。'改写'(adaptation)一词所含之意不够明确，且有贬损的意味。"(韩南《〈蒋兴哥重会珍珠衫〉与〈杜十娘怒沉百宝箱〉撰述考》，载《韩南中国小说论集》，第76页)

除了感慨其中令人惊异的巧合外,却很少体会到因果的意味。原因就在于小说的重点实际落到了"描摹世态,尽其情伪"上。无论是蒋兴哥及其妻子三巧儿的人物刻画,还是陈大郎勾引人妇的细节描写,均无不生动自然,符合当时的生活情境。小说中几乎失去了训诫的意味,三巧儿尽管有所错失而由妻变妾,但毕竟破镜重圆;唯一可能的反面人物陈大郎也是因情而死,并非果报式的惩罚。所以,即使是主题先行,如果生活实际能成为其有效的保障,其文学意义并不因此而降低。当然也有说教意味较重的作品如"二拍"中的某些篇目,但同样不乏生活的细致再现。如《拍案惊奇·盐官邑老魔魅色,会骸山大士诛邪》旨在表现观音显灵,可包括头回在内的整篇作品仍然极富生活情态。《拍案惊奇·卫朝奉狠心盘贵产,陈秀才巧计赚原房》头回意在表现贾秀才因"路见不平,专要与那瞒心昧己的人作对"而得善报,其中叙述其捉弄贪财之僧而不惜假其衣帽调戏对楼主妇的情节,着实有趣。

既与社会现实生活紧密相连,就必然会在果报的表现及阐论中展现对社会的批判。相比于"三言",凌濛初的"二拍"有意识的说教极浓,有时也不免迂腐之论。但《二刻拍案惊奇·满少卿饥附饱扬,焦文姬生仇死报》言男女负恩生死相报的故事,在头回叙说女负前夫得到果报之后加议论曰:

> 却又一件:天下事有好些不平的所在。假如男人死了,女人再嫁,便道是失了节,玷了名,污了身子,是个行不得的事,万口訾议。及至男人家丧了妻子,却又凭他续弦再娶,置妾买婢,做出若干的勾当,把死的丢在脑后,不提起了,并没人道他薄幸负心,做一场说话。就是生前房室之中,女人少有外情,便是老大的丑事,人世羞言;及至男人家撇了妻子,贪淫好色,宿娼养妓,无所不为,总有议论不是的,不为十分大害。所以女子愈加可怜,男人愈加放肆。这些也是伏不得女娘们心里

的所在。

不知冥冥之中，原有分晓。若是男子风月场中略行着脚，此是寻常勾当，难道就比了女人失节一般？但是果然负心之极，忘了旧时恩义，失了初时信行，以至误人终身，害人性命的，也没一个不到底报应的事。从来说王魁负桂英，毕竟桂英索了王魁命去。此便是一个男负女的榜样，不止女负男，如所说的陆氏，方有报应也。①

虽仍不失男尊女卑的立场，但到底也颇具尊重女性的意识。类似批判性议论的出现，遂使所描写的故事极富社会现实意义，较《夷坚志》以下等徒言果报者高明不少。

第三也是最为重要的，果报开始不局限于三世业报或生死轮回，更多的是所谓"现世之报"。具体而言即是：明代以前诸多文人作品包括民间文学，多为宗教性的因果，以"业"所导致的轮回、三世报应、入冥游狱、解度为主；而明代通俗小说特别是"世情小说"类型中则较多现世之"业"发生的果报，即如《金瓶梅词话》第九十一回所谓"常言三十年远报，而今眼下就报了"。坊刊"小说体劝善书"《轮回醒世》②，甚至直接宣称："而轮回之事，不出今生造、今生受之两言。"③本来"天道报应，或在生前，或在死后"（《喻世明言·游酆都胡母迪吟诗》），如此则三世报应不仅变为今世远、近，而且眼下立有报应，无疑是极大地突出了"积善余庆、积恶余殃"的现实性。当然，拟话本中也有像《喻世明言》之《闹阴司司马貌断狱》和《游酆都胡母迪吟诗》这样借轮回、游狱作因果报应

---

① 石昌渝校点《二刻拍案惊奇》，《中国话本大系》，江苏古籍出版社，1990年，第220页。

② 谓《轮回醒世》为"小说体劝善书"，乃程毅中之观点，甚是。见程毅中点校《轮回醒世》前言，中华书局，2008年，第1页。

③ 《轮回醒世》序，程毅中点校本，第20页。

理论阐发的篇目①,但并不多见,绝大部分仍是以现世果报的故事为主。即使是少数作品如《警世通言·桂员外途穷忏悔》述及恶人妻子投胎为犬,《西湖二集·月下老配错本属前缘》关乎前世今生之报"一报还一报",但小说主体仍然都是现实生活内容。很多长篇小说中,前世今生的轮回果报更不过是一种寓言模式,用以承载小说的现实主干内容而已②。已有学者指出了以上特点,并归结为"人道之报"取代了"天道之报",因果关系通过人自身的行为以及人的关系中体现出来③。这是一个睿智的观点,深刻地揭示了社会生活中"因果报应"的伦理本质。这样的例子在"三言二拍"等拟话本小说和其他世情小说中不胜枚举,《西湖二集·文昌司怜才慢注禄籍》即使是以冥官为主角,但仍然是一个关于发迹的活报故事。甚至有《拍案惊奇·乌将军一饭必酬,陈大郎三人重会》的"一饭之报",以及非常具体的功过格式的"奖赏",如《二刻拍案惊奇·进香客莽看金刚经,出狱僧巧完法会分》述敬惜字纸之果报,不过"延寿一纪,正果而终"。

尤其值得注意的是,这种现世果报以"变泰发迹"为主要表现,而"变泰发迹"的内容大多是经商致富和科举入仕(相对而言,明代作品中经商致富式变泰的比重较大,清代则中举式发迹越来越

---

① 《闹阴司司马貌断狱》虽然源自《三国志平话》中的司马仲相阴间断案,但其改写已经完全变换了原有主题;《游酆都胡母迪吟诗》即《效颦集》卷中《续东窗事犯传》之敷演,和早先的游狱故事也有一定的不同。二篇角度相反,主旨则一,都属于一般性的"因果报应"的表述。

② 《醒世姻缘传》是较为典型的以"前世今生因果轮回"为逻辑框架承载现实内容的长篇小说,袁世硕精辟地指出了这一点:"《醒世姻缘传》以前世丈夫宠妾虐妻作为今世丈夫受妻子凌辱之前因的构想,由于中间充塞了社会生活的实际内容,其神秘荒诞的因果逻辑也就发生了悖乱,显露出了现实的因果内核:无论是夫虐妻,还是妻虐夫,两种恶姻缘都是发生于夫权制的社会土壤中……"(袁世硕《醒世姻缘传导读》,载其《文学史学的明清小说研究》,第178—179页)

③ 孙逊《中国古代小说与宗教》,第245—252页。

多)。凌濛初所谓"说些世情,道些因果",实质即是通过"世情"而展现的"因果"——"发迹变泰"的因果报应,"世情"和"因果"是不可分离的。

总之,明清通俗小说之"世情—因果"式"报应"与旧时着重宣扬因果轮回宿世之报的宗教原教旨式倾向,有所不同。通俗文学的"世俗性"本质决定了其内容必然与社会观念的变迁相同步,因此通俗小说特别是"三言二拍"在"因果报应"表现上的变化,就不仅仅是社会一般信仰的反映,也是通俗文学应乎需要从而进行建构的旨趣的体现。

二 商业伦理道德建设:发迹变泰与道德因果

明代中期商品经济的兴起以及商业资本的出现,特别是社会对所谓士、农、工、商"四民"的分层意识和对商人阶层的承认,以及所带来的诸如"弃儒就贾"、"士商互动"现象①,已为社会思想史的研究所证明。这一切都反映在当时及以后的"世情"小说中,也已经为很多研究者所拈出。比如"三言二拍"中较多表现商业或以商人为主角的篇目,就有六七十篇之多②,其中较为典型者如"三言"中的《蒋兴哥重会珍珠衫》《卖油郎独占花魁》《施润泽滩阙遇友》《徐老仆义愤成家》以及"二拍"中的《转运汉遇巧洞庭红,波斯胡指破鼍龙壳》《赵五虎合计挑家衅,莫大郎立地散神奸》《韩侍郎婢作夫人,顾提控掾居郎署》《许察院感梦擒僧,王氏子因风获盗》《程朝奉单遇无头妇,王通判双雪不明冤》《王渔翁舍镜崇三宝,白水僧盗物丧双生》《叠居奇程客得助,三救厄海神显灵》等,都具有较高的

---

① 余英时《士商互动与儒学转向》,载《余英时文集》第 3 卷《儒家伦理与商人精神》,第 164—171 页。
② 此大略而言。参阅邱邵雄《中国商贾小说史》,北京大学出版社,2004 年。

艺术水准而成为优秀篇章。重要的是,众多通俗小说与当时的宗教义理观念和儒家精英思想一起,共同参与了"商业伦理"的建构。其对于"因果报应"的强调和相关内容的新构,正是这种建构的表现。

个人认为,论及明代以降商业的发展及社会思想的变迁而提出"商业伦理"问题,应始终将它视作一个扩大的概念,即包括两方面的内容:一是商业行为本身的契约精神和伦理准则,即交易中的诚信、公平,以及由此而产生的商人的自觉。"没有中人、借券,打不起官司告不起状"(《儒林外史》第五十二回),但即使有人作保、有契可依,法律也并不能百分百地保护商业行为的实现,尤其无法保证其中的正义性,所以商业的有序发展仍需要法律以外的伦理道德的补充。二是商业行为在社会中的"伦理性"。中国儒家的社会观念中重农抑商固然是基本原则,但"商"不可完全摒除的观念并非自明代方始发轫,宋以降"义利之辨"中就已经包含有"公利可言"的思想,也就是商业必须符合"公利"之"义",必须遵循社会伦理的要求,亦即致富需要具备正当性,必须对社会有所贡献而不是有所伤害。

前者当然是通俗文学所关注的一个方面。一个特殊的例子是重在揭示欺诈的《杜骗新书》,它实际上是从"欺骗"或"犯罪"的反向角度来维护某种公认的"规范"①。"三言二拍"中基本上都是从正面表现商业行为,种种故事中似乎基本的商业规范已经无须再提,只有更高层次的诚信成为果报的基本因素。这方面的最佳例

---

① 余英时谓:"明清商人中虽有欺诈之事,如明末《杜骗新书》之所示,却不足以否定商业伦理的存在。16、17世纪的欧洲和英国商人又岂能人人都依新教伦理而行,全无欺诈之事?即以今天的情形而言,我们也不能因为有经济犯罪的现象而否认经济世界中仍受某种伦理规范的支配。事实上,'欺骗'或'犯罪'正是相对于某种公认的'规范'才能成立的概念。"见余英时《中国近世宗教伦理与商人精神》,载《余英时文集》第3卷《儒家伦理与商人精神》,第318页。

子是《初刻拍案惊奇·转运汉巧遇洞庭红,波斯胡指破鼍龙壳》(以下简称《转运汉》),其主题是由海外贸易带来的发迹变泰——命运的奇异转折:"在实地上行,步步不着,极贫极苦的,却在渺渺茫茫做梦不到的去处,得了一主没头没脑的钱财,变成巨富。"[1]这样一种"转运汉"的故事,极符凌濛初拍案惊"奇"的猎异追求。《转运汉》本事出于明周玄暐《泾林续记》[2],凌濛初并未做根本性的改编,只是增加了主人公做生意"百做百不着"从而落下个"倒运"名头的铺垫情节,以更好地体现"转运"的主题。《泾林续记》所载及凌濛初的敷演显然出自虚构,但也真实地反映出明中期海禁渐开以来,贩运式贸易的发展以及人们对"坐拟陶朱"的渴望。当代研究者注意到《转运汉》是"三言二拍"中非常典型的商业性的发迹变泰的篇目之一,其实这篇小说同时也生动地反映出商业贸易行为的本质特点及其所需要的外在保障和内在准则。

贩运式贸易特别是海外贸易商业价值的实现,有赖于对不同市场需求和相关信息的准确把握。假如是众人皆晓的"明珠翠羽、犀象瑶珍",差价宛然,难得暴利,同时本钱既费,获利亦少;但如果是鲜为人知的异方殊物,既难知其用,往往轻易放过,而一旦适逢其人其时,则一本万利。这是由市场所决定的重要的贸易法则,也是贩运式海外贸易赖以成立的条件,所以必然成为全体商家的共同认知和遵从规范。在《转运汉》中,走海泛货的客商各凭经验贸易货物,而由经纪人兑换变现,各取其利。所以当波斯商人玛宝哈发现"转运汉"文若虚那个在别的海客看来是"滞货"的鼍龙壳时,先是以为文若虚不愿变卖,然后又认为他是有意奚落,当他最后认定众人确不识货而真心只要五万两,便即刻立下合同以明"各无翻

---

[1] 石昌渝校点《拍案惊奇》,《中国话本大系》,江苏古籍出版社,1990年,第4页。

[2] 谭正璧编《三言两拍资料》,上海古籍出版社,1980年,第573—574页。

悔"。小说对这个过程的描写极为生动、具体并完全符合真实情境：

> 众人见说，大家目睁口呆，都立起了身来，扯文若虚去商议道："造化，造化。想是值得多哩！我们实实不知如何定价，文先生不如开个大口，凭他还罢。"文若虚终是碍口识羞，待说又止。众人道："不要不老气！"主人又催道："实说说何妨？"文若虚只得讨了五万两。主人还摇头道："罪过罪过，没有此话。"扯着张大，私问他道："老客长们海外往来，不是一番了，人都叫你张识货，岂有不知此物就里的？必是无心卖他，奚落小肆罢了。"张大道："实不瞒你说，这个是我的好朋友，同了海外顽耍的，故此不曾置货。适间此物，乃是避风海岛，偶然得来，不是出价置办的，故此不识得价钱。若果有这五万与他，勾他富贵一生，他也心满意足了。"主人道："如此说，要你做个大大保人，当有重谢，万万不可翻悔！"遂叫店小二拿出文房四宝来，主人家将一张供单绵料纸折了一折，拿笔递与张大道："有烦老客长做主，写个合同文书，好成交易。"张大指着同来一人道："此位客人褚中颖写得好。"把纸笔让与他。褚客磨得墨浓，展好纸，提起笔来写道："立合同议单张乘运等。今有苏州客人文实，海外带来大龟壳一个，投至波斯玛宝哈店，愿出银五万两买成。议定立契之后，一家交货，一家交银，各无翻悔。有翻悔者罚契上加一，合同为照。"[①]

故事的高潮是波斯商人道出此龟壳的秘密所在："只见主人走将进去了一会，笑嘻嘻的走出来，袖中取出一西洋布的包来，说道：'请诸公看看。'解开来，只见一团绵裹着寸许大一颗夜明珠，光彩

[①] 石昌渝校点《拍案惊奇》，《中国话本大系》，江苏古籍出版社1990年，第16—17页。

夺目,讨个黑漆的盘,放在暗处,其珠滚一个不定,闪闪烁烁,约有尺余亮处。众人看了,惊得目睁口呆,伸了舌头收不进来。主人回身转来,对众逐个致谢道:'多蒙列位作成了。只这一颗,拿到咱国中,就值方才的价钱了;其余多是尊惠。'众人个个心惊,却是说过的话又不好翻悔得。"①这篇小说不经意间建立的正是上述贸易法则的正当性。说它"不经意",乃是因为从作者到读者显然都没有任何关于这位波斯商人的非议,也就是在内心中都认为这样一个贸易法则乃是交易的基本前提。实际上,若无这样的前提认识,也就不可能有这样的"亘古新闻"的出现。凌濛初虽然并未对贸易法则作任何的议论而是不断强调"财运天定",但小说的建构意义却更多地体现在前者而不是后者之上。

商业活动基于市场原则,必然存在着交易双方的博弈,但博弈也需要符合道德,才能形成良好的商业环境。《醒世恒言·施润泽滩阙遇友》从相反的方面阐述这个道理:施复第二次得金是缘于一场房屋交易——"施复刚愁无处安放机床,恰好间壁邻家住着两间小房,连年因蚕桑失利,嫌道住居风水不好,急切要把来出脱,正凑了施复之便。那邻家起初没售主时,情愿减价与人,及至施复肯与成交,却又道方员无真假,比原价反要增厚,故意作难刁蹬,直征个心满意足,方才移去。那房子还拆得如马坊一般。"②卖房者之举固然是一种商业行为,但议价中故意刁难特别是搬走时"房子还拆得如马坊一般",就是不德之行了。正缘于此,不德的一方失去了房中所埋之千金,有德的施复"又得了这注财乡"。而施复得金后,"愈加好善","凡力量做得的好事,便竭力为之;做不得的,他也不

---

① 石昌渝校点《拍案惊奇》,《中国话本大系》,江苏古籍出版社,1990年,第20页。
② 魏同贤校点《醒世恒言》,《中国话本大系》,江苏古籍出版社,1991年,第364页。

敢勉强。因此,里中随有长者之名。夫妻依旧省吃俭用,昼夜营运。不上十年,就长有数千金家事"①。在这里,"因果报应"成为规范博弈行为的重要的信仰力量。

在以"三言二拍"等作品为代表的通俗小说中,更重要的是关于第二个方面即商业的社会伦理的表现与构建。

明代中后期的商业虽然发达,但仍然属于依靠地区差别和资本垄断的低层次商业②。丰厚的利润导致暴发户的出现,如《金瓶梅》的主人公西门庆的财产,小说在最后借西门庆的遗嘱有一个交待,大约是:五万两银子本钱的缎子铺、六千五百两的绒线铺、五千两的绸绒铺,印子铺、生药铺和运河船分别有二万两、五千两和四千两的资金货物,债权通计有银一千二百四十两(《金瓶梅》第七十九回)。不计房产,共有近十万两。临清虽然也是一个大码头,但整体商贸情况仍不比江南,嘉靖、隆庆间何良俊记其嘉兴一友人设客,"用银水火炉金滴嗉。是日客有二十余人,每客皆金台盘一副,是双螭虎大金杯,每副约有十五六两。留宿斋中,次早用梅花银沙锣洗面。其帷帐衾裯皆用锦绮,余终夕不能交睫。此是所目击者,闻其家亦有金香炉。此其富可甲于江南,而僭侈之极,几于不逊矣"(《四友斋丛说》卷三十四)③;万历间王士性谓"江南非无百十万金之产者"(《广志绎》卷二)④,则富室之豪盛可想而知。如此情形之下,为富不仁的现象势必也屡屡发生。《金瓶梅》中,西门庆这样一个地方商人竟能够成功投靠当朝第一权臣"蔡太师",此一描写可能不无夸大的成分;但诸如"原来知县、县丞、主簿、典史,上下

---

① 魏同贤校点《醒世恒言》,《中国话本大系》,第 364 页。
② 参阅林枫《明代中后期商业发展水平的再认识》,《中国社会经济史研究》2003 年第 4 期。
③ [明]何良俊《四友斋丛说》,中华书局,1959 年,第 316 页。
④ [明]王士性撰,吕景琳点校《广志绎》,中华书局,1981 年,第 18 页。

都是与西门庆有首尾的","提刑两位官,并上下观察、缉捕、排军、监狱中上下,都受了西门庆财物"等等,则毫无疑问是符合历史真实的写照。另外一方面,明中叶以后社会中特别是在商业发达的东南地区,一味求富逐利的心态开始出现。"徽州风俗,以商贾为第一等生业,科第反在次着。""徽人因是专重那做商的,所以凡是商人归家,外而宗族朋友,内而妻妾家属,只看你所得归来的利息多少为重轻。得利多的,尽皆爱敬趋奉;得利少的,尽皆轻薄鄙笑。犹如读书求名的中与不中归来的光景一般。"(《二刻拍案惊奇》卷三十七《叠居奇程客得助,三救厄海神显灵》)① 同时,在经济高度成长的刺激下,整个江南地区的社会风气逐渐由俭入奢,明清江南地方志的记叙对此几无异辞②。同时,追求享乐也已成为士人风尚。关于此一问题,今人研究描述既详,举例亦多③,但其实最能说明这一现象的是奢侈消费品的发达④,如吴地"利鱼稻之饶,极人工之巧,服饰器具,足以炫人心目,而志于富侈者争趋效之"(《松窗梦语》卷四《商贾纪》)⑤。最为富庶的苏州一地并能带动消费风向:"姑苏人聪慧好古,亦善仿古法为之,书画之临摹,鼎彝之冶淬,能令真赝不辨。又善操海内上下进退之权,苏人以为雅者,则四方随而雅之,俗者,则随而俗之,其赏识品第本精,故物莫能违。又如斋头

---

① 石昌渝校点《二刻拍案惊奇》,《中国话本大系》,江苏古籍出版社,1990年,第701—702页。
② 樊树志《晚明大变局》,中华书局,2015年,第209页。
③ 参阅巫仁恕《品味奢华:晚明的消费社会与士大夫》,中华书局,2008年。
④ 明嘉、万间人张瀚即有论曰:"今也,散敦朴之风,成侈靡之俗,是以百姓就本寡而趋末众,皆百工之为也。"(盛冬铃点校《松窗梦语》卷四《百工纪》,中华书局,1985年,第77页)虽倒果为因,但其拈出奢侈消费品工业与奢靡世风存在直接关系,仍有见地。关于十六世纪中叶以降的奢侈品消费及其社会意义,详见柯律格(Craig Clunas)《长物:早期现代中国的物质文化与社会状况》,高昕丹等译,洪再新校,生活·读书·新知三联书店,2015年。
⑤ [明]张瀚撰,盛冬铃点校《松窗梦语》,中华书局,1985年,第83页。

清玩、几案、床榻,近皆以紫檀、花梨为尚,尚古朴不尚雕镂,即物有雕镂,亦皆商、周、秦、汉之式,海内僻远皆效尤之,此亦嘉、隆、万三朝为盛。至于寸竹片石摩弄成物,动辄千文百缗,如陆于匡之玉、马小官之扇、赵良璧之锻,得者竞赛,咸不论钱,几成物妖,亦为俗蠹。"(《广志绎》卷二)①至于由此剧烈变化引起的贫富不均、阶级压迫和社会政治腐败,如《石点头·贪婪汉六院卖风流》《金瓶梅》所描写的不堪世相②,更是典型的末世之征。所有这一切,在带来某种社会和观念进步的同时,也不免给传统社会道德提出了新的问题。

明人张涛于《歙志》"风土"后一段案论,最早为顾炎武《天下郡国利病书》所重视,当代则成为卜正民(Timothy Brook)标揭明代商业兴起以后社会文化变化的缘起③:

> 国家厚泽深仁,重熙累洽,至于弘治,盖蓁隆矣。于时家给人足,居则有室,佃则有田,薪则有山,艺则有圃,催科不扰,盗贼不生,婚媾依时,闾阎安堵,妇人纺绩,男子桑蓬,臧获服劳,比邻敦睦,诚哉一时之三代也,岂特宋太平、唐贞观、汉文景哉。诈伪未萌,讦争未起,芬华未染,靡汰未臻,此正冬至以后春分以前之时也。寻至正德末嘉靖初则稍异矣,出贾既多,土田不重,操资交捷,起落不常,能者方成,拙者乃毁,东家已富,西家自贫,高下失均,锱铢共竞,互相凌夺,各自张皇。于是诈伪萌矣,讦争起矣,芬华染矣,靡汰臻矣,此正春分以后夏至以前之时也。迨至嘉靖末隆庆间则尤异矣,末富居多,本富尽少,富者愈富,贫者愈贫,起者独雄,落者辟易,资爰有属,产自无恒,贸易纷纭,诛求刻覈,奸豪变乱,巨猾侵牟。于是诈伪

---

① [明]王士性撰,吕景琳点校《广志绎》,第33页。
② 《石点头》之《贪婪汉六院卖风流》取材不详(参胡士莹《话本小说概论》,商务印书馆,2011年,第751页),虽托于宋代,然所道实明末情状。
③ [加]卜正民(Timothy Brook)《纵乐的困惑:明代的商业与文化》。

有鬼蜮矣,讦争有戈矛矣,芬华有波流矣,靡汰有丘壑矣,此正夏至以后秋分以前之时也。迄今三十余年则夐异矣,富者百人而一,贫者十人而九,贫者既不能敌富,少者反可以制多,金令司天,钱神卓地,贪婪罔极,骨肉相残,受享于身,不堪暴殄,因人作报,靡有落毛,于是鬼蜮则匿影矣,戈矛则连兵矣,波流则襄陵矣,丘壑则陆海矣,此正秋分以后冬至以前之时也。嗟夫!后有来日,则惟一阳之复,安得立政闭关,商旅不行,安静以养微阳哉。(卷六)

尽管这是一种精英分子出于对"激进"的反动而生发的保守主义观念,既会在任何时代出现,也不一定完全持之有据,但它所拈出的某种剧烈的社会变化和由之而生的反弹以及重建社会道德规范的企图,则无疑是事实。当时士人亦颇喜撰传奇小说,其中不少意在劝世,如陶辅《花影集》"贾生代判录"借贾生代判"钱""米"争讼之词,鲜明地表达出儒家士子对代表传统的"米"和代表世变的"钱"的扬抑态度和拨乱反正主张:

夫以覆载之间,惟人最贵;养生之道,惟食是先。其为米者,有无系民庶之安危,旱涝关国家之否泰。尔世赖国,尔国赖民,尔民赖食。以斯察之,米之功绩,何待论而知之者哉!

其为金者,乃天地刚燥不仁之气,阴阳凝僻劲恶之姿。相作虎形,性酣肃杀,时专秋令,律应商音,在天为霜,草木遭而一空;在地作兵,风尘起而板荡。故先贤知其性恶好行,制为货物,使通交易,以遂其性,免生他祸。既得旋用于时,为物犹能害众。饰冠铸印,败高人隐士之风;为簪为珥,丧节妇贞姬之操。武将因斯取败,文官缘此欺公。起赃吏贪叨之胆,兴盗跖贼杀之心。不临贫乏,令忙忙求觅千端;偏趋贵由,使琐琐宝藏百计。或争一钱一钞,致倾人命于非天;或渡万水万山,苟丧客魂于绝域。败昆弟一气之恩,坏朋友同窗之义。失经营忠信无凭,达贿赂奸回得志。……
姓谷者理合优容,姓金者情宜准律。……①

我们今天对晚明世风之变所引起的思想潮流,不能仅仅局限于传统力量的批判和新兴观念的赞同这一是是非非的考察,而更应该看到当时两种相反态度的共同点:对新型伦理的召唤和主动追求。同时还必须注意的是:不同的阶级有不同的反应方式,自然也就存在着相异的建构方向。"中间阶层"及其通俗文学作品,缘于其所体现出的作为沟通大小传统从而建构社会一般思想的特色,在对整体社会的影响作用方面,无疑是最重要的一端。

通俗文学的兴盛以及与之同步的世俗化加深,比如"神魔小说"、"世情小说"的出现,本身就是一种应乎需要的反应结果②。世俗性的文学既反映世风,亦必蕴藏主体创作者的态度,这也就是世情小说特别是拟话本作品为什么多有道德训诫内容的原因所在。在这些道德训诫中,通俗小说对商业的社会伦理道德有两个关键的建构。

首先是对商业、商人尤其是对财富总体上的肯定态度。正如很多研究者都已经充分论证的,这一肯定态度最典型的表征就是"三言二拍"等小说中多有做生意为商人"本业"、"家传世业"的表述,并对经商获利作为兴起家业的重要手段明确表示认同,与当时"士农工商、各守其业"的一般理想遥相呼应。这里可以再举两个例子,一是《醒世恒言·徐老仆义愤成家》:三兄弟分家,第三房丈夫去世,寡妇担忧不能立起门户,老仆阿寄言道:"那经商道业,虽不曾做,也都明白。三娘急急收拾些本钱,待老奴出去做些生意,

---

① [明]陶辅撰,程毅中点校《花影集》,中华书局,2008年,第50—51页。
② 参阅本书第三章的相关论述。

一年几转,其利岂不胜似马牛数倍!就是我的婆子,平昔又勤于纺织,亦可少助薪水之实。那田产莫管好歹,把来放租与人,讨几担谷子,做了桩主,三娘同姐儿们,也做些活计,将就度日,不要动那赀本。营运数年,怕不挣起个事业?"①这个故事所表明的是:受到不公待遇的弱者可以通过"只见有利息的就做"的商业快速致富。二是很多作品中关于商人的同情。"商人重利轻离别"是自古以来的观念,但在通俗小说的作者看来,金钱是"抛妻弃子,宿水餐风,辛勤挣来之物"(《醒世恒言·施润泽滩阙遇友》)②,商人的得利是其巨大牺牲的结果,如《喻世明言·杨老八越国奇逢》特意引述"单道为商苦处"的一篇"古风":

> 人生最苦为行商,抛妻弃子离家乡。餐风宿水多劳役,披星戴月时奔忙。水路风波殊未稳,陆程鸡犬惊安寝。平生豪气顿消磨,歌不发声酒不饮。少赀利薄多赀累,匹夫怀璧将为罪。偶然小恙卧床帏,乡关万里书谁寄?一年三载不回程,梦魂颠倒妻孥惊。灯花忽报行人至,阖门相庆如更生。男儿远游虽得意,不如骨肉长相聚。请看江上信天翁,拙守何曾阙生计?③

此诗可以说是通俗小说作者体谅与同情商人的心态的写照,堪与当时李贽的言论"商贾亦何可鄙之有?挟数万之赀,经风涛之险,受辱于关吏,忍诟于市易,辛勤万状,所挟者重,所得者末"(《焚书》卷二《又与焦弱侯》)并观。诗末四句实有反语之效,沉痛愤懑之情,溢于言外。

十七世纪的《续金瓶梅》提出了财物为"外命"的概念:"这财物

---

① 魏同贤校点《醒世恒言》,《中国话本大系》,第 780 页。
② 同上,第 354 页。
③ 魏同贤校点《古今小说》,《中国话本大系》,江苏古籍出版社,1991 年,第 256—257 页。

是众生的外命,那个是不食烟火的神仙,难道就该俱舍了?这父母妻子如何养赡?国家钱粮如何纳办?孔圣人还说生财食货,何况这众生小民!"(第六回)①此将财物提到了"命"的高度,不用说更是反映出作者在这个问题上的明确态度。

总的来说,对商人、商业活动以及合理的财富均持肯定态度,在十六世纪以后的小说中基本上成为一种常态,与张涛、张瀚为代表的士大夫传统观念对"风俗"丕变和商贾的彻底否定有所不同②。

当然,这些作品也无一例外地批判不义而利的现象,以"财分天定"为原则而反对贪求过分之财和不义之财③,从另一个方面呈现出对时风好尚浮华、汲汲求富、利己损人、贪赃枉法乃至贫富不均的一种反动。但这种"反动"并不形成对前一态度的否定,而恰恰是一种加强。原因在于:和中国古代的"义利观"核心相一致,对经商取利的肯定毕竟是建立在道德正义的基础之上的,也就是公利或正义之利并不是和"义"相对之"利"。"义利之辩"中的"利"乃专指违反基本道德原则——"义"——所获得的东西,并不是所有的利益都是"义"的绝对反面。这一点在诸多通俗小说特别是作者的议论中可以看得非常清楚。

其次是构建财富价值观的具体内容,在道德与财富之间建立起因果法则。这一因果法则的核心内容不外乎相辅相成的两点:取之无道,不仅伤天害理,财富亦不得长久。相反,好善、乐施,则往往始穷后通,尤乃福及子孙。此一法则其实并不新鲜,可以说是自古以来因果报应一以贯之的道德内涵。问题在于,明中期以后"钱财世界"的种种现实无情击破的恰恰主要就是这样一种道德法则。中间阶层普遍产生的愤懑心态和季世之感迫切要求他们重建

---

① 《续金瓶梅》,陆合、星月校点《金瓶梅续书三种》,第50页。
② 张瀚的观点,见其《松窗梦语》卷四《商贾纪》。
③ 这方面的具体内容,详见后文论述。

或恢复这一信条,并让贫困无依、饱受欺凌的人们(包括他们自己在内)重新皈依。这显然是一种理想而不免虚幻,但理想所形成的主观力量是无穷的,因此这些作者们凭借着他们手中仅有的、也是因此而被他们努力推动的表达工具——通俗文学作品——而不遗余力地进行阐述。于是小说(特别是拟话本)中往往借说话人或角色人物之口倡发其中道理,不一而足,诰诫连篇,渐成主流。"二拍"中的议论已为当代研究者颇多引述,这里举两个其他拟话本中的例子:

> 财乃养命之源,原不可少。若一味横着肠子,嚼骨吸髓,果然不可。……又道是:"留有余不尽之财,以还造化;留有余不尽之福,以还子孙。"先圣先贤,那一个不劝人为善,那一个不劝人行些方便。但好笑者,世间识得行不得的毛病,偏坐在上一等人。任你说得舌敝唇穿,也只当飘风过耳。若不是果报分明,这使一帆风的正好望前奔去,如何得个转头日子?(《石点头》卷八《贪婪汉六院卖风流》)[1]

> 少年财主子弟全不知民间疾苦,撒慢使钱。还有那贪官污吏做害民贼,刻剥小民的金银,千百万两家私,都从那夹棍拶子、竹片枷锁,终日敲打上来的,岂能安享受用?!定然生出不肖子孙,嫖赌败荡。还有那衙门中人,舞文弄法,狐假虎威,吓诈民财,逼人卖儿卖女,活嚼小民。还有那飞天光棍,妆成圈套,坑陷人命,无恶不作,积趱金银。此等之人,决有报应,冤魂缠身,定生好嫖好赌的子孙,败荡家私。……(《西湖二集》卷二十《巧妓佐夫成名》)[2]

---

[1] 《石点头》,《中国古典小说研究资料丛书》,上海古籍出版社,1985年新1版,第179—180页。
[2] 陈美林校点《西湖二集》,《中国话本大系》,江苏古籍出版社,1994年,第341页。

这两个例子突出显示的是作者的缜密思考和细致论析,也体现出他们汲汲于建立这一伦理法则的迫切愿望。从这一点上看,凌濛初以降文人拟话本"诰诫连篇"的现象本身,作为中间阶层的建构努力,既是社会现实的某种直接反映①,也是精神观念反作用于一般社会的重要表现。

通俗小说的作者固然汲汲于议论和说教,但他们也都深知,进行这些商业社会伦理建设的主要方式还是"因果报应"的现实叙事,所谓"因果报应之理隐于惊魂眩魄之内"②。道德与财富的因果法则的建立,尤其需要非常切合的故事情节,这也是通俗文学商品本质的要求。在此方面,《二刻拍案惊奇·王渔翁舍镜崇三宝,白水僧盗物丧双生》和《醒世恒言·施润泽滩阙遇友》是两个值得分析的例子。

《王渔翁舍镜崇三宝,白水僧盗物丧双生》头回故事显然已经成为一个"母题"(motif)——最小的情节单元,在《施润泽滩阙遇友》中也有出现。这个最小情节单元的内容是金钱或是具有灵性、或是在神明的操纵下,自己长出双腿走到(或是无端出现在)它应该处身的地方;任何人力都无法改变它的终极归宿。缘于其内容的性质,此一母题当然首先都是以"灵异"面目出现的(在《王渔翁舍镜崇三宝,白水僧盗物丧双生》头回中是"五通神道"的显灵,在《施润泽滩阙遇友》正话中是八锭银子化身为"八个白衣小厮"),但在这两篇作品中,作者又加之以典型化提炼的故事情节,进一步深化了这一母题的意义。《施润泽滩阙遇友》中,施复欲归还银子,但薄老儿以"无福享用"坚辞不受,于是施复将两锭银子裹在馒头中

---

① 参阅韩南《道德责任小说:17世纪40年代的中国白话故事》,载《韩南中国小说论集》。
② 《娱目醒心编》卷首自怡轩主人《娱目醒心编序》。此据朱一玄编《明清小说资料选编》,第948页。

让他带回，可是薄老儿因不知就里，到家后却将两只馒头赠予送其返家的施复用人；施复用人不好推辞，返家以后又将馒头交还给主人，如此两锭银子转了一圈，又回到了施复手中。故事到此并没有完，施复终于明白了薄老儿确实没福受用，欲明造化毕竟何归，所以又让那用人带回自己屋中，并且吩咐说："这两个馒头滋味，比别的不同，莫要又与别人！"但结果却是用人拿着馒头刚交给老婆，还未开口说馒头何处得来，自己就被伙伴拉去喝酒；其老婆因同样不明就里，将这两个馒头又拿去和施复妻子去换点心。最后的结果是：两锭银子历经巧合，还是回到了施复之手。《王渔翁舍镜崇三宝，白水僧盗物丧双生》中，王甲夫妻得了宝镜，以为非分，便供养到峨眉山白水禅院，结果被住持以假换真骗去。但螳螂捕蝉，黄雀在后，新来一个贪官风闻此事，百般逼迫住持交出宝镜；住持虽坚不承认让贪官一时难逞，岂料手下一个徒弟真空却将宝镜并所有金银尽数卷走。最后住持被贪官杖死，真空饲于虎口，宝镜被神明交还王甲夫妻。如果说《施润泽滩阙遇友》的情节偏重于"巧合"，《王渔翁舍镜崇三宝，白水僧盗物丧双生》的情节则重于对现实的典型化提炼。无论如何，它们都是"三言二拍"文学性的展现，完美地表现出"银子赶人，麾之不去；命里无时，求之不来"、"欺心贪别人东西，不得受用，反受显报"的思想主题，印证了文学所具有的影响人心的魅力所在。

伦理道德系统由多种具体原则组成，内部必须能够自洽才能使之成为一个整体性的存在。上述通俗小说所呈现的财富价值观及其相应的道德与财富的因果法则，并非没有理论和实践上的缺陷。最根本的一点是："财分天定，不可强求"，亦即财富由天数注定，在原则上与"道德—因果报应"其实是矛盾的。前者是一种绝对的宿命论，即一切贫富穷通"命中注定"而与人事无关。严格来说，它不仅与后者的核心——以道德为决定因素——这一传统价值相互违背,更与"中间阶层"的教化目标发生抵牾。如《醒世恒言·张廷秀逃生救父》中王员外的话"贫富那个是骨里带来的",即与宿命论发生某种矛盾。《拍案惊奇》之《转运汉巧遇洞庭红,波斯胡指破鼍龙壳》本是一个旨在说明"万事分已定,浮生空自忙"的故事,但其头回就提出了"天数注定"的悖论所在:

> 说话的,依你说来,不须能文善武,懒惰的也只消天掉下前程;不须经商立业,败坏的也只消天挣与家缘。却不把人间向上的心都冷了?①

凌濛初接下来的正话试图以"却又自有转眼贫富出人意外"来消解这个悖论,在逻辑上显然是无法完成的。但有意思的是,我们读罢这则故事,并没有产生太多的关于财运是否分定的思考,这说明这个故事中深藏的一些东西,实际上解决了读者的可能之疑。表面上看,故事的主人公"倒运汉"确实是"在实地上行,步步不着,极贫极苦的,却在渺渺茫茫做梦不到的去处,得了一主没头没脑的钱财,变成巨富",但实质上,主人公转运的背后,明显有一些道德内容:首先就是文若虚不贪不欲、随遇而安的人生态度,本身就是一种重要的传统道德;其次则是文若虚的行为表现,比如以别人的助银去买洞庭红橘,目的是"在船可以解渴,又可分送一二,答众人助我之意",无不出于善意;特别是当别人劝他不要便宜了贱买他"鼍龙壳"的回回商人时,文若虚道:"不要不知足,看我一个倒运汉,做着便折本的,造化到来,平空地有此一主财爻。可见人生分定,不必强求。我们若非这主人识货,也只当得废物罢了。还亏他指点晓得,如何还好昧心争论?"这已经是完全符合传统道德的品质了。所以作者借众人的话说出结论:文先生"存心忠厚,所以该

---

① 石昌渝校点《拍案惊奇》,《中国话本大系》,江苏古籍出版社,1990年,第2页。

有此富贵",与"天数注定"实际已发生了结合——财分虽由天道阴骘而定,但天道却以人之在世功德作为依据。《醒世恒言·施润泽滩阙遇友》《二刻拍案惊奇·王渔翁舍镜崇三宝,白水僧盗物丧双生》均是这方面的典型篇章①。

对待此一悖论,儒家精英分子的态度表面上是和通俗小说作者有所不同的,典型者如王夫之所云:"俗谚有云:一饮一啄,莫非前定。举凡琐屑固然之事而皆言命,将一盂残羹冷炙也看得哄天动地,直惭惶杀人!且以未死之生、未富贵之贫贱统付之命,则必尽废人为,而以人之可致者为莫之致,不亦舛乎!故士之贫贱,天无所夺;人之不死,国之不亡,天无所予;乃当人致力之地,而不可以归之于天。"(《读四书大全说》卷十《尽心上篇》)②但这种"当人致力之地,而不可以归之于天",仍然是有前提的,而这一前提就是既有的道德标准,一切"人力"都只有在它的标准下实行。由此,两种态度并无实质性的差异。

总体上,通俗小说关于商业社会伦理的建设,与当时社会宗教生活中普遍流行的功过格、善书、劝善宝卷的宗教伦理道德构建正相同步。二者都属于一种超越官、民、贫、富差别的共同的民众宗教意识③,亦即社会一般宗教生活观念,因此其核心"因果报应"法则的具体内涵当然也是完全一致的④。善书、功过格中,诸如"斗

---

① "因果报应"与"天数注定"实现结合的观念机制,详见下节详论。
② [清]王夫之著,王孝鱼点校《读四书大全说》,中华书局,1975年,第723页。
③ [日]酒井忠夫《中国善书研究(增补版)》,第18页。
④ [美]包筠雅(Cynthia J.Brokaw)的研究表明,尽管十七世纪的精英分子在功过格中强调真正的善行不需要"报应"的鼓励,但其功过格仍然植根于对报应(神明赏罚善恶)的信仰。见包筠雅《功过格——明清社会的道德秩序》,杜正贞等译,赵世瑜校,浙江人民出版社,1999年,第248—249页。

秤须要公平,不可轻出重入"、(不得)"短尺狭度,轻秤小升;以伪杂真,采取奸利"、"房掠致富,巧诈求迁"等商业规范和商业社会伦理原即为内容之一,明末以降又增加了更多的与商业经济有关的内容①,体现了十六世纪以来的社会的新变化以及随之而来的道德要求。

《喻世明言·李公子救蛇获称心》头回即以《文昌帝君阴骘文》"埋蛇享宰相之荣"之孙叔敖故事发端,正话全部亦为根据一个前有文本《朱蛇记》增衍的救蛇得报的简单故事,主题则为"广行阴骘,上格苍穹",几乎可以成为《阴骘文》之注脚。有意思的是:在大多数功过格中(如《文昌帝君功过格》),百钱买放生命不过"一善",而《李公子救蛇获称心》中李复以铜钱百文买放小蛇,结果不仅得中科第,又得龙女三载酬恩,所得之报远远大于"一善"之应得。但这不形成冲突,原因在于"功过格"是一种宗教伦理实践,而"阴骘"观念则是一种因果报应的信仰准则,前者紧紧围绕生活、修行实际,而后者则主在信仰的建构和培养。假如李复依功过之格而求报,则百钱买放小蛇不过一善而已;相反,李复纯以善心买放小蛇而不求报,则此类积善就成了"广行阴骘",必定"上格苍穹"。很明显,"阴骘"是道德体系中最具价值意义的内容,更需要用文学而且只有用文学才能实现对社会的深入感染和宣化。

《续金瓶梅》第八回为了阐明《太上感应篇》所说的"横取之报"(横取人财必有报应)②,原本用主线情节本身一段——来安与张小桥合谋假装强盗盗走月娘金银,最后命丧财空——进行展现,但

---

① 详见酒井忠夫《中国善书研究(增补版)》,第 373 页;包筠雅《功过格——明清社会的道德秩序》,第 218—219 页。
② 《太上感应篇》有曰:"诸横取人财者,乃计其妻子家口以当之,渐至死丧。若不死丧,则有水火、盗贼、遗亡器物、疾病、口舌诸事,以当妄取之直。""取非义之财者,譬如漏脯救饥,鸩酒止渴,非不暂饱,死亦及之。"([清]俞樾《太上感应篇缵义》,华东师范大学出版社,2012 年,第 75 页)

因故事较长,急切不能收束,遂在此一关节尚在进行的中间,插入一段"说话":

> 原来这财、命二字是天生一定的。当初有一书生行路,在高岗看见一人撇下一串钱,急急走来要取,只见一条青蛇在乱草伏着,口里吐须,唬的书生跑回。又在高岗上看,明明又是一串钱,心中疑不定,坐在岭上看着,来往的人俱不见。到天晚,忽有一人走来取去。书生下来问他,果是一千钱。书生嗟叹而去。又有一家财主,家人偷出一锭元宝,没处去藏,埋在他家阴沟里,指望雨大通沟,顺便取出。那日大雨一夜,明日天晴,家主有六十余岁,时常拿根挂杖走来,在那阴沟里不住的乱通。只见放过水去,露出一条白边来,使挂杖挑开泥土,原是他自家的元宝,也不言语,取回去了。可见,各人的财原是取不去的。如该破财,就是埋在地下,也是要去的。今日这来安和张小桥做贼劫的金子,果起了家,天理鬼神何在?!①

这类同当场说书,难免影响阅读,但却符合"借小说作《感应篇》注"的特点,同时也因设喻说理的形式,更好地实现了类似创作汲汲于敷说因果的初衷。

三 社会伦理道德建设:阶级流动与善恶报应

就整体古代中国而言,社会流动(social mobility)的程度不足一直是为今人所诟病的地方。但自唐初确立科举制度开始逐渐打破门阀士族的统治垄断后,经过唐、宋的发展迄于明、清,社会流动的情形如何,特别是明清"近世",社会流动是否因社会、政治及经

---

① 《续金瓶梅》,陆合、星月校点《金瓶梅续书三种》,第74页。

济特别是商品经济的发展而出现某种重大的变化,仍是一个需要认真加以对待的重要问题。何炳棣较早对这一问题进行了全面深入的研究①,他的结论是:明清社会虽然与较早的中国社会同是一个管制社会,但法律文本包含的社会理想与社会现实之间有很大的差距。复杂的社会与经济力量,部分也由于帝国政府缺乏严格执行这个苛刻法律的坚强意志,使很多的特殊身份规定难以维持。在整个明清社会,身份制度是流动的,有弹性的,没有阻止个人和家庭改变社会身份地位的有效法律与社会障碍。明初因为科举考试和功名授予制度的愈趋精细、学校的普及以及其他不寻常的政治、社会条件,造成了可能是中国历史上绝无仅有的社会流动。平民向上流动的趋势,至十六世纪方急速下跌,清代后期降至低点;而由于人口的倍增和技术与制度的停滞,社会长期的向下流动的趋势则始终存在②。尽管有一些研究提出了疑问或补充,但何炳棣的观点基本上是成立的③。

上下层阶级流动以及士农工商之间身份变化的程度加剧,可以说已经成为十六至十八世纪社会变迁的一个重要内容,而且并未因明清易代而发生显著的中断。这不仅可以从史料的分析中得到验证,还可以在通俗小说中获得显著的印象。虚构性的小说虽然不能成为历史真相的材料,但却是历史情境的最佳写照,既反映出社会的观念、心态,当然也表达出文学主体对社会现象的看法和他们的理想追求。在相对激烈的社会转型期间,面对着变泰发迹

---

① 何炳棣所著 The ladder of Success in Imperial China: Aspects of Social Mobility, 1368—1911 初版于 1962 年,1967 年出版修订版(均为美国哥伦比亚大学出版社出版)。全文中译本由徐泓译注,题《明清社会史论》,台北联经出版事业股份有限公司 2013 年出版。

② 何炳棣《明清社会史论》,徐泓译注,第 316—326 页。

③ 参阅徐泓《何炳棣教授及其〈明清社会史论〉》,徐泓译注《明清社会史论》译者序。

和沉沦遭迍的上下流动的现实,以及自身的遭遇,通俗文学的作者不得不有所思考。通俗小说"因果报应"的建构内容中,另外一个重要部分就是关于社会流动的伦理道德的重塑。

这一伦理的核心内容,就是社会的上下流动乃由积善、积恶决定,亦即在传统道德和社会流动之间存在着因果报应法则。在明清时代,向上流动的最主要途径就是科举入仕,富裕大户或商人的纳捐也不外乎是取得功名以得到授官;同样的,如果久试不第同时又家无余财不能捐贡或捐监,则君子之泽数世而斩,向下流动就不可避免。因此在绝大多数明清小说中,善有善报的结果无一例外的是一举而售,或子弟高中。

明清时期关乎现实的小说几乎无不以科举为重要的内容模块。"三言二拍"等拟话本在前,明末清初"才子佳人小说"继之,《儒林外史》反映此一主题达至最高境界。值得注意的是"才子佳人小说"尤还奠定了一种基本的模式,如清乾嘉时小说《红楼复梦》凡例所说:

> 凡小说内,才子必遭颠沛,佳人定遇恶魔,花园月夜,香阁红楼,为勾引藏奸之所。再不然,公子逃难,小姐改妆,或遭官刑,或遇强盗,或寄迹尼庵,或羁栖异域。而逃难之才子,有逃必有遇合,所遇者定系佳人才女。极人世艰难困苦,淋漓尽致,夫然后才子必中状元,作巡按,报仇雪恨,娶佳人而团圆。凡小说中舍此数项,无从设想。①

实际上,历经颠沛遇合,最后中举及第从而实现报仇雪恨的故事模式,在"三言"中已有出现,如《张廷秀逃生救父》《张淑儿巧脱杨生》等等。此类"佳话"结构和金榜题名、洞房花烛的"团圆"结

---

① 《红楼复梦》,影印清娜嬛斋刊本,《古本小说集成》第1辑第79册,第6页。

局模式,实质反映了中间阶层的一种集体理想:通过科举以晋身上流。

然而科举既是唯一途径,可是科举又极艰难,最重要的是尤有不公之存在。科举不公自明以降愈益明显,其中实以童生入学之试为最①:县府、学道试之不察与徇私,财主之家之贿赂,乡宦大户之"公荐",达官贵戚之请托,不一而足。总之就像小说中的总结:"公子笑欣欣,喜弟喜兄都入学;童生愁惨惨,恨祖恨父不登科。"(《拍案惊奇》卷十《韩秀才乘乱聘娇妻,吴太守怜才主姻簿》)②贫寒之人,一如《两交婚》中的甘颐对其妹所言:"但方今钱财之世,你为兄的又不愿以钱财博功名,只恐要觅这一领青衿也不容易。"(第一回)③《七曜平妖传》直以"读书人买秀才做"为常例导致武官亦可买卖:"此辈也仿效读书人买秀才做,倩人做几篇文章,刻个窗稿,虚扬声名,以便买科举买进士的一个教门,真是可惜灾害了几千梨木,秽污了几万纸札。总之不过骗个金腰黄盖,在家唬妻子,在乡曲欺邻居、拜亲朋,上坟唬祖先,为昼锦之荣。他那里会一刀一枪,亲冒矢石;那里晓得与士卒共甘苦……"(第二十七回)④尤可见晋身不公所造成的对国家安危的损害。

辗转两朝科场,始终一第未得的丁耀亢,其《续金瓶梅》中第四

---

① 关于明清的科场不公,清人顾炎武《日知录》、赵翼《陔余丛考》《廿二史札记》都有综述,近人研究总结更夥。这些论述都有所忽略的是:因为童生入学之试是成为生员的必备条件,而生员又是"士"的起始阶层以及更高科举的基础,同时入学考试又缺乏系统的制度保障,极度依赖于地方官及学道官的个人品性,所以其弊端既最为显著,也最具社会影响。

② 石昌渝校点《拍案惊奇》,《中国话本大系》,江苏古籍出版社,1990年,第162页。

③ 王多闻校点《两交婚》,《明末清初小说选刊》,春风文艺出版社,1985年,第3页。

④ 《皇明通俗演义七曜平妖全传》,影印国家图书馆藏明刊本,《古本小说集成》第3辑第100册,第206—207页。

十六回《傻公子枉受私关节,鬼门生亲拜女房师》整回都是对科举的批判,其议论如:

> 名利场中,自做秀才到尊荣地位,那个人不求情荐考,用贿钻谋?那有一个古板坐着听其自然的?
>
> 止有富家子弟、大老门生、希图进取的私人,未免还依宋朝末年的积弊,即改名换面、买号代笔、换卷传递,种种的法儿。或用贿买了外帘贡举官,使他连号倩人;或买通了内帘看卷官,和他暗通关节:第一场头篇头行上用某字,二场头篇末句上用某字,三场某篇用某字;或是本生文理欠通,先将策论试题先期与他,改成一篇好文,又暗中记号,自然人人服是真才。因此,富贵家子弟多是坐倩着现成官做,不用费力读书的。可怜这些苦志寒窗贫士穷儒,一等这个三年,如井中望天,旱苗求雨一样。到了揭晓,场中先将有力量通关节的中了,才多少中两个真才,满了额数,把卷子付之高阁,再不看了。这些帘官们且去饮酒围棋,在场里耍闹,捱到开场,哄得这些穷酸们不知做了多少不灵的好梦,只好替人作嫁衣裳,白白的来陪上三夜辛苦、一冬的盘费,有多少失意的名士恼死了的。看官细想想,你说这样不公道的事从何处伸冤?把那天上司福司禄星官、文曲魁星、主文明的神道,又查甚么三代,问甚么阴功?倒不如使财神多多积些元宝,就买完了一场科甲,好不省事。①

大都鞭辟入里。可讽刺的是,作者既强调"这科名的真假,岂不是一朝的大政!如何用得关节,私自可以巧取?便是上逆了天榜,下夺了王禄。不消说王法难容,那鬼神岂不暗惩!所以,如今巧取功

---

① 《续金瓶梅》,陆合、星月校点《金瓶梅续书三种》,第 442、446—447 页。

名的,多有反得大祸,亡身丧家,或是半路夭折,享名不久,殃及子孙,以夺其算。只是人不肯信,但有私门,谁肯不前进一步"①,于是要说一件"科名因果",然而这个"天送来一段富贵,却是不求而至"的故事,却是标准的作弊(病故的兰娘游魂,将偷听到的考官泄题透露给严生,使严生进场得以"做的妥帖","中了解元")。即使在因果原则上,其中举固可以说是因为"不贪女色",但绝不能说是"不欺暗室"。小说作者潜意识里的私念,于此可见一斑。

科举不公之外,纳捐的滥行导致读书应试的晋身之路进一步狭窄,而且使无行之辈依仗钱财跻身官场,又导致政治的腐败。《醒世姻缘传》前半部的现实主义描写以及《醉醒石》第七回《失燕翼作法于贪,堕箕裘不肖惟后》的口号式议论,均真实反映了不平者的心态②。

所以小说作者往往特别强调侥幸得中者并无真才实学。《西湖二集》卷二十《巧妓佐夫成名》借妓女曹妙哥之口谓:

> 你只道世上都是真的,不知世上大半多是假的。我自十三岁梳笼之后,今年二十五岁,共是十三个年头,经过了多少举人、进士、戴纱帽的官人,其中有得几个真正饱学秀才、大通文理之人?若是文人才子,一发稀少。大概都是七上八下之人、文理中平之士。还有若干一窍不通之人,尽都侥幸中了举人、进士而去,享荣华,受富贵。③

---

① 《续金瓶梅》,陆合、星月校点《金瓶梅续书三种》,第 445 页。
② 关于后一方面的通俗小说作者的心态,可参陈大康《书生的困惑、愤懑与堕落——从小说笔记看明代儒贾关系之演变》,《华东师范大学学报(哲学社会科学版)》1994 年第 1 期。需要指出的是:通俗小说作者的愤慨所向并不完全是针对商贾,因为从其描写内容来看,富商大贾以外,请托、纳捐、买官的主流还包括乡绅、在职官员、贵族。
③ 陈美林校点《西湖二集》,《中国话本大系》,江苏古籍出版社,1994 年,第 343 页。

与之相应的是,"才子佳人小说"既以"功名遇合为之主"(鲁迅《中国小说史略》),故特标举"才"之难得与"才人"之不遇:

> 天赋人以性,虽贤愚不一,而忠孝节义莫不皆备,独才情则有得有不得焉。故一品一行,随人而立,而绣虎雕龙,千秋无几。……虽文彩间生,风流不绝,然求其如布帛菽粟之满天下,则何有焉?此其悲在生才之难,尤可委诸天地。独是天地既生是人矣,而是人又笃志诗书、精心翰墨,不负天地所生矣,则吐辞宜为世惜,下笔当使人怜;纵福薄时屯,不能羽仪廊庙,为麟为凤,亦可诗酒江湖,为花为柳。奈何青云未附,彩笔并白头低垂;狗监不逢,《上林》与《长杨》高阁。即万言倚马,止可覆瓿;《道德》五千,惟堪糊壁。求乘时显达刮一目之青,邀先进名流垂片言之誉,此必不可得数也。……揆之天地生才之意,古今爱才之心,岂不悖哉!此其悲则将谁咎?……徒以贫而在下,无一人知己之怜;不幸憔悴以死,抱九原埋没之痛,岂不悲哉!①

对"才"的推重,实质乃是对科举公平的希冀以及对"如何灿灿斗魁光,化为赫赫金银气"的社会现实的不满。所以《平山冷燕》等都将才子佳人之才情渲染到极致,同时又将其如意结局美化到圆满,既满足自己,也满足和作者抱有同样心态的读者。

对公平致身的希冀便决定了"积善余庆、积恶余殃"的因果报应法则的具体价值取向。"善"有多方面的内容:对士子而言,恪守礼教、勤奋读书而戒急用忍、不贪不欲就是向上流动的最大保证;对官吏而言,清廉守正足以保证子孙绍继,哪怕是过早离世遗下孤儿寡母而且家徒四壁,如《玉支矶》中的长孙肖,饱经困苦,最终仍

---

① 天花藏主人《四才子书序》,冯伟民校点《平山冷燕》卷首,《中国小说史料丛书》,人民文学出版社,1983年,第1页。

一举及第,高官厚禄,一夫二妇。妇女节孝,其子必登科第,博得其母旌表(《醒世恒言·蔡瑞虹忍辱报仇》)。对小生意人或手艺人而言,只要做一个"老实好人",子孙勤苦读书,便"也有个向上之念"(《醒世恒言·张廷秀逃生救父》);即使是卖油郎之子,也可以"读书成名"(《醒世恒言·卖油郎独占花魁》)。"恶"当然并不单纯是指大奸大恶,因为对恶行的报应已非单纯的向下流动所能惩罚。在"三言二拍"等世情小说的描写中,"恶"往往多为贪婪、奢华或逸乐、嫖赌等不良行为。在《醒世恒言·两县令竞义婚孤女》中,潘华之父潘百万"是个暴富,家事日盛一日",而萧雅之父萧别驾卒于任所,"家无余积","日渐萧索";但结婚后的潘华专一嫖赌,最后家财罄尽,"寸土俱无";而萧雅勤苦读书,一举成名,官至尚书之位。很显然,此一"善""恶"的具体内涵体现出变化了的社会风气,反映出通俗小说作者的主观态度。

在通俗小说着力形塑的因果报应伦理中还有一个重要的内容,即主张贵贱穷通,转瞬而变,命运天定,不可强求,与商业伦理中的"财分天定"相关联。这同样在有意教化的"二拍"中表现得尤其明显,前后的明清小说中也多有强调。不过,这同样也不是对社会流动及其相应因果法则的反动,而恰恰是一种补充。当上下流动在有失公平的情况下发生,特别是权力和财富成为决定力量时,客观上必然会造成传统力量的反弹,对违反道德、孜孜营鹜者在宗教伦理道德上予以否定。

如前一节所论,"命为天定"严格来说在理论上并不符合因果报应的逻辑,因为和"善庆恶殃"法则发生矛盾。但明清通俗小说的"因果报应"故事仍然巧妙地融入了命为天定论的两个类型"缘定论"(男女之合)和"数定论"(贵贱之分),其方式就是将佛教因果法则的核心因素——前世或现世之"业"加到"命数"的根本成因之中,并在最后完成果报,这样就实现了"因果报应"与"命为天定"的完美结合。《醒世恒言·陈多寿生死夫妻》中陈多寿久患癞疮，一朝脱皮换骨，"三十三岁登科，三十四岁及第"，表面上看虽然"从来命之理微，常人岂能参透？言祸言福，未可尽信"，但实际上"乃是个义夫节妇一片心肠，感动天地，所以毒而不毒，因祸得福，破泣为笑"。《石点头·郭挺之榜前认子》中之郭乔十六岁进学，做了四十年生员，应举过十数次，皆不能中，"自知命中无分，故心成死灰"；然而却因偶一施恩，得青姐以身相报，又生下一子，二十年后父子俱中进士，相逢于金榜之下。

最后不妨仍以通俗小说的一段作为这种"社会伦理"内涵的总结。《醒世恒言》卷十七《张孝基陈留认舅》头回：

士子攻书农种田，工商勤苦挣家园。

世人切莫闲游荡，游荡从来误少年。

尝闻得老郎们传说，当初有个贵人，官拜尚书，家财万贯，生得有五个儿子。只教长子读书，以下四子，农工商贾，各执一艺。那四子心下不悦，却不知甚么缘故。央人问老尚书："四位公子何故都不教他习儒？况且农工商贾，劳苦营生，非上人之所为。府上富贵安享有余，何故舍逸就劳，弃甘即苦？只恐四位公子不能习惯。"老尚书呵呵大笑，叠着两指，说出一篇长话来，道是：世人尽道读书好，只恐读书读不了！读书个个望公卿，几人能向金阶跑？郎不郎时秀不秀，长衣一领遮前后。畏寒畏暑畏风波，养成娇怯难生受。算来事事不如人，气硬心高妄自尊。稼穑不知贪逸乐，那知逸乐会亡身。农工商贾虽然贱，各务营生不辞倦。从来劳苦皆习成，习成劳苦筋力健。春风得力总繁华，不论桃花与菜花。自古成人不自在，若贪安享岂成家！老夫富贵虽然爱，戏场纱帽轮流戴。子孙失势被人欺，不如及早均平派。一脉书香付长房，诸儿恰好四民良。暖衣饱食非容易，常把勤劳答上苍。

老尚书这篇话,至今流传人间,人多服其高论。为何的?多有富贵子弟,担了个读书的虚名,不去务本营生,戴顶角巾,穿领长衣,自以为上等之人,习成一身轻薄,稼穑艰难,全然不知。到知识渐开,恋酒迷花,无所不至。甚者破家荡产,有上稍时没下稍。所以古人云:五谷不熟,不如荑稗。贪却赚钱,失却见在。这叫做:受用须从勤苦得,淫奢必定祸灾生。①

这一段书会先生常说的话头,极富意蕴。在说话人的观念中,社会高低分层既为事实,上下流动也显著存在,但习儒仍为"上人",农工商贾仍不免劳苦,所以士农工商可以各司其业者,乃由于"富贵天定不可执着＋勤劳成家淫奢败覆"的必然因果而已。

四 十六至十八世纪通俗小说的新型伦理道德及其局限

十六至十八世纪通俗小说重新构筑的现世的、伦理道德性的"因果报应"与"新禅宗"、"新道教"和"新儒家"的思想新变是同步的,既是应乎商业兴起、社会流动中的伦理道德建设的需要而产生,同时又是社会一般宗教生活观念发生变化的反映,因此是经济基础、社会状况及宗教思想三者之间交互影响的典型体现。

从通俗文学所反映、建构和传化的宗教伦理精神来看,其通过"世情—因果"所建构和反映的"商业伦理道德"既包括了对商业的肯定以及对勤苦致富、公平竞争的提倡,但也批判了一味逐利的社会风尚,更重要的是强调财分天定、不可强求。而"社会伦理道德"的核心则是建立起传统道德与"变泰发迹"的联系法则,既强调士

---

① 魏同贤校点《醒世恒言》,《中国话本大系》,江苏古籍出版社,1991年,第324—325页。

农工商各尽其分,又始终以"读书"为高;在批判社会种种不良现象特别是科举不公的同时,仍然极其强烈地希求科举致身。总体上,明显地呈现出一种极具"张力"或"两难"的情形。这种情形说明明清时期即使形成了某种"商人精神",它也显然存在着不可调和的冲突,而且其价值核心仍然建立在传统伦理道德基础之上,主导倾向是以财富天定、不可强求的宗教伦理取代商业经济中对利润的追求。在"善有善报"的因果法则下,财富着重体现为一种上天对善行的奖赏,而不是对勤苦奔波、擅于经营的回报。与此相应的,商人虽成为社会群体的重要分子,但只有捐纳功名才可能获得向上流动的机会,一如文士固不废治生,科举及第永远还是最根本的目标。此一社会伦理不仅没有彻底否定传统社会阶级差别,相反却始终予以维护。显然,这样一种"商业伦理道德"、"社会伦理道德"虽然不无新义,但未能彻底突破传统,仍是无法否定的事实。这也可以从一个角度指明了近世中国为什么未能产生真正的资本主义,以及社会分层没有得到根本性改观的原因所在。

无论如何,明清通俗小说"善有善报,恶有恶报。不是不报,时辰未到。那天公算子,一个个记得明白。古往今来,曾放过那个"(《醒世恒言·一文钱小隙造奇冤》)[①]的因果报应信仰体系所承载的商业伦理道德和社会伦理道德,可以说一直延续到当代所有华人社会的一般观念之中,并且在很大程度上通过改编古典通俗小说、戏曲的现代通俗文艺形式而得到进一步的分享和强化,成为中国社会一般宗教伦理道德最核心的内容。

[①] 魏同贤校点《醒世恒言》,《中国话本大系》,江苏古籍出版社,1991年,第766页。

第六章　潜流与平潮：宗教的邪、正与通俗文学的抑、扬

"秘密宗教（教门）"，其"秘密"一语当来自中国学者对"秘密社会"（secret societies）的移植性使用，最初主要指清代秘密宗教结社、秘密教门和近代具有政治目的的秘密会党，并逐渐被一些学者用来指称宋元以来属于社会异端的新兴宗教[①]。从逻辑上说，一种新兴教派如果处理好与政治和世俗社会的关系，那么它就会正常生存而不会表现出什么秘密性；只有当它没有处理好这种关系而为政治和社会所排斥时，才会成为地下的秘密组织。因此，有一些学者认为将"秘密宗教"从"民间宗教"、"新兴教派"中单独拈出的做法是不妥当的，甚至暗示这和直称其为"邪教"一样，都属于一种过度的社会学面向的研究。大多数中国宗教的研究者则不作性质的判断，将之归于大而无当的"民间宗教"范畴而予以模糊的处理。个人认为，如第一章《绪论》已经提到的，中国古代社会一般宗教生活中的"秘密宗教"必须予以独立审视；其"秘密宗教"的指称，不仅是合理的，而且是必要的。

[①] 刘平认为："秘密宗教"一词间接源于沙畹（Edouard Chavannes）、伯希和（Paul Pelliot）的《摩尼教流行中国考》，直接源于李世瑜1948年发表的《现在华北秘密宗教》。见其《中国秘密宗教史研究》，北京大学出版社，2010年，第4—5页。案：赵卫邦1948年在辅仁大学主办 Folklore Studies 上发表的文章已经使用了 secret religious societies 一词（Chao Wei-pang, "Secret Religious Societies in North China in the Ming Dynasty", *Folklore Studies*, Vol. 7, 1948, pp. 95—115）。

无论从"黄巾"、"米贼"还是从摩尼教乃至从白莲教算起,中国古代有很多新兴宗教都逐渐成为整体社会的异端宗教。它们之所以会成为异端,在根本意义上是因为保持创生宗教的宗教本性,并且不能与政治和世俗文化相妥协,从而不得不转入地下进行隐秘抗争。真正的"宗教性",就其最本质的内涵而言,是具备以末世论(Eschatology)为基础的救世主义思想[1],以对救世主的挚诚信仰,坚信通过神的力量能够摧毁罪恶的现世,实现终极的解脱。在古代中国,较为显著的救世主信仰有老子、弥勒佛及无生老母等,以"下凡"、"转世"为主要表现。正是在宗教性特别是具有救世主义思想这一点上,它与近代中国以民族主义为观念核心的政治运动或社会(地缘、行业)组织"秘密会社"有所不同[2]。在古代中国的文化社会语境中,这种以摧毁现世以求太平的宗教理念注定无法解决其与国家政权和世俗文化的关系,因而不仅始终被以儒家思想为原则的权力政治所抑制,也为整体社会所不容。所以尽管这些新兴宗教都有相当的群众基础,甚至具有一些儒学成分[3],在中上阶层和统治者内部也有一定的影响;且其初起时往往表现为民间信仰的形式并进行和平的传教,但从根本上论,它们终究不得不成为"秘密的"、"地下的"宗教。

因此,中国古代绝大多数创生宗教或新兴宗教派别如果保持宗教性本质,最后成为"秘密"的宗教组织就是一个必然的结果。

---

[1] 杨庆堃《中国社会中的宗教:宗教的现代社会功能及其历史因素之研究》,第212—215页。

[2] 参阅王尔敏《秘密宗教与秘密会社之生态环境及社会功能》,《近代史研究所集刊》第10期。

[3] 杨庆堃已经指出,教派信仰所具有的儒学成分并不能使它们免于政治压制(《中国社会中的宗教:宗教的现代社会功能及其历史因素之研究》,第184页)。其中的原因,就在于这些教派虽然糅合了儒家思想成分,但不能改变其反抗现世的救世运动本质。

"秘密宗教"这一指称不仅较"新兴宗教"、"异端"或"异端宗教"更能反映出它本身的性质内涵、历史表现和形式特征①,而且还可以深刻地折射出中国社会、文化在宗教方面的特质。

具体而言,中国古代"秘密宗教"的存在及其社会影响具有两面性:一方面,它们既是人们解决中心困苦的信仰努力和实践行动,是末世观思想主导下的救世运动,因此在本质上都具有反抗统治、改变社会的内在属性。因此,秘密宗教与现世政治和社会的一切和平都只是表面的和暂时的,而对抗则是永恒的,只是这种对抗有程度的差异和表现的不同罢了②。压制、禁绝乃至肉体的消灭既不能彻底根除它们所赖以生成的土壤,自然也就无法杜绝它们的不断涌现。古代中国的众多地下秘密宗教一直在不断酝酿生成各种"千年王国主义"(Millennialism)或"救世主义"(Messianism)运动,至明清时代尤为剧烈③。当其一旦爆发革命,就具有强大的影响力。

---

① "秘密宗教"之所谓"秘密",并不侧重指"秘传性"、"神秘性",而主要是指其社会存在形式,亦即它们在社会上是秘密的和地下的。

② 欧大年以十九世纪初的八卦教为例指出,虽然这些组织中有些或曾参与反抗政府的武装起义,但大多数仍和平地处于民间(《中国民间宗教教派研究》中译本序言,上海古籍出版社,1993年)。秘密宗教固然存在着像罗教那样具有改良色彩的个例,绝大多数也和世俗社会和平相处甚至彼此取得妥协,但这一事实并不能否定总有一些坚持救世本性而主张彻底摧毁现世的宗教的存在。关于罗教,不少研究者认为它是与白莲教表现有不同之处的另一系现民间秘密宗教,或以为其非"教门"而是"会门";它们的不同不在于根本义旨上,而在于对官府的武装斗争的态度上。罗教并不把反抗斗争视为必然,而以持续不断的斋戒作为脱出苦难的手段(野口铁郎《道教和民众宗教结社》,载《道教》第2册,福井康顺等监修,朱越利译,上海古籍出版社,1992年,第169页)。罗清所建立的,是"一个致力于单纯虔敬和行善积德,具有世俗的世袭领袖的教派"(欧大年《中国民间宗教教派研究》,刘心勇等译,周育民校,上海古籍出版社,1993年,第135页)。罗教的例子,反映出同一性质的民间秘密宗教的不同表现形式。但同时也必须看到,依托罗教或以"五部六册"为宗的后世支裔,亦未尝没有发起暴动。

③ 其中的根本原因,一是阶级社会中根深蒂固的解决痛苦和终极问题的宗教性需要,二是社会转型时期各种弊病的积累所导致的社会矛盾的(转下页)

另一方面，因为古代社会中所有的宗教元素都加快了"异化"亦即向世俗伦理的靠拢，并最终与之融为一体共同组成以现世伦理道德为精神核心的社会一般宗教生活，发挥着显著的社会功能。所有的秘密宗教的影响力量，始终无法与之抗衡。可以说，后者（"秘密宗教"）虽然汹涌激荡，但始终是回荡在水面下的潜流；而前者（"普化宗教"）尽管波澜不惊，却是来潮已到最高之位，具有决定性的力量。

古代中国宗教这一特殊性，当然是古代中国社会、文化的某种内核决定的①。正因如此，秘密宗教研究在近几十年来蔚为兴盛②，而且作为观照中国社会、文化的重要视角，越来越得到宗教史以外的研究者的注意。本章即从此一观念出发，提出明清通俗文学对于秘密宗教的态度问题，并加以探讨。

秘密宗教及其救世运动在宋以降通俗文学中当然有丰富的反映③。

（接上页）加剧。明代民间秘密宗教的两大母体白莲教、罗教及其丛生支系的各种救世运动层出不穷。有研究表明，洪武、永乐年间因多为元末红巾军遗绪姑置不论，大小宗教的暴动，洪熙到天顺年间四十年里有二十余次，成化年间有十次，弘治年间四次，正德年间十次，嘉靖年间二十一次，隆庆年间一次，万历年间二十一次，天启年间十一次（南炳文《佛道秘密宗教与明代社会》，天津古籍出版社，2002年，第183—184页）。清代的天地会反清活动，川、陕、楚白莲教，"太平天国"，"义和团"起事，程度广度更是空前绝后。在这方面，有些学者如田海（Barend ter Haar）不承认凡是救世运动都具有内在的反叛性和必然的反抗趋势（田海《中国历史上的白莲教》，刘平等译，商务印书馆，2017年，第296—298页），显然值得商榷。

① 参见本书第一章《绪论》所述。
② 参阅曾雨萍《近十年来两岸明清民间秘密宗教研究之回顾（1993—2003）》，《台湾师大历史学报》第32期（2004年6月）；齐汝萱《近十五年来（2000—2015）清代民间秘密宗教研究的回顾》，《史耘》第18期（2017年6月）。
③ 详见孙逊、周君文《古代小说中的民间宗教及其认识价值——以白莲教、八卦教为主要考察对象》，《文学遗产》2005年第5期；《弥勒教与我国古代小说——兼从弥勒教透视我国民间宗教的若干特征》，《中华文史论丛》总第80辑，上海古籍出版社，2005年。又可见万晴川《明清小说与民间秘密宗教及帮会之关系论纲》，《江西师范大学学报（哲学社会科学版）》2005年第5期；《中国古代小说与民间宗教及帮会之关系研究》，人民文学出版社，2010年。

南宋《醉翁谈录》已列有"妖术"一类："言西山聂隐娘、村邻亲、严师道、千圣姑、皮篋袋、骊山老母、贝州王则、红线盗印、丑女报恩，此为妖术之事端。"①《三遂平妖传》沿袭了宋元话本的相关内容②，定型以后的《水浒传》仍有明显的痕迹③。万历以降的"三言二拍"、《型世言》等拟话本短篇及很多中长篇小说中均有不少直接或间接的描写④。十六世纪以后十八世纪以前，最为集中反映秘密宗教的小说有两种：一是中篇章回小说《七曜平妖传》，一是短篇小说《拍案惊奇》之《何道士因术成奸，周经历因奸破贼》。这两部作品较为典型地反映了通俗文学关于秘密宗教的思想态度——与社会一般宗教信仰"因果报应"之表扬和建构完全对立的诋抑和批判。

一 王权政治和精英思想对于"邪教"的态度核心和批判方式

在讨论本文的核心问题之前，需要先作一个铺垫，即简要分析一下王朝政治对秘密宗教的核心态度和精英思想对之展开的批判方式，以与通俗文学中的相关观念形成比较。

---

① 罗烨《醉翁谈录》甲集卷一"小说开辟"条，古典文学出版社，1957年，第4页。

② 现存最早的二十回本《三遂平妖传》虽然刊行于万历年间，但其内容则应是宋元话本的一脉相传。参阅孙楷第《中国通俗小说书目》，第119页；程毅中《再谈二十回本〈三遂平妖传〉——〈宋元小说研究〉订补之三》，《文学遗产》2004年第6期。

③ 有学者进一步探究了这些痕迹（侯会《疑〈水浒传〉与摩尼教信仰有关》，载中国社会科学院文学研究所中国古代小说研究中心编《中国古代小说研究》第1辑，人民文学出版社，2005年，第240—250页）。不过，缘于小说流传过程中的增、删、改编，《水浒传》的秘密宗教色彩已经基本消失殆尽。参阅后文的论述。

④ 详细情况可见万晴川《中国古代小说与民间宗教及帮会之关系研究》的相关论述。

第六章　潜流与平潮：宗教的邪、正与通俗文学的抑、扬　251

　　自古以来王朝政治在主观态度上均对包括符谶、淫祀、妖巫邪术在内的一切"左道"予以禁绝，此无疑义。即使是乱世枭雄往往借助于救世运动的力量，当其建立起一个新王朝从而完成从革命者到统治者的转变后，亦开始背叛其初衷并立即转而禁除他们先前所依赖的秘密宗教，明太祖朱元璋建立明朝尤其典型。元朝阶级和民族压迫深重，秘密宗教成为革命的主要力量，吴晗《明教与大明帝国》概括曰："秘密宗教之传播，因受统治阶级压迫故，最易与其他秘密会社结合，如江河之赴海，汇为一体。明教在会昌禁断后，已合于佛，已混于道，又与出自佛教之大乘教、三阶教合。至北宋末又与出自佛教净土宗之白莲社合，与出自佛教净土宗之弥勒教合。至元末遂有红军之全面起义。"①明太祖本依红巾军起事，然建国称帝恢复世俗政治统治后，即不仅整顿佛道②，又严敕禁绝诸种秘密宗教。洪武三年六月甲子下《禁淫祠制》，中书省奏"白莲社、明尊教、白云宗、巫觋扶鸾祷圣、书符咒水诸术，并加禁止。庶几左道不兴，民无惑志"，诏从之（《明太祖高皇帝实录》卷五十三）。终洪武之时，镇压各种秘密宗教反叛不遗余力③。

　　此后由国家法律颁为定式。《大明律》卷十一礼律一"禁止师巫邪术"：

　　　　凡师巫假降邪神，书符咒水，扶鸾祷圣，自号端公、太保、师婆，及妄称弥勒佛、白莲社、明尊教、白云宗等会，一应左道乱正之术，或隐藏图像、烧香集众、夜聚晓散、伴修善事、扇惑

------

①　吴晗《明教与大明帝国》，《读史札记》，生活·读书·新知三联书店，1956年，第253—254页。

②　有研究者认为，明太祖整顿佛、道教团的政策比如女子四十以上始得为尼、民二十以上不许落发为僧，同时亦为防范明教徒之措施。"渠所深恶痛绝者实为当时秘密结社、阴谋颠覆政府之明教、白莲社耳。"（杨启樵《明代皇室与方术》，上海书店出版社，2004年，第17—19页）这一观点值得重视。

③　详见南炳文《佛道秘密宗教与明代社会》，第24—28页。

人民,为首者绞,为从者各杖一百,流三千里。

若军民装扮神像鸣锣击鼓迎神赛会者,杖一百,罪坐为首之人。

里长知而不首者,各笞四十。其民间春秋义社,不在此限。

《大清例律》全盘继承,并有具体条例曰:

各处官吏军民僧道人等来京,妄称谙晓扶鸾、祷圣、书符、咒水一切左道异端邪术,煽惑人民为从者,及称烧炼丹药、出入内外官家,或擅入皇城,夤缘作弊,希求进用,属军卫者,发近边充军,属有司者,发边外为民。若容留潜住及荐举引用,邻甲知情不举,并皇城各门守卫官军不行关防搜拿者,各参究治罪。

凡左道惑众之人,或烧香集徒,夜聚晓散,为从者,及称为善友,求讨布施,至十人以上,并军民人等不问来历,窝藏接引,或寺观住持容留,披剃冠簪,探听境内事情(若审实探听军情,以奸细论),及被诱军民舍与应禁铁器等项,事发,属军卫者,发近边充军;属有司者,发边外为民。……

凡端公、道士,作为异端法术,医人致死者,照斗杀律拟罪。

邪教惑众,照律治罪外,如该地方官不行严禁,在京五城御史、在外督抚徇庇不行纠参,一并交与该部议处。旁人出首者,于各犯名下并追银二十两充赏。如系应捕之人,拿获者追银十两充赏。……

私刻地亩经及占验推测妄诞不经之书,售卖图利,及将旧有书板藏匿不行销毁者,俱照违制律治罪。(《大清律例》卷十六"礼律·祭祀·禁止师巫邪术")①

---

① 详可参阅庄吉发《真空家乡:清代民间秘密宗教史研究》第二章《清朝的文化政策与政教关系》所列"清代禁止师巫邪术律例修订简表",台北文史哲出版社,2002年,第49—55页。

第六章 潜流与平潮：宗教的邪、正与通俗文学的抑、扬

将此类律文和清代众多相关上谕、敕令、圣训相对照，除了后者往往陈述具体事实外，核心内容大体一致。可以从中明显发现的是："禁止师巫邪术"的态度固然非常明确，但除了像"作为异端法术，医人致死"少数几条外，大部分律例的内涵却很空洞，边界也不甚清晰。诸如"假降邪神、书符咒水、扶鸾祷圣、烧炼丹药"等，乃属社会宗教生活之常态，并不完全是秘密宗教团体的行为，至少类似行为的是非之际缺乏严格的限定。至于"军民装扮神像鸣锣击鼓迎神赛会"，实际上在很多地方也无法都成为罪行[1]；而刊刻宝卷善书，邪正标准同样既缺乏交待，也难以明确定义。最主要的，用"烧香集徒，夜聚晓散"这种历史旧事来作典型罪行，指称笼统随意，确实具有浓重的"标签化"意味[2]。总体上看，王朝政治禁绝的主观意念十分坚决，但一是由于秘密宗教本来源于社会宗教生活，大多都呈现出一种平和的暂时状态，不宜禁止亦无从禁止，故而法律条文无法像禁止异姓结拜那样具体而易于操作[3]。二是缘于禁除异端完全属于政治行为，因此法律的模糊、空洞可以使法治完全让位于政治，即以政治的具体判断定其邪正。明清时期的秘密宗教发生、发展的事实，可以与此相互印证：当某种新兴教派尚处在和平传教的状态时，无论是社会乡绅还是地方当局往往默许，甚至有时还参与活动；但当其势力燎原后一旦牵涉政治，政府的态度立

---

[1] 杨庆堃曾举出另一个典型之例：清朝谕旨中经常提到的严禁妇女入庙烧香的禁令就从来不曾真正地实施，而且也行不通，因为妇女总是到寺庙烧香的主要群体。见杨庆堃《中国社会中的宗教：宗教的现代社会功能及其历史因素之研究》，第190—191页。

[2] 田海(Barend ter Haar)研究认为，王朝政治和精英正统往往给带有一定秘密宗教因素的、甚至有时与秘密宗教并无瓜葛的民间宗教活动硬性打上"吃菜事魔"、"夜聚晓散"、"男女混杂"的"白莲"标签，进行抹黑和迫害(《中国历史上的白莲教》)。

[3] 参阅庄吉发《从清代律例的修订看秘密会党的起源及其发展》，《台湾师范大学历史学报》第18期(1990年)，第107—168页。

即就会发生一百八十度的改变,予以坚决镇压。姑举明清实录中的一些例子:

> 洪武六年夏四月丙子,湖广罗田县妖人王佛儿自称弥勒佛降生,传写佛号惑人,欲聚众为乱,官军捕斩之。(《明太祖高皇帝实录》卷八十一)

> 宣德六年夏四月丙辰,应天府溧阳县妖人钱成等谋反,伏诛。初,成言其子质尝病死复生,云见李老君,谓其有福,可图大事。遂招集土党,杀人焚庐舍,谋反,从者六十四人,有司捕之不获。南京守备襄城伯李隆以闻,上曰:"道家贵清净,绝嗜欲,后来小人,苟求利己,诈张祸福,以诳惑愚民,谓'不忠不孝,诵经皆得免罪'。愚民无知,倾心向之,是以奸人多托以举事。前代祸乱,不可悉举。今此辈人,欲为张角邪?"敕隆发兵捕之。至是,悉就获。械至,斩诸市。(《明宣宗章皇帝实录》卷七十八)

> 万历二十八年十一月壬寅,妖人赵一平伏诛。一平,浙之山阴人,素习邪(衙)〔术〕,倣诡喜乱。会丽水妖妇王氏假称佛号,分派孙枝,与义乌奸吏陈天宠传香淫聚,煽惑浙东。其夫死,一平夤缘妻之。造《指南经》妖书,令其党分投两都省署,同日布散,簧鼓人心。党获惧诛,易号古元,逃窜徐州,结纳无赖,猖狂大言。已而流寓杭城,诵经聚众,拒捕杀人,变姓名亡命沧瀛间。至宝坻,为千户刘文所擒。械京邸讯,至是狱具。一平、王氏、天宠戮西市,悬首徇众。余党各论斩、枷示、戍遣有差。(《明神宗显皇帝实录》卷三百五十三)

> 乾隆三十三年戊子十月辛未,又谕:据彰宝奏,知府钟光豫查出松江僧人明宗传贴符篆,又知县林光照复查出句容僧人果贤传写硃单,现在查究等语。此等传播书符,托名张天

师,希冀煽惑人心,前此湖广亦曾奏及,与此相仿,必又系蒉辫匪犯,逞其鬼蜮伎俩,多方散布,妄思扰累闾阎,以售其奸险之计。其情甚为可恶,不可不实力根求,以除民害。况此等符帖,业已见之纸笔,显有根线可寻,更非若割辫之形迹闪烁者可比。著传谕彰宝,即速将案内情节,层层追究,寻源竟委,务使起意造作之人,水落石出,不得幸逃法网。毋稍游移仅尔,颟顸了事。并严饬各属不可纵役妄拿,借端滋扰。(《清高宗纯皇帝实录》卷八百二十一)

乾隆五十一年丙午正月丁卯,谕军机大臣等:据富勒浑奏,饶平县在界连闽省之黄冈地方,盘获妄布邪言吴国一犯,搜有刷印字迹板片,上刻"南肇道人示劝"字样,中间刊符一道,并有"三官下凡,不信者行逢灾难"语句,讯据该犯供称,系闽省刻字匠林忠刻造,现在飞咨查办等语。该犯胆敢妄托神祇,造作符箓,倡言祸福,播散惑众,甚属可恶。着富勒浑即行严审定拟。其所刻"南肇道人示劝"符箓,上有"江西广信府天师晓谕"字样,除就近询问正一真人张起隆外,著传谕何裕城严切根究,板片是否系广信府刊刻,曾否传播,并查"南肇道人"实系何人名号,有无伙党,一并查拿审办具奏。至此项不法字迹,刻自闽省,且据该犯供称,系上年九月刊刻印卖,闽省流传必多。并著传谕雅德、徐嗣曾,督饬该道府等,严切查拿审办,据实覆奏。又思所称"南肇道人",或系肇庆府之人,隐名为之,富勒浑亦应留心物色。将此由五百里各传谕知之。(《清高宗纯皇帝实录》卷一千二百四十七)

以上并非大规模性的宗教运动,其辈原意是否一定是所谓的"谋反",显然都要打上问号。但"假托神祇"、"传香聚众"、"妄称祸福"、"造作符箓"等救世运动特色,则无一例外。对此明清皇帝的态度极为鲜明,镇压不遗余力,根本不需要打上"白莲教"等"标签"而后可。

这是因为不仅奕世革命的皇帝们认识十分清楚,儒家精英也早就明白,饥民盗贼揭竿而起与宗教救世起义不可同日而语。南宋陆游即曾系统地表明此一认识,《渭南文集》卷五《条对状》有曰:

> 自古盗贼之兴,若止因水旱饥馑,迫于寒饿,啸聚攻劫,则措置有方,便可抚定,必不能大为朝廷之忧。惟是妖幻邪人,平时诳惑良民,结连素定,待时而发,则其为害,未易可测。伏思此色人处处皆有,淮南谓之二桧子,两浙谓之牟尼教,江东谓之四果,江西谓之金刚禅,福建谓之明教、揭谛斋之类,名号不一。明教尤甚,至有秀才吏人军兵亦相传习。其神号曰明使,又有肉佛、骨佛、血佛等号,白衣乌帽,所在成社。伪经妖像,至于刻板流布,假借政和中道官程若清等为校勘,福州知州黄裳为监雕。以祭祖考为引鬼,永绝血食,以溺为法水,用以沐浴。其他妖滥,未易概举。烧乳香,则乳香为之贵;食菌蕈,则菌蕈为之贵。更相结习,有同胶漆,万一窃发,可为寒心。汉之张角,晋之孙恩,近岁之方腊,皆是类也。

在陆游看来,只要朝廷"戒敕监司守臣,常切觉察,有犯于有司者,必正典刑,毋得以习不根经教之文,例行阔略。仍多张晓示,见今传习者,限一月,听赍经像衣帽,赴官自首,与原其罪。限满,重立赏,许人告捕。其经文印版,令州县根寻,日下焚毁。仍立法,凡为人图画妖像及传写刊印明教等妖妄经文者,并从徒一年论罪。庶可阴消异时窃发之患"(《渭南文集》卷五《条对状》)。不过,古代士大夫均很清楚对统治的反抗任何时候都不是孤立发生的,自然之灾、民生之艰往往与"邪教"同时发生。如天启间徐鸿儒起事,著名诤臣李应升即连疏直陈"盗贼既作,水旱随之,倘复有徐鸿儒、叶朗生、史八舍、陈鼎相之徒一呼而起,实可寒心"(《缕诉民隐仰动天心乞实行宽恤以固邦本疏》,《落落斋遗集》卷一)。"慨自三韩发难,转饷征兵,骚动天下,不俟奴酋之来,已岌岌乎有瓦解之势。盖视夷狄为动静者,乱民也,其发也有待;而视盗贼为动静者,饥民也,其发也无时。从来内患非外患不作,乱民非饥民不聚。徐鸿儒么麽左道,乘兵溃民愁之日,奋臂一呼,从者数万。江南恶孽,攘袂思起,以观徐兖之变。"(《海内民穷已甚东省乱形可虞亟请乾断处分以消弥大患疏》,《落落斋遗集》卷二)又如成于明季的《古佛天真考证龙华宝经》曰:"说下元,甲子年,末劫到了;辛巳年,又不收,饿死黎民;临末劫,百般灾,一齐降下;饥荒年,水又涝,父子离分;这灾星,一处处,人民该死;癸未年,犯三辛,瘟疫流行。"清黄育楩《破邪详辨》虽予以驳斥,犹知此"指明季而言:明季天启四年,交下元甲子,至辛巳为崇祯十四年,癸未为崇祯十六年。此时饥馑瘟疫并流贼为祸最烈,邪教即乘此机会,阿附太监,捏造经卷,煽惑愚民"[1],均明确指出内乱与外患、乱民与饥民相互为用。但即便如此,在精英政治观念中,"饥民"与"乱民"、"恶孽"仍有绝大的不同:邪教起事与饥民暴动虽然同时并作,但绝不可等量齐观。

与此相关联的是,古代国家政权对秘密宗教、民间淫祀二者的态度也有明显不同:前者是坚决禁绝,后者则除非荒淫不堪,一般存而不论,并主张用教化手段移风易俗。但中古以降,秘密宗教既依托于佛、道,同时又吸收了大量民间宗教的元素,往往混杂而不可分,故"左道"与师巫符咒常被视为一事。在这种情况下,处于禁绝中心的还是秘密宗教,王朝政治和精英正统在严厉镇压各种业已燎原的救世运动之外,甚至对带有一定秘密宗教趋势的各种民间宗教活动亦加以硬性的打压。而一般地方淫祀、师巫之法、个人

---

[1] 以上《古佛天真考证龙华宝经》并《破邪详辨》均据澤田瑞穗《校注破邪詳辯——中國民間宗教結社研究資料》。

妖术，只要不生危害，处理基本从缓；至于和平的、符合世俗伦理以及不影响地方政治的各种进香、宣卷、持斋和结社活动，总体上都采取默许的态度。此一政治策略的理论基础，清末民初人刘锦藻有一个很好的表述：

> 邪教与异端不同。若古之杨墨，今之佛老，异端也。汉之张角，明之徐鸿儒，邪教也。杨墨言仁义而差者，佛老言心性道德而差者，其学虽误，其心无他，其徒党从无犯上作乱之事。君子有辞而辟之，无取而戮之。若邪教之徒，小则惑人，大则肇乱，古所谓造言乱民之刑，不待教而诛者也。(《清续文献通考》卷八十九《选举考》六)

清黄育楩《破邪详辨》是近代以前唯一系统批判秘密宗教的理论性著作，既集中地反映了精英统治者的态度和具体策略，同时也透露出儒家在社会、宗教问题上的缺陷和无奈。黄育楩，甘肃狄道人，嘉庆九年举人，道光时在直隶的清河、钜鹿、沧州等地做过地方官[①]。黄氏极其关注并力图治理民间秘密宗教，首要原因是清中期以后秘密教派运动逐渐又进入一个新的高潮，其所任清河、钜鹿两地在当时为"邪教出没之薮"；次要原因是黄氏本人持有较为坚定的儒家实用理性思想，于佛道异端、术数小道均予排斥。关于《破邪详辨》的编刊、内容及相关特色，向达、泽田瑞穗、来新夏、李世瑜、车锡伦等已有较精赅的研究[②]，但有一些问题还需要进一步

[①] 关于黄育楩的生平研究，见泽田瑞穗校注《校注破邪详辩——中国民间宗教结社研究资料》的解说部分。

[②] 向达《明清之际之宝卷文学与白莲教》(载《唐代长安与西域文明》)、泽田瑞穗《校注破邪详辩——中国民间宗教结社研究资料》及卷首"解说"、来新夏《〈破邪详辩〉初探》(《安徽史学》1985年第3期)、李世瑜《宝卷综录》(中华书局，1961年)、车锡伦《〈破邪详辩〉所载明清民间宗教宝卷的存佚》(《世界宗教研究》1996年第3期)。

深研,即:《破邪详辨》采取什么样的批判理论和攻击方式? 效果如何? 是否如其所谓"行之期年,颇有成效"? 关键是:其中有何种论述能够实现? 或必难达成预期效果?

据黄氏自序所言,最初所刊是"严禁邪教告示":"分作页数,以之粘连成篇,仍可随时张挂,装订成本,又可永远流传。""当即刷印三万余本,除分送邻封外,遍给清邑各村绅士,令与村民时常谈论。"可证此种告示不仅禁令而已,也带有解说、晓谕的内容。此后多见"邪教经卷",因思"不将邪经中语详为辩驳,民既不知邪经之非,自不知邪教之非。虽尽法惩治,而陷溺已深,急难挽救",故"于邪经中,择其主意所在之处,详为辩驳,务使有奸必发,无弊不搜",编成《破邪详辩》。"惟以乡村愚民,识字者少。尚望各村绅士,熟阅此书,遍传广众"(《破邪详辩》序)①,"凡与乡里邻党交际往来之时,即以此书,作为常谈"(卷三《后序》)②。很明显,黄氏的详辩虽然文字简易、体例整齐,但毕竟是书面语言,乃是通过乡村"绅士"的中介(面谕、谈论)达成对绝大多数不识文字的村民的传谕的③。如此则形成了一种困境:黄氏以其理性认识对秘密宗教展开的批判,如以实证攻击其"劫难"、"宇宙"、"创世"之说有曰:

> 邪教谓下元甲子,必遭劫数。不知六十年为上元,六十年为中元,六十年为下元,共一百八十年。三元一周,又从上元起数。此治历者纪年之法,而国家治乱兴衰,原不视此。如上

---

① [清]黄育楩原著,[日]澤田瑞穗《校注破邪詳辯——中國民間宗教結社研究資料》,第6—7页。
② 同上,第87页。
③ 类似的事情当时也并非仅黄氏一人做过,清人《野语》卷九《辟邪略》条引时人杨炳堃之言曰:"邪教煽乱,诚为罪不容诛。迨破获到官,从犯内半属无知愚民,縠觫就死,情殊可悯。曩官豫楚时,曾制俚言告示,刊刷成本,于因公下乡时令识字乡耆对众读之,因而感悔者不少。杨氏所撰为"俚语",尚须"识字乡耆对众读之",《破邪详辩》的文字显非"俚语",其需要中介可以无疑。

古之世,少昊八十一年,交下元甲子。此时风俗敦庞,人心浑穆,诚盛治也。嗣后一周三元,至唐尧二十一载,交下元甲子。此时黎民于变,万邦协和,又为千古极治之时。嗣后七周三元,至周康王二年,交下元甲子,成康之治,媲美文武,而辛巳癸未,正在康王极盛之时。嗣后五周三元,至汉文帝三年,交下元甲子。汉朝政治,首推文景,而辛巳癸未,正在文帝极盛之时。此外上元未必尽太平,下元未必皆荒乱,载在史册,俱可考也。①

邪教谓:"见佛答上莲宗号,同转八十一万年。"此言何糊涂之至也。查《皇极经世书》,有元会运世之说。以三十年为一世,三十世为一运。一运共九百年,十二运为一会。一会共一万八百年,十二会为一元。应该一十二万九千六百年。然子会生天,丑会生地。二会尚未生人,故无年数。寅会生人,即有天皇,始制干支,以定年数。自寅会箕一度,至午会星一度,该四万五千六百年,正唐尧起甲辰之时。再查唐尧元载甲辰,至我朝道光四十三年癸亥,共四千二百二十年,合前共四万九千八百二十年。再查寅会度首,至酉会度末,共该八万六千四百年。至戌会则闭物而消天。亥会则消天而消地。原与子丑一会,不计其年。即合子丑戌亥以足十二会之数,亦不过一十二万九千六百年。今邪匪谬谓"同转八十一万年",是已越过数次开辟之元会运世矣。试问邪匪不读书,不明理,腹内空空,本无一物,何以能知数次开辟之元会运世耶!任意混说,不可信也。②

---

① [清]黄育楩原著,[日]澤田瑞穗校注《校注破邪詳辯——中國民間宗教結社研究資料》,第28页。本书所引《破邪详辩》文本据此书,其日本汉字据中国社会科学院历史研究所清史研究室编《清史资料》第3辑(中华书局,1982年)所载标点本改正。

② [清]黄育楩原著,[日]澤田瑞穗校注《校注破邪詳辯——中國民間宗教結社研究資料》,第148页。

凡此之属,对有文化水平之人当然具有教育和警醒作用,但对一般庶民来说,则很难使之理解。创生宗教之"劫运、创世及宇宙观"本非理性认识,信徒亦为缺乏知识之民众。黄氏据常识予以辩驳,常以为得计,遂往往有"邪匪不读书,不明理"、"极妖妄"、"极悖谬"、"极杂乱"、"稍有知识者,断不如此"、"不知耻之甚也"等语,其实双方根本不是在一个平台上对话,又如何能产生效果。黄氏自己也承认这一点,所以在卷三驳斥邪教不通术数的"纳音说"一段末叹曰:"为愚民言而言及纳音,不益迂乎!"[1]

另一方面,宗教的"神"本就是先验的超自然力量,仅以经验理性加以驳斥,往往流于谩骂而缺乏逻辑的力量。如批驳"天真古佛"、"无生老母",黄氏的理由无外乎是"并未闻及"、"尽系虚捏",或以历史为据推论"上古并无无生老母",显然很难达成目的。因为"天真古佛"、"无生老母"原就是救世运动应合一切善良人们期望"救世主下凡"心理的最佳创造,但凭"不知某佛临凡,以何为凭?邪教聚众博徒,惟恐无人入会,因此自造妖言,而同教中人,从而附和以煽惑愚民"的直线攻击[2],并不能消除人们对救世主的期待之情。

黄氏实非坐而论道之人,其寻访、调查"邪教"并亲自面谕"良民"不遗余力;揭示种种秘密宗教之来龙去脉、个中实情及诸般表现,往往中的;数言必有"现在之灾,佛不能救"、"必至害命,必至危身"、"犯案之时,宝不能救;受刑之际,宝终无灵"之恐吓,亦峻厉无加。但精英分子自我认识的达成,并不代表教化的成功;自上而下的移风易俗、化民从良也不是依赖强力就能够实现。嘉庆时期川陕等六省白莲教起事纷纭壮阔,官军征讨不利,为了避免进一步激化事端以贻"官逼民反"的口实,嘉庆帝犹采取招抚政策,并责谕地

---

[1] [清]黄育楩原著,[日]澤田瑞穗校注《校注破邪詳辯——中國民間宗教結社研究資料》,第74页。

[2] 同上,第21页。

方官不得拷索逼迫①。所以黄氏也常常感慨"无知愚民,尚为邪经所惑,而急难挽救"②。邪教未能一时禁绝,原因即在于此。

可以验证以上理论分析的是,黄育楩在编刻成《破邪详辩》之后,刊行了《邪教阴报录》六卷。此书之缘起,据黄氏所述乃是道光三年,有一名叫宗法之人,"习教传徒,于乾隆四十二年凌迟处死",鬼魂游于地狱,然后又附于人身,"将地狱中一切事实、一切地名,并阎王治罪之重轻、鬼魂受罪之久暂,俱说出实处",由其子宗王化于道光五年据其所述撰成③。《邪教阴报录》明显是一刻意编撰出来的"游狱"之书,不过其游狱所见乃是邪教之徒地狱受苦之事而已。

黄氏和绝大多数传统儒士一样都不免矛盾,《破邪详辩》中最明显的体现就是对"地狱"的态度④。黄氏深知宗教"地狱"之说的力量,"邪教惑人,别无良方,恐人不习教,则以'阎君地狱'极力惊骇而已"⑤,"愚民闻此,最易悚动,而不察其扇惑之私也"⑥,并特别指出地狱观念在民间的长久影响:"明末朝纲不振,邪教横行。既不知有刑诛之条,因以地狱劫数为词,而人已知惧。我朝政治修明,黜邪崇正。凡有邪教,必遭刑诛。乃无知愚民,尚为邪教所惑,不以刑诛为戒,犹以地狱劫数为忧者,轻其所

---

① 李健民《清嘉庆元年川楚白莲教起事原因的探讨》,《"中央研究院"近代史研究所集刊》第22期上,1993年。

② [清]黄育楩原著,[日]澤田瑞穗校注《校注破邪詳辯——中國民間宗教結社研究資料》,第32页。

③ 以上见《续刻破邪详辩》"灵应泰山娘娘宝卷"条,[清]黄育楩原著,[日]澤田瑞穗校注《校注破邪詳辯——中國民間宗教結社研究資料》,第93—95页。

④ [清]黄育楩原著,[日]澤田瑞穗校注《校注破邪詳辯——中國民間宗教結社研究資料》"解说"。

⑤ [清]黄育楩原著,[日]澤田瑞穗校注《校注破邪詳辯——中國民間宗教結社研究資料》,第41页。

⑥ 同上,第150页。

重,重其所轻。"①出于儒家理性观念,黄氏在根本上对地狱特别是相关解脱之说是不以为然的,《破邪详辩》的很多文字可以反映出此一基本态度②。但十王及阎罗信仰流传已久,本身也符合儒家政治神道设教的信条,因此黄氏没有办法完全否定,只能以"正教"之地狱批判"邪教"之地狱,坚持谓邪教之徒应下地狱。不过正像他攻击邪教一样,孰在地狱,"谁人见之"? 于是,备言诸多邪教教主正受地狱之苦的《邪教阴报录》,正好解决了这个难题。同时,"而乡僻愚民,皆知《阴报录》之一切事实,则邪教所谓'直上天宫,不入地狱'及'问成死罪,即能上天'之一切谬语,不复能惑"(《又续破邪详辩序》)③。

无论宗法或宗王化是否实有其人其事④,"游狱"都是传统的因果报应故事。再加上据黄氏透露出宗王化本是"歌唱鼓词"之人⑤,且觅得宗王化所著《邪教阴报录》后,"即急为刻印,遍为施舍,并雇唱鼓词人,到处歌唱。愚夫愚妇,闻而流涕"(《续刻破邪详辩》序)⑥。则此《邪教阴报录》或原即唱本,至少改编以后具备明显的通俗文学因素。《破邪详辩》光绪刻本祥亨序称之"虽稍涉因果,然为愚民说法,因势化导,正自相宜",证明了这一点。黄氏自己也将《邪教阴报录》与《破邪详辩》并重:"窃谓禁邪之法,惟将《破

---

① [清]黄育楩原著,澤田瑞穗校注《校注破邪詳辯——中國民間宗教結社研究資料》,第35页。

② 典型者如《又续破邪详辩》"销释地狱宝卷"条,见澤田瑞穗校注《校注破邪詳辯——中國民間宗教結社研究資料》,第143—144页。

③ [清]黄育楩原著,[日]澤田瑞穗校注《校注破邪詳辯——中國民間宗教結社研究資料》,第120页。

④ 这两个名字明显是有寓意的化名。《破邪详辩》光绪刻本祥亨序中谓"黄君又述有《邪教阴报录》一书",则黄育楩至少是参与了此书的编纂整理。

⑤ [清]黄育楩原著,[日]澤田瑞穗校注《校注破邪詳辯——中國民間宗教結社研究資料》,第93页。

⑥ 同上,第89页。

邪详辩》遍给绅士,俾作常谈。又将《阴报录》遍给各村,令人共晓。并觅唱鼓词人,到处歌唱,犹易感动。为官长者,每于临民之际,即以《详辩》与《阴报录》中之语,随便开导。"(《又续破邪详辩》序)①

由此可知,无论是从儒家世俗伦理的实用理性观点出发批判秘密宗教,还是从"启蒙"角度进行自上而下的教化,精英分子都觉察到传统方法的无力,并意识到通俗文学、民间文艺的力量。

二 《七曜平妖传》:"平妖"叙事中的社会否定

《七曜平妖传》六卷七十二回,正文目录页原题《新编皇明通俗演义七曜平妖全传》,正文卷端题"新编皇明通俗演义七曜平妖后全,吴兴会极清隐道士编次,洪都瀛海嬾仙居士参阅,彭城双龙延平处士订证",有文光斗天启甲子春月序,今国家图书馆藏有全本,为清据明版修补本。此本目录题名中之"全",明显系挖补"后"字而成(正文卷端之"全"字挖错位置),故是书原题"平妖后传"②。"平妖、平寇"万历以降已经形成一种内涵相对宽泛的小说类型,题罗贯中编、冯梦龙补《三遂平妖传》(二十回本、四十回本)及《戚南塘剿平倭寇志传》《征播奏捷传通俗演义》《新编剿闯通俗小说》均为此属,在当时有一定的市场。《七曜平妖传》敷演影响极大的天启二年山东白莲教徐鸿儒暴动事,而序文作于天启四年,故与刊于万历间四川地区的《征播奏捷传通俗演义》等又属于今人所谓"时事小说"③。

---

① [清]黄育楩原著,[日]澤田瑞穗校注《校注破邪詳辯——中國民間宗教結社研究資料》,第155页。

② 张丽君《皇明通俗演义七曜平妖全传·前言》,《古本小说集成》第3辑第100册。

③ 陈大康《明代小说史》,第580—602页。除归之于"时事小说"外,也有学者将其与"平妖"类小说一起归入"神魔小说",如成敏《以神魔写时事——论〈七曜平妖全传〉》(《明清小说研究》2006年第1期),此一归类实不尽合理,参阅本书第三章的相关论述。

《七曜平妖全传》今人研究虽然不多,但从秘密宗教角度予以阐论,仍有不少成果①。本小节并不欲图进一步展开,而是在已有研究的基础上,重点对此一小说所透露出来的对秘密宗教的态度及其本质内涵,再做一些更细致的分析。

天启年间山东"闻香教主"徐鸿儒起事,不惟当时震动极大,而且影响甚远,至清代后期仍被视为白莲教的典型暴动之一。《明史·赵彦传》记其起事之原曰:"先是,蓟州人王森得妖狐异香,倡白莲教,自称闻香教主。其徒有大小传头及会主诸号,蔓延畿辅、山东、山西、河南、陕西、四川。森居滦州石佛庄,徒党输金钱称朝贡,飞竹筹报机事,一旦数百里。万历二十三年,有司捕系森,论死,用贿得释。乃入京师,结外戚中官,行教自如。后森徒李国用别立教,用符咒召鬼。两教相仇,事尽露。四十二年,森复为有司所摄。越五岁,毙于狱。其子好贤及巨野徐鸿儒、武邑于宏志辈踵其教,徒党益众。至是,好贤见辽东尽失,四方奸民思逞,与鸿儒等约是年中秋并起兵,会谋泄,鸿儒遂先期反,自号中兴福烈帝,称大成兴胜元年,用红巾为识。五月戊申,陷郓城,俄陷邹、滕、峄,众至数万。"徐鸿儒虽起事不足数月即被镇压②,但此前其教团活动垂二十年之久,在山东及境内运河一带应该是历史上最大的秘密教团。天启二年十月徐鸿儒兵败伏诛,四年即有书成并付剞劂,可证

---

① 周君文《中国古代小说与民间宗教——以弥勒教、白莲教、八卦教为主要考察对象》(上海师范大学硕士论文,2003年)较早讨论了该小说中所反映的相关秘密宗教的具体情形,此后万晴川《中国古代小说与民间宗教及帮会之关系研究》又作了专门研究。最近又有一篇学位论文(蔡美娴《〈七曜平妖全传〉与白莲教》,南京师范大学硕士论文,2018年)再度进行了论述。

② 关于徐鸿儒起事详细过程的论述,以李济贤《徐鸿儒起义新探》最为精赅。其文载中国社会科学院历史研究所明史研究室编《明史研究论丛》第1辑,江苏人民出版社,1982年。

此一"时事"又是当时书坊及小说作者关注的焦点。

"平妖"是说唱文艺以及通俗小说最受欢迎的主题之一,再加上"时事"的因素,决定了《七曜平妖传》作为通俗小说所必然具备的商品性质。从具体描写来看,既以虚构敷演为主,复兼玄虚夸诞,作者实未能深究本末,亦未能有所寄托。不过,其对民间秘密教团的具体情况确有相当了解,如其描写"起会":

> 次日五更起会,四外八方道众都是预先传了帖子,至日都来了。男的女的,老的小的,村的悄的,有挑着粮食的,有驴驼的,有马背的,有车子推的,就似马蚁黑阵阵的,一簇一簇家来。这一来男、妇到有六七千人,那里有这些厨灶房屋安插?原来各人都带着秋席,托着锅灶,到了庄左右前后,搭盖窝棚,埋锅造饭,就似挑河的夫子一般。顷间四面八方就有数千栅厂。……他们久有不轨之心,也都假着做会,操演停当了的。他众人自吃饭,只是来听些《五部六册》的糟粕胡谈,道也都有些规矩。至初六日早,男女罗拜叩首,跪着说法,以迷引迷,以讹误讹,说法的不明,听法的不懂,胡里胡涂,各各赞扬。①

所言可能有夸张的成分,但极能反映秘密宗教聚会之情状②。结合其他小说的描写及当时的一些记载来看,当秘密教团尚处于和平状态之时,其活动既颇为昌兴,而且易为社会大多数人所闻见。上述"起会"中的同餐共饮,显然属于秘密教会的某种"聚合礼仪"③,

---

① 《皇明通俗演义七曜平妖传》第十二回《董子强婚》,《古本小说集成》第3辑第100册,第83—84页。

② [美]韩书瑞(Susan Naquin)《千年末世之乱:1813年八卦教起义》,陈仲丹译,江苏人民出版社,2010年,第57—58页。万晴川《中国古代小说与民间宗教及帮会之关系研究》,第230—231页。

③ [法]阿诺尔德·范热内普(Arnold van Gennep)《过渡礼仪》,张举文译,商务印书馆,2012年,第33—40页。

其过渡中的"集体性阈限"(collective liminality)状态所导致的不同寻常的行为方式①,必然会招致社会注意。如果再与各种犯罪或不经行为相混杂,则更可能引起庶民社会普遍的恐惧和惊慌②。同时,这也是文人纪闻和小说叙事所乐意夸饰以吸引读者的一个重点内容。

《七曜平妖传》固然也有对现实黑暗的揭露③,但根本立场还是"平妖灭贼",以至于对"妖贼徐鸿儒之乱,百姓死于贼者十三,而死于官兵者十五"(明黄尊素《说略》,《黄忠端公集》卷六)一无所道。在相对宏大的"平妖"叙事框架之下,细究其直接指斥攻击秘密宗教的具体落实之处,可以发现主要有以下几点:

首先是称为妖孽,谓乱贼无非物精"应劫而生":徐鸿儒为黄河水兽托生,其他或为水獭、貉、狼等禽兽畜牲"乍得人身",或黑鱼精、老白额虎精、老牛精、野猪精、母猴精等"转生",或为"杨子江里江猪"、"海州乌贼鱼"等等"投胎"。自古以来的政治哲学中,"妖"是中和违乱、常理弃失的产物,是所谓"正"之"反",且所有的"反"均为等同且彼此相关,"天反时为灾,地反物为妖,民反德为乱,乱则妖灾生"(《左传·宣公十五年》)。这种政治正统思想对民间社会长期浸渍的后果,就是使各种异端和一般庶民相沿已久的"精怪"观念联系在一起,从而可以更加直观有效地给它们贴上反常、罪恶的标签。由此,在通俗文学作品特别是明中晚期迭出的神魔小说中,假以人身的妖魔鬼怪不仅都作为正义的对立面而出现,而

---

① [英]维克多·特纳(Victor Turner)《象征之林——恩登布人仪式散论》,赵玉燕等译,商务印书馆,2006年,第100—101页。
② 王一樵《清朝乾嘉时期庶民社会的邪教恐惧与秩序危机:以档案中的民间秘密宗教案件为中心》,《政大史粹》第20期(2011年6月)。
③ 孙逊、周君文《古代小说中的民间宗教及其认识价值——以白莲教、八卦教为主要考察对象》(《文学遗产》2005年第5期)一文对此已有略述,此不赘论。

且最终都被正义力量所铲除,此既小说之常有情节,亦乃士人常见诋毁之法。白莲教人为狐怪之说甚至影响到清人,如黄育楩《续刻破邪详辩》有以"无生老母"为"骡精"之说①,昭梿《啸亭杂录》卷六"癸酉之变"条亦有"白莲邪教起自元末红巾之乱,明季唐赛儿、徐鸿儒等相沿不绝,盖由狐怪所传"②云云。

其次是斥其妖术,称其作乱无非以术作祟。各种真假"巫术"本是秘密宗教的重要行教手段,不仅庶民百姓望之惊服,就是很多文人士大夫亦常为眩惑。儒家传统重道轻术,于不经之术尤深鄙斥,所以"妖术"几与"左道"等同,受到正统观念的坚决否定。从另一方面看,"妖术"自古就是叙事文学的重要主题,也是"小说"、"讲史"等反映、评价庶民救世运动的一贯取向,其深层原委在于:对"妖术"的描写不仅能以其怪奇博得视听,更重要的是能彰显妖人之恶及其危险程度。实际上,即使如黄育楩这样的精英士人,也无法彻底明白秘密宗教吸引群众的根源所在,往往只能以其拥有"妖术"自解。《七曜平妖传》中有曰:"他三人虽是宗白莲教为名,实有一种妖法能惑动愚民,是以远近相从,聚有二万徒弟,散住各府州县村镇乡堡。就是衙门中吏书门皂,大半是他弟子,可以朝呼夕至的。"③甚至写教主拥有某种药水,教徒"吃了便就杀了他爹娘也不怨恨",实在也是一种自我解释。《三遂平妖传》《七曜平妖传》和很多通俗文学作品中对妖术的夸饰和指斥,实际上反映的是从精英分子到一般民众的恐惧、无助,同时又急切想望正义力量介入的集体心态。

---

① [清]黄育楩原著,[日]澤田瑞穗校注《校注破邪詳辯——中國民間宗教結社研究資料》,第93、103、112页。
② [清]昭梿《啸亭杂录》,何英芳点校,中华书局,1980年,第159页。
③ 《皇明通俗演义七曜平妖传》第七回《造逆妖党》,《古本小说集成》第3辑第100册,第43—44页。

相对于《三遂平妖传》中的众术全部都是妖人本领,《七曜平妖传》中的宝器则开始与至上神或救世主的神力相关联,如所述白莲教能照见前生后世的"宝盆"(稍后的小说《型世言》第四回所提及之"妖镜",似为衍化),后世《聊斋志异》"白莲教"条描述更细:

> 白莲盗首徐鸿儒,得左道之书,能役鬼神。小试之,观者尽骇。走门下者如鹜。于是阴怀不轨。因出一镜,言能鉴人终身。悬于庭,令人自照,或幞头、或纱帽、绣衣貂蝉,现形不一。人益怪愕。由是道路摇播,踵门求鉴者,挥汗相属。徐乃宣言:"凡镜中文武贵官,皆如来佛注定龙华会中人。各宜努力,勿得退缩。"因亦对众自照,则冕旒龙衮,俨然王者。众相视而惊,大众齐伏。徐乃建旗秉钺,罔不欢跃相从,冀符所照。不数月,聚党以万计,滕、峄一带,望风而靡。①

在这里,"宝盆"或"妖镜"照人成为种民的鉴证手段。同时,"俨然王者"又使之具备了颠覆现实政治的效能。清艾衲居士《豆棚闲话》第十二则"陈斋长论地谈天"指责"邪说"十事中有一件为"假佛老神术仙方,烧香聚众。始令人照水盆,看见自己乃一贫病乞儿,后将家财罄舍,照见盆内,男则王侯将相,女则皇后嫔妃,冠裳佩玉之状"②,与之性质相同。如此妖术,可以说超越了单纯的巫术行为而成为"千年王国主义"等信仰内容之一,因此尤为一般士人所深恶痛绝。

《七曜平妖传》攻击的第三个重点,是白莲教"男女不分、揉杂淫秽"。第十六回写"上会"中"三只手的道人"、"受密偈的师傅"如

---

① [清]蒲松龄著、张友鹤辑校《聊斋志异(会校会注会评本)》,上海古籍出版社,1986年,第764页。万晴川对此已有论述,见《中国古代小说与民间宗教及帮会之关系研究》,第147—152页。

② [清]艾衲居士《豆棚闲话》,上海古籍出版社,1983年,第144页。

何与会中妇人"四眼相看,两情有意"、"一头儿睡着,皮靠皮,肉靠肉"①,既非常写实,遂极为典型。必须注意的是,秘密宗教"男女混淆"和淫僧泼道奸宿妇女以及少年师尼淫乐男子,性质上有较大的不同:后者是单纯的不法,前者则是某种意义上的"颠覆"。秘密宗教以反抗、推倒现世伦理为旨归,故而具有击破世俗禁忌的功能,"男女不分"既是必然结果②,又是刺激信众宗教狂热、达成所谓"集体中介性"(communitas)的手段③。另外,韩书瑞(Susan Naquin)在关于1774年王伦叛乱的研究中同意一种观点,即这类运动除了具有"千年王国主义"的性质外,也可以视作是一些个人企图创造和追求在其他组织中不能很快取得的集体利益和目标的行为,在这些"集体利益"中就包括教主所创造并给予信从者的一定程度上的性的自由,而这种自由绝不是这个社会所鼓励的④。另外,秘密宗教的教主因是"复活"的英雄或下凡的救星,所以教主崇拜是秘密宗教与生俱来的本质,教主(包括零散教团的师巫和别有用心之士)借此敛财、纵欲、占有妇女信徒,亦乃常见现象。

如此秘密"法门"不仅严重违背了社会一般道德准则,更重要的是触犯了法律,因此必然激起各个阶层的反对而导致政治镇压。元代时,白莲教作为一个独特宗派但尚未完全转化为秘密

---

① 《皇明通俗演义七曜平妖传》第十六回《伪盗劫费》,《古本小说集成》第3辑第100册,第111—113页。

② 关于秘密宗教中"男女杂处"的种种具体情状,参阅邱丽娟《清代民间秘密宗教活动中"男女杂处"现象的探讨》,《台湾师大历史学报》第35期(2006年6月)。

③ 集体性"通过仪式"的"集体性阈限",其社会内涵就是维克多·特纳(Victor Turner)所谓的"集体中介性"(communitas),即是某种群体凝聚力、团结精神和同命运、共患难的情感(《象征之林——恩登布人仪式散论》,第100—101页)。参阅前文论述。

④ [美]韩书瑞(Susan Naquin)《山东叛乱:1774年王伦起义》,刘平等译,江苏人民出版社,2008年,第56—57页。

教,教中有识之士即对此类法门弊端有所抨击①。当秘密宗教这种"男女混杂,悖乱人伦"的现象愈加普遍时,代表着社会一般观念的《七曜平妖录》加以批判,极为正常。文言志怪传奇《鸳渚志余雪窗谈异》,大约为文化水平较高的士人所作。其中《天王冥会录》对罗教之批判,亦主要从"顿令男妇无三纲"、"财色兼婪恣沟壑"上着眼②。清黄育楩《破邪详辩》对此方面亦颇着力,如曰:

> (《古佛天真考证龙华宝经》"排造法船品")又云:"吩咐合会男女,不必你们分彼此。"噫!此等谬言,邪经最多。邪教男女混杂,即由于此。不知《礼》云:"男正位乎外,女正位乎内。"又云:"外言不入于梱,内言不出于梱。"又云:"男女授受不亲。"若此者,所以别嫌疑而防奸淫也。邪教男女混杂,即为奸淫所由起。如清河教犯马进忠案内,有一廪生赵爽亦在教中。人问其故,赵爽答曰:"吾习邪教,非信邪教也。徒与少年妇女,朝夕会合,由吾选用而已。"可见男女混杂,势必男贪女色,女贪男色。不肖男女,皆愿借入教而恣淫欲也。廉耻丧尽,何以为人。不可信也。③

但《破邪详辩》仍不免流于严肃。小说《七曜平妖传》以文学性的反讽予以揭露,效果无疑更佳。

从上述三个攻击重点可以看出,《七曜平妖传》的批判方式显然属于一种"社会否定",即从社会的层面上对秘密宗教运动展开批判,而并不完全等同于从国家政权出发的政治否定,当然也不类

---

① 参阅杨讷《元代白莲教研究》,上海古籍出版社,2004年,第75页。
② [明]周绍濂撰,于文藻点校《鸳渚志余雪窗谈异》,中华书局,2008年,第150—152页。
③ [清]黄育楩原著,[日]澤田瑞穂校注《校注破邪詳辯——中國民間宗教結社研究資料》,第30页。

似于精英士人以儒家正统为基准的思想否定。宋元话本开创的对官方镇压秘密宗教反叛进行文学描述的"平妖"叙事，大抵类似。在此类作品的作者看来，这些妖贼反叛显是社会的乱象，而与皇权和国家受到威胁等政治问题并不发生根本上的联系。社会问题的解决方式自然也与政治问题不同，前者需要的不过是秩序得到恢复，后者则必须使正统得到树立。基于这样的立场，《七曜平妖传》和其他相同主题的作品一样，至少有一半以上内容放在了平叛过程特别是双方交战方面。这是因为交战故事既能吸引读者，同时也能应乎正义力量必然取得最后胜利的阅读期待。

《七曜平妖传》的文学成就不高，总体上很难达到"文光中"序所称"纪其治乱之由，寓褒贬于美刺之中"、"以幻易幻，籍假发真"的水平，细节上也很少有值得称道之处。一些如美人救英雄俱与投诚的情节，完全是出于商业考量而罔顾其他。这都是其"时事小说"的商品属性所决定的。《七曜平妖传》的文学水平，对于它所反映出来的社会一般观念核心取向中关于秘密宗教的态度，并不发生实质性的影响。

三 《何道士因术成奸，周经历因奸破贼》："世情"描绘中的道德审判

《拍案惊奇》成书在《七曜平妖传》之后[①]，其《何道士因术成奸，周经历因奸破贼》的素材唐赛儿事则是在徐鸿儒事之前永乐十

[①] 此大约而言。《拍案惊奇》尚友堂原刊本刊行于崇祯元年（据卷首即空观主人序所署时间）。胡士莹指出："《二刻拍案惊奇》小引中涉及（初刻）的编撰时间，有'丁卯之秋'字样，知此书辑成于天启七年（丁卯，1627）之秋，刊行于崇祯元年（戊辰，1628）初冬。"（《话本小说概论》，商务印书馆，2011年，第632页）天启七年即已编成，因四十篇作品的创作必经历了一段时间，故其中有些篇目的撰写时间可能早于天启四年完成的《七曜平妖传》。

八年发生的"邪教"叛乱,属于凌氏"二拍"所取"古来杂碎事可新听者、佐谐谈者"中的当朝旧事。唐赛儿事,《明史·卫青传》载其大致经过为:

> 永乐十八年二月,蒲台妖妇林三妻唐赛儿作乱。自言得石函中宝书神剑,役鬼神,剪纸作人马相战斗。徒众数千,据益都卸石栅塞。指挥高凤败殁,势遂炽。其党董彦升等攻下莒、即墨,围安丘。总兵官安远侯柳升帅都指挥刘忠围赛儿寨。赛儿夜劫官军。军乱,忠战死,赛儿遁去。比明,升始觉,追不及,获贼党刘俊等及男女百余人。而贼攻安丘益急,知县张旟、丞马抍死战,贼不能下,合莒、即墨众万余人以攻。青方屯海上,闻之,率千骑昼夜驰至城下,再战,大败之。城中亦鼓噪出,杀贼二千,生禽四千余,悉斩之。……贼遂平。而赛儿卒不获。(《明史》卷一百七十五)

明人笔记记其事者,"得石函中宝书神剑"、"通晓诸术"之外,沈德符《万历野获编》谓唐赛儿"少诵佛经,自号佛母,诡言能知前后成败事"(卷二十九)①,祝允明《野记》谓唐赛儿"削发为尼,以其教施于村里,悉验,细民翕然从之"(卷二)②,从中可以看出其明显的秘密宗教性质。明谢肇淛已直指其为白莲教:"今天下有一种吃素事魔及白莲教等人,皆五斗米贼之遗法也,处处有之,惑众不已,遂成祸乱。如宋方腊、元红巾等贼,皆起于此。近时如唐赛儿、王臣、许道师,皆其遗孽。"(《五杂组》卷八)③《明史·段民传》载:"当是时,索赛儿急,尽逮山东、北京尼及天下出家妇女先后几万人。"

---

① [明]沈德符《万历野获编》,中华书局,1959年,第749页。
② [明]祝允明撰,薛维源点校《野记》,载《祝允明集》,上海古籍出版社,2016年,第857页。
③ [明]谢肇淛《五杂组》,上海书店出版社,2009年,第164页。

《万历野获编》亦曰:"上以赛儿久稽大刑,虑削发为尼,或遁女道士中,命北京、山东境内尼及女道士悉逮至京师面讯。既又命在外有司,凡军民妇女出家为尼及道姑者,悉送之京师。而赛儿终不获。"①亦可证唐赛儿并非普通"妖人",明成祖强力搜捕,自非无因②。

在明以后的秘密宗教起事中,唐赛儿有三个特点:一是其"妖妇"的女性身份。二是其拥有"宝书神剑"的"妖术"能力。尽管秘密宗教都有"邪术妖法",但唐赛儿暴动在明代是最早突出这一特点,并成为某种意义上的典型事例。三是唐赛儿"卒不获"。由此遂产生了一些奇异的传说,如《野记》所云:"既而捕得之,将伏法,恬然不惧。裸而缚之,诣市临刑,刃不能入。不得已,复下狱。三木被体,铁钮系足,俄皆自解脱,竟遁去。"(卷二)③这些特点无疑都是小说的绝佳素材,《何道士因术成奸,周经历因奸破贼》及清初《女仙外史》均由此发端。

凌濛初所撰《何道士因术成奸,周经历因奸破贼》,是"三言二拍"中为数不多的以当朝重大史事为直接素材的作品,而且是唯一一篇全面敷演唐赛儿事的通俗小说。需要指出的是,清初《女仙外史》虽同样以唐赛儿为主角,但却是关于建文帝靖难至永乐帝登基后屠灭忠臣的故事,并且是完全脱离史实的、寄寓作者特殊政治倾向的创作④。《女仙外史》中唐赛儿这一角色被赋予了新的内

---

① [明]沈德符《万历野获编》,第749页。
② 可参阅《国榷》卷十七(中华书局1958年排印本)所录朱国桢对明成祖大索唐赛儿事的评论。
③ [明]祝允明撰,薛维源点校《野记》,《祝允明集》,第857页。
④ 章培恒《女仙外史·前言》,《古本小说集成》第2辑第49册。杜贵晨《〈女仙外史〉的显与晦》,《文学遗产》1995年第2期。关于《女仙外史》的研究状况,见宋华燕的综述《近年〈女仙外史〉研究述评》,《广播电视大学学报》2013年第2期。

涵——奉建文帝为正统的"烈媛贞姑"①，已经成为一个虚构的文学符号，与秘密宗教起事的"妖妇"、"妖术"浑无关系。

缘于凌濛初书坊文人"中间阶层"立场，《何道士因术成奸，周经历因奸破贼》这篇拟话本小说的思想极其明确——"不知这些无主意的愚人，住此清平世界，还要从着白莲教，到处哨聚倡乱，死而无怨，却是为何？"所以要"说一个得了妖书倡乱被杀的"，使"闻之者足以为戒"②。凌濛初以"妖书"发端，首先当然是因为唐赛儿有"得石函中宝书神剑"之事，符合其"拍案称奇"的创作需要，其次可能也受到四十回本《三遂平妖传》的启发③，但同样重要的是，"神授天书、秘术"是一个源自"自然启示"观念的古老的思想母题，不仅长久地流行于民间社会，在道家和义理化道教哲学中占据一定的地位，即使在儒家思想中也有所表现——很多时候被用作"顺天应人"、"神道设教"的逻辑基础；秘密宗教以此号召，更属常事。由此，它既是各种叙事文学的一个重要的主题类型或情节要素④，也是通俗

---

① 当时读者也如此接受此部小说，见清乾隆时人袁栋《书隐丛说》卷八"如是观"条所云："前有《恨赋》，后有《反恨赋》，以前人之所恨者一一而反之于正，使人心快然也。传奇有《精忠记》，复有《倒精忠》，中演岳飞直捣黄龙府迎取二圣还朝，奸桧典刑，山河恢复，观之者田夫贩竖亦为之快意。一名《如是观》，谓水月空花当作如是观耳，文人学士又不觉为之堕泪也。因思秦皇虽无道而扶苏当正位而戮高，晋献虽信谗而申生宜完身而得国，明皇虽播迁而梅妃当归宫而宠爱，建文虽流离而孝孺宜尽忠而反正，安得见之空言一一而反其恨乎。《女仙外史》以谷应泰所言仙乎妖乎之唐赛儿起义山东，纠集向义之旧臣，援救冤陷之患难，空奉建文名号立阙设官，与永乐为难，直至榆木川而止。亦快矣哉！"

② 石昌渝校点《拍案惊奇》附录一《拍案惊奇序》，《中国话本大系》，江苏古籍出版社，1990年，第741页。

③ 《何道士因术成奸，周经历因奸破贼》"入话"部分最后进行总结时，有"所以《平妖传》上也说到'白猿洞天书后边，深戒着谋反一事'的话"云云。

④ 关于"神授天书、秘术"在叙事文学中的表现，参阅胡万川《玄女·白猿·天书》，载宁宗一、鲁德才编《论中国古典小说的艺术——台湾香港论著选辑》，南开大学出版社，1984年；萨孟武《水浒与中国社会》，岳麓书社，（转下页）

文学等反映、评价庶民救世运动的常见取向。

但"神书"、"道术"是这篇故事的发端,却不是这篇故事的中心情节。从标题中就可以看出,故事的中心是"奸"——即何道士与唐赛儿以及双方随后各自又有的"奸情"。小说的实际情节正是紧紧围绕着这个奸情展开的:玄武庙道士何正寅无意中发现唐赛儿得到天书《九天玄元混世真经》而有帝主之兆,又"看见赛儿生得好",于是以计勾骗成奸;因街坊流氓捉奸敲诈,遂共同起事,纠集强盗,大展妖术,占据府县。二人得势后又各自纵欲骄奢,唐赛儿养着一个十八九岁的标致后生萧韶,而何道士则"每夜摧去,排门轮要两个好妇人好女子,送往衙里歇。标致得紧的,多歇几日;少不中意的,一夜就打发出来。又娶了个卖唱的妇人李文云",甚至逼得民女自缢。唐赛儿怒其负义,派人去杀何道士,结果为周经历利用,既乘机除去了何,又唆使萧韶反间杀掉了唐赛儿。这与《七曜平妖传》自诩的"治乱中之治乱"的"宏大"视角和以平乱为主体的内容,有明显的差异。

除了情节安排,小说的细节描写也使作为中心的"奸情"得到了进一步凸显。小说前半部分用了不少篇幅描述何道士如何与唐赛儿勾搭成奸,其中虽有一段文字颇涉色情,却也关乎情节需要,同时又较好地达成了某种反讽效果。小说后半描述唐赛儿、何道士反目,先是写唐赛儿"气满胸膛,顿着足说道:'这禽兽,忘恩负义!定要杀这禽兽,才出得这口气!'"立即派人去杀何道士,后紧接着有一段曰:

> 一行径入县里来见何正寅。正寅大落落坐着,不为礼貌。

(接上页)1987年;王立《道教与中国古代通俗小说中的天书》,《东南大学学报(哲学社会科学版)》2000年第2期;万晴川《宗教信仰与中国古代小说叙事》第六章第三节,浙江大学出版社,2013年。

看着董天然说:"拿得甚么东西来看我?"董天然说:"来时慌忙,不曾备得,另差人送来。"又对周经历说:"你们来我这县里来何干?"周经历假小心,轻轻的说:"因这县里有人来告奶奶,说大人不肯容县里女子出嫁,钱粮又比较得紧,因此奶奶着小官来禀上。"正寅听得这话,拍案高嗔,大骂道:"泼贱婆娘!你亏我夺了许多地方,享用快活。必然又搭上好的了,就这等无礼!你这起人不晓得事体,没上下的!"王宪见不是头,紧紧的帮着周经历,走近前说:"息怒消停,取个长便,待小官好回话。"正寅又说道:"不取长便,终不成不去回话!"①

这一描写,不惟突出了何道士的无赖,尤其生动地展现了二人因利苟合、又因纵欲而反目的"奸情"实质。

除了一些笔记记载外,凌濛初可能还有一些民间传说作为依据,但从内容到细节的绝大部分应属于独创,整篇小说完全是一个新的虚构。很明显,在这个虚构的故事中,秘密宗教起事的生成与败亡被归结到一个"妖妇"和一个不法道士的"奸情"上,"妖术杀身"的教化初衷也完全被"因奸败亡"暗暗替换了。

从文学角度上看,这一转换极为正常。凌濛初"二拍"虽然劝诫意味较浓,但其"说些因果"毕竟是通过"道些世情"阐发。所谓"世情",就其本质而言,就是深刻反映现实生活的典型情境,而不是某个空洞的主题。所有的"奇遇"和"巧合"都只是这些典型情境的构成要素,并非这种情境本身。所以,"掘冢得书"、"剪纸为兵"之类的"鬼怪虚诞",即使未被小说家言之殆尽,也不可能成为凌濛初的叙述重点。因为作为一篇拟话本,不仅要拈出一个"话头",同时还要在有限的篇幅中完美地叙述一个能吸引读者的故事,客观

---

① 石昌渝校点《拍案惊奇》,《中国话本大系》,江苏古籍出版社,1990年,第571页。

上要求必须构造出一个凝练而曲折并呈现某种"冲突"的情节,同时用细节描写烘托渲染,并由此展现人物的形象和性格。一如其在《拍案惊奇凡例》中强调的:"事类多近人情日用,不甚及鬼怪虚诞。正以画犬马难,画鬼魅易,不欲为其易而不足征耳。亦有一二涉于神鬼幽冥,要是切近可信,与一味驾空说谎、必无是事者不同。"①应该说,《何道士因术成奸,周经历因奸破贼》"因术成奸—因奸而败"情节内容的构造和场景细节的刻画还是相当成功的。这篇作品虚构的故事也许不能充分地说明头回中所点出的"话头"(事实上"二拍"中这种情况并不稀见,"正话"的具体内容完全偏离了"入话"默认主题的篇目也有不少),但故事本身无疑使人印象深刻。

从通俗文学的性质上着眼,与《七曜平妖传》主要突出官军的围剿和英雄美人的奇遇一样,《何道士因术成奸,周经历因奸破贼》选择不法男女苟且偷合又反目成仇的情节,显然都是出于吸引读者兴趣的需要。在这一点上,凌濛初的主观意图更为明显,所谓"笔墨雅道自然,非迂腐道学态也"(《拍案惊奇凡例》)②。

就思想倾向而论,凌濛初的创作则更为典型地反映出中间阶层关于秘密宗教起事的态度,即完全从社会一般传统道德出发加以彻底的审判,同时又以"世情"描绘渲染的文学效果而达成训诫劝谕。如前一节所论,秘密宗教总是不免世俗道德意义上的种种污点,但在精英分子的攻击如明人的相关记载及清黄育楩《破邪详辩》中,这些污点并不成为主要的对象,因为他们更为关心的是政治上的是非。小说则与之大有不同,政治攻击已明显让位于道德评判。《七曜平妖传》尚不忘突出政治的标准,不断标揭秘密宗教

---

① 石昌渝校点《拍案惊奇》附录二,《中国话本大系》,江苏古籍出版社,1990年,第743页。

② 同上。

"左道妖孽"的性质,乃是因为其毕竟仍以"平妖"主题为中心;而《何道士因术成奸,周经历因奸破贼》则和"二拍"其他带有批判现实意味的作品一样,既以"世情"说"因果",遂将批判对象在道德上的败坏不堪放在了首位。明代晚期的季世乱象,促成或加剧了以宣传、鼓吹道德义务和道德英雄主义为内容主题的创作①,"二拍"、《型世言》等颇重"劝诫",与此现象亦不无关联。通俗文学的这种道德建构倾向,表面上看是中间阶层忧心世道的产物,实质上则是大小传统沟通融会以后的社会一般思潮的反映。

四 通俗文学抑扬邪、正的内在缘由

在明清以降的通俗小说中,所有的"妖人"、"妖贼"及其犯上作乱无不带有秘密宗教救世运动的影子,它们或是作为反面角色被一带而过,或是成为因果训诫的例证,或是像在《七曜平妖传》和《二刻拍案惊奇·何道士因术成奸,周经历因奸破贼》中,被文学性地塑造成物精托生的妖孽和丧心病狂的妄人,接受政治和世俗道德标准的审判。而建立在民间传说基础上并能够客观表现官逼民反救世起义的作品比如《水浒传》,既免不了被最后定稿的"文人作者"加以"替天行道"、"招安报国"的改造,从而使秘密宗教的痕迹消失殆尽②;也免不了后世增、删、改、续的重构性创作,使其主题发生变换。总而言之,无论是作为商品的通俗文学作品炫人之目

---

① 韩南《道德责任小说:17世纪40年代的中国白话故事》,载《韩南中国小说论集》,第290页。
② 极富意义的是,尽管《水浒传》已基本失去了秘密宗教的意味,但由于其客观展现民众暴动的文学属性,在清代竟直接成为秘密会社的精神资源和方法指导。参阅罗尔纲《〈水浒传〉与天地会》,载《水浒传原本和著者研究》。蒲乐安(Roxann Prazniak)《骆驼王的故事——清末民变研究》,刘平等译,商务印书馆,2014年。

的内在需要，还是作为中间阶层的通俗文学作者批判现实的价值取向，都没有改变一个事实：通俗文学作品无一例外地都对秘密宗教持以否定和批判的态度。即使有一些作品客观地展现出一些"官逼民反"的社会现实，也绝少反抗压迫的革命思想和毁灭末世的宗教精神。与此一"抑"相反的是一"扬"：通俗文学中不仅表现了丰富多彩的社会一般宗教生活，而且刻意建构出与世俗道德契合一致的新型宗教伦理道德。

弗里德曼（Maurice Freedman）非常睿智地发现，古代中国不同社会阶层之间、"教派"（sect）与"教会"（church）之间、文本和鲜活的语言之间、精英和大众之间的观念与行为都可以实现一种"符合语言习惯的对译"（idiomatic translation）①，但民间宗教现象"预言"（prophecy）和"出神"（ecstasy）是唯一的例外，它们无法"转换"成精英阶层的教义与仪式②。这个发现虽然表面上看颇为具体，实质上却是指出了一条支配性原则：萨满"出神"就是"淫祀"，而"预言"就是末世论和救世运动之"谣谶"，二者不仅是精英阶层而且也是整体社会一般观念所排斥的对象，当然无法实现转换。通俗文学所"抑"者，正是无法"对译"或"转换"者；所"扬"者，乃是可以"对译"或"转换"者。

通俗文学对宗教邪、正分别抑、扬的内在根据就是中国古代社会一般伦理道德准则。《七曜平妖传》和《何道士因术成奸，周经历因奸破贼》（特别是后者）突出地印证出这一事实。中国文化的内在核心就是以血缘伦理为本的世俗道德改造以至取代宗教（或者

---

① ［英］莫里斯·弗里德曼（Maurice Freedman）《中国宗教的社会学研究》，载武雅士（Arthur P. Wolf）编《中国社会中的宗教与仪式》，第20页。案：这种"对译"或"转换"是指不同的观念和行为形式实质上不过是彼此的变体，或是某一共同性的不同版本。

② 此据武雅士（Arthur P. Wolf）《引言》，载武雅士编《中国社会中的宗教与仪式》，第2页。

说形成一种特殊的宗教)。通俗文学的这种抑、扬一方面是文化内核的必然反映,同时又是一种能够达成对文化内核反向作用的巨大的精神力量:加剧了宗教的"异化",使其不断趋向和世俗伦理道德的契合。

第七章　批判与和合：通俗小说中佛道教角色的差异与社会一般宗教伦理道德的取向

明代中叶以后，小说在"讲史"、"神魔"等类型以外，出现"极摹人情世态之歧，备写悲欢离合之致"的一类，完成了其反映对象从古典世界到生活世界、从历史英雄到世俗凡人的必然转向[1]，从而也就彻底实现了小说这一通俗文学体裁所应该具有的"世俗"属性。以"三言二拍"为杰出代表的拟话本短篇小说，虽然间存旧作、题材因袭、内容多样，既复讲史又兼叙烟粉、灵怪，但其中绝大部分作品或因兼叙近事，或因加入"当场描写"，或直接出于"再度创作"而富含现实因素，"世态物情，不待虚构"[2]，深刻地反映了当时的社会状况与人情世态，显然是从文学作品中观照社会文化的重要考察对象和文学作用于社会、文化研究的宝贵资源。

关于"三言二拍"等小说与明清社会一般宗教生活的问题，学术界已经给予了较多的关注，出现了很多富有价值的成果。不过，由于中国古代宗教的复杂性，前此研究似乎还存在着不少缺陷，最重要的是绝大部分研究单纯着重于"影响—反映"的层面，而忽视

---

[1] 孙逊《明清小说论稿》，上海古籍出版社，1986年，第15页。
[2] 鲁迅《中国小说史略》，第170页。

第七章　批判与和合：通俗小说中佛道教角色的差异与社会一般宗教伦理道德的取向　283

了通俗文学对社会宗教发生反向作用的层面。如本书前文所论，以"三言二拍"为代表的"世情小说"作品，因其典型的世俗性特质，在充分反映现实生活和社会观念之外，尤其具备"批判"与"和合"的相反相成的建构性。

本章即就此问题，主要以"三言二拍"为材料，在深入理解对象属性，建立合理的认识前提的基础上，通过一个特殊的角度，作一些细致的分析。需要再次申明的是：本章所称"佛教"、"道教"，均主要指"普化佛教"和"普化道教"。

一　现实描写对于文学表现的决定性

在研究这一问题时我们首先必须明确一个理论前提：文学作品对社会人生的象征性表现，以及所蕴含的作者的观念，并不是由作品的主题、题材预先决定的，而更多的时候是由其现实描写传达出来的。

"三言二拍"极少有纯粹佛教题材的作品，但有一些直接关涉道教的作品，甚至有一些篇目如《吕洞宾飞剑斩黄龙》《张道陵七试赵升》《李道人独步云门》《旌阳宫铁树镇妖》等属于典型的道教题材。在后来的拟话本及中长篇小说中也大抵如此，即在为数不多的纯粹以佛道教为题材的作品中，道教题材的作品规模数量大大超过佛教题材（这个情况十分正常，因为普化道教可以说就是社会一般宗教生活的主要内容；小说中多见的神仙鬼怪题材，大体均可划入普化道教的范围之内。）。可是在此类道教题材作品中，就其"本事"而言并没有出现新的主题类型、母题（motif）与故事形态，而大多是对旧有传统的继承延续，如"降妖除怪"、"灵真下试"、"考验成仙"、"遇仙得道"、"谪降历劫"等，无一不是世俗文学中关于宗教方面的长久以来的共同主题，其核心并无变化。就内容而言，有一些篇目完全是因袭近代作品，如《李道人独步云门》出自对明代说唱本《云门传》而不是《太平广记》相关文本的改编①。另外一些篇目如《张道陵七试赵升》也有可能据有明代的底本，但其增加的内容基本上是对《真诰》《神仙传》的细节化敷演，并非实质上的新创，亦无现实生活的因素。

事实上，对大多数具有"本事"来源的拟话本小说予以主题、类型的划分并由此进行主题、母题研究，并不具有合理性。如果将"三言二拍"的主题意义而不是现实内容比附于明代中叶以后的社会生活，则会导致认识上的谬误。小说的取材与来源主要有两个方面：一是主题（含母题或情节要素），二是具体情节或材料②。前者更具有中国古代小说本质上的历史延续性。"中国的小说，以讲史为最多，即非讲史，而所取的'题材'往往是'古已有之'的。在当代的日常生活里取材的实在是寥寥无几。"③"三言二拍"同样"大率为离合悲欢及发迹变态之事，间杂因果报应"④，如果说"发迹变态"的主题在明代可能得到较多拓展与深化的话，其他仍不过属于历史的延续。根本意义上的叙事文学的母题或情节要素大致都已经在前代完成，并且其内涵具有人类情感的共同性与历史延续性，无论是"三言二拍"的本事取材还是模拟与再创作，都可以证明这一点。

相关主题承袭于前代的事实，与思想意识的现实社会渊源及

---

① ［美］韩南《〈云门传〉从说唱到短篇小说》，载《韩南中国小说论集》，第102—114页。更详细的研究见吴真《孤本说唱词话〈云门传〉研究》，中华书局，2020年。

② 这里所谓"情节"，乃如当代学者所分析的，是指"构成整个故事的各个单独的具体事件，这些事件是故事中的环节，而不是整个故事的结构性的过程和始末，英文称之为 episode"（劳悦强《从纪事本末体论章回小说的叙事结构》，载辜美高、黄霖编《明代小说面面观——明代小说国际学术研讨会论文集》）。

③ 郑振铎《〈中国小说史料〉序》，载孔另境编《中国小说史料》，第2页。

④ 鲁迅《中国小说史略》，第151页。

材料和细节的当代生活化表现并不矛盾。题材的因袭仍不妨碍小说作者或借古题而写时事,或在"讲史"的细节特别是生活细节中加入日常生活素材。易言之,所有侧重于记人事的作品都重在"世情",即描模"世态炎凉"所体现的生活细节、情感与态度,而不重在对叙事文学传统主题与类型的深化。正如丁乃通分析"高僧与蛇女"的母题与《白娘子永镇雷峰塔》内容所指出的:"不论这个故事是否如中国一些学者所说,最初是由佛教传入的,冯本显然是着重在故事讲得精彩,而不在说教。……要取悦听众当然必须保存、甚至添加神奇的细节,更重要的是利用一些插曲来描写中国的现实生活。"[1]在模拟改造话本的过程中,无论是不是历史题材或传统故事,总会掺杂进现实的因素,亦即改编者所添加的形式内容与时代内容,或是各种再度创作所蕴含的现实因素与主体思想[2]。其中,现实因素最为重要,这是"三言二拍"的灵魂所在。

可以发现,即使在并非"近闻"的"旧作"中,这些"当场描写"也是无处不在的。具体到有关道教的方面,如《李道人独步云门》与《吕洞宾飞剑斩黄龙》都属旧有题材的改编,前者本事原出《太平广记》所录,但说唱词话《云门传》和拟话本所叙"那瞽者说一回,唱一回,正叹到骷髅皮生肉长,复命回阳"、"东岳庙前一个瞎老儿,在那里唱道情"的细节,无疑是当时生活的记录[3]。后者来源更杂[4],而拟话本借他人之口指责吕洞宾"几曾见你道门中,阐扬道法,普度群生?只是独自吃屙"的细节,因为表现出对旧有主题的不经意颠覆,也是最具典型化的再创作之一。从逻辑上说,既然中国古小说

---

[1] 丁乃通《高僧与蛇女——东西方"白蛇传"型故事比较研究》,载丁乃通《中西叙事文学比较研究》,陈建宪等译,华中师范大学出版社,2005年,第29页。

[2] 参阅黄大宏《"二度创作":文本的主题与小说本事研究——以〈拍案惊奇〉卷一本事为中心》,《明清小说研究》2004年第3期。

[3] 详见吴真《孤本说唱词话〈云门传〉研究》,第69—96、172—173页。

[4] 参阅谭正璧编《三言两拍资料》"吕洞宾飞剑斩黄龙"条,第477—480页。

的一个重要特性是在题材上具有连续性,那么,任何时代新创小说中的角色人物的形象、功能及意义,如果超越了历史沿续,就必然属当下创作的范畴。

毫无疑问,就"三言二拍"所展现的社会文化生活而言,正确的观照对象是重述、改写或再创作中的现实因素,而不是主题本身。

二　佛道教角色的不同特征

就通俗小说中的宗教生活和宗教伦理道德观念而言,既然主题、类型、题材等并不重要,重要的是文学描写中的"现实因素",那么,我们就需要在"现实因素"中找到一个合理而有效的观照对象。如前文所述,关乎世情的小说中,纯粹的佛道教题材本就不多,有意义的佛道教内容当然就更少;宗教生活中佛道教的相关名物、事相虽然很丰富,但大多数只能反映当时宗教生活的现状,而无法说明作者的观念及其作品的思想建构内容。

"角色"(或"脚色")的本义是指中国戏曲中的演员及其扮演的剧中人的类别。中国戏曲无论是演员还是剧中人都有固定的行当如"生旦净末丑"、类型化的表演程序以及人物框架,但不同的演员仍可以发挥自己的个性,从而创造出一个个鲜活的"人物"(character)。正是在这个意义上,"角色"与"人物"成为一件事情的两个方面。"角色"一词在现代已经被多所借用,小说研究中,主要是就人物执行动作的不同情况或模式而言[1],属"叙事功能"意义上的范畴。不过,每个研究者使用时的实际语义都有一些微妙的差异。本章采用的"角色",则是单纯借用传统词汇而设定的一个宽泛的

---

[1]　参阅胡亚敏《叙事学》(华中师范大学出版社,2004年,第146—150页)、王平《中国古代小说叙事研究》(河北人民出版社,2001年,第274—309页)。

概念,兼顾人物的特性、身份、社会属性以及行动模式、执行情节功能等多方面的意义。具体言之,所谓"佛、道教角色",是指世情小说"现实因素"中所有具备佛、道教特性,实施佛、道教行为,并在叙事中起到某种特殊功能的人物类别。所以设定这样一种概念,目的在于可以同时进行小说内容及叙事两个方面的探讨,从而更好地把握小说中的佛、道教意蕴,及其所体现出来的文学建构的具体意义。

在"三言"的历史性题材和传统的道教题材中①,道教角色并没有形成独具个性的人物形象,张道陵、吕洞宾等不外乎仍是神仙主题的象征符号。在"现实因素"内容中,"三言"中的道教角色并不多见,大大低于佛僧的出现频率。"二拍"同样如此,凌濛初描写了不少神怪、冥报、师巫的内容,但纯粹的道教角色数量亦少。这主要有两个原因:第一是世情小说的内容本质属性所决定。如前所述,"三言二拍"以"突出地描写尘世享乐和尘世利益"为根本特性②,即使是历史题材的作品,也常被赋予了现实生活的细节。因此,在与宗教的关系方面,它们所表现的是世俗宗教生活,反映的观念是庶民信仰,而并不重在对"神圣世界"的建构。第二是与神魔小说的发展与成熟有关。无论如何,尽管拟话本小说"兼叙灵怪",但神怪小说必多道教人物主角而拟话本小说则必少之,是一个客观的结果,尽管它们在反映世俗信仰方面具有一致性。

"三言二拍"中有限的道教角色体现出三个显著特征:

第一是具有非否定性。明代的通俗小说中,僧尼大多是非正

---

① 历史题材以《陈希夷四朝辞命》为代表,神仙题材则以《张道陵七试赵升》《吕洞宾飞剑斩黄龙》《李道人独步云门》为代表。《庄子鼓盆成大道》《李谪仙醉草吓蛮书》《马当神风送滕王阁》虽然也是历史故事题材,但在严格意义上与道教无关。

② 孙逊《明清小说论稿》,第15页。

面的形象，被批判、否定或被戏谑。尤其是"淫"，《续金瓶梅》第六十回借一淫僧之口所说"那个和尚没有几个尼姑？那个尼僧没有几个和尚？只除非是观音菩萨，才是个真修行的"①，可谓登峰造极。当代学者孙逊认为，这些非正面的形象常常以"淫"的面貌出现，从而类似于"高僧与色女"的母题；他将其命名为"情僧传统"，并作了详细的梳理与归纳，在文化意义上，认为这既与中国宗教"人间性"倾向的价值核心相关，又是不同阶段社会生活的反映；在艺术意义上，则表现为"情与空的矛盾和对峙"的美学效果。孙逊认为，这些形象产生的原因，一方面既是当时社会风气所致，另一方面，"当时文人和市民，对淫僧的津津乐道，也说明他们乐意张扬、夸张这种形象。以此来品尝一种瓦解神圣、打破一切的游戏式快乐"②。

　　孙逊对这一现象的归纳与分析结论均可成立，我们在"三言二拍"以及其他世情小说作品中找不到明显的反证③。但关于这一现象的解释则需要作较大的补充：首先，非正面的僧尼形象不光是"淫"，而且还有"势利"、"狠毒"的一面，亦即贪图财宝、恃强凌弱，甚至是害人性命。如《醒世恒言·张淑儿巧智脱杨生》中的宝华禅寺贼僧和《拍案惊奇·夺风情村妇捐躯，假天语幕僚断狱》中的太平禅寺淫僧，《拍案惊奇·盐官邑老魔魅色，会骸山大士诛邪》中的因贪财谋杀徽商施主的燕子矶恶僧，以及《二刻拍案惊奇·王渔翁舍镜崇三宝，白水僧盗物丧双生》中贪人财物、受报丧命的住持，等等。《拍案惊奇》中借人物之口甚至分别下结论云："那和尚却是好

---

① 《续金瓶梅》，陆合、星月点校《金瓶梅续书三种》，第608页。
② 孙逊《中国古代小说与宗教》，第174页。
③ 《警世通言·陈可常端阳仙化》表面上似乎体现出对一个"有德行"的和尚无端遭屈的同情，但实际上陈可常归根结蒂仍是一个时运不济的落魄文人，而并不是僧人的身份。相反，陈可常的"宿世冤业"偏偏以一个佛教修行者被诬陷与王府侍女发生奸情的故事表现出来，正反映出世人的某种普遍心态。

利的先锋,趋势的元帅。"(卷十五《卫朝奉狠心盘贵产,陈秀才巧计赚原房》①)"其间一种最狠的,又是尼姑。他借着佛天为由,庵院为囤,可以引得内眷来烧香,可以引得子弟来游耍。见男人问讯称呼,礼数毫不异僧家,接对无妨;到内室念佛看经,体格终须是妇女,交搭更便。从来马泊六、撮合山,十桩事到有九桩是尼姑做成,尼庵私会的。"(卷六《酒下酒赵尼媪迷花,机中机贾秀才报怨》②)这种情形可以一直沿续到清代的通俗小说中,《续金瓶梅》第三回:"看官听说:世上只有三样人极是势利,以财为主,眼里出火的。那三样人? 第一是妓者。……第二样是梨园小唱。……第三就是和尚尼姑,他们见钱如血,借道为名,进的寺门,先问了衙门,就看那车马侍从衣服整齐的,另有上样茶食款待,说几个大老相知禅宗的活套,日后打抽丰、上缘簿,缠个不了。这尼姑们穿房入阁,或是替太太念经,姑娘求儿,或公子寄名,串通寡妇,也有会魇镇的、符水的、传情的、保债的,无般不为,以骗钱为主,比这和尚更是淫狡。"③《好逑传》借独修和尚之口,直接说出"我们和尚家最势利"的断语(第六回);而《吴江雪》第五回,作者议论有曰:

  大凡和尚,名为出家脱俗,反在"财"、"色"二字上尤加着紧。④

又《合浦珠》第九回:

  常言道:"趋财奉富,莫如浮屠。"有钱施舍,便是施主檀越,满面春风,殷勤接待。你若无钱施与,他便情意淡薄,相知

---

① 石昌渝校点《拍案惊奇》,《中国话本大系》,江苏古籍出版社,1990年,第240页。
② 同上,第91页。
③ 《续金瓶梅》,陆合、星月校点《金瓶梅续书三种》,第23—24页。
④ 丁琴海校点《新镌绣像小说吴江雪》,载殷国光主编《明清言情小说大观》,华夏出版社,1993年,第151页。

的也不相知了。自己化缘,则云僧来看佛面;若俗家吃了他一茶一果,虽以数信奉酬,心犹未足。①

对佛僧"势利""狠毒"的批判,显然已经超越了对淫僧"津津乐道"的"游戏式快乐"的层面,而更多地展示出对宗教异化的批判。明代士人逃禅风气一度极盛,世俗功利宗教亦渐趋昌炽,佛教规模、产业及缁徒数量之迅猛发展,程度惊人。弘治中兵部尚书马文升(钧阳)奏:"成化十二年,度僧十万。成化二十二年,度僧二十万。以前所度僧道又不下二十万人,共该五十余万人。以一僧一道食米六石论之,该米二百六十余万石,足当京师一岁之用。况不耕不织,赋役不加。军民匠灶,私自披剃而隐于寺观者,又不知其几。创新寺观,遍于天下,自京师达之四方。"(明郑晓《今言》卷二)②佛教教团的规模大大超过道教。规制败坏,屡见不鲜,如明王士性《广志绎》所载:"中州僧从来不纳度牒,今日削发则为僧,明日长发则为民,任自为之。故白莲教一兴,往往千百为群随入其中,官府无所查核,为盗者亦每削发变形入比邱中,事息则回。无论僧行,即不饮酒食肉者百无一人。"(卷三)③而所谓"禅师大德",多数不过"自僭知识之号","居则金碧,呼则群聚,衣则滑鲜,食则甘美,乃至积金帛,治田庄,人丰境胜,便是出世一番,尽此而已"(明释德宝《笑岩集》卷三《北集上》"普示")④。由此,无怪乎普通百姓和中间阶层的小说作者,对不劳而获的僧尼有着一种天然的反感。

---

① 张毅校点《新镌批评绣像合浦珠传》,载殷国光主编《明清言情小说大观》,第 326 页。

② [明]郑晓撰,李致忠点校《今言》,中华书局,1984 年,第 78 页。详见任继愈主编《中国道教史》,上海人民出版社,1990 年,第 606 页。

③ [明]王士性撰,吕景琳点校《广志绎》,第 44 页。

④ 此据郭朋《中国佛教简史》,福建人民出版社,1990 年,第 343—344 页。

其次还有比较重要的一点是,小说对僧尼的"淫"的描写与批判已不仅限于"高僧与色女"的"欲望与诱惑"宗教主题,不仅专门出现了以此为题材的淫秽小说如《僧尼孽海》《灯草和尚》《风流和尚》等,而且几乎将所有的僧尼都想象并刻画成淫毒之徒。《水浒传》作者甚至不惜为此作了一番类似社会学分析的解说:

> 看官听说:原来但凡世上的人情,惟有和尚色情最紧,为何说这等话?且如俗人、出家人,都是一般父精母血所生,缘何见得和尚家色情最紧?说这句话,这上三卷书中所说潘、驴、邓、小、闲,惟有和尚家第一闲。一日三餐吃了檀越施主的好斋好供,住了那高堂大殿僧房,又无俗事所烦,房里好床好铺睡着,无得寻思,只是想着此一件事。假如譬喻说,一个财主家,虽然十相俱足,一日有多少闲事恼心,夜间又被钱物挂念,到三更二更才睡,总有娇妻美妾同床共枕,那得情趣。又有那一等小百姓们,一日价辛辛苦苦挣扎,早晨巴不到晚,起的是五更,睡的是半夜,到晚来未上床,先去摸一摸米瓮,看到底没颗米,明日又无钱,总然妻子有些颜色,也无些甚么意兴。因此上输与这和尚们一心闲静,专一理会这等勾当。那时古人评论到此去处,说这和尚们真个利害,因此苏东坡学士道:"不秃不毒,不毒不秃;转秃转毒,转毒转秃。"和尚们还有四句言语,道是:一个字便是僧,两个字是和尚,三个字鬼乐官,四个字色中饿鬼。①

类似的议论在一些通俗作品中经常出现,比如《喻世明言·明悟和尚赶五戒》有云:"那东坡志在功名,偏不信佛法,最恼的是和尚。常言:'不秃不毒,不毒不秃。转毒转秃,转秃转毒。我若一朝

---

① 《水浒传》,人民文学出版社,1997年第2版,第600页。此本以容与堂本为底本,参照天都外臣序本、杨定见序本等整理。

管了军民,定要灭了这和尚们,方遂吾愿。'"①《僧尼孽海》"西天僧西蕃僧"条按语也由所谓苏东坡之语进一步发挥:"不秃不毒,不毒不秃。惟其头秃,一发淫毒。奈何今之四民,尤谆谆呼和尚为佛爷,尊之为大师乎,可悲甚矣!"②可谓一针见血。《梧桐影》的作者想必是一位对"江南淫风"甚为不满的人物,他偏执地认为世风全为优伶、淫僧所坏:"天下最无耻者,莫如俳优;最淫毒者,莫如贼秃。"③其实也反映了中间阶层对僧侣的厌恶心理。《禅真后史》卷四十九至五十四回中的和尚嵇西化,是一位刻画很成功的典型人物形象。其人藉为人忏悔求嗣,却与主人之妾暗通,而且所采取的手段极工心计,并于苟合之际,"不惜阴骘,不管好歹,一例施行,也放出那般利害手段"。作者借另外一位女性沈氏的话,对此类不经之徒的行径予以强烈谴责:"姐姐不须着恼,自古道不秃不毒,那游僧们多有采战之法,吸阴补阳,伤人性命。姐姐你怎傍得秃狗们崖岸?"④《僧尼孽海》"沙门昙献"条叙胡后与昙献语一段曰:

  后曰:"如我今日秽污佛门,该落第几层地狱?"献曰:"后乃天上人思凡堕落尘世,献是龙华会里客,正该与后温存,所以今日得成交合,有何罪戾?"后曰:"其然,岂其然乎!"

作者在这一段的最后说:

  据因果说起来,人临终时,念在佛,则登彼岸;念在畜,则

---

① 魏同贤校点《古今小说》,《中国话本大系》,江苏古籍出版社,1991年,第451页。
② 《新镌出像批评僧尼孽海》一卷,日本东京大学东洋文化研究所藏清钞本。
③ 《梧桐影》,台湾天一出版社《明清善本小说丛刊》第18辑《艳情小说专辑》。
④ 《新镌批评出像通俗演义禅真后史》第五十三回,影印明钱塘金衙刻本,《古本小说集成》第2辑第141册,第1241页。

堕轮回。胡后生前既种了许多善根,死后又添许多菩提子,岂不是念念在兹,转世当作一快活和尚耳。

作为淫秽小说的《僧尼孽海》以缁徒为主角,本身固然是一种强烈的反讽,但如此对宗教戒律进行颠覆,已经完全超越了"戏谑"、"反讽"的限度,而成为一种不折不扣的现实主义式的批判。淫秽小说同样并不以其"色情"的主题为限制,既能反映最深层的人情物态,也就必然在客观上充分揭示各种丑恶。在"客观现实主义"的表现面前,《金瓶梅》中的因报观念,《肉蒲团》中未央生最后堕投恶胎的结局,以及其他淫秽小说中结尾处的种种安排,其实都不过是一种苍白的主题性的例行公事,与全书所暴露的现实或一味宣淫的浓烈程度,不可同日而语。

与之相反的是道教角色,特别是在"三言"中,他们很少像佛教僧尼角色那样成为否定与批判的对象。《假神仙大闹华光庙》中的"吕洞宾"是假冒货色,可以不论;《勘皮靴单证二郎神》实是一个公案故事,"定然是个妖人做作,不干二郎神之事"。《拍案惊奇》卷二十四所述老魔,不过是"道人打扮"而已。《喻世明言·杨思温燕山逢故人》中有一位动私情而还俗的女道士刘金坛,但却不是本篇所斥责的"负义"对象。"三言"很多篇目中出现的道行浅薄的道士,如《警世通言·假神仙大闹华光庙》中不能降妖却反受其戏弄的裴道士,《白娘子永镇雷峰塔》中施符无功的终南道士,他们的功能都是在情节上去展现"妖"的能量以及危险性,其行为本身并没有遭到否定。《金令史美婢酬秀童》中莫道士的降乩结果导致诬陷好人,同样是实现故事的叙事功能性需要,而无关莫道士本身的道德褒贬。

"二拍"稍有例外,凌濛初站在正统儒家的立场上,对佛、道及民间淫祀都展开了一定程度的批判。《拍案惊奇》卷十七描写了一位淫道黄知观,并在头回部分尖锐地指出:"(道士)做那奸淫之事,比和尚十分便当。"①不过,整篇对黄知观的批判并不十分强烈,反倒是突出了吴氏的不贞以及吴氏儿子的纯孝这两个一反一正的形象。凌氏对道教的批判,主要体现在《拍案惊奇》卷十七与卷十八两篇头回的议论上。卷十七的议论通过对"道家一教"的三等划分,指明"行持符箓,役使鬼神,设章醮以通上界,建考召以达冥途"为最下等,实际上是贬斥了道教中"术"的成分,也不意味着对"超尘俗而上升,同天地而不老"的反对。卷十八同样仅是对另一种"术"——黄白术的批判。炼金术可分两途,一种是点铁成金以求富贵,一种是转炼金丹以求长生,在严格意义上后者才属道教范畴。《丹客半黍九还,富翁千金一笑》所嘲讽的执迷不悟者,仍是一般民众中求金的"丹客",而并非服炼金丹的道士。总之,凌濛初对道教批判仍是一种扬弃式的,并不是根本意义上的否定。

《韩湘子全传》第六回《弃家缘湘子修行,化美女初试湘子》有一段描写:

> 老头儿道:"要知山下路,须问过来人。我少年时节也曾遇着两个游方的道人,卖弄得自家有掀天揭地的神通,搅海翻江的手段,葫芦内倒一倒,放出瑞气千条,蝇拂上拉一拉,撮下金丹万颗。见我生得清秀标致,便哄我说修行好。我见他这许多光景,思量不是天上神仙,也是蓬莱三岛的道侣,若跟得他去修行,煞强似做红尘中俗子,白屋里愚夫。便背了父母跟他去求长生。谁知两个贼道都是些障眼法儿,哄骗人的例子。哄我跟了他去,一路里便把我日当宜其夜当妻,穿州过县,不知走了多少去处。弄得我上不上,落不落,不尴不尬,没一些儿结果。我算来不是腔了,只得弃了他走回家来。我爹娘止

---

① 石昌渝校点《拍案惊奇》,《中国话本大系》,江苏古籍出版社,1990年,第273页。

生得我一个儿,那日不见了我,在家好不啼哭,满到处贴招子寻我,求签买卦,不知费了多少。一时间见我回家,好不欢天喜地,犹如拾得一件宝贝的一般。我爹娘背地里商议道:这孩子跟了贼道人,走出去许多时节,以定被贼道人拐做小官,弄得不要了,他心里岂不晓得女色事情?若再不替他讨个老婆,倘或这孩子又被人弄了去,这次再不要指望他回来了。连忙的寻媒婆来与我说亲行聘,讨了房下,生得一个儿子。"①

这可以和袁于令《西楼记》第三十一出嘲讽道士的一段代撰"咒语"并观:

(杂扮道士法衣鼓乐行香上)【咒】肚中空虚,口内诬言;丁零当郎,哩喳啰哩;夜间习惯,屁眼向天;禳星告斗,请将关仙;谢了荤士,要银一钱;领碗羹饭,极少三分;铺灯一地,油米满前。出空磬子,斋供来填;荤腥谢将,只管流涎;困虫来到,木鱼打穿;科仪不熟,咒水不传;祈晴祷雨,准要一年;没人来请,厨灶少烟;法衣狗嚼,版巾油煎;毛竹笏板,蒿草雷圈;鼓钹当尽,经忏不全;不如改业,性命常存。②

二者均是嘲讽批判无能道士以术骗人,并不是价值意义上的否定。后者的讽刺和戏谑,从某种意义上还客观地反映了游方道士的无奈和困窘。至于《三宝太监西洋记通俗演义》开头所述的"兴道灭佛",其实不过是引起"张天师"和"碧峰长老"的斗法故事,同样不代表作者对道教的否定。

第二是纯粹的道教角色并不具备喻教的意义与功能,绝大多数是一种叙事功能性人物。

---

① 《韩湘子全传》,《古本小说集成》第1辑第122册,第154页。
② [明]毛晋编《六十种曲》,中华书局,2007年第2版,第107页。

"三言二拍"特别是其"现实因素"描写中的道教角色,最常见的就是降妖除鬼、扶乩占命的道士。他们既非主角,也非重要人物,大多数甚至都不具名姓,匆匆一过。不过,这些角色绝大多数仍然起着重要的叙事功能作用。道士在大众信仰层面上的主要功能就是降妖除鬼、通灵代言、扶乩占命,而这些因素与中国古代小说的本质特性紧密相关。我们知道,小说起源于神鬼,古代白话通俗小说的世俗性表现为离奇怪妄的娱乐性和因果轮回、善恶报应的伦理性,其叙事性则在于说话人或创作者通过"有意味的形式"对故事进行完美的表现。世情小说虽然在内容上由历史和神鬼转向人情和世态,但世俗性、叙事性两个根本属性的内涵并没有改变。因此,诸如托梦、通灵、转世、占卜、预言等因素对情节叙述是极其重要的。正如当代学者指出的,这些行为的主要施布者往往是"一僧一道一术士"的象征性、符号性角色,起到了开启、收束情节,决定演进方向,提供张力,定位定性人物等多种叙事功能[1]。这些角色在"人物"意义上很难归类,如果按照福斯特的观点,他们可能勉强属于"扁平人物";如果根据"角色模式"的分析方法,他们大多数可能属于"帮助者"一类,在故事叙述中承当某种超情节的责任[2],以辅助实现事件的意义。

在《警世通言·金令史美婢酬秀童》中,如果没有莫道士召将降乩而写下"秀童"二字,本篇的关键冲突就不可能发生,随后的一切情节都无法展开。这实际是一个失盗与破案并充满误会冲突的离奇故事,其核心意旨并非像头回中的点题"信了书符召将,险些儿冤害了人的性命",因为故事中莫道士并没有遭到上天惩罚,甚至其降乩是否出于有意使诈,在叙事者那里也没有明确交待。显

---

[1] 刘勇强《一僧一道一术士——明清小说超情节人物的叙事学意义》,《文学遗产》2009年第2期。

[2] 同上。

然,莫道士的降乩不过是一个功能因素罢了。像莫道士这样的道教角色在明代以降的各种小说、戏曲及其他通俗文艺作品中屡见不鲜,并且常常和佛僧、术士结合在一起,最多的表现就是占卜相命。这些行为是明清社会上的常见现象,庶民们对它们的迷信不在于其是否灵验,而是出自内心的需要。有学者认为此类内容在小说中的盛行是晚明一个特定时期的现象[①],但更准确地说,应该是小说展现社会宗教生活的必然反映,以及叙事发展到较高水平后的自然结果。

第三是道教角色的仪式行为具有强烈的世俗性和生活意味。道教角色作为民间宗教仪式的承担者,主要存在于世俗领域而不是神圣领域之中。尽管仪式的宗教性和世俗性界线往往是很难迥然划分的,道教"设章醮以通上界,建考召以达冥途"看起来也似乎属于沟通人神的"神圣仪式",但"三言二拍"的道教角色随时承担的仪式行为如度拔亡魂、占卜相命,却更多指向于人的现世生活,接近于消解危机、纾缓心灵的世俗仪式性质。所有的"法事"都是为民户而造作,并不是因神灵而张设。因此,《拍案惊奇·西山观设(箓)度亡魂,开封府备棺追活命》中黄知观与吴氏竟借家中设醮勾搭成奸,在凌濛初笔下丝毫不存在反讽的意味,而是从一个侧面印证出社会对世俗仪式的高度认同。

信仰生活既然是社会生活的一部分,因此所有的道教、佛教、方士乃至师巫角色,同样也是社会中活跃的成员和社会生活的行动者,他们的一切仪式活动自然也就充满世俗的色彩。前述《警世通言·金令史美婢酬秀童》的莫道士,"排设坛场,却将邻家一个小学生附体","其时,这些令史们家人及衙门内做公的,闻得莫道人

---

① 陈韪沅《〈叶法师符石镇妖〉——〈警世通言〉中的另一"四十卷"》,载辜美高、黄霖主编:《明代小说面面观——明代小说国际学术研讨会论文集》,第371页注47。

在金家召将,做一件希奇之事,都走来看,塞做一屋"①,鲜活地描述了民间宗教行为的常态。《拍案惊奇》卷三十九《乔势天师禳旱魃,秉诚县令召甘霖》头回中的夏姓小民,"见这些师巫兴头,也去投着师父,指望传些真术。岂知费了拜见钱,并无术法得传,只教得些游嘴门面的话头,就是祖传来辈辈相授的秘诀。习熟了,打点开场施行"②,结果被一个儒生捉弄,吃了一口狗屎。此一具体情节可能是作者凌濛初的虚构,但"事之或无,理之必有",其所反映的明代社会一般民众的信仰生活实际,亦极为典型。在这个方面,《醒世姻缘传》中的一个情节最能说明道士的世俗性。小说中的一个人家的女儿青梅一心要做道姑,自说其理由道:

> 寻思一遭转来,怎如得做姑子快活?就如那盐鳖户一般,见了麒麟,说我是飞鸟;见了凤凰,说我是走兽;岂不就如那六科给事中一般,没得人管束。但凡那年小力壮,标致有膂力的和尚,都是我的新郎,周而复始,始而复周,这是不中意的,准他轮班当直,拣那中支使的,还留他常川答应。这还是做尼姑的说话。光着头,那俗家男子多有说道与尼姑相处不大利市,还要从那光头上跨一跨过。若是做了道姑,留着好好的一头黑发,晚间脱了那顶包巾,连那俗家的相公、老爹、举人、秀才、外郎、快手,凭咱拣用;且是往人家去,进得中门,任你甚么王妃、侍长、奶奶、姑娘,狠的、恶的、贤的、善的、妒忌的、吃醋的,见了那姑子,偏生那喜欢不知从那里生将出来,让吃茶,让吃饭,让上热炕坐的,让住二三日不放去的,临行送钱的,送银子

---

① 魏同贤校点《警世通言》,《中国话本大系》,江苏古籍出版社,1991年,第206页。

② 石昌渝校点《拍案惊奇》,《中国话本大系》,江苏古籍出版社,1990年,第707页。

的,做衣服的,做包巾的,做鞋袜的,舍幡幢的,舍桌围的,舍粮食的,舍酱醋的;比咱那武城县的四爷还热闹哩!还有奶奶们托着买"人事",请"先生",常是十来两银子打背弓。我寻思一遭儿,不做姑子,还做什么?凭奶奶怎么留我,我的主意定了,只是做姑子!①

出于对传统伦理规范的保护心理,社会一般观念特别是士人男性观念通常把包括道姑在内的"三姑六婆"出入平常人家视为一种混乱和危险的源头②。事实上此类危害确实是经常发生的,《醒世姻缘传》中"青梅"这一角色及其相关情节正是对此一现象的批判。但在这一暴露现实的反讽、批判中,却非常切实地展现出一般民众对"道姑"、"尼姑"这两种已经俨然成为不嫁女子身份归宿的不同态度,并且反映出道教普化的程度。

三 世情小说中佛道教角色建构的意义

文学是人生和社会的隐喻和象征,越是世俗的文学越是能够深刻地描摹世情、刻画人心。以"三言二拍"为代表的世情小说作为这样一种典型的文学作品,其中佛、道教角色的种种表现及其特性,首要意义既在于折射出当时一般民众的信仰世界与宗教生活实际,更在于表达出作者关于一般宗教伦理道德的批判式建构。

"三言二拍"等小说中的佛、道教角色深刻地反映出中国传统社会一般信仰的核心。这一核心,就是传统伦理道德价值,一言以蔽之,即是以积善余庆、积恶余殃、善恶相报、因果轮回承载的世俗

---

① 黄肃秋校注《醒世姻缘传》第八回,第115—116页。
② [美]曼素恩(Susan Mann)《缀珍录——十八世纪及其前后的中国妇女》,定宜庄等译,江苏人民出版社,2005年,第239—240页。

道德观念。一切宗教神祇和各种仪式乃至迷信活动都是为之服务的,种种祭祀、祈禳、通灵、关亡、降乩、托梦、占卜、预言,无不如此。实际上这也就是传统社会中的主要仪式行为,它是表达信仰、加强信仰的行动。世情小说中道教角色——也包括佛僧、方士角色之所以发挥出某种叙事功能性作用,正是由于他们本来就是这些仪式行为的承担者,也是加强社会信仰的实施者。因此,这些小说中的角色及其活动与小说的思想内容才能浑然一体,共同成为社会一般信仰的鲜活表现。

"三言二拍"等小说所表现的对佛、道角色的否定与非否定态度,实质即是对非道德化的宗教的批判和对道德化的宗教的和合。道教在实质上是中国传统社会创生宗教和一般信仰的整合体,这个特性决定了道教与佛教存在着根本的不同,因为无论佛教如何"中国化",也无论如何"三教融合",终归存在着一些天生的与本土文化精神格格不入的因素。人无法超越自己的皮肤,因为道教是我们所在社会的内在的信仰,所以它不可能遭到任何否定,而只能是被精英思想所批判吸收。鲁迅直观的判断"人往往憎和尚,憎尼姑,憎回教徒,憎耶教徒,而不憎道士。懂得此理者,懂得中国大半"[1],正可以在世情小说的佛、道教角色的不同中得到明确的印证。

"三言二拍"等小说中佛、道教角色整体上的更深一层内涵,乃是历史地再现了古代宗教的"异化"与"复归"。佛教在精神上的中国化以及在实践层面上与世俗的结合,已经基本和世俗伦理相结合,丧失了否定、摆脱现实以求解脱的根本之道和拯救精神,所以等而下之者必然趋于腐败,走向了宗教的反面。道教也是如此,金元以来续生型的各种所谓"新道教"一旦成为国家承认的官方体制

---

[1] 鲁迅《小杂感》,载《鲁迅全集》第 3 卷,人民文学出版社,2005 年,第 556 页。

内的教团,最终也不免丧失了自己的宗教特质,而流于"祷祠祫禳之事"。"尽管明代道教继续兴盛,如道士享有朝廷任命,一部新的《道藏》被刊印,各种教派继续得到国家的支持,但是,宗教生活的焦点已经从这些被确立的道教制度中转移出去了。"①于是,无论是道教还是佛教,都在总体上向民间"普化",在与世俗伦理相结合的层面上最后找到了它继续发挥宗教功能的终极位置。

---

① [法]索安(Anna SEIDEL)《西方道教研究编年史》,吕鹏志等译,中华书局,2002年,第32页。此处引文据原文(SEIDEL, Anna, "Chronicle of Taoist Studies in the West 1950—1990". *Cahiers d'Extrême-Asie* 5:223—347. 1989. p. 245)重译。

第八章　变迁与选择:通俗文学与俗神的长成

"俗神"是认识中国宗教特性的一个关键。所谓俗神,乃是从当代观念出发,指不限于义理化宗教内部的,被广大民众历时选择、建构的,在一个较广大地区和较长时间里为民众信奉的神祇。这些神祇可能来自传统宗教或地方信仰,但当且仅当它们成为社会共同信奉的、并在时间和空间上具有一定普遍性的神灵,才是我们所指的真正意义上的"俗神"。其中最关键的是:"俗"非是指社会底层之"俗",而是指融合大小传统的社会一般层面之"俗",与通俗文学之"俗"性质相同。因此,"俗神"也就是社会"正神",明人谢肇淛曰:

> 今世所崇奉正神尚有观音大士、真武上帝、碧霞元君,三者与关壮缪香火相埒,遐陬荒谷,无不尸而祝之者。凡妇人女子,语以周公、孔夫子或未必知,而敬信四神,无敢有心非巷议者,行且与天地俱悠久矣。(《五杂组》卷十五)[①]

某些神话、民俗之神,或由"人"入"神"的时代英雄,为什么有些会被民众普遍选择奉祀,而有些则消失在历史的长河中?佛道教的某些神祇为什么会被王朝国家和普通民众取以奉祀,而某些只会停留在宗教内部的奥典和秘祀之内?有些地方神为什么会上

[①] [明]谢肇淛《五杂组》,上海书店出版社,2009年,第303页。

升为较广大地区甚至全国性的"俗神",而有些则没有这样的幸运?历史渊源的有无和传统积淀的厚重与否之外,最常见的总结是政治、社会、经济的因素,比如宗教的"普化"、精英思想的取资、官方封敕、移民、贸易来往和地区文化交流,等等。有学者总结出三大具体因素:政治力量、功能需求、区域认同[1]。这些原因当然是很重要的,但不能解释所有的"俗神"为什么会"长成"它们最终的模样。

特别值得讨论的是:政治的因素固然重要,但经常被过分夸大。事情必须从两方面看:一方面,统治者特别是兴业图霸者或以神道设教,或托言神迹以夸示正统,常常封号神灵并加奉祀,确实在很大程度上可以促使世俗对某些神灵的尊奉愈益隆甚,并使其中的一些如关公等不断的正统化、儒家化[2],不过这并不是绝对的规律。另一方面,神灵之所以会被统治者利用,无外乎其本身影响至大,在社会宗教生活中已经形成了一定地位;这些灵迹显著、影响广泛的民间祀神,既不以其为淫祀,则必然需要进入地方或国家祀典。事实上,国家册封以及地方政府、精英士绅的有意识建设对俗神地位的形成,影响力和作用力虽然存在,但都是有限的[3]。

---

[1] 赵世瑜认为:"在多数情况下,只有在法典中确定下来、通过政权力量推广的国家正祀,才能在全国范围内普遍建庙,比如东岳、城隍、关帝等;还有少数情况是与广泛传播的宗教有关,与全国普遍存在的问题背景有关,比如佛教传遍城市乡村,生育、人口等问题是普遍性问题,所以观音庙也很常见。……另一条轨道是地方性神祇的发展,如果没有村这个聚落,就不会存在村庙;如果跨村落的联系没有建立起来,也就不会有跨村落的区域性信仰圈,也就是说,地方文化认同的范围越广,就越会出现更大的区域性神祇。"(赵世瑜《狂欢与日常——明清以来的庙会与民间社会》,北京大学出版社,2017年,第57页)

[2] 参见王见川《清代皇帝与关帝信仰的"儒家化":兼谈"文衡圣帝"的由来》,《北台湾科技学院通识学报》第4期。

[3] 杜赞奇(Prasenjit Duara)根据华北乡村的关公信仰实际分析认为:乡村精英参与修建关帝庙等行为,使之从地方保护神上升为国家、皇朝和正统的象征,从而成为"国家政权建设"和"权力的文化网络"的交叉点(《文化、权力与国家——1900—1942年的华北农村》,王福明译,江苏人民出版社,1996年)。(转下页)

我们可以发现众多的例证。观世音菩萨和"十王"作为来源于佛教，三官大帝和文昌帝君（或梓潼帝君）等作为来源于民间信仰的最重要俗神，其主导力量就并非仅仅是官方的封祀。八仙、济公、天妃乃至更低一级的众多俗神，都属于这种情况。"玉皇大帝"的早期渊源以道教原因得到过唐代皇帝的敕封，但在后世甚至很难得到朝廷祀典的正式承认；东岳大帝、真武大帝等虽然得到过朝廷的郑重封号，但其影响力的获得也并不完全赖于政治的推崇。碧霞元君作为一度在北方极度隆盛的信仰，则始终没有得到过国家的完全承认①。城隍、土地成为国家和地方祀典中正式加入的重要内容，固然推动了此一信仰的普遍周流，但它仍然只能作为地方保护神的神祇"类型"，而不能算作是一种人格化的"俗神"。"王灵官"也是一个很好的例子，清以后道观多塑其像并奉作镇山门之神，俨然成为宗教生活中另一重要俗神体系"元帅神"中较为突出的一位。其神固来源于宋以后兴起之丛生道教新派，但起初极其卑微，不过是随着萨真人信仰的逐渐显著，至明代方由地方道士表彰成为祠祀对象而由朝廷遣官致祭。即使为国家承认，在明代亦曾遭到主张清整祀典者的非议②。可见，很多祀神并非由国家首倡，丛生宗教和民间信仰的互动特别是庶民的选择才是发生主因。

韩森（Valerie Hansen）通过五显、梓童、天妃与张王四个神祇

（接上页）这确实是存在的，地方精英通过对佛道教和地方神奉祀的整理，参与权力建设和思想教化，固乃明清地方政治、文化的一个重要现象。不过，这些构建都偏于政治方面。尽管客观上也使相关庙宇及其奉祀进一步展开，但并没有增加为一般庶民所喜爱的神性内涵。更何况，杜赞奇所指出的近代的关公崇拜本身，实际也是数百年来通俗文学对此一俗神传播、普及和建构的结果。详见后文论述。

① ［美］彭慕兰（Kenneth Pomeranz）《泰山女神信仰中的权力、性别与多元文化》，载韦思谛（Stephen C. Averill）编《中国大众宗教》。
② 参赵翼《陔余丛考》卷三十五"王灵官"条。

研究了宋元时期乡土神的区域扩张的问题,指出水路交通线周围区域的人们的流动性的不断增大,以及商人的贸易来往,既使得普通民众有机会接触不同地区的乡土神祇,也使得乡土神祇随着信众的外出而被带到更多的地方,从而使其奉祀超出了它们的本庙,传播到更广泛的地区①。这一结论当然是没有问题的,移民、人员来往(古代人员来往的主要部分就是商人)是乡土神播迁的最核心因素,甚至可以使一个乡村神祇从本庙远赴海外②。不过,这些因素可以使神祇的奉祀区域发生变化(神祇的重要变迁内容之一),却不一定是导致其成为"俗神"的推动因素。

滨岛敦俊研究明清时期江南农村社会的乡土神祇,通过地方文献和田野调查相结合的方法,发现了被今人所忽略的众多民间祀神如总管神、李王、周神、猛将等等③。这些土神虽然也有一定的渊源,总体上仍然是地方出产。无论是在交通线路还是在贸易和其他交流方面,江南地区的参与程度无疑是最高的,但是这些江南土神的奉祀总体上都并未得到区域性的扩张。与之相对照的是,外来神祇则数有传入,如主要来自官方主导的东岳大帝④,以及主要是随着水运交通达到江南并沿运河北上的原本为海上保护神的天妃信仰等。由此可见,"俗神"的长成,诸多有形的政治、社会、经济的因素固然重要,但不是决定性的。

---

① [美]韩森(Valerie Hansen)《变迁之神:南宋时期的民间信仰》,包伟民译,浙江人民出版社,1999年。

② 这方面的例子甚多。可参阅李焯然《城市、空间、信仰:安溪城隍信仰的越界发展与功能转换》,载复旦大学文史研究院编《都市繁华——一千五百年来的东亚城市生活史》,中华书局,2010年,第212—229页。

③ [日]滨岛敦俊《总管信仰——明清江南农村社会与民间信仰》,朱海滨译,厦门大学出版社,2008年。

④ 参阅巫仁恕《明清江南东岳神信仰与城市群众的集体抗议——以苏州民变为讨论中心》,载李孝悌编《中国的城市生活》,北京大学出版社,2013年,第161—212页。

一 "选择"的内涵、意义及其实现

中国古代社会一般宗教生活的多神信仰,最大特色之一就是共时和历时性的分布,并在此基础上形成各种各样的"变迁"。这种"变迁"在南宋以降的程度大大加强,一方面是社会、经济、政治特别是某些具体的因素诸如阶级升降、商业、交通、人口、区域发展等所导致的庶民生活内容变化的影响,另一方面也是宗教生活本身历时性发展的种种信仰需要使然①。需要特别指出的是:同样名义的神祇在一般社会中的变迁与其在宗教(以道教为著)内部的变迁并不完全是同一件事。民间神祇或许来源于原始宗教和丛生的创生宗教,但一旦被民众选择奉祀,它就呈现出另一种变化了的面貌。比如"真武",在道教内部的发展变化与明成祖封祀以后在民间的变化②,尽管可能存在着一些联系,但绝不是一一对应的。

我们可以在日本的佛教寺院和台湾及东南亚华人社会中发现很多宋元的"普化宗教"之神和民间祀神,比如招宝七郎、祠山张大帝、广泽龙王、白鹤大帝、五显五通、华光大帝、马灵官③、清水祖师

---

① 关于宋以降宗教文化的变化,参阅万志英(Richard von Glahn)所著 *The Sinister Way: The Divine and the Demonic in Chinese Religious Culture* (University of California Press, 2004)第五章"Song Transformation of Religious Culture"的相关论述。

② 关于真武的渊源及在道教内部的发展及神系地位、神格特点,Shin-yi Chao 有详细的研究,见其著 *Daoist Ritual, State Religion, and Popular Practice: Zhenwu Worship from Song to Ming* (960—1644), London & New York: Routledge, 2011。许道龄则较早对真武在民间的奉祀情况做了探讨,见其《玄武之起源及其蜕变考》,《史学集刊》第5期。

③ 见二阶堂善弘的研究:《日本禅宗寺院之宋明伽蓝神》,载李奭学、胡晓真编《图书、知识建构与文化传播》,台湾汉学中心,2015年;Yoshihiro Nikaidō, *Asian Folk Religion and Cultural Interaction*, Taipei: National Taiwan University Press, 2015。

公、北帝、洪圣、华佗、周公①,以及各种请神仪式中的神将,它们在宋元以降的通俗文学作品、地方志、民间宝卷、民间宗教科仪经卷和其他一些零散记载中也有丰富的反映,但是在明中期以后的中国大陆地区,有的继续保持很高地位并进一步上升,有的丧失了祀神地位,有的改换了地位与形象,有的则完全消失。

民间神祇的成立与变迁本身实质上来自民众的选择。总体上,这种选择取决于神祇的功能、特色、新旧、灵验程度以及是否蕴含更高层面的意义如伦理道德价值。如果在更大地区并在较长时期内被普遍选择亦即成长为"俗神",则还取决于它的传播程度、影响力高低以及新意义的加入,而后者正是由通俗文学达成的。

通俗文学的建构和民众对神祇的选择性崇拜并不完全相同。民众对神祇的"选择"的前提是:如韩森所指出的,各种宗教传统包括多神信仰之间并不互相排斥,民众不必只选择一种宗教,可以同时向源于不同宗教传统的众多神祇寻求保护②。而通俗文学"建构"的前提则是,这些民众选择的神祇往往因共时和历时的不同而存在不同的神性,不同时代和不同地区的人们以及通俗文学的作者对这些不同的神性具有自己不同的理解。通俗文学一方面忠实地反映了民众的选择,但更重要的是另一方面亦即通俗文学作者依据自己的理解选择出一种神性并加以重新建构,并转而作用于民众的选择。二者的结合,共同塑造出普遍意义上的"俗神"。

在此,需要进行一个重要的辨析。通俗文学的建构毕竟是一种文学创造,因此涉及一个重要的文学问题:即文学塑造的继承性和新创性的关系问题。原型题材或故事从早期志怪、传奇到宋元

---

① 参见武雅士(Arthur P. Wolf)编《中国社会中的宗教与仪式》中的各种相关研究。

② [美]韩森(Valerie Hansen)《变迁之神:南宋时期的民间信仰》,第29页。

说话、元明杂剧、明清通俗小说及戏曲的文学展现,当代学者常常视之为"嬗变"——类似于某种有机体,它的外形、功能发生变化,但基因保持同一。个人认为这个概念及相关理论并不妥当,它至少消减了以下事实:(1)某个故事持续被改编、新创并不是其本身"成长"、"蜕变"的结果,而实际上是作者的一种接受和选择,比如不同的济公故事和济公小说。(2)某些故事的类型和母题并没有显著的嬗变(甚至没有变化),所不同的只是时代内容和细节的增加、观念的注入以及形式、结构上因不同表现方式而呈现的差异,比如某些由小说改编的戏曲作品。(3)某些旧有故事不过是后世新创的触发点或引子,它们不是"嬗变"的关系,而是并无实质上的关联,比如《金瓶梅》就绝不可谓"武松—潘金莲—西门庆"故事的嬗变。

无论怎样定义,用"嬗变"来对文学继承与新创进行解释都是相当危险的。因为"嬗变"毕竟在根本上是指一种自发性的、积累式的渐变或蜕变,它或许适合于口头故事演化的外在描述,但并不适用于文人通俗小说及戏曲题材沿袭与新创的内部分析。如果我们按照"嬗变"的思路,就会始终着眼于一个故事从一个时代到另一个时代的外在演化,或分析其共同意义,必然使作者的自觉性被严重忽略,从而得出任何神话、故事的意义无一不是"连续的"这样一个唯一结论。换言之,"嬗变"理论只是注意到神话、故事意义的连续性,而未能发现其存在的不连续性。

杜赞奇根据相隔一千年的两个关帝神话片断提出,神话同时既连续又不连续:"可以肯定,这一神话连续的核心内容不是静止的,其本身易于变化。那么神话的有些因素就会丢失。但与许多其他社会变化不一样,神话和象征的变化不会趋向于完全不连续;相反这一范围的变化是在复杂的历史背景下发生的。由此文化象征即使在自身发生变化时也会在某一层次上随着社会群体和利益的变化保持连续性。"①这至少否定了"嬗变"的绝对性。杜赞奇同时认为,这一连续和不连续同时存在的文化象征演进是一个"塑造象征"(superscribing symbols)的过程,它意味着存在一个活跃的意义之域,在这个域中各种看法相互妥协、竞争,取得压倒优势者并没有完全抹去其他的看法:

> 不同的历史群体通过其他文化活动书写或描述他们自己对一个现成故事或神话的看法,这一过程融合进了他们的利益或是建立了马林诺夫斯基所说的他们的"社会个性"。在这个过程中,尚存的看法不会完全被抹去。相反对大多数神话的看法中常见的形象和次序都保存着,但通过增加或"重新发现"新的因素,或者是给现有的因素一个特定的倾向,这样就又确立了新的解释。即使是新的解释能占据主导地位,以前的看法也不会消失,而是与之建立新的关系,它们自身在我们可以称之为神话的"阐释领域"的地位和作用都会被解释并重新确定。②

通俗文学所"塑造"的俗神亦应作如是观:俗神的长成过程更不是一种自发的嬗变,而是一种选择性的建构。

近世以来中国社会的"俗神",如果依据其在社会宗教生活中的具体表现,大约可以分成三类:一是综合性的,同时也是影响最大和最普遍信奉的,如观音及三大菩萨、弥勒、关公、妈祖、阎罗、济公、王母娘娘、龙王、灶王、财神等等;二是主要表现在仪式意义上的,如文昌帝君、泰山神及泰山娘娘(碧霞元君)、真武大帝、元帅神、太岁、药王,及其他祖师神、行业神等;三是主要表现在文学和

---

① [美]杜赞奇(Prasenjit Duara)《刻划标志:中国战神关帝的神话》,载韦思谛(Stephen C. Averill)编《中国大众宗教》,第95页。此处引文对原译文作了一处改动,即将 symbol 统一译为"象征"。

② [美]杜赞奇(Prasenjit Duara)《刻划标志:中国战神关帝的神话》,载韦思谛(Stephen C. Averill)编《中国大众宗教》,第95页。

观念意义上的,如玉皇大帝、八仙、吕祖、托塔天王、哪吒、二郎神、马王、福禄寿神、刘海蟾等。对这些被民众选择而成并积淀下来的众多的俗神,无论是通过历史追索还是人类学田野调查,我们可以得到各种关于其渊源、形象、内涵的不同信息和变化的外在痕迹,但很难一一描绘出它们的确实轨迹亦即所谓"嬗变"之路。原因就在于这些俗神的"长成"更多的是一种主观建构而非客观演化,本身即不存在着可以归纳和分析的发展轨迹。观音的女性化、弥勒形象和意义的变化等,从来就不是沿着某种"基因"所规定的道路进化而成的。因为出于主观建构并且通过文学进行表现,同时又存在着"接受"因素,有些结果甚至是偶然的、不经意发生的,比如前文提到过的"财神"即是。即使某种结果看起来符合一定的客观演化规律,但其实仍然是主观建构的结果。在此方面的例子是玉皇大帝的"生成"。一般认为,"玉皇大帝"来自道教早期的"天尊帝君"及其在道教内部的演变和在宋代的正式封号,但实际上南宋时道教内部的"玉真天帝玄穹至圣玉皇大帝"并非道教最高神。"玉皇大帝"的被选择,根本上还是源于一般庶民心目中的权力观念,即认为必须存在着一个总领凡俗的最高统治者。《西游记》继承这一观念并根据自己的理解又进一步地将这一"总领"体系化、规范化,同时又赋予玉皇大帝较为鲜明的人物性格,奠定了它的意义基础。所以,"玉皇大帝"主要是观念意义上的存在,民间几乎很少有专门的祠庙。武雅士(Arthur P. Wolf)根据自己在台湾地区和另一位学者在福州的考察认为,缺乏祠庙是因为一般庶民特别是农民思想上的官僚权力印记的作用,因为玉皇大帝比人间皇帝更为尊贵,只有身居高位才能侍奉,卑贱者不能与之直接交流[1]。这个

---

[1] [美]武雅士(Arthur P. Wolf)《神、鬼和祖先》,载武雅士编《中国社会中的宗教与仪式》,第148页。

解释未必成立。民间建祠最直接的动力是他们的信仰需要,而地方保护神如土地、城隍等和地方历史英雄人物、具有威力的俗神才是祭祀中最重要的也是最亲近的祈祷对象。相对而言,玉皇大帝总体上是一种秩序和权力的象征,不仅过于尊贵遥远,而且缺乏情感联系。

促成选择的力量之一是通俗文学的巨大作用[1]。就对俗神的传播、普及和新构而言[2],通俗文学甚至是一种决定性力量。这不仅可以从某些典型的事例如"香山宝卷"与观音菩萨[3]、《三国演义》与关公、明代《西游记》《封神演义》诸神魔小说与明以降宗教生活神祇系统中得到证明,也能够在这些"宏大叙事"以外的更多的细小例子中发现这一普遍规律。在此两方面当代学者研究已多,可以说是基本凿实了这个结论。需要做重要补充的是,某些历时性的、变化发展比较复杂的例子能够进一步对此一事实予以理论上的验证。其中值得一提的是一个较为特殊的个案——自南宋以来在江南地区长时期流行的"五通、五显"信仰,因为其富含较多的

---

[1] 另外,宗教通俗文本如宝卷、善书也起了很大作用(可参游子安以关帝为例的研究《敷化宇内:清代以来关帝善书及其信仰的传播》,香港中文大学《中国文化研究所学报》第 50 期),但这些文本或即有通俗文学的性质,或受到通俗文学的影响。

[2] 从逻辑上和事实上都可以得出,一种精神创造如果能被持续地传播并始终发挥它的影响力量,则必然存在着新的建构。因此,俗神的传播、普及实际上也就是一种新的建构。

[3] 观音的女性化最终在明代臻于成熟,其渊源和生成契机是"妙善公主"的传说以及由此形成的通俗文本"香山宝卷",经过明代通俗小说《南海观音全传》、传奇戏曲《香山记》及后起花部相关剧目的进一步搬演,终于使观音这一中国女神完全长成。见 Glen Dudbridge, *The Legend of Miao-shan*, London: Ithaca Press for the Board of the Faculty of Oriental Studies, Oxford University, 1978;于君方《观音——菩萨中国化的演变》,陈怀宇等译,商务印书馆,2012 年,第 295—303 页。

意义,当代很多学者从多方面展开了细致的探讨①。可以发现,"五通、五显"的生成、混合、变迁过程极其复杂,总体上呈现两个不同的方向:一是"五通"始终是作为民间信仰甚至是"淫祀"存在,一直到清代中期进行政治干预以后渐趋消歇为止②;二是"五通"与"五显"、"五通、五显"与其他元素发生混合并产生变化。宋元话本中就有了"五显"的痕迹,"三言二拍"中屡屡道及,体现出通俗文学对这一普及性信仰及其变迁的忠实反映。冯梦龙的《假神仙大闹华光庙》(《警世通言》卷二十)和建阳坊刻《新刻全像五显灵官大帝华光天王传》(《南游记》)开始进行有意识的改编和创造,从而使"华光天王"从某种渊源中彰显出来③,成为五通、五显的某种建构结果④。与此相关联的是"五路财神"。"五路财神"可能确与"五通/五显"相关,在明代商品经济发展之际被塑造成新的财神之一,"二拍"中的《王渔翁舍镜崇三宝,白水僧盗物丧双生》头回对"五通神道"更有较生动的描述。但"五通/五显——五路财神"这一民间

---

① 较为系统的研究有 Richard von Glahn(万志英),"The Enchantment of Wealth: The God Wutong in the Social History of Jiangnan", *Harvard Journal of Asiatic Studies*, Vol.51, No.2(Dec., 1991), pp.651—714(收入其著作 *The Sinister Way: The Divine and the Demonic in Chinese Religious Culture*,又收入韦思谛编《中国大众宗教》)及 Ursula-Angelika Cedzich(蔡雾溪), "The Cult of the Wu-t'ung/Wu-hsian in History and Fiction: The Religion Roots of the Journey to the South", in David G. Johnson eds., *Ritual and Scripture in Chinese Popular Religion. Five Studies*, Berkeley: Chinese Popular Culture Project, 1995, pp.137—218。

② 蒋竹山《汤斌禁毁五通神:清初政治精英打击通俗文化的个案》,《新史学》第6卷第2期。

③ 有学者认为"华光天王"与"五显神"的混同来自南宋末年佛教徒的创造这一历史渊源(贾二强《佛教与民间五通神信仰》,《佛学研究》,2003年;侯会《华光变身火神考:明代小说〈南游记〉源流初探》,《明清小说研究》2008年第2期),这一观点确有道理,但进一步的彰显则无疑是明代中期这两部小说的作用。

④ 参阅杨德睿《邪恶的母亲:苏州上方山太姆崇拜研究》,南京大学古典文献研究所《古典文献研究》第19辑上卷,凤凰出版社,2016年。

的信仰没有得到通俗文学的进一步的直接建构，虽然曾经在相当长的一个时期内兴盛于江南地区，近世即急剧消亡。相反，《封神演义》中对一个历史悠久的神灵"元帅赵公明"的不经意定性（主要是称其统领"招宝"、"纳珍"、"招财"、"利市"四神），却使他综合前有因素，一下就变身为近世以来最普及、影响最大的财神之一（另外一个重要的财神是关公），同时又将"五路财神"融合了进来①。前面提到的"王灵官"与"五通/五显——五路财神"亦颇类似，在其加入"元帅神"并成为道观门神的过程中，诸如《西游记》《封神演义》特别是《萨真人咒枣记》可能起到了决定性的作用。但因为其没有被通俗文学所着重表现，它既不可能成为显赫的俗神，也必然在时间的流逝中趋于消失。

二 关帝之例

在诸多"俗神"中，关公可能是最为重要的一位。今人常引清赵翼《陔余丛考》卷三十五"关壮缪"条以简述其奉祀历史，但很多人没有意识到赵翼此论的核心是提出了一个现象和一个疑问：

---

① 参阅马书田《中国民间诸神》（团结出版社，1997年）。万志英认为《道法会元》卷二百三十二《正一玄坛赵元帅秘法》所载"公平买卖，求财利宜和合，但有至公至正之事，可以对神言者，祷之无不如意"及其座下有"李翘、李卿即和合二圣者，贺从龙、贺善、潘耿忠、杨至真即和合招宝四将"，是赵公明成为"财神"的关键（Richard von Glahn, "The Enchantment of Wealth: The God Wutong in the Social History of Jiangnan"）。此说固是，因为道教元帅神及其法术确乃原始渊源。但《封神演义》在塑造这一文学形象的同时，又进一步明确其"招宝"、"纳珍"、"招财"、"利市"的意义，从而使"赵公明"在"和合"功能的基础上向"财神"靠近了一大步。至于马书田和万志英都提到的《三教源流搜神大全》，成书时代则在《封神演义》之后。另外，作为财神的赵公明得到广泛奉祀的时代很晚（据万志英的考察，约在清朝后期），也是其主要肇自《封神演义》而不是明代道教元帅秘法仪式的证据，因为只有小说才能固化某种象征符号的意义，并以其强大的影响力持续、缓慢地发生作用，导致最终结果产生在数百年之后。

鬼神之享血食，其盛衰久暂，亦若有运数而不可意料者。凡人之殁而为神，大概初殁之数百年，则灵著显赫，久则渐替，独关壮缪在三国六朝唐宋皆未有祀祀，……今且南极岭表，北极塞垣，凡儿童妇女，无有不震其威灵者。香火之盛，将与天地同不朽。何其寂寥于前，而显烁于后，岂鬼神之衰旺亦有数耶？①

实际上元人就已有类似的困惑，元宋超《义武安王庙记》曰："予惟古今名臣烈士生而烜赫于时，没而寂寂无闻者何限，惟王岿然庙食列于祀典，四海之内尸而祝之，愈久而不替，果何修致此哉？"(《(成化)山西通志》卷十四)明人则对关帝崇拜竟然超迈孔子祭祀，数数言之："昔韩昌黎推尊孔子，以为祀而遍天下者，惟社稷与孔子为然。按史：王葬于汉建安二十四年。至于今千四百岁矣，其褒赠之典，代以益崇，而庙祀亦遍天下，与孔子等，何其盛也。"(徐阶《重修义勇武安王庙碑铭》，《世经堂集》卷十九)"蜀汉前将军关侯之神，与吾孔子之道，并行于天下。然祠孔子者止郡县而已，而侯则居九州之广，上自都城，下至虚落，虽烟火数家，亦靡不醵金搆祠，肖像以临，毯马弓刀，穷其力之所办。而其醵也，虽妇女儿童，犹欢忻踊跃，惟恐或后。以比于事孔子者，殆若过之。噫亦盛矣！"(徐渭《蜀汉关侯祠记》，《徐文长逸稿》卷十九)这个现象在经过数百年后还变本加厉，又为赵翼再度提出质疑。宋超特别是赵翼的疑问并非没有道理，因为从理论上说，凡是具有相似元素的已有神祇都有可能被民众选择、演化或集合成一种更高地位的人格化的超自然神灵，然而中国历史上不乏众多积淀深厚的历史神灵，却没有一个像关公这样长时间地深入人心，成为整个社会的奉祀对象。

---

① ［清］赵翼《陔余丛考》，中华书局，1963年，第756—757页。

明人谢肇淛的疑问更耐人寻味：

> 今天下神祠香火之盛莫过于关壮缪，而其威灵感应，载诸传记及耳目所见闻者，皆灼有的据，非幻也。如福宁州倭乱之先，神像自动，三日乃止，友人张叔毅亲见之。万历间，吾郡演武场新神像，一匠者足踏其顶，出嫚亵语，无何，僵仆而死，则余少时亲见之。江右张观察尧文上计至桃源，病革，移入王祠中，其兄日夜哀祷，经七日复苏，亲见神摄其魂以还。张君言之历历，如在目前者，亦异矣。王生时辅偏安之蜀，功业不遂，身死人手，而没后英气乃亘千载而不磨若此，此其故有不可知者。若以为忠义正气致然，则古今如王比者未尝无人也。或谓神能御灾捍患，则帝纪其功而迁其秩，神功愈著则威望愈崇，亦犹人世之迁转耳。然王自唐以前未之有闻，迨宋以盐池一事遂著灵异。且张道陵于汉季为黄巾妖贼，王以破黄巾起家，而冥冥之中又听天师号令，使其伪耶则当显僇之，使其真耶吾未见道陵之贤于王也，此益不可解者也。（《五杂组》卷十五）①

谢氏疑问的前半部分，与前后人大致相同；其后半就当时普化道教中关公竟在天师张道陵之下这一悖论而表示出极大困惑，更加反映出"俗神"长成的独特内涵。

总之，关帝崇拜这一历史现象所提出的根本问题还是如赵翼等所表揭的：为什么是关羽而不是其他英雄？为什么关帝在社会中的影响超过孔子？从发生上看，种种结果皆有原因，比如解州盐池的显圣只能是关羽而不可能是其他人（因为关羽是解州人），这一点固无疑问；但历史上有很多更严峻的危机以及伴随而来的神道显灵（比如改朝换代时的救世主降临），为什么单单是关羽脱颖而出？

---

① ［明］谢肇淛《五杂组》，第303页。

宋超、谢肇淛、赵翼等提出了问题但没能正确地回答问题，作为古人的他们，存在着非常明显的局限性，比如不可能注意到（或是不愿承认）宋元以来民间的信仰需要以及由此促生并流行的三国故事、民间文艺以及刊刻于明代中期的伟大的通俗小说《三国演义》的反向作用①，乃是关公"寂寥于前、显烁于后"的根本原因之一。实际上，即使很多当代研究者考察关公信仰的发生、发展史，大都主张宋元以来特别是明清官方封祀是促成其兴盛的特殊动力，而且认为其力量远远大过民间信仰和通俗文学。这些观点过分重视政治因素，而对后者采取忽视态度，同样不免赵翼等前人的失误。

统治者"神道设教"，除了某些特殊情况（如继承传统或出于某一特定政治需要）外，绝大多数是用既已存在的神道——尽管不尽规范——去"设教"的，而不是首先创造出一种"神道"。换句话说，"神道设教"须先有"神"而后可。任何俗神的长成，民间信仰的创造及其积累都是最根本的基础，国家承认和精英阶层的推动不仅都是在这个基础上进行的，而且都还要经过民众的重新选择。成神的种种因素固然无法强分轻重缓急，但"选择"无疑是最后的一步。只有"选择"，既是无数俗神长成的关键，当然也是关帝如何"寂寥于前而显烁于后"、竟然成为整个中国国族"护国佑民"之大神此一历史文化不解之谜的答案所在。

关于关公信仰的发生、发展、变化，当代研究极夥②。总结而

---

① 关于三国故事民间叙事诗、关公传说以及民间传说与《三国演义》等小说的关系，详见李福清（B.L.Riftin）的三篇论文：《三国故事与民间叙事诗》《关公传说与关帝崇拜》《中国小说与民间文学的关系》，均载李福清《古典小说与传说》。

② 考述最为详尽细致的当为胡小伟《关公崇拜溯源》（北岳文艺出版社，2009年），此书之精粹以《关公信仰与大中华文化》为题收入酒井忠夫、胡小伟等著《民间信仰与社会生活》（上海人民出版社，2011年，路遥主编"民间信仰与中国社会研究系列"之一）。

言,关公崇拜的肇生之因虽然已不能详知①,但其原初发生并积累于民间,应无疑义。发生于关羽横死之地的"玉泉显圣"可能确为早期传说,但南朝陈时是否即有关羽祠庙,事无确证;而整个唐代并未得到国家封祀,则于史有征。宋徽宗始封关公的最直接原因,各家研究观点不一,个人认为似仍是在信仰、传说积累基础上产生的"解池显圣",因为这符合祀神大都皆从故里发生的一般性规律。关公于稍后进入道教及一般宗教生活的神祇系统,则与民间祈禳解除信仰的武将崇拜有关。进入明代,民间关公信仰、传说的积累和新创已经蔚为大观,关公无论是作为忠烈神、军神还是"神道设教"的护国大神而被官方封祀,都是一种结果而不是原因。胡小伟以关公传说中的"周仓"形象为例认为,某种神祇形象究竟是在民间祭享中初次发生,还是在"委巷俚语"里首先出现,实际上是一个"先有鸡还是先有蛋"的循环论证②。此论当然有理,原始发生意义上的因果确无落实的可能,但经典形象的重塑只可能是由更具建构力量的因素所达成:民间文艺超越"委巷俚语"的民间传说发挥了一定的作用,而集民间传说、民间文艺和典雅文学部分元素为一身的通俗文学,又大大超越民间文艺而实现崭新的形塑,表现出社会民众的"选择"。因此,无论关公信仰中的"周仓"源起何因,也无论其究竟何时出现,形象和意义的最后确立毫无疑问是《三国演义》为代表的通俗文学及其衍生品的贡献。众多关公信仰研究虽然在很多细节上容有不同观点,但总的结论都可以证明:《三国演义》及其衍生品产生以后,关公崇拜不仅得到了推广、传播,而且由

---

① 就目前的研究看,大约有几种说法:一是出于民众对英雄的崇拜;一是出于民间对"横死"英雄或"败军之将"的祭祀传统;一是出于具有神武之力的"将军"易向保护神转化的趋势。参阅王见川、皮庆生《中国近世民间信仰:宋元明清》第七章。

② 胡小伟《关公崇拜溯源》下册,第339页。

此实现了巨大的建构,使关公信仰在社会一般宗教生活中得到了进一步的选择、充实和发展。

本节以与通俗文学完全不同的另一种文本——关帝庙碑志为对象,通过对其代表文本的历时性分析,从另外一个方面进一步论述此一问题。地方庙宇的碑记基本上都出自知识精英之手,这些文本和一般性的诗文作品有所不同,较少文学性的感慨而多思想性的建构,颇能反映精英阶层关于"神道设教"的理念。

元胡琦《关王事迹》后,明弘治、嘉靖、天启间,吴浚、吕柟、薛三省诸人皆有增纂之作,清钱谦益厘定为《义勇武安王集》。明又有《关帝纪》四卷,清《四库全书》入存目,提要曰:"明戴光启、邵潜同编。光启字方廷,潜字潜夫,皆江都人。……光启、潜因诸家之本删补以成此编,首世系,次年谱,次封号,次诰命,次实录,次遗迹,次论辩颂赞,次奏疏碑记,次诗,次祭文,次灵异。刻于崇祯戊辰,姚希孟为之序。"(卷六十)清人卢湛刊《关圣帝君圣迹图志全集》,姚大源撰有《关帝全书》四卷,此后屡有重编。另又有《关帝事迹征信编》一种。明《关帝纪》后亦续有编作,今存有顺治间刻本《关帝祠志》六卷,卷六"艺文"收有碑记,惟多为节录。清康熙间孙苞编有《关帝文献会要》(康熙四十九年东皋雪堂刻本),清乾隆间张镇再辑有《关帝志》四卷(一题《解梁关帝志》),乾隆二十一年原刻,民国时(1929)刻本又有补增。碑记以孙苞、张镇所辑为多,合计二书,所收清以前篇目如下(以《关帝文献会要》为主,补入其阙收而《关帝志》收录者):

玉泉山关将军庙记　(唐)董侹

解州关侯庙记　(宋)郑咸

绍兴重修庙记　(宋)南涛　《关帝志》

淳熙加封英济王碑记　(宋)萧轸　《关帝志》

武安英济王庙记　(宋)郑南　《关帝志》

嘉泰重修庙记 （金）田德秀 《关帝志》
义勇武安王庙记 （元）郝经
泰定修庙记 （元）王纬 《关帝志》
解州关王庙记 （元）陈璷
新建武安王殿记 （元）毛德 《关帝志》
汉义勇武安英济王庙记 （元）冯子振
御制都城重修三义庙碑记 （明）明宪宗
宁海关侯庙碑记 （明）方孝孺
洪熙修庙记 （明）李永常 《关帝志》
敕修都城关庙碑记 （明）商辂
解州关侯庙记 （明）周洪谟
义勇武安王墓祠记 （明）薛纲
武安王墓祠碑记 （明）阳琚
泰州关侯庙碑记 （明）储巏
义勇武安王庙碑记 （明）钱福
关王墓祠记 （明）孟镗
燕子矶重修关公庙碑记 （明）顾璘
正德修庙记 （明）韩文 《关帝志》
嘉靖修庙记 （明）朱实昌 《关帝志》
解州关侯庙开颜楼记 （明）唐顺之
光州武安王庙记 （明）喻时
解州重修武安王庙记 （明）王忬
义勇武安王庙碑记 （明）徐阶
吴山新建关侯祠记 （明）张寰
常州新建关侯庙记 （明）唐顺之
蜀汉关侯祠记 （明）徐渭
高家堰新建武安王庙记 （明）潘季驯

重建解庙记　（明）张四维　《关帝志》

嘉靖重修午门记　（明）胡志夔　《关帝志》

余姚重建庙碑　（明）翁大立　《关帝志》

肥城县重修关侯庙记　（明）吴国伦　《关帝志》

前将军汉寿亭侯关公庙记　（明）王世贞

关王庙纪异报赛碑记　（明）韩世能

嘉定东城关公庙记　（明）唐时升

泾县新建武安王庙记　（明）汪道昆

潮州关侯庙记　（明）郭子章

西湖跨虹桥新建关侯庙记　（明）张瀚

京师正阳门关侯庙碑记　（明）焦竑

金山卫摹勒关公像记　（明）侯继高

贵州神武庙记　（明）郭子章

建武安王庙及钟楼记　（明）方应选

解州重修关祠记　（明）李维桢

关庙鼎铭　（明）李维桢　《关帝志》

重建卧龙街关帝殿兼创三义阁议三义死节子孙从祀记　（明）陈仁锡

重建关帝庙记　（明）郑从俭

孤山关帝庙殿碑记　（明）董其昌

云阳关帝君祠碑记　（明）张鼐

关圣帝君庙碑记　（明）王思任

重勒关圣帝君宝像碑记　（明）冒起宗

重修常平庙记　（明）魏养蒙　《关帝志》

　　凡五十五篇。关帝崇拜的庙祀，在元以前主要有两处：一是荆州当阳县即关羽横死之处的玉泉关庙，此可能是最早建立的关帝庙宇；《宋会要辑稿》礼二十"蜀汉寿亭侯祠"云"一在当阳县。……

一在东隅仇香寺。羽字云长,世传有此寺时即有此祠,邑民疫疠必祷,寺僧以给食",仇香寺亦应在当阳县,后似渐寝。另一是关羽故里的河东解州(今为山西运城市盐湖区解州镇常平村①)关帝庙。元以降,庙貌渐多;入明,"庙祀遍天下",成为全国性的祠祀。《关帝文献会要》《关帝志》所收碑记,元以前主要即是荆州、解州两处;元明则包括各地庙祀。此二书文献仍收罗不全,特别是各地存碑、府县志艺文所录阙收尤多;别集亦少见搜抉,如元集中有同恕《关侯庙记》(《榘庵集》卷三)、王恽《义勇武安王祠记》(《秋涧集》卷三十九),明集中有蒋臣《忠天庙募修关帝祠疏》(《无他技堂遗稿》卷十四)、孙承恩《重修汉寿亭侯庙碑》(《文简集》卷三十一)、张凤翼《重修义勇武安王庙碑》(《处实堂集续集》卷二)等不见载录。另外,二书所收绝大多数可以找到来源,但仍有部分文献未明出处;《关帝志》标题及正文数有删节,文字亦颇多讹误,编纂水平一般。但总体来看,二书所收加诸上述未载者,仍大体可以反映清以前关帝庙祀碑记文本的面貌。

庙宇碑记之作,不外乎因封号赐褒、祈祷显灵,或因建殿塑像、修旧出新而作,因此其本身就是信仰的反映,而其内容明显受到社会信仰状况的直接影响。关帝至宋而始得封祀,因此唐宋碑记较少极为正常。至元明,碑志明显增多,这与关帝信仰的发展壮大紧密相关。特别是入元以后的碑记,虽然所述仍基于《三国志》及裴注等所载史实而并无太多后世增添、虚构成分,但可以看出已发生明显的变化。

唐宋碑记述及关羽史事,大抵如下:

惟将军当三国之时,负万人之敌,孟德且避其锋,孔明谓

---

① 闫爱萍《关公信仰与地方社会生活——以山西解州为中心的个案研究》,山西人民出版社,2012年,第80—81页。

之绝伦。其于殉义感恩,死生一致,斩良擒禁,此其效也。生为英贤,殁为神灵所寄。(唐董侹《荆南节度使江陵尹裴公重修玉泉关庙记》,《全唐文》卷六百八十四)

惟王以义从昭烈帝,与飞为御侮,恩顾虽厚,未尝鲜礼,誓以共死,以事其主,可谓忠矣!至于率众攻曹,水溃七军,斩魏诸将,群盗畏服,威震华夏,曹公避锐,可谓勇矣。(宋阮升卿《解州闻喜县修武安王庙记》,《山右石刻丛编》卷十七)

侯以忠义大节事蜀先主昭烈皇帝,为左右御侮之臣,官至前将军,假节钺,侯之名闻于天下后世,虽老农稚子,皆能道之。然不过谓侯英武善战,为万人敌耳。此不足以知侯也。方汉之将亡,曹孟德以奸雄之资,挟天子以据中原,虎视邻国,谓表、本初犹不足数,而况其下哉?独先主区区,欲较其力而与之抗,然屡战而数败矣。……侯为孟德所得,不敢加无礼焉。比其去也,熟视而不敢追。(宋郑咸《重修武安王庙记》,雍正《山西通志》卷二百二《艺文》二十一)

因遇蜀先主,为左右御侮之臣。……初,曹公之得王也,拜为偏将军,礼遇甚厚,及刺颜良于东郡,曹公即表王汉寿亭侯,尤加赏赐,虽蒙曹公厚恩,王终无久留之志。比其去也,封金挂印,拜而告辞。此忠义大节,又非战勇可方。(宋南涛《绍兴重修庙记》,《关帝志》卷三)

而元王纬《重修武安王庙记》则为:

公解人也,初与张翼德从昭烈于涿郡,寝则同床,恩若兄弟,稠人广坐,侍立终日,奉以周旋,不避艰险。曹操以奸雄之姿,私窃成命,生杀与夺,在其掌握。汉特拥其虚器,桥玄、许邵固已识其人矣。昭烈以帝室之胄,英名盖世,旦得众心,三顾卧龙于草芦。时操语昭烈曰："天下英雄,惟使君与操耳。"程昱有言："关张,万人敌也。"昭烈领预州,吴周瑜上疏于孙权,亦谓"昭烈员枭雄之姿,得关张熊虎之将,恐蛟龙得云南□,非池中物"。□□□□邳,尝□操所得,礼之甚厚,□□□□来□东郡,公为前锋,策马刺颜良于万众中。操壮公为人,即表封为汉亭侯。公既与昭烈誓以共死,竟辞其赐而归。左右欲追之,操曰:"事君不忘其本,天下义士□。"乃止。以操之雄猜阴忮,海内名士若孔文举、杨德祖辈俱不获免灾,独舍公,岂非忠义大节有以服操之心而然耶！及昭烈为汉中王,拜公前将军,假节钺,都督荆州。攻曹仕于樊,降于禁、戮庞德,吴魏君臣畏成之不暇。而天不祚汉,卒有山阳之举,悲夫！(《[成化]山西通志》卷十四)

叙事既详,渲染亦足,组织串联、简明勾勒人物事迹流畅自然,表彰发挥更显得渊源有自。元代关羽传说业已积深为渊,作为神祇也已为凡庶普遍祠祀,如郝经《汉义勇武安王庙碑》所云:"故所在庙祀,福善祸恶,神威赫然,人咸畏而敬之。而燕赵荆楚为尤笃,郡国、州县、乡邑、间井皆有庙,夏五月十有三日、秋九月十有三日,则大为祈赛,整仗盛仪,旌甲、旗鼓、长刀、赤骥,俨如王生千载之下。"(《陵川集》卷三十三)①而相关民间文艺,更是蔚然丛生。知识阶层方面,至大间出现胡琦所编《关王事迹》②,其中有胡撰所谓"实录",其文已近七千余字,虽然行文雅洁不失史传之体,但实质上则是纠合史料加以细化,并整合层累传说而形成的整饬化文本。王纬《重修武安王庙记》中若干用语与胡琦《实录》基本相同,"寝则同床,恩若兄弟"云云与郝经《汉义勇武安王庙碑》对关羽神像"长

---

① 参阅王见川、皮庆生《中国近世民间信仰:宋元明清》,第271—275页。
② 《四库全书总目》"关帝纪定本"提要。

刀赤骥"的记录,都显然属于民间传说的塑造①。此后"委巷里语"之入于关庙碑记,已较常见,如四库馆臣批评元末明初鲁贞《武安王庙记》之"乘赤兔兮从周仓":"其文亦闻见颇狭,或失考证。如《武安王庙记》迎神词中有'兰佩下兮桂旗扬,乘赤兔兮从周仓'句。考周仓之名不见史传,是直以委巷俚语镌刻金石,殊乖大雅。"(《四库全书总目》卷一百六十八"桐山老农文集"提要)②《关帝志》所收明代碑志中,类似的有翁大立《余姚重建庙碑》,其文即颇多传说叙事,有"故其生也凤目虬髯,英伟神秀,顾然异人,睹者怖伏"云云;附《迎神》《送神》曲曰:"神之来兮髯飘飘,赤兔马兮青龙刀。汉朱幡兮蜀锦袍,威棱棱兮山鬼号,庙崔巍兮俯江皋,荐桂醑兮然茼膏,保境土兮崇勋劳。""神之往兮朝贝阙,马腾云兮刀偃月,前青旗兮后黄钺,历川途兮度燕粤,行万里兮如电掣,拯执昏兮歼妖孽,还归来兮镇吾越。"(《关帝志》卷三)亦与鲁贞《武安王庙记》迎神词一样都来自传说的内容。

除此之外,明代碑记中往往注入非常充沛的感情,反映出精英分子情感上而不是理智上的内在认同。如方孝孺有曰:"使侯不死,与孔明戮力,孔明治内,侯治其外,汉贼可诛,孙氏可虏,而高祖天下可复矣。"(《宁海关侯庙碑记》,《关帝文献会要》卷五)韩文《正德修庙记》:"当是时也,使权能知《春秋》讨贼之意,思鲁肃以曹操尚存宜且抚辑关某之言,益王士众,并力北向,平定中原,斩曹首悬之藁街,以泄神人之愤,以彰天讨之公。然后与先主中分天下,汉吴相峙,岂不韪欤!顾乃计不出此,听信吕蒙之谋,袭王于章乡。王以诚信待人,不虞其诈,竟至败亡。虽有孔明之奇谋,张飞之猛

---

① 参阅王学泰《关羽崇拜的形成》,载卢晓衡主编《关羽、关公和关圣——中国历史文化中的关羽学术研讨会论文集》,社会科学文献出版社,2002年,第79页。

② 见胡小伟《关公崇拜溯源》下册,第339页。

将,而力不能支矣。非惟蜀不能支,权亦将唇亡齿寒,无以自固,即上表称臣于曹,篡汉之谋成矣。呜呼惜哉!……奈何天不祚汉,卒不能成中兴之功,此盖汉室之不兴,中国之不幸,岂特王之不幸哉!"(《关帝志》卷三)都实在是用情极深的书生之语。焦竑则曰:"余少知向往,梦寐之中累与侯遇。"(《汉前将军关侯正阳门庙碑》,《焦氏澹园集》卷十九)更是一种情感上的高度契同。这不能不说是与日益丰满的关公的文学形象存在关系,因为关公的精神核心本身具有强烈的感染力,极易促发优秀的通俗文学作品。总体来看,元中期以后,关帝信仰及与之密切互动的民间关帝传说、文艺,明显影响了知识分子对关帝崇拜的态度。

从明代开始,与社会崇拜状况相同步,关庙碑记开始出现大量关于关帝崇拜如何兴盛发达的陈述和感叹,特别是碑记作者面对着关帝祭祀竟然超过孔子祭祀的普及程度这一问题,开始寻求解释。这非常典型地证明了这样一个基本道理:是社会一般宗教生活促生了精英分子的思想建构和国家的政治管理,而不是先有了"设教"而后才有"神道"。

排比较为典型的关帝碑志,可以发现一个前人已经指出的显著事实:在统治者和儒家精英阶层的理念中,关公崇拜核心价值的最后落脚点不外乎就是"忠义",至清代而完成最后定型:"本朝崇祀关帝,宫内祠宇亦多。顺治间封'忠义神武大帝'。旧时惟五月十三日致祭。雍正六年,定春秋二祭,如文庙仪。乾隆、嘉庆以来,屡加封号。纂四库书时,命将《三国志》之谥改书'忠义'。内府陈设书籍,一律刊正。咸丰间,楚粤逆匪之乱,显佑昭昭,大军克捷,因升春秋二祭为中祀。"(清吴振棫《养吉斋丛录》卷七)①"忠义"之外,历史上不同时期所强调的"伏魔""勇烈",包括晚清时期因平定

---

① [清]吴振棫撰,童正伦点校《养吉斋丛录》,中华书局,2005年,第88页。

内乱而特为尊奉的"神武"之格,都不过是辅助因素。不妨疏列所见宋元明碑记中表扬文字能见作者之旨者如下:

时代	核心表扬之语	碑记及出处
宋	惟王以义从昭烈帝,与飞为御侮,恩顾虽厚,未尝鲜礼,誓以共死,以事其主,可谓忠矣。至于率众攻曹,水溃七军,斩魏诸将,群盗畏服,威震华夏,曹公避锐,可谓勇矣。	阮升卿《解州闻嘉县新修武安王庙记》,《山右石刻丛编》卷十七
宋	苟不明于忠义大节,则孰肯抗强而助弱,去安而即危者?夫爵禄富贵,人之所甚欲也,视万钟犹一芥之轻,比千乘于匹夫之贱者,岂有他哉,忠尽而义胜耳。……而侯之忠义凛然,虽富贵在前,死亡居后,不可夺也。	郑咸《重修汉寿亭侯庙记》,《(成化)山西通志》卷十四
宋	王忠义勇烈出于天性,每摧锋破敌,所向无前。……此忠义大节,又非战勇可方。	南涛《绍兴重修庙记》,《关帝志》卷三
元	天地以盛大流行之气化生万物,而人为最灵。故人之忠魂义魄、雄健勇烈首出群伦者,其取天地之气尤多,生而威震一时,殁而惠及百世,理有固然,无足疑者。蜀汉前将军忠义侯关云长羽,距今千数百年,世虽有易,而人心之归无改也。	同恕《关侯庙记》,《榘庵集》卷三
元	忠而远识,勇而笃义,事明君、抗大节、收隽功、蜚英名、磊磊落落,挺然独立千古者,惟公之伟。	田德秀《重修关圣庙记》,《(雍正)山西通志》卷二百三
元	始则王与飞以死事昭烈,终则昭烈与飞以死报王。呜呼!仁之至,义之尽也。	郝经《汉义勇武安王庙碑》,《陵川集》卷三十三
元	公之勋名在史册,庙貌遍寰宇,忠义遗烈在人心,久而不忘者,伟欤盛哉。	王纬《重修武安王庙记》,《(成化)山西通志》卷十四
元	而王自重如山,一不屑顾,独追随羁困无聊之昭烈,溟渤可(唱)〔竭〕,誓言不渝也;金石可磨,初心不转也。……君子论王忠义耿耿,能择所从,光于萧曹,班于吴贾,而雄武远过之。然萧曹吴贾犹各得忠于当时,而王世世歆祀,千载之下凛然有生气,民思其义耳。	宋超《义勇武安王庙记》,《(成化)山西通志》卷十四

续表

时代	核心表扬之语	碑记及出处
元	王之忠义固当与日月争光,与天地相为悠久。	陈琰《解州关王庙记》,《关帝文献会要》卷五
明	故发而为忠义之业,巍巍赫赫,与日月并明,与阴阳同用。……此其忠义之气,固足以服天下,而岂一世之雄哉!	方孝孺《宁海关侯庙碑记》,《关帝文献会要》卷五
明	忠义,大节也。以之事人,可以临利害而不□;以之应人,可以破凶猜而远患;以之励俗,可以挺百代而独立,旷千载而相感,夫岂声音笑貌之所为耶。……俾凡守土之臣与夫介胄之士,皆知公之庙食天下而名垂不朽者,由乎忠义大节之所致。感慕起兴,勇于所事而纳诸忠义,尊君亲上以捍邦家,则于名教,诚有助也。	杨璇《义勇武安王庙记》,《(成化)山西通志》卷十四
明	古之论将,必本之节义,其枭雄诡谋,不足尚也。	王翰《重修寿亭侯庙记》,《(成化)山西通志》卷十四
明	侯素读《春秋》,观其早识先主为汉室之胄而力辅之,以除贼寇,图绍汉统,是得《春秋》攘夷狄、尊王室之意矣。其于义见之明,岂特后人所谓万人敌,为虎臣而已。……岂非忠义之气充乎宇宙,而英灵感人之心者欤!	周洪谟《成化修庙记》,《关帝志》卷三
明	王膺历代褒封之典,而天下之人事之如生者,盖其功烈在汉廷,忠义憾人心,流芳溢青史,与宇宙相为悠久,令人秉彝好德之心自不能泯尔。	孟镔《弘治重修庙记》,《关帝志》卷三
明	侯方崎岖草泽中,以一旅之微卒,能佐汉扶将倾之鼎,摧强破敌,威振天下,可不谓雄哉! 及艰危之际,矢死不回,以毕其所志:此其人与孔子所称杀身成仁者岂有异也。	焦竑《汉前将军关侯正阳门庙碑》,《焦氏澹园集》卷十九
明	诚以为忠,义以为勇,劳以定国,死以勤事。	朱宝昌《嘉靖修庙记》,《关帝志》卷三
明	条山峨峨,鹾池汤汤,王庙据其胜概,而春秋享血食于无穷,则所以报王之忠义者,将万古如一日。况今天下匹夫匹妇,靡不知王之名而慕王之忠义。	王忬《解州重修武安王庙记》,《关帝文献会要》卷六

续表

时代	核心表扬之语	碑记及出处
明	然则解人之所以拳拳于侯者,非徒为侯也,盖将以鼓其所趋而成其秉节倡义、亲上死长之风也夫!	唐顺之《重修解州关侯庙开颜楼记》,《荆川集》文集卷十二
明	孔子述六经,垂训万世,感人以功德;王感人以忠义,其庙祀遍天下,固宜也。	徐阶《重修义勇武安王庙碑铭》,《世经堂集》卷十九
明	盖上而后王君公,下而红女婴孺,近而都邑,远而魋结侏儺之乡,亡能不心仪公者,公之所以久而大则诚也。亡论其雄武,即所谓孤忠亮节,皆诚为之也。诚可以贯金石、后三光、终始万物,而又何疑焉。	王世贞《前将军汉寿亭侯关公庙记》,《弇州山人四部续稿》卷六十一
明	世岂有所私于帝哉?以忠孝之在人心,无由自达,特寄之于帝之威灵以各萃其志气而已。……忠孝之性,若犹未泯于人心,其可不图所以新祠帝者乎?非以人而能祀帝也,各自萃其忠义之心,则知所以祀帝矣。	蒋臣《忠天庙募修关帝祠疏》,《无他技堂遗稿》卷十四
明	大王生值衰汉,鼎祚将移,扶真抑伪,存夏诛夷,振威德于宇内,昭令声于千古。本其所以至此者,一念忠义所致也。	杨爵《关帝庙碑记》,《杨忠介集》卷二

虽然细节上有所不同,个别碑记也有自己的发挥、引申,但核心思想观念极其一致。论者指出此为理学原则影响下的道德建构[1],结论甚谛。问题是:关于"忠义"、"君臣一体"的道德建构是否强烈地作用于社会上的关帝崇拜?诚然,关帝的忠义道德神格确实也是其作为俗神的核心内容之一,但精英分子如此建构是否就是使关公崇拜最后集中到无往不义、无战不胜、无处不在的"战神—保护神"神格之上的根本力量?答案显然是否定的。如果说表现为武圣、军队神、治安神、保护神来源于"勇烈",行业神、帮会

---

[1] 参阅胡小伟《关帝崇拜溯源》。

神、财富神来源于"义",那么农业神、考试神、漕运神及普化佛教寺庙守护神、普化道教元帅将军神等等,其精神来源又源自何处?众所周知,关公崇拜在社会一般宗教生活中历经千余年的发展,发挥着几乎所有的宗教社会功能,如果这一切都来自国家封敕和以儒家传统思想为价值理念的精英分子的上层构造,则社会一般宗教生活就没有任何存在的理由了。明人钱福云:"端人正士义其忠,武夫劲卒壮其勇,田畯村妪慑其神,吊古感遇之徒又悼惜其功之垂成而败,而思有以报其仇,以泄其不平。若是者,千二百年于兹矣。"(钱福《义勇武安王庙碑记》,《关帝文献会要》卷五)说得虽然简单,但所述事实基本不误:"忠义"不过是"端人正士"的选择而已,并不能代表全部。单纯的自上而下的教化并不能取代民间选择的结果,举一个形象的例子:在常见的关公塑像中,虽然不少接受士子的形塑而有读《春秋》的形象设计,但对于瞻仰、礼拜神像的一般庶民而言,他们绝不会关注关公一手所捧的为何书,而一定会知道另一手所持的是青龙偃月刀。

碑记所体现的精英思想强调忠义,大多数知识分子以民心向归解释庙貌满天下的现象,力求将忠义道德等同于"民心"的实际内容,从而以这一点为标准来认同关帝崇拜实际上已远超孔子的事实。故而有人秉持儒家思想,反对仅以战勇论其人,更反对社会上普遍存在的关帝淫祀。如姜洪《重刻事迹序》有鉴于关帝事迹"多出入怪诞可疑,若宋臣王钦若荐天师张继先,焚符召王,用阴兵除盐池蚩尤之祟,陈僧智头以王舍山造寺,授王戒为耆腊作护法之神,与夫助兵讨贼、投书降神之类皆是",又不满于"春秋无正祭,惟岁四月八日,远近子女皆刲挚羊豕,鼓啸籥,杂俳优、巫觋、帙舞,以娱悦神。先时庙有祀田若干亩,为民所侵。至是悉反于庙,春秋祭祀与社稷同仪"(《关帝志》卷三)①,遂认为:

---

① 按此《重刻事迹序》当为明增纂《关王事迹》之序,未见,姑引自《关帝志》。

鬼神之道理，如气聚散：聚则魄静魂动而为有，散则魄降魂升而为无，故匹夫匹妇、老病而死者，理气既散，不能凭依于人。若有用物宏取精多，不伏其死者，则魂魄强有，精爽至于神明。达礼者为之立庙以抚之，则有所归。人能竭诚敬以事之，则精神感通。若有达是，皆理气所有。王生汉末，天与义勇、神资、机智，臣事昭烈，誓讨汉贼，心如江汉朝宗，虽万折而必东。忠义壮烈，凛不可犯。况其死也，讨贼之心未伸，忠愤之气未雪，其精气游魂，郁结蒸薄于太虚之中而为神也。王之生，虽曹操、孙权皆为国贼而不肯事，岂有死而为神，即低首丧气听命于异端邪妄之徒，而有斩妖护法之事乎？夫神者，不疾而速，不行而至，无形无声，与造化屈伸往来，又岂有兴兵、投书显然人所为之理！此佞臣王钦若及后世腐儒、妖僧矫诬之说耳。（《关帝志》卷三）

这明显又反映出精英大传统对社会小传统的批判，以及力求实现大小传统融合的意图。从最后的结果来看，关帝崇拜只能说是一种融合的选择，而绝不能说是神道设教的后果。

在此还必须引入一个比较性的个案，即华琛（James L. Watson）对"天后"的研究所提出的国家对神灵的"标准化"问题。"天后"原本是福建沿海某一地区的较小的地方神，十二世纪时被国家承认为具有正统意义的神灵，十四世纪开始得到更多、更显赫的封号，逐渐获得尊贵的地位，最后成为华南、东南亚海洋地区最大的神明，甚至其祀庙沿水路北上，最远到达天津。华琛通过田野考察得出，地方上的天后是性格多样、功能繁杂的，但在政府的"标准化"努力下，最后成功地成为征服一个相当广大区域的、代表着正统文化的神灵。天后的征服，在华琛看来就是政治的征服，因为政府鼓励或标准化了天后所拥有的"社会稳定和繁荣"的象征，而接受这种象征，则既是民众的宗教需要，也是其与官府合作的必然方式。总之，正是由于国家的干预才最终把只有地方价值的"林大姑"转变为全国著名的"天后"①。

如同关公一样，任何俗神在成长的过程中都会受到政治的干预。国家和地方政府的权威当然不可低估，地方精英和世家大族的力量也十分巨大，挂匾或立石勒文这些仪式行为的象征性同样极其显著，足以给民众以强烈的心理暗示。但国家、地方精英和世家大族既不是"标准化"的唯一主体，其仪式行为也不是"标准化"的核心力量，原因在于：

首先，正如前文已经论述的，无论是国家、地方政府还是地方精英的"标准化"，必须首先有某一个神灵作为对象，才能行使"神道设教"的手段。天后在得到真正的"标准化"之前，亦即在其十四世纪受到一系列封敕前就已经有了一个普遍接受的内涵，所以才成为"标准化"的对象。这样一个内涵当然就不是政府所掌控的，而是民众选择的结果。正像国家不可能从一开始有意识地把关羽变成关公一样，如果没有民众的信仰及不断地选择，国家也不可能把地方上的"林大姑"一步一步地变成天后。实际上华琛所发现的地方上不同的人选择强调天后故事的某些部分而又忽视其他部分的现象，正是"选择"的典型反映，因为社会地位的不同必然形成不同的选择，而这些的选择又不断被重新选择，直到同一性出现以后暂告停止。

其次，有大量的事实表明，国家敕封地方神等"标准化"的政治行为，并不能完全改变社会信仰。即使国家的"标准化"产生作用，其对社会一般宗教生活的效果也是相当有限的，如同关公之例所

---

① ［美］华琛(James L. Watson)《神的标准化：在中国南方沿海地区对崇拜天后的鼓励(960—1960年)》，载韦思谛(Stephen C. Averill)编《中国大众宗教》。

证明的,国家及精英分子的建构,只是整体民间社会关公神性之丰富内涵中的极小部分。"标准化"的成功,往往是与民众的需求和选择应合的结果。

再次,华琛正确地指出:天后这样的神对不同的人群代表的内涵不同:精英阶层不语怪力乱神,但他们希望可以将不开化的东西纳入正统,权力等级中层如乡村中的自耕农户则需要迎合精英阶层的这种规范。权力等级下层是社会一般信仰的主体,正如华琛的调查所显示的,下层民众一直就存在着对天后的不同解释,始终相信天后真正保护的对象是他们而不是有权势的家族。另外,船民和陆地居民对天后的崇拜初衷也完全不同。因此,具有普遍影响的、代表着某一特定象征的天后是整合的,它的丰富壮大和征服,是上下抟合的结果,也就是与社会一般伦理道德最后达成一致,而不可能是国家自上而下的标准化结果。换句话说,没有自上而下的"标准化",而只有"普化";只有"普化"才能实现地域多样性中的内在统一性。唯有如此,才能有效地回应苏堂栋(Donald S. Sutton)等人在 Modern China 第 33 卷第 1 期 "Ritual, Cultural Standardization, and Orthopraxy in China: Reconsidering James L. Watson's Ideas"(《中国的仪式、文化标准与正统行为:华琛理念的再思考》)专号中提出的质疑。

天后在通俗文学中只有零散的表现,比如以跨海渡洋为背景的《三宝太监西洋记通俗演义》中,也就仅仅出现了一次(第二十二回《天妃宫夜助天灯,张西塘先排阵势》)。天后信仰的传布、抟合,主要依靠口头传统和民间文艺。其偏重于水神、海神的功能,决定了它不可能成为像关公那样的整体国家、民族的俗神,因此在明代中后期没有为主要产生于江南的通俗文学所表现,也是极为正常的。由逻辑推理可以知道:当多物中只有一物最后发生某一作用时,只有该物最能区别于他物的因素才是这一作用发生的根本原因。关帝崇拜最能区别于天后，或其他重要信仰（观音、真武、玉帝……）的最大不同点是什么？毫无疑问，就是杰出的通俗文学《三国演义》及其来源、衍生作品集合体。因此，关公最后"长成"如此这般的唯一原因就是代表着民众选择的通俗文学《三国演义》。此一显见事实始终为本土研究者讳莫如深，真是非常奇怪的现象。

三　济公之例

"济公"是明清至当代最具意蕴的"俗神"之一，也是通俗文学（包括通俗文艺如表演说唱）所构造哺育的典型俗神之一。"济公"的渊源可以溯至南朝，至少自南宋以后即有流传；其"长成"虽在明清两代，但其建构始终没有停止，至于今世仍然处于活态发展之中①。"济公"的初创可能由口头传说发端，通俗小说建构成型以后，同时又影响到民间文艺和口头故事传说的进一步创造，并且反作用于社会一般宗教生活。亦即：社会一般宗教生活中的"济公"信仰，正是由通俗文学的形塑、强化而来②；它的现当代继续变迁虽然主要遵循社会一般宗教生活的需要③，但仍然也受到同时期通俗文学包括新型艺术形式如电影、电视剧的影响和重构。

---

①　关于古今济公信仰的具体研究，见许尚枢《济公信仰与社会生活》，载酒井忠夫、胡小伟《民间信仰与社会生活》，第329—384页。

②　王见川指出济公信仰在近代的大盛，以扶乩为主要活动方式的新生宗教团体起到了很大的推动作用（王见川《清末民初中国的济公信仰与扶乩团体：兼谈中国济生会的由来》，《民俗曲艺》第162期，2008年12月）。但这种推动作用与通俗文艺的决定性影响并不是矛盾的。

③　详见夏维明（Meir Shahar）所著 *Crazy Ji: Chinese Religion and Popular Literature*（Harvard University Asia Center, 1998）对当代台湾地区济公信仰的调查和研究。

当代关于济公文学及济公形象的研究,已经从早期的小说文献考订、故事原型考证及单纯的小说赏析扩展到了更为深入的层面,并涉及社会、文化、宗教等多方面的问题①。但就"社会一般宗教生活与通俗文学之互动"而言,绝大多数研究者仍然采取一种笼统的宗教立场,依据传统的"演变/嬗变"理论,认为"济公"通过种种文学表现呈现出一个从"禅师"到"俗神"的嬗变历程。有一种研究采取"分析+综合"的方法,认为济公形象不同、属性多重,最后成为一个融合了"丐"、"丑"、"侠"等身份的"神"②。夏维明(Meir Shahar)虽然在"中国宗教"的意义上敏锐地注意到通俗文学对社会一般宗教生活的影响作用③,但并未意识到在"精英分子——中下层文人——庶民"这三个不同层面存在着不同的宗教体验,以及创作主体"中下层文人"本身的信仰的复杂性,故而在通俗文学造就的此一俗神的"长成"问题上,仍然留有未尽之处。

我们知道,明清时期通俗小说编刊主体的一般情形是:商业书坊为刊行主体;编撰者为中间阶层的下层文人,其中虽包括一些文化素养较高的落魄文士,但绝大多数是文学水平一般的"好事者"、雇佣写手和书坊主等;编刊作品往往辗转承袭,甚至剽窃盗印,只是在题名或形式上改头换面,但同时也存在着大量添易润饰的层累现象,更有不少继承中的新创。济公通俗文学作品较为典型地反映出这些特质,并呈现出独特的个性内涵。

具体的明清至近代"济公"通俗文学作品中,最早的小说是(A)明代刊印的《济颠语录》,目前所存为隆庆三年刊本,又有崇祯

---

① 关于济公的研究成果,张忠良《济公故事综合研究》有比较全面的综述(台北秀威资讯科技股份有限公司,2007年)。
② 张忠良《济公故事综合研究》第五章《济公的形象与精神》。
③ Meir Shahar, *Crazy Ji*: *Chinese Religion and Popular Literature*, Harvard University Asia Center, 1998.

间刊本和康熙间刊本(均题《钱塘湖(渔)隐济颠禅师语录》)①。此后有(B)《醉菩提全传》系统,其内容与《济颠语录》主要内容框架大体相同,但细节出入明显。同时,本系统中不同版本之间也有很多不同②。此外,尚有(C)《济公全传》,目前所见最早刊本为清康熙七年本,书中题名不一(《新镌绣像麹头陀济公全传》《新镌绣像济颠大师全传》《麹头陀新本济公全传》);文字、内容与前述二者也有不少差异③。至清光绪年间④,出现(D)题郭小亭所撰二百四十回本《评演济公传》,内容篇幅大迈以往。其后续书不断,自光绪二十四年起至民国间,先后有(E)《评演接续后部济公传》之续、二续、三续、四续、五续等作,回目合计近一千七百余(其中宣统二年上海校经山房石印本《济公传》续集,共一百二十卷一千二百回)。就数量

---

① 关于《济颠语录》,许红霞《道济及〈钱塘湖隐济颠禅师语录〉有关问题考辨》(《北京大学古文献研究所集刊》第1辑,北京大学出版社,1999年12月)、朱刚《宋话本〈钱塘湖隐济颠禅师语录〉考论》(《西南民族大学学报》2013年第12期)均认为其内容母体是宋话本,反映了道济和尚的某些事实。

② 顾歆艺总结曰:"《济颠大师醉菩提全传》的版本较多,由编者的不同分为两个系统。题'天花藏主人编次'的本子主要有:北京图书馆藏清康熙六十年辛丑(1721)刊本;北京图书馆、天津图书馆藏清乾隆五十三年戊申(1788)金阊古讲堂刻本,封面题《济颠大师玩世奇迹》;北京大学图书馆、大连图书馆藏清宝仁堂刻本,封面亦题《济颠大师玩世奇迹》等。题'西湖墨浪子偶拈'的本子主要有:日本《舶载书目》著录本;北京大学图书馆藏清光绪六年庚辰(1880)京都老二酉堂重刻本;北京图书馆藏清刻本等。两个系统相比较,西湖墨浪子系统有二十幅冠硃印图,每图绘一回故事,而另一系统无图。另外,天花藏主人系统的本子总目与每回分目录的文字多有出入,而西湖墨浪子系统的回目与上一系统的分目录文字相同。正文内容也无多大差异,只是前一系统文字较简练,后者稍有增益。"见上海古籍出版社《古本小说集成》所收《济颠大师醉菩提全传》前言,第1辑第124册。

③ 张忠良《济公故事综合研究》,第103—117页。

④ 在清代康熙至光绪的时间内,亦即在《醉菩提全传》和二百四十回《评演济公传》之间,虽然没有出现新创作品,但有迹象表明存在着关于济公的大量说唱文学创作。参见张忠良《济公故事综合研究》,第118—119页。惟此类评书、弹词、鼓词之内容,今已不可悉知。

而言,超过《三侠五义》的系列创作,成为中国俗文学史上前所未有的景观。小说以外,"济公"戏曲创作也很早出现。文人传奇的代表作品是清初张大复的《醉菩提》,有抄本传世,其不少曲目并被收入《缀白裘》等曲本汇编。

从济公作品的编、刊情况中,首先可以得出一个基本事实:济公小说的早期渊源、初期创作(A、B、C)、晚期创作(D)和近世创作(E)之间,直接的继承比重极低;晚期和近世之作可以说完全就是新创。易言之,在一个相当长的历史时期内,济公的文学创作始终没有停止,而且是一个不断新创的过程。从书籍出版商业化兴起以后至于清末民初近五百年的时间内,每个历史时期都会产生相同题材的新作品,而不仅仅是对旧作的翻刻、改编;新作与旧编,同时并存。这一现象在中国古代通俗文学创作、生产、流通、接受的历史上,可谓是独一无二的。

比较A、B、C、D、E五种系统不难证明上述事实。如果说《济颠语录》尚是对市井传说的汇编的话,《醉菩提全传》和《济公全传》作为书坊的改编翻刻,其新增内容和情节则肯定属新创。乾隆以降北方地区的民间文艺创作,其新增部分更不可能有现成的资源。《评演济公传》前后传共二百四十回,从数量的剧增上已能够证明:即使它有所取资,比重也是微乎其微的。从具体内容上看,无论是环境背景、情节内容、细节描述还是人物塑造,开创新局面的《评演济公传》都完全属于独立的创作。至于清末民初的续作,更不待言。

从这个事实出发,可以得到很多新的认识。

尽管尚有一些不同意见,但大致可以肯定的是,南宋杭州地区的一个历史人物"道济禅师"肯定是原型之一。当时流行的关于这位特立独行禅师的流行故事和相关记录构成了济公文学的早期渊源。其中较为完整的是南宋释居简的《湖隐方圆叟舍利铭》。此文本身就是一篇颇富文学性的作品：

湖隐方圆叟舍利铭（济颠）

舍利，凡一善有常者咸有焉。不用阇维法者，故未之见。都人以湖隐方圆叟舍利晶莹而耸观听，未之知也。叟，天台临海李都尉文和远孙，受辞于灵隐佛海禅师。狂而疏，介而洁，著语不刊削，要未尽合准绳，往往超诣，有晋宋名缁逸韵。信脚半天下，落魄四十年。天台雁宕，康庐潜皖，题墨尤隽永。暑寒无完衣，予之，寻付酒家保。寝食无定，勇为老病僧办药石。游族姓家，无故强之不往。与蜀僧祖觉大略相类，觉尤诙谐。它日觉死，叟求予文祭之，曰："於戏！吾法以了生死之际，验所学，故曰生死事大。大达大观为去来，为夜旦，颠沛造次无非定死而乱耶。譬诸逆旅，宿食事毕，翩然于迈，岂复滞留。公也不羁，谐谑峻机，不循常度，辄不逾矩，白足孤征，萧然蜕尘。化门既敞，一日千古，迥超尘寰于谭笑间。昧者昧此，即法徇利，逃空虚，远城市，委千柱，压万指，是滉漾无朕为正传，非决定明训为戏言。坐脱立亡，斥如斥羊，欲张赝浮图之本也，相与聚俗而谋曰：此非吾之所谓道。灵之迈往，将得罪于斯人。不得罪于斯人，不足以为灵所谓道也。"叟曰："嘻！亦可以祭我。"逮其往也，果不下觉。举此以祭之，践言也。叟名道济，曰湖隐，曰方圆叟，皆时人称之。嘉定二年五月十四死于净慈。邦人分舍利藏于双岩之下。铭曰：璧不碎，孰委掷，疏星繁星烂如日。鲛不泣，谁泛澜，大珠小珠俱走盘。（《北磵集》卷十，文渊阁《四库全书》本）

居简所标揭、赞扬的道济的精神、行事风格，显然基于他们共同的禅宗立场，与当时前后对道济的评价，如"出处行藏，一向逗漏。是圣是凡莫测，掣颠掣狂希有。一拳拳击碎虚空，惊得须弥倒走"(《破庵祖先禅师语录》)①等,完全一致。虽然后世通俗作品继承甚至发扬了济颠"狂而疏,介而洁"、"掣颠掣狂"的外在表现,但与居简的禅宗精神明显是有不同的。

《济颠语录》(A)则属典型的商业性书坊编刊的通俗小说。在济公小说的谱系中,很大可能是 B、C 的祖本,但也不能排除 A、B、C 共同具有一个更早的祖本。《济颠语录》极为特殊,其特殊性既不在于缀合成篇、结构杂乱、艺术水平粗糙②,也不在于虽以"禅师语录"(其题名为"钱塘湖〔渔〕隐济颠禅师语录")命名但全无禅意,更重要的是在于其所述济公故事实无太大特色(主要缘于选择的失当、关键细节的阙失和叙述重点的偏离),根本反映不出其"掣颠掣狂"精神和民间社会对"俗神"的其他建构倾向。尤其值得注意的是,《济颠语录》大量表现了济公的"疏头"创作行为,并记载了极多的相关文书,而且主要通过此类文字而不是偈语来表现济公的某种风格③。书坊编刊虽然粗糙甚至低劣,但在根本义旨上大多不违一般社会的欣赏需要,且能体现出通俗文学迎合世俗、朴实率真的本性。《济颠语录》众多的"疏头",尽管颇多不拘常规之处,仍然不属能够彰显其风格的要素。关键是,它们肯定不能为一般读者所欣赏。

《济颠语录》特性的形成有其客观背景的影响。"济公"在杭州

---

① 《卍续藏经》,河北省佛教协会虚云印经功德藏倡印,第 70 册第 218 页。

② 徐朔方认为这是一部"世代累积型小说作品":"《语录》记载济颠生于宋光宗三年(1192),宋光宗只有一个年号绍熙,小说说他死于嘉定二年(1209),他只有虚龄十八岁。而他的辞世偈却说:'六十年来狼藉。'可见小说十分粗糙,谈不上整理,更说不上是个人创作了。"(《中国古代个人创作的长篇小说的兴起》,载其《古代戏曲小说研究》,浙江大学出版社,2008 年,第 493—494 页)观点稍嫌绝对。无论它的内容母体是不是宋话本,现存文本是一部书坊草率之作,应无疑义。

③ 济公的早期渊源如上引《湖隐方圆叟舍利铭》中,已有"题墨尤隽永"之称。

地区民间传说中的原型极大可能是一个游方僧人①,其身份既不容于"制度化"体系,行为遂多乖张怪异,游走四方以应对民间社会宗教生活的仪式需求,如丧葬、求子、祈福、禳祓乃至脱度等。影响较大的游方僧人往往具有一定的职业能力,不仅能满足庶民的需要,也能帮助很多俗神庙宇乃至佛道寺观中宗教水平不高的僧道以达成募捐、化缘、救济等宗教行为。因此,《济颠语录》遂多类似行事的描述。在这些仪式和行为中,仪式性文字"疏头"(包括各种祝文、上梁文、募捐文等)是一种必要的内容。而且根据宗教仪式的要求,这些文字必须体现出相当的水平并达到很高的层次,否则便有悖于宗教的神圣性。在明代出版的众多"日用类书"中,就颇多"疏头"(包括"道疏")的范例和格式化文本,反映出当时社会的需求。由此,写出文字典雅、立意独特而且能"挥笔而就,文不加点"(《济颠语录》对济公的描述)的僧道,自然就能得到世俗的认同与尊敬。《济颠语录》的撰写编刊者毫无疑问是一位文字水平不高的人,出于逐利目的而编纂当时流行的济公事迹,特别着墨于此一方面,显然是他个人的认识观念所致,并不奇怪。

《醉菩提全传》和《济公全传》开始出现修正。因为此二本主要是承袭《济颠语录》而来,甚至就是一个书坊剽窃盗印的产品,所以它的基本框架和内容不容做太大改变,而只能是进行增删改饰。研究者都已经注意到,二者较诸《济颠语录》在故事情节上有增加、变换,在技巧上有提高,在细节上更有较大改善。张忠良经过细致分析其故事内容、情节重点、结构安排与取材及编纂用意后特别指出:《济公全传》是一个重编本和再编本,编者身份是对佛教有一定

---

① 详见 Meir Shahar 所著 *Crazy Ji*: *Chinese Religion and Popular Literature* 的相关研究。

程度的信仰及护持的居士,对济公故事的演绎有非常特殊的主观想法,其"对于小说家为极尽视听之娱,而捏造许多怪诞的情节难以释怀,于是想极力澄清济公的酒肉形象及荒唐事迹,并藉以阐释佛家因果报应的思想。换言之,编者希望民众或读者能够透过故事,真正体会并领悟世间因缘之理,而非一味地沉溺在神通怪异的故事当中"①。这个结论是可以成立的。尽管因为《济公全传》所依据的底本在整体框架和内容上已经定型,增删改饰所能达到的效果毕竟有限,但不能据此抹杀重编者的独特用意及其有意识的改造努力。

《醉菩提全传》"宝仁堂校梓本"当是较晚刊行的本子(至少应在乾隆以后),其卷首"桃花庵主人"序乃刊行者新增。其文曰:

> 禅关气清,静处自可通神;妙道凝玄,正容乃以说法。若济颠师者,遇酒肉而不知戒,犯淫色而不知禁,往往嬉笑怒骂,恣情纵意。人第知颠之为颠,究之极意佯狂,尽呈灵通慧性;任情游戏,无非活泼禅机,此颠之终非颠,而圣迹之不可不传也。夫松涛竹影、花雨杏风,惟贞敏寂静者始能会悟,而蠢蠢凡愚、区区庸鄙,思欲概以相量,不得也。故抱度世婆心者,或托之疯痴,庶有以惊其聋聩而转其愚蒙,示以奇怪而发人深省,其与静处通神、正容说法盖亦无弗同也。②

序中所表达的取向与《济公全传》有所不同,同样证明了各个编刊者主观立场的差异③。同期(晚明至清中叶)文人传奇创作中的济公戏文,典型者如清初张大复的《醉菩提》,立场观点也有不

---

① 张忠良《济公故事综合研究》,第 117 页。
② 《济颠大师醉菩提全传》,影印大连图书馆藏宝仁堂刊本,《古本小说集成》第 1 辑第 124 册,第 1—4 页。
③ 当然,主观诠释是一回事,其编刊的文本是否能符合他的意愿则是另一回事。如果仅增加一篇序文以引导读者,未必能够达成新编者的初衷。

同。由此可以想见,在清中叶至光绪年间的较长时间里,包括小说、昆曲、乱弹、评书、弹词在内的塑造济公的种种通俗文艺作品,所表露出的宗教意识,也必然是基于不同立场而产生的。

光绪年间二百四十回《评演济公传》的出现,标志着济公小说新局面的开始,所谓"熔神怪、侠义、公案乃至社会、人情小说于一炉",成为晚期中国通俗章回小说的典型新创。就其宗教意识立场而言,书中之济公,既保持超凡脱俗、勘破红尘的颠僧本色,又擅行众术、法力高强,汲汲于治病救人、破案除妖等济困扶危、惩恶扬善之事,体现出邪不压正、因果必报、公道终在的神圣正义,可以说已经将一般文士的佛、道教义理化思想,融会进社会一般宗教生活的信仰理念中。

降及近世,缘于观念的进步、社会生活的变化、传播媒体的变迁和石印技术的运用,济公小说又为之一变。不仅内容篇幅数量惊人,更明显的是作品中心基本转向了"公案"一途。尽管济公行事仍然保持了多样化的风格,并能基本反映社会一般民众喜乐所尚且吸引大量的读者,但表露明显的"义理化宗教"意识的程度已是大大降低,因为社会一般宗教生活的理念已经与世俗伦理道德的洪流彻底相融了。

通过上述考察可以发现:济公的身份,无论是游戏三昧的禅师、佯狂度世的颠僧,还是救难扶危的活佛、伸张正义的神仙,都不是从某一类型到某一类型的嬗变结果,而都是不同观念下的初始创造和一般社会信仰的最终选择。诚然,中国宗教的宗教性特质决定了这些为人民所喜爱的"禅师"最后都不免成为"俗神",真正保持其本色的"禅师"只存在于精英意识中。但这一理路并不意味着"嬗变"而恰恰说明了"创造"和"选择"。作为通俗文学创作主体的中下层文人扮演着沟通大小传统的角色,所以其中有一些人始终要将走向"俗神"的"禅师"赋予本人所理解的宗教体验,即在他们看来属正统宗教的观念。但实际上,这种"正统"不仅是融会糅合的,而且还是归于"因果报应"等中国化伦理道德模式的。所以,在社会一般观念中,理念的"张力"也许存在,但却是不显著的,而且是渐渐流于无形的。

济公作为一位俗神的"长成",从来不是进化发展的而是基于通俗文学自身意愿的建构的成果。正是这个缘故,在很多俗神都停止创造的同时,济公从二十世纪至今仍然在不断的再创和新构之中,在社会中仍然发生了巨大的作用。

四 选择中的价值观构造

俗神始终都在变迁之中,但俗神最后的"长成"既不是一种符合某种生长机制的自然嬗变的结果,也不是按照某种教义进行的创造,更不全是由国家政治"标准化"的产物,而是民众的选择。通俗文学促成了选择的实现。

具有广大影响的神灵的成长的契机来自某种"灵验",从而不断获得各种象征意义而成为集体隐喻。神灵特别是地方俗神的"灵验"是怎样形成的?可能是一次偶然的祈雨成功,抑或是一次碰巧有效的禳祓,但这些事件即使常常发生,仍只不过是最基础的要素。"灵验"形成的根本是在于一种"叙事"的创造、被接受和被强化,它的过程应该是:虚构(创造)+口耳相传中的不断累增+其他各种渲染+传播+接受。口头创作在其中起重要作用,文士的文章(笔记、碑志等)的作用仅限于精英观念和国家政治的范围之内。通俗文学印刷物"定本"的社会作用毫无疑问是最为强烈的,它将庶民的创造予以定型,从而使之进一步强化,同时又成为后世不断孳衍的母本。也就是说,"灵验"不是实在,而是人们的创造和传播。"灵验"造就神祇,口头文学、通俗文学及其衍生品则造成"灵验"。

需要说明的是,强调通俗文学在俗神长成中的关键作用,并不是排除其他因素。首先,俗神信仰是基础,俗神的出现和长成是文化内核作用机制下民众建构和选择的结果;其次,信仰是社会性产物,宗教更与政治密切相关。这些因素都无从剔除,因此有学者强调"互动影响"和"相互作用",认为在造神过程中文学诸样式(包括传说、笔记、说话、戏曲、小说等)与民俗、宗教、伦理、哲学、政治、经济等多种因素彼此互动影响,一起发挥着作用[1]。但问题在于:俗神——无论是怎样的面孔和怎样的神迹都不过只是某种信仰的象征,而象征就主要表现在文艺和文学形式中。换句话说,像关公、济公这样伟大的俗神,乃是与中国古代小说、戏剧这些文学样式共相始终的一个形象[2]。因此,通俗文学在逻辑上必然成为某种意义上的决定性力量,也就是:通俗文学是建构的工具,是反映社会并同时反作用社会的形式,扮演着在以文化内核为主导的选择机制下进行价值观构造的角色。

---

[1] 胡小伟《关公信仰与大中华文化》,载酒井忠夫、胡小伟等著《民间信仰与社会生活》,第82页。

[2] 同上。

第九章　安天与封神：通俗文学与社会一般宗教生活中的神系构建

古代中国社会一般宗教生活总体上是一种多神崇拜。如韩森(Valerie Hansen)所指出的，世俗民众选择并祈求于灵验的神祇，而并不在意神的来源和高低贵贱①。但对于有一定文化水平的中间阶层而言，他们在理解和阐释中必然需要明确多神体系的结构，并通过结构上的梳理将混乱、庞杂、多绪的万神殿整理成一个符合其观念的直观的体系。作为所谓"神魔小说"典型代表的《西游记》和《封神演义》，正是对社会一般宗教生活的神系建构发生重大作用的杰出通俗文学作品。然而，对此两部作品的神系建构作用，学术界至今仍少有关注，甚至未能真正认识到这个问题的存在，不过是在论述它们的社会影响时偶一涉及而已。故此，本章即对此展开研究，旨在证明杰出通俗文学作品在社会"普化宗教"建构上的重要程度，并以此进一步揭示通俗文学对社会一般宗教生活的反向作用。

一　道教神系结构的变化及其意义

十六世纪以降中国社会一般宗教生活的多神崇拜，既包括民间泛神信仰，也包括佛、道教普化而来的众神。就后者论，源于道教者居多。这其实是一个逻辑的必然，因为道教本是一种民间信

---

① ［美］韩森(Valerie Hansen)《变迁之神：南宋时期的民间信仰》，第24页。

仰和创生宗教的包容体,其神祇本即多来源于民间信仰,所以在"普化"中又"复归"于社会宗教生活之中。道教在长期发展历史过程中的神系构建及其"普化"与"复归",是社会一般宗教生活神系形成的基础。

"神"的性质是不同文化中宗教表现的关键内涵①。按照"一神论(monothelite)—多神论(polytheism)"的观照视野,道教无疑和佛教一样属于"多神教"范畴,是与犹太教、基督教、伊斯兰教等"一神教"相对的宗教类型。但这种划分并不能完全契合道教的独特属性,比如道教在众神以上,似乎并不像佛教等多神教一样明确地存在有一位具有至高和主宰地位的至上神;即使有的时候存在,比如汉魏之际的"老子"、隋唐之际的"元始天尊"和明清时期的"三清",也是处于不断变化之中,而且至上意义并不显著;在历时性的过程中,道教的各种新兴"教派"往往又具有鲜明的一神教特色。最关键的是,道教的众神体系具有明显的"同质多形"属性,亦即繁杂的多神仍然具有同一的神质。无论如何,道教神祇的性质仍然是存在疑问的,并且是关于道教"宗教性"的种种困惑(道教是不是一种宗教?是怎样的一种宗教?)中最重要的问题之一。

但这种疑问并不意味着"一神教—多神教"就是一种错误的反思模式,相反,以神的性质作逻辑性的分析归类,事实上已经被证明是一种关于宗教的合理有效的认识方式。问题在于,这一反思必须在充分认识某一特定宗教历史实际的基础上,在历时和共时两方面予以具体的考察,而不能截断众流、一以蔽之,或浑融而观、总体以论,否则就必然会得到错误的结论。深入考察道教整个历史可以发现,道教是社会进一步发展以后本土创生宗教的包容体

---

① 童恩正《人类与文化》,重庆出版社,2004年,第184—185页;马里亚苏塞·达瓦马尼(Mariasusai Dhavamony)《宗教现象学》第五章,高秉江译,人民出版社,2006年。

和融合体。晋南北朝道教的"形成"本身就是汉魏以来诸多救世运动等创生宗教及其后续、东晋以后南方新神仙道教、北方正一盟威之道（天师道）的整合体。唐初形成与佛教对等的体系后，其神祇系统也是多方的融会合成。道教在整合的同时又不断地丛生，宋以后逐渐达至高潮，出现了诸如"神霄"、"天心"、"清微"等丛生派系，同时创生宗教始终不绝如缕，有的拟托于传统道教并借此张大，又出现了全真、真大、净明等所谓"新道教"，组成了道教新一轮的包容体内容。明代以后，同样是一方面丛生支系不断出现，另一方面创生宗教更是趋于活跃，道教始终处于一个包容整合的过程之中。作为被包容的个体都各自存在独立尊奉的最高神，无论是早期的灵宝、上清、正一盟威，还是宋元以后的丛生和创生诸派，乃至于各种更小的支系，无一例外。这样的种种个体本身其实就是"一神教"，只不过在组成包容体后显现出另一种面貌而已。

以此，如果一定要给出一个定性结论的话，道教应该是一个"共时—历时性"的多神论宗教。道教神系结构的历史变化，正是这一独特属性的体现。

被认为是义理化道教第一部神祇谱系的《真灵位业图》①，可以说是道教神祇体系的最初整合。它和道经的整合即"三洞四辅"的产生，共同构成了从东晋末到南朝末道教"形成"的重要内容。《真灵位业图》的整合性首先反映在内容上的多元：它虽然主要以南方新神仙道教上清系为主体，但大量融会了东汉以来丛生宗教

---

① 《真灵位业图》的真正编纂者并不能完全确定。今本《真灵位业图》或许经过唐末闾丘方远的整理，但主体部分在唐前编成，内容时代为东晋至南朝，应无疑义。《真灵位业图》或来自对更早的《真灵位业经》的提炼，或与《真灵位业经》即为一书而来自对前有材料的编集。参阅王家葵《真灵位业图蠡测》（载《真灵位业图校理》卷首，中华书局，2013 年）及 Kristofer Schipper & Franciscus Verellen eds., *The Taoist Canon: A Historical Companion to the Daozang*（《道藏通考》），Chicago: The University of Chicago Press, 2004, pp.109—111.

和当时南方新道教灵宝系、正一系的神祇,以及传统的圣贤崇拜和民间信仰神灵,乃至当时已经身死入于酆都的"鬼官"等,从而形成了拥有将近六百多个名位的庞大"万神殿",远远超过了当时所有新道派所构造的神祇数量的总和。

《真灵位业图》的整合性更重要的是反映在体系逻辑上的混杂:《真灵位业图》由最上的"玉清"到最下的"鬼官"共分七级,应该是出自原始上清系"高上帝君——天仙——地仙——地下主者/鬼官"这一吸收旧有神仙观念和民间信仰而形成的"仙—鬼"等级观念[1]。在上清典籍《真诰》中,此一等级体系的内在逻辑十分严整。然而《真灵位业图》的七个层级则相对松散,除第一层外,前三个层级之间和第五、六层之间,界限均较模糊。具体仙真的层级归类,不仅很多地方违背了上清、灵宝、正一各经系所构造的序列原则,而且自身逻辑极不清晰,名号身份也都颇不明确。至于矛盾抵牾,更是所在多有。最为关键的是,《真灵位业图》在每一级设立一主神(第四级为两位主神),主神之外则有众多辅神,这些辅神左右并列,基本上不再细分等差,表现出它完全不是一种逻辑结构而是一种机械的凑合式安排,完全是混合包容不同经系神祇的结果[2]。

有学者认为《真灵位业图》体现出神系"天间—人间—阴间"的三分结构[3],这种机械分析似不符合分析对象"神"的性质与内涵,

---

[1] 参阅拙著《六朝隋唐道教文献研究》第三章第二节的相关讨论(凤凰出版社,2012年)。

[2] 柏夷(Stephen R. Bokenkamp)指出了当时不同神系之间的差异性,但似未发现不同神系内部特别是《真灵位业图》神系的混融性;其以道教神系存在着某种流动的、易变的内在机理来解释神系的差异性,同样也未能充分认识到晋南北朝道教的整合本质。见柏夷《道教神系》,载其《道教研究论集》,孙齐等译,中西书局,2015年,第107—138页。

[3] 石衍丰《道教神仙谱系的演变》,《道家文化研究》第7辑,上海古籍出版社,1995年。

因为"天间—人间—阴间"属于宇宙论而不是神灵观。《真灵位业图》所包容的神祇的性质实质上是四种类型：至上神、辅神（包括次一级的高上仙真、实际教主或传法仙真）、得道者、鬼官。如前所言，至上神虽然以来自灵宝系、当时已经逐渐趋于最高神的"元始天尊"为上第一中位，但不过仅限定为"上合虚皇道君"，并没有明确标榜其独尊地位。而第二中位来自上清系的"上清高圣太上玉晨玄皇大道君"，却尊之为"万道之主"；第四中位又以"太清太上老君"、"上皇太上元上大道君"并列，违反了设立"中位"就必须独一无二的基本原则。可见主神系统基本上就是"三洞"的简单混合。辅神部分，重要的教主"正一真人三天法师"张道陵、当时救世运动所尊奉的老君转世化身"太极金阙帝君"、"下演灵宝"的"太极左仙公"葛玄等，均所包括；得道者部分，则将历久相传的神仙人物、精英传统所尊奉的历代圣贤乃至当代的修升名人一网打尽。二者的层级归类均十分随意，缺乏统一的内在理据。鬼官部分基本上沿袭《真诰》，但数量有扩充。凡此种种，均是一种缺乏内在义理的形式整合才有的表现，但它恰与当时道教经藏、仪规的整合实际——内容上的机械包合和形式上的简单协调——合若符契①。

至唐初，道教的"形成"整合已经初步完成。随着朝廷尊奉和佛教影响的加剧，加之新元素的产生，进一步的义理化不可避免。在神祇体系方面，《真灵位业图》所代表的包容整合体系以及其他旧有或新编的各种单一的神灵谱系、仙真传记和传法世系显然已经不合时宜。因此，仪式所必备的法位名号必然产生新的整合。此在《无上秘要》中即有反映，卷五十"涂炭斋品"：

---

① 经藏方面，见 Ōfuchi Ninji（大淵忍爾）"The Formation of the Taoist Canon", in H. Welch & A. Seidel eds., *Facets of Taoism*, Yale University Press, 1979；仪规方面，见拙撰《六朝隋唐道教文献研究》第五章相关论述。

宿启先依常朝法,竟称治职位号,上启

太上无极大道太上大道君、太上老君、太上丈人、无上玄老、十方灵宝天尊、已得道大圣众至真、诸君丈人、玄中大法师天师君、上相上宰、四司五帝,三界官属一切神灵……(明《道藏》25/180①)

至唐初张万福《醮三洞真文五法正一盟威箓立成仪》,为:

上清玄都大洞三景弟子,……上启

虚无自然元始天尊、无极大道太上老君、上相上宰无极元君、太上玉晨高上道君、太微天帝君、后圣金阙帝君、玉皇二十四高真、玉清紫虚元皇道君、四辅上相上宰、东华方诸青童大君、三天正法三元君、太微灵都元皇真君、九天凤炁太清上仙、太上丈人、神仙丈人、玉童玉女、三台七元辅弼尊帝、神真上圣、上保南极紫元夫人、上傅太素真君、上宰西城总真王君、太极真人、南岳赤君、太平下教二十四真人、司命南岳魏夫人、紫微王夫人、九华安妃、太元真人、东卿司命茅君、清灵真人裴君、紫阳真人周君、仙侯侍帝晨、二许真人、司命杨君、句曲真人、定录右禁郎茅中君、三官保命司直茅小君、华阳洞府领括苍吴越生死罪福众真、三十六司命官君、河图九晨君、六甲诸灵官、西岳君、中黄太一君、五岳九山佐命君、三皇真君、无上元始太上大道君、五老上帝、至真大圣尊神、玄中大法师、道德众圣、天尊大帝、天帝玄一三真人、太上明威正一天尊、天师嗣师、系师、女师、三师门下典者君吏、上皇太上道君、太清玄元上三天无极大道太上老君、太上丈人、九老仙都君、九炁丈人等,百千万重道炁,千二百官君,太清玉陛下南上大道君、四方三界

---

① 明正统修,万历续修《道藏》,文物出版社等三家出版社影印本,1988年,第25册第180页。下同。

> 一切真灵、三洞典经玉郎、神仙官属……（明《道藏》28/498）

将各个层级归于一处，依序排列呈线性结构，较《真灵位业图》无疑整合性更强。唐末的情况，题杜光庭《道门科范大全集》卷四、卷八的记载可能较为符合，其中卷四所载有些混乱，卷八为：

> 具位臣某与醮坛官众等，谨同诚上启
>
> 虚无自然元始天尊，太上玉晨大道君，太上金阙老君，太上昊天玉皇上帝，九皇至尊，十方灵宝天尊，诸天大帝，三十六部尊经玄中大法师，上相上宰，上保上傅，三官五帝，十一大曜星君，十神太一真君，南斗六司真君，北斗七元星君，周天乾象二十八宿，十二宫神，三百六十五度诸天列宿，本命元辰，天曹职司，九天真宰，三山五岳，福地靖庐，厚地洞宫，岳渎主宰，三界应感一切真灵。（明《道藏》31/778）①

已经完全成为一个整齐的系统。仪式中的神灵法位名号并不完全等于宗教体系中的神祇系统，前者突出名号，且多有概括归并，主要服务于仪式，正如法箓所详列的众多神将实际并不出现在其他方面一样。在宗教生活中，"仪式性神灵名号"与"功能性神祇谱系"形成两个系统，互为关联，又彼此有别，但以后者为重要。

唐末杜光庭编撰的各种仙真传记就属于"功能性神祇谱系"。

---

① 《道门科范大全集》卷十二"名位"为："具位臣某与临坛官众等，谨同诚上启，虚无自然元始天尊，无极大道太上道君，太上老君，混元上德皇帝，昊天至尊玉皇上帝，上宫紫微天皇大帝，中天北极紫微大帝，圣祖上灵高道，九天司命保生大帝，承天效法厚德光大后土皇地祇，元天大圣后，五福十神太一真君，三十二天帝君，东华、南极、西灵、北真、仙都、玉京、七宝、瑶台、紫微上官灵宝帝君，明皇道君，三十六部尊经玄中大法师，上相上宰，上保上傅，三皇五帝，十一大曜星君，天地水三官，北斗七元星君，二十八宿星君，九宫十精太一真君，北极四圣真君，水府扶桑大帝，旸谷神君，洞渊龙王，十洞五岳，九江水帝，八海龙王，三河四海，五湖八泽，溪谷川源，名山洞府，靖庐福地，五方行雨龙王，风伯雨师，雷公电母，云烟将吏，府界县境，诸庙福神，三界应感，一切真灵。"疑有后人增添。

在这些传记中，其对整体神祇只划分为两个层面："天尊帝君"和"得道仙真"，且"天尊帝君"部分的数量大大减少，同样体现了超越《真灵位业图》的发展。《墉城集仙录》为女仙传记，故"天尊帝君"只有圣母元君、金母元君及辅神上元夫人、昭灵李夫人、南极王夫人、云华夫人、东华上房灵妃等，其他均为得道女仙；《洞大福地岳渎名山记》中，"中国五岳"、"五镇海渎"以外之"十大洞天"、"三十六靖庐"、"三十六洞天"、"七十二福地"所掌者，绝大部分为"得道仙真"；《仙传拾遗》则全部是"得道仙真"。"得道仙真"不再进行细致的层级划分（"十大洞天"、"三十六靖庐"、"三十六洞天"、"七十二福地"虽然彼此地位有差，但内部则不再分级），总体上以时代先后排列，表现出传统史传的特点而与《真灵位业图》和初唐时期各种传法世系和授箓次序有明显的不同①。整个神祇体系开始以"得道仙真"为主，对"天尊帝君"表现出一种存而不论的态度。至北宋《云笈七签》，大体不变②。

南宋以降新兴教派和创生宗教频繁产生，道教的丛生和包容进入一个新的时期。在"仪式性神灵名号"方面，如南宋金允中所编整饬性的《上清灵宝大法》予以新的规整，其"圣位正列"为："玉清圣境元始天尊，上清真境灵宝天尊，太清仙境道德天尊，昊天上帝，北极大帝，天皇大帝，后土皇地祇，长生大帝，青华大帝，东华木公青童道君，白玉龟台九灵太真金母元君，东极太乙救苦天尊"，突

---

① 杜光庭记传著作据罗争鸣《杜光庭记传十种辑校》，中华书局，2013年。
② 《云笈七签》属于汇编类书，内容多采自早期资料。其本身关于神祇系统的观念，主要体现在卷一百至一百一十六的"纪传"部分中的"纪—传"二分结构上："纪"的部分即"天尊帝君"，包括元始天王、太上道君、上清高圣玉晨大道君、三天君、青灵始老君等五老君、混元皇帝、太微天帝君、青要帝君、总真主录、中天玉宝元灵元老君、赤明天帝、南极尊神，只有十六位；"传"的部分则是"得道仙真"，分别录自诸上清真传、《列仙传》《神仙传》《洞仙传》《神仙感遇传》《续仙传》《墉城集仙录》，共约二百五十余位。

出了逐渐重要的"三清""四御"等①。在"功能性神祇谱系"方面，因为创教教主不断涌现，社会宗教生活中至上神（包括其辅神）的重要性进一步下降，同时各家尊奉及拟托世系纷纭不一，"天尊帝君"系统既不能再作细致划分，"得道仙真"系统中的历史圣贤、各派教主、修炼成仙者也无法排列高低。元道士赵道一有意识地重新整理道教神系时，原计划对"天尊帝君"和"得道仙真"进行分别编纂，其《仙鉴编例》首例云：

> 首列三清上帝、五老高真，自为五卷。并用引经为据，举其大纲，以示敬天尊主之象，名曰《通鉴外纪》。其《体道通鉴》始自上古三皇，下逮宋末，其得道仙真事迹，乃搜之群书，考之经史，订之仙传而成。（《历世真仙体道通鉴》卷首，明《道藏》5/102）

其进表亦曰：

> 今据真经所载，前列高真上圣数位以举纲维；其次羲农轩三皇之世得真仙名于世者数十人，以显天人交通之始。自三皇以降，……所得真仙名于世者几千人而已。（《历世真仙体道通鉴》卷首，明《道藏》5/101）

《通鉴外纪》似在明编《道藏》时被摒落，我们现在能看到的仅是《体道通鉴》（包括《历世真仙体道通鉴续编》和《历世真仙体道通鉴后集》）。显然，其在编纂之初就已将"三清上帝、五老高真"目为"外纪"，不过"以举纲维"而已，这也证明了赵道一对"天尊帝君"系统同样秉持存而不论的态度。《历世真仙体道通鉴》及两个续编对后世影响甚大，明代仙传主要出自对它的抄袭模仿②。这些仙传

---

① 参阅石衍丰《道教神仙谱系的演变》，《道家文化研究》第7辑，第96—98页。
② 关于明代仙传的具体讨论，见本章第二节。

第九章　安天与封神:通俗文学与社会一般宗教生活中的神系构建　353

或以前有相关书籍为依据,但这些书籍亦多半采自《历世真仙体道通鉴》。万历以后又集中出现了一大批翻刻增补本,增添了一些明代的内容。总体说来,在体系化、义理化、规范化方面并无新创。

入明以后出于社会的变化,作为本土宗教包容体的道教已经日益"普化",与社会一般宗教生活融合为一,内部的义理化渐趋停止。整个明清至近代,道教在形式体系方面主要以金元以来的全真、正一为主,兼杂其他一些新出法系;内容上则主要是全真的三教融合及性命、内丹之道和正一的符箓之术,以及宋以来逐渐兴盛的"雷法"。因此在"功能性神祇谱系"方面,道教内部基本上停止了系统的整理,而只是机械地增加宋元以来丛生道教的新创内容。约编纂于元末明初的《法海遗珠》和十五世纪上半叶的《道法会元》是明代为数不多的汇编性经典,前者以汇集宋元以来诸派丹法及雷法为主,后者以清微雷法为主①,都将自身拟托的创教传法世系糅入传统的神祇体系,而其构建的天尊帝君系统(主要是《道法会元》第三卷"清微帝师宫分品")既十分庞杂,名位和层次逻辑亦不清楚②,显示出非常典型的包容、混融特征③。

至此,可以认为义理化道教的"功能性神祇谱系"形成了最终结构,即分为"天尊帝君"和"得道仙真"两大层面。前一层面各家说法不一,总体上结构层次较为混乱,且重要性下降。后一层面更

---

①　Kristofer Schipper & Francisus Verellen eds., *The Taoist Canon: A Historical Companion to the Daozang*(《道藏通考》), p.1106.

②　《道法会元》卷三"清微帝师宫分品"(明《道藏》28/683—688)述"天尊帝君"部分依次大致为:"道祖(三清)、七宝、神霄九辰、五老、星宫斗府(斗位、十一曜、五星)、三官、四罗、四极、三炁",其中颇有混杂,如"七宝"又包括"三清三境天尊";而"四罗"、"四极"、"三炁"等,又极模糊。"天尊帝君"以下是"清微圣师"、"清微祖师"及各天宫省署,名号、层次、意涵皆极杂乱。

③　最早的清微谱系是约编纂刊刻于元至元癸巳年的《清微仙谱》(明《道藏》),仅述及本派世系。而《道法会元》则糅合了传统道教的"天尊帝君"。同时关于元以前的清微世系,也较《清微仙谱》增加了很多内容。

以包容为主,除加入正一、全真以及如净明、清微雷法等后起派系的教主和仙真外,并不再有更为体系化的建设。

但这一神系结构存在一个根本性的缺陷:它仍然是对多元信仰的包容,而且更加呈现为一种简单性和浑沌性处理,未能树立成为一种"多神教"的义理原则。这种缺陷使之不能适应更加繁杂的丛生和地方性因素的出现,也无法应合道教进一步包容普化的需要,最重要的,与社会一般宗教生活信仰的实际状况不相符合。因此,当"普化宗教"成为社会生活中发挥功能的宗教形态时,必然需要新的建设。

明神宗万历三十五年(1607),第五十代天师张国祥奉命续补此前正统时期所修成的《道藏》,又得三十二函,一百八十卷。正统修、万历续《道藏》合计共五百一十二函,道书一千四百八十七种①。自此以后至于近代,尽管道教仍有相当多的著述,但再无经藏之汇编。且已成之《道藏》传世不广,除有限的道观收藏外,已罕为外人甚至是道士所得见。普通道观和丛散的道教信仰,一般只是依据世代相传的抄本进行科仪活动,其中"白话的"和"地方性的"文书又渐与"传统的"经典并行②。

古代最后一次的经藏汇编明修《道藏》,喻示着道教传统"经教"和"科教"的终结,但并不意味着道教发展的结束。明清迄于近代,道教的发展在义理上体现为和佛教及世俗伦理的融合,在形式上则表现为最后成为中国古代社会"普化宗教"的主体内容之一。推动这一发展的,乃是文化内核作用下的社会生活的内在需求。

---

① 陈国符《道藏源流考》,中华书局,1963年,第174页;Kristofer Schipper & Franciscus Verellen eds., *The Taoist Canon: A Historical Companion to the Daozang*(《道藏通考》),pp.32—39.案:正统修、万历续修《道藏》合计卷数,各种统计不一,此从略。

② Kristofer Schipper, "Vernacular and Classical Ritual in Taoism", *The Journal of Asian Studies*, Vol.45, No.1(Nov., 1985), 21—57.

第九章 安天与封神：通俗文学与社会一般宗教生活中的神系构建

通俗文学及其衍生形式，就是这一推动力量的重要组成部分。

元杂剧中相关请神的描写，就有仪式性神灵名号的内容，如元无名氏《庞涓夜走马陵道》杂剧：

> （鬼谷子云）真香一热，瑞雾飘飘。高升宝篆，上彻云霄。三冬法鼓，万圣来朝。恭闻道香德香，遍周九天之上，普请三界高真。法鼓三咚，万神咸集。恭请玉清圣境元始天尊，三省六曹，左辅右弼，南辰北斗，东极西灵，十二宫辰，二十八宿，九天游奕使者，三界直符使者，十方捷疾灵神，本山土地，当境城隍，空虚典祀，社庙威灵，间令关召，速至坛庭。（击令牌科，云）一击天清，二击地灵，三击五雷万神听令，再召九宫八卦部中神，十二元辰位中将。①

又如元吴昌龄《张天师断风花雪月》杂剧第三折：

> （天师云）道童，将法衣来。相公，坛场之上不能攀话，请回避者。（太守下）（天师请神科，云）道香，德香，无为香，清净自然香；妙洞真香，灵宝惠香，朝三界香。吾乃统摄玄门、恢弘至道，咒司九主，宣课威仪，醮法列坛，无不听命。恭惟玉清圣境元始天尊，左辅右弼之星官，武职文班之圣众，雷公电母，风伯雨师，瑶宫宝殿天王，紫府丹台仙眷，五福十神，四司五帝，日宫月宫神位，南斗北斗星君，斗步五方，星分九曜，东华南极，西灵北真，十二之星辰，四七之（缠）［躔］度，三台华盖，九天帝君，三界直符使者，十方从驾威灵，当境土地龙神，诸处城隍社庙，幽冥列圣，远近至真，以此真香，普同供养。……（击令牌科，云）一击天清，二击地灵，三击五雷速变真形。天圆地方，律令九章。金牌响处，万鬼潜藏。……（执剑科，诗云）……先

---

① 王季思主编《全元戏曲》第 6 卷，第 356 页。

请东方青帝青神,……后请南方赤帝赤神,……又请西方白帝白神,……再请北方黑帝黑神,……又请中方金帝金神,……谨请年值、月值、日值、时值当日功曹,值日神将,搅海大圣,翻江大圣,驱雷大圣,撒云大圣,吾今用你,坛前仗剑等待,休错吾一时半刻。吾奉太上老君急急如律令摄。(直符上云)小圣乃雷部下听令直符使者是也。真人呼唤小圣,有何法旨?①

小说中描写道士打醮,亦有涉及。如《金瓶梅》第三十九回:

(西门庆)……宣毕斋意,铺设下许多文书符命。表白一一请看,揭开第一张,说道:"此是弃世功果影发文书。申请三天三境上帝、十极高真、三官四圣、泰玄都省,及天曹大皇万满真君、天曹掌醮司真君、天曹降圣司真君,到坛证监功德的奏收。"又揭起第二张,"此是申请东岳天齐大生神圣帝、子孙娘娘、监生卫房圣母元君,并当时许还愿日受祷之神,今日勾销顷愿典者,祠家侍奉长生香火,三教明神,勾销老爹昔日许的愿叹,及行下七十五司地府真官案吏主者,到坛来受追荐,护送亡人生天。此一票,是玉女灵官、天神帅将、功曹符使、土地等神,捧奏三天门运递关文。此一张,玉清总召万灵真符,高功发遣公文受事官符。此一张,是召九斗阳芒流星火全终大将,开天门的符命。"看毕此处,又到一张桌上,揭起头一张来,此是早朝开启请无佞太保康元帅、九天灵符监斋使者,严禁斋仪,监临厨所。此一张,是请正法马、赵、温、关四大元帅,崔、卢、窦、邓四大天君,监临坛监门,及玄坛四灵神君、九凤破机

---

① 王季思主编《全元戏曲》第 3 卷,第 390—391 页。此类请神描写在元杂剧中颇为多见,且版本异文甚夥,其中所请之神亦有不同。案以上二材料的使用源自倪彩霞相关研究的揭示,见其《道教仪式与戏剧表演形态研究》第二章,广东高等教育出版社,2005 年。

第九章　安天与封神：通俗文学与社会一般宗教生活中的神系构建　357

大将军,净坛荡秽,以格高真。此一字,是早朝启五师笺文,晚朝谢五师笺文。此一字,是开辟二代卷帘化坛真符。此一字,是请神霄辟非大将军鸣金钟阳牒,神霄禁坛大将军击玉磬阴牒。此一字,是安镇五方真人云象：东方九炁镇天玉字真文,南三炁镇天玉字真文,西方七炁镇天玉字真文,北方五炁镇天玉字真文,中央一炁镇天玉字真文。请五老上帝安镇坛垠,证监功德,俱是五方颜色彩画的。此一字,早朝头一遍转经,高上神霄玉真王南极长生大帝;第二遍转经,高上碧霄东极青华生大帝;第三遍转经,高上青霄九天应元雷声普化天尊;午朝第四遍转经,高上玉霄九天雷祖大帝;第六遍转经,高上泰霄六天洞渊大帝;晚朝第七遍转经,高上紫霄深波天主帝君;第八遍转经,高上景霄青城益算可干司丈人真君;第九遍转经,高上绛霄九天采访使真君。九道表笺。掠剩、报应、幽枉、积逮,起四司,谢四司笺。此又一字,是午朝高功捧奏拜进三天玉陛,黄素朱衣,并遣旨、介直、符醮吏者,同当日受事功曹、护送章表殿递云盘关文。此一字,是三天持宝篆大将军,并金龙、茭龙、骑吏、火府、赍简童子,灵宝诸符命,不可细数。……西门庆于是睁眼观看,果然铺设斋坛齐整。但见：

　　位按五方,坛分八级。上层供三清四御,八极九霄,十极高真,云宫列圣;中层山川岳渎,社会隍司,福地洞天,方舆博厚;下层冥官幽壤,地府罗郡,江河湖海之神,水国泉扃之众。[1]

但这些描写均以表现仪式及法术为主,颇有夸示以追求戏剧效果的意味,虽然已经有诸如"天、地、江、海、中央、四方"或"上、中、下"的形式归纳,总体上仍然缺乏深层次的神性理解,当然也就很少作者根据自我理解而进行的整理性建构。

---

[1]　陶慕宁校注《金瓶梅词话》,第461—462页。

明代坊刻日用类书大多都有宗教方面的内容，如《新编事务类聚翰墨全书》癸集《道教门》"文类"下所收贺诸神生辰表、各种疏文、修殿记、上梁文等，其中可见祀神有：玄天上帝、太上老君、纯阳真人、葛仙翁、东岳、梓潼帝、祠山帝、景佑真君、清源真君、福善王、五显王（五通）、康王等。"疏文"、"修殿记"、"上梁文"等是应用文体，其范文虽然也来自历史材料，但毕竟需要应对于实用，故此类祀神与社会一般宗教生活较为一致，但由于坊刻日用类书的性质，神祇体系不可能全面、系统。

明代宝卷亦有关于神祇方面的内容。如《销释混元无上普化慈悲真经》有曰：

> 老母同诸菩萨咒毕，言曰：善有善男子善女人，诚心转念，念念不空，求佛忏悔，解削冤根。修斋设醮，祖母遥闻，上供献茶，供佛及僧，香花净水，三界同闻。稽首上请：三世诸佛、诸大菩萨、诸大天尊、三界诸教主、一切诸龙神、雷公电母、霹雳风神、诸天列圣、河汉群真、幽冥地府、地藏慈尊、十位阎罗、三曹六刑，慈悲普照，救度群蒙，削除重罪，解冤业根，瘟疸不染，拔去愆尤，四时无病，八节康安，见世安乐。过去纵横，皆大欢喜。作礼而退，信守奉行。①

民间宝卷主在拼合夸示，以吸引教众，和戏剧文本一样，缺乏主观建构。在田野调查中发现的一些渊源甚久的民间请将科仪中，也有很多这样的内容，如贵州德江县傩祭傩坛艺人杨法胜家里的师坛榜名号："主将赵天君，副将关元帅，东山圣公，南山圣母，五路五倡，山王帝主，中天君王，通州德胜，当境寻禄，王岳五天，三清三宝，引兵土地，音祠（阴司）兵马，国王父母，五岳大帝，五羊侯军，

---

① 《销释混元无上普化慈悲真经》，李世瑜《宝卷综录》有著录。此段原文转引自澤田瑞穗《校注破邪詳辯——中國民間宗教結社研究資料》，第139页。

八庙帝君,五明皇后,三保三尊,上境星君,中境星君,下境星君,上洞梅山,中洞梅山,下洞梅山,三元彭古,三元教主,三元法主,统兵都督,元始天尊,灵宝天尊,道德天尊,赵天王神,李大王,胡天王,前传后教,古今中(宗)师,打却童子,玉帛上帝,海会天尊,大元帅。"①同样也不可能有体系化的建设。不过,这些前有积累都成为通俗文学进行新建构的资源。

另外,道教寺观壁画和道教印刷品中的"神仙图"、"朝元图"也体现出相当程度的神祇谱系意识。目前保存完整的道教寺观大型壁画有二:一是山西省永济县永乐镇永乐宫道教壁画,二是加拿大安大略博物馆藏晋南道教壁画,前者完成于泰定二年左右,后者最有可能完成于十三世纪晚期②。道教印刷品中,以正统年间所刊《道藏》扉页的神仙图最堪代表。一方面因为其见于正统《道藏》、万历《续道藏》及其合刊本每一函扉页,故而代表了明《道藏》编刻时期制度化道教所认可的神祇谱系和形象;另一方面因为它又继承了元以来传统道观壁画的种种因素,显示出社会一般观念中关于道教神祇的认识的某种连续性③。

综观当代学者关于寺观壁画和《道藏》扉页画的研究,大致可以得到以下一些基本结论:第一,无论是创作宗旨还是客观内容,均呈现出一种有意识的整体上的系统化、谱系化建构;第二,通过主次区别、位置安排以及具体标识等,图画都已经具备对神祇谱系的层次性、组织性构造;第三,目前所存的两幅壁画均出自晋南地区

---

① 陈玉平《贵州土家族傩祭仪式与艺术》,载何明主编《仪式中的艺术》,2011年,第232页。案:据此文所附图片,该"师坛榜"原为环形排列,傩祭法师和该文作者可能都未能理清诸神顺序。

② 景安宁《元代壁画:神仙赴会图(第二版)》,北京大学出版社,2016年,第240—246页。

③ 尹翠琪《〈道藏〉扉画的版本、构成与图像研究》,《台湾大学美术史研究集刊》第43期(2017年9月)。

且属同一流派,而《道藏》扉页画虽出自明内府,但与晋南壁画存在明显的继承关系,并都融合了宋元以来新道派的因素,且与元明之际《道法会元》等义理化科仪文献的相关记述存在相当的对应之处①。

尽管如此,这些图画可以认为都是仪式性的作品,展现的是加强信仰的宗教背景和神祇形象,甚至是仪式所需要的具体场景②,而并不是神祇谱系本身。当代学者们对这些图画中神祇的分析,主要是依据其他材料进行的身份识别,与画工或其主导者当初的本意并不一定完全相符。就接受而言,寺庙壁画特别是"神仙图"、"朝元图"类型,更多的是彰示宗教的神秘、威严与崇高,而不是意在落实身份,信众不可能从中得到关于神祇谱系的具体知识。关键还在于,图像虽然形象直观,但因为没有明确的指称,故而其即使具备内在的体系化,也无法得到充分的呈现。总体而论,道教寺观壁画和道教印刷品中的"神仙图"、"朝元图"都具备神系建构的意识和"朝元"的旨趣,但具体的构造特别是其影响效果,仍然是不太显著的。

在这一节所讨论的问题中,需要单独提出并予以详论的是明代中期以后出现的一批仙传类图书中的神祇及其体系。但在讨论这个问题之前,需要首先对这一批仙传类图书的性质进行考察。

明代中期以后出现了一批仙传类图书,今一般统称为"明代仙传"。其名目主要有:《三教源流搜神大全》《新刻出像增补搜神记

---

① 关于寺观壁画和《道藏》扉页画中道教神祇的专门研究有:王逊《永乐宫三清殿壁画题材试探》(《文物》1963年第8期)、康豹(Paul R. Katz)《多面相的神仙——永乐宫的吕洞宾信仰》(吴光正等译,刘耳校,齐鲁书社,2010年)、景安宁《元代壁画:神仙赴会图(第二版)》、赵伟《道教壁画五岳神祇图像谱系研究》(文化艺术出版社,2013年)、尹翠琪《〈道藏〉扉画的版本、构成与图像研究》(《台湾大学美术史研究集刊》第43期)。

② [美]康豹(Paul R. Katz)《多面相的神仙——永乐宫的吕洞宾信仰》,第174—181页。

大全》《广列仙传》《列仙全传》《仙佛奇踪》《新镌仙媛纪事》等①。由于元赵道一《历世真仙体道通鉴》以后至于近世,除此"明代仙传"外再无系统的民间神佛传记故事汇编,因此这一批仙传受到极大的重视。但其中存在着一些重要问题:当代学术界对于"明代仙传"的文献性质和内容性质的认识是否正确?这一批仙传能否被视为明以来社会一般宗教生活的直接反映?或者说,明代仙传是否能作为、在何种程度上能作为考察明以来社会宗教生活的重要资料?这些前提问题实际上并没有得到圆满的解决,当代研究者对于明代仙传的认识还存在着模糊之处,导致很多研究对这一材料的使用出现了相当严重的错误。

目前已知的"明代仙传",皆为典型的坊刻图书,是当时较为流行的商业出版通俗文献中的一个小的种类,亦即宗教读物中的"仙佛事迹"一类。也就是说,明代仙传实归归入所谓的"通俗文献"。此一事实,是晚近采用明代仙传资料进行相关研究者所未能清楚认识到的。

《三教源流搜神大全》,今存"西岳天竺国藏板"本(日本内阁文库藏)及四知馆杨丽泉晚明刊本(日本宫内厅书陵部藏)。《中国民间信仰资料汇编(第一辑)》所收为前者,凡七卷,扉页题"三教源流圣帝佛祖搜神大全",版心题"三教源流搜神大全"。宣统元年叶德辉即据此系统某本翻刻,乃题《三教源流搜神大全》。本人所见又

---

① 关于此类明代仙传的研究,以近代叶德辉影刻《绘图三教源流搜神大全》并加以考证为滥觞,此后即以李丰楙为其与王秋桂主编的《中国民间信仰资料汇编》所撰提要最为系统(载《中国民间信仰资料汇编(第一辑)》,台湾学生书局,1989年)。李氏提要尽管囿于体例不能详细论证,但所论简明扼要,均能切中其实。近几十年来,关于明代仙传颇有零星考察,并有相关学位论文加以研究,特别是日本学者二阶堂善弘对于明代仙传中较为重要的《三教源流搜神大全》《新刻出像增补搜神记大全》做了专门探讨(二阶堂善弘《元帅神研究》,齐鲁书社,2014年),但从整体上加以系统、深入考察者仍未有新论出现。

有一翻刻本,扉页上图下文,上图儒释道像,两旁联为:"万古灵光垂竹帛,一团慧性照乾坤";下文题"三教源流圣帝佛帅搜神大全"、"西岳天竺国藏板"。此本或即日本内阁文库藏"西岳天竺国藏板"本,扉页为书贾另加。"西岳天竺国藏板"及"四知馆杨丽泉",难详究竟,二本刊刻时代亦不明确,但均为明末清初坊刊无疑。

《新刻出像增补搜神记》,今存金陵书坊富春堂刊六卷本,扉页题"刻出像增补搜神记大全",中栏署"金陵唐氏富春堂梓"。正文卷端有"金陵三山对溪唐富春校梓",并有罗懋登"引搜神记首"序。此书实即罗懋登所编(详下文)。后收入明万历《续道藏》中(高一至高六),删去插图,仍为六卷。

《广列仙传》,今存有日本内阁文库藏明万历十一年刻本,《中国民间信仰资料汇编(第一辑)》所收即此本。正文卷端题张文介辑录,并有张氏自序。张文介,字惟守,龙游人,有《少谷集》(《明诗综》卷五十九小传)。黄虞稷《千顷堂书目》著录有《盛明十二家诗选》,文介《少谷集》为其一。《广列仙传》究为张氏所辑,抑或书坊伪托,较难断定。观张氏自序,文辞虽尚雅洁晓畅,不类书贾或编手之语,但将《神仙传》作者葛洪误为陶弘景,似又不尽符合张氏应有之学识水平。

《有像列仙全传》,今存明万历间汪云鹏刊九卷本,版心间有"玩虎轩"字样。前八卷正文卷端均题"吴郡王世贞编(辑)次,新都汪云鹏校梓",卷九题"新都后学汪云鹏辑补"。题"王世贞编"并前"李攀龙"序,均为徽人书坊主汪云鹏所托。题"王世贞辑",大约因收录王世贞所撰长篇《王昙阳传》,顺水推舟而托名;李攀龙序,全抄《广列仙传》张文介自序而成①。此均明中期以后坊贾

---

① 另外,"李攀龙序"有曰:"龙……习静山中,澹然无事,回念刘向、陶弘景二《神仙传》,所载仅汉晋以上,而六朝逮今阙焉,读者少之。乃搜群书并二传旧所载者,共得四百九十七人,合而梓之,名曰《列仙全传》。"而正文卷端又题"王世贞辑次",自相矛盾,造伪而自露马脚。

伎俩。汪云鹏所刻此书插图精美①,是其书坊玩虎轩刻书鲜明特色之一。

《仙佛奇踪》,《四库全书总目》小说家类存目二著录:"明洪应明撰。应明字自诚,号还初道人,其里贯未详。是编成于万历壬寅。前二卷记仙事,后二卷记佛事。首载老子至张三丰六十三人,名曰《逍遥墟》,末附《长生诠》一卷。次载西竺佛祖自释迦牟尼至般若多罗十九人,中华佛祖自菩提达摩至船子和尚四十二人,曰《寂光境》,末附《无生诀》一卷。仙、佛皆有绘像,殆如儿戏。"可知今名乃四库馆臣据其收录版本题识所定。其仙道部分内容,后又收入万历《续道藏》。《中国民间信仰资料汇编(第一辑)》所收为民国时陶湘重印八卷本,又据明《道藏》本增补。今存明万历刻本,乃《逍摇墟》三卷、《寂光境》三卷、《长生诠》一卷、《无生诀》一卷合刊本。《逍遥墟》前有"了凡道人袁黄"《逍遥墟引》,《寂光境》前有"真实居士冯梦祯"《寂光境引》;后二种并有洪氏自撰《长生诠小引》《无生诀小引》,末署时间为万历壬寅(万历三十年,1602)。绘像风格,并属徽州一派。洪应明与书坊关系密切,或即为"雇佣编手",而袁黄、冯梦祯序亦系伪托。

《仙媛纪事》,今存明万历三十年草玄居刊本,九卷附补遗,正文卷端题"钱塘稚衡山人杨尔曾辑",前有冯梦桢、邵于峘二序。插图精美,刻工黄德宠(玉林)为黄氏刻工家族二十六世中高手②。杨尔曾,字圣鲁,号雉衡山人、夷白主人、卧游道人。除本书外,编刻有《韩湘子全传》《杨家府演义》《图绘宗彝》《新镌海内奇观》《许真君净明宗教录》等,又曾参与过题焦竑编《熙朝名臣实录》的刊

---

① 刻工"黄一木",据《黄氏族谱》,为徽州虬村黄氏二十七世,生于1586年,卒于1641年。此据周芜《徽派版画史论集》,安徽人民出版社,1984年,第44页。

② 周芜《徽派版画史论集》,第40页。

刻,应是集书坊主、编手为一身者①。其书坊可以明确者有"夷白堂","草玄居"等或为其印刷商或分销商。

综合考察以上明代仙传,除《广列仙传》尚需进一步研究外②,其他皆属坊刊无疑。它们有如下一些特点:首先是都富有精美的插图,其中以汪云鹏玩虎轩刊《有像列仙全传》、杨尔曾草玄居刊《仙媛纪事》最为突出,《仙佛奇踪》《新刻出像增补搜神记》亦不遑稍让,风格皆属徽州版画一派,线条细腻、形象生动。其次是除《三教源流搜神大全》二本不详外,其余诸书各版,均出于南京、杭州、苏州地区。第三是此类图书或标榜三教融合,或推崇修仙长生,编者或是雇佣编手(如罗懋登),或是一些专门从事图书编纂的下层文人(如洪自诚),或是书坊主自己(如汪云鹏、杨尔曾),往往托为名家所撰,或伪撰名人序跋,绘图刊刻则不惜工本,销售对象当是新兴市民阶层和一般文人以上阶层,是明代中晚期江南地区商业图书消费水平提高的反映。

从名义、内容、材料来源三方面综合考虑,此六种仙传图书可以分为三种类型:第一类是以"搜神"为名的《三教源流搜神大全》和《新刻出像增补搜神记》。第二类是以"列仙"、"仙佛"为名的《广列仙传》《有像列仙全传》《仙佛奇踪》。第三类为《仙媛纪事》,专收女仙故事。

---

① 参李丰楙《中国民间信仰资料汇编·提要与总目》。有学者据杨尔曾为《许真君净明宗教录》所撰序,认为其是一位向道的文人(王岗《作为圣传的小说,以编刊艺文传道》,载盖建民编《开拓者的足迹——卿希泰先生八十寿辰纪念文集》),似不正确。杨氏仍为书坊主兼通俗书籍编纂者,其编刻宗教书籍为当时书坊主之常态。职业编手或书坊主所撰序跋,既多标榜,又往往夸饰,不足为信。

② 《广列仙传》虽不能确定是否出自商业书坊,其编者张文介的身份亦不能详知,但据丁丙《善本书室藏书志》著录有明刊本《堪舆仙传四秘》四卷,其一为郭景纯《葬书》,题"古杭张文介惟守校",则张氏或常为书坊编校书籍。又《广列仙传》书眉间有批语,极类明世评点之书。从以上两点来看,其书乃张文介为书坊所编,可能性极大。

第一类容后详论,兹先论第二类和第三类。

通过简单考察即可获知,《广列仙传》《有像列仙全传》《仙佛奇踪》和《仙媛纪事》都是典型的钞纂编汇之书,并非新纂之作。其中《广列仙传》《有像列仙全传》《仙佛奇踪》三书一脉相承:《广列仙传》收入仙真三百多人,《有像列仙全传》除直接承继《广列仙传》外,扩充至五百多位;《仙佛奇踪》仙传部分则出自《有像列仙全传》。《广列仙传》书前附有《采辑群书书目》,实际上除采自《列仙传》《搜神记》外,六朝以下主要承自元赵道一《历世真仙体道通鉴》。《有像列仙全传》所扩充者,同样取自《历世真仙体道通鉴》。《仙媛纪事》的材料亦基本不出《历世真仙体道通鉴》《广列仙传》之外。最为重要的是,此四种仙传所记述的主要对象是历史上的仙真,其传记故事亦均为钞纂前有文献而成。这一系列的滥觞《广列仙传》仅收有张三丰等七位明代神仙;《有像列仙全传》的数百位增补中,亦仅有十三位明人(卷八张三丰、刘道秀、张中孚、周颠仙、冷廉、周玄初、任风子、裴仙、沈野云、海上老人;卷九张金箔、董伯华、周思得)。至于《仙媛纪事》所收录的明代女仙,除《广列仙传》《有像列仙全传》均收入的王昙阳外,也只有寥寥数人。

此四种图书的内容和编纂方式,典型地反映出明代商业出版的一个重要特色,即:凡是较为大型的、内容较为丰富的、资料性的图书,绝大多数都是承自前有某书,同时加以改编、扩充;扩充部分,也是以汇编前有资料为主。商业出版属于典型的商品经济,出版宗旨在于谋利,独立撰著并新创图书,书坊主及其雇佣编手之辈既无此能力,同时也无法负担人力成本和时间成本。商品经济的本质属性,决定了购买成稿、书板、拼凑汇编甚至盗版,乃是商业书坊的主要出版方式。而各种可以提高附加值、促进购买的形式手段如增加插图等,则普遍为其采用。明中期以后江南地区的书坊主主要是徽人,以同乡之谊为基础形成从原料供应、编纂、刊刻到分销的产业链条,其出版图书的插图由与其结成紧密合作关系的、同是徽州人的刻工完成,成本相对较低,产品竞争力则极强。至于可以扩大销路的一些广告宣传手段比如伪托名人或伪造名家序跋,很早就成为商业出版的普遍行为。很明显,《广列仙传》《有像列仙全传》《仙佛奇踪》和《仙媛纪事》的内容和编纂方式,决定了其所录资料不可能是其出版之际的社会一般宗教生活的直接反映。

第一类两种《三教源流搜神大全》(以下简称《三教搜神》)和《新刻出像增补搜神记大全》(以下简称《增补搜神记》),内容上有相当的特点,现当代以来已成为采撷、取资最多的仙传文献。但这种采撷、取资是否具有合理性,仍然需要认真探讨。

具体论之,《增补搜神记》《三教搜神》同样也是据前有成书辗转钞纂拼凑而成的。可以肯定的是,二书都是在元代已出现的《新编连相搜神广记》(以下简称《搜神广记》)基础上的扩编。据叶德辉及当代学者李丰楙、贾二强的研究,《三教搜神》的重编递刻的过程为:《搜神广记》(元刊图像本)——《增补搜神记》(日本内阁文库藏明金陵唐氏富春堂刊本、明《道藏》本)——《三教源流圣帝佛祖搜神大全》(日本内阁文库藏明刊西天竺藏板本,又日本宫内厅书陵部藏四知馆杨丽泉晚明刊本。宣统元年叶德辉郎园校刊本《三教源流搜神大全》即据此翻刻),成书及刊刻时间应该在明代晚期[1]。二阶堂善弘则认为《三教搜神》和《增补搜神记》之间并无直接的关系,二书"更可能是在《搜神广记》之后,以别于《搜神广记》而编纂的'搜神'类书籍的基础上,分别作了随意的改编罢了"[2]。

---

[1] 叶德辉《重刊绘图三教源流搜神大全序》,载《绘图三教源流搜神大全(外二种)》,上海古籍出版社,1990年,第3页。李丰楙《三教源流搜神大全》提要,载《中国民间信仰资料汇编(第一辑)》。贾二强《叶覆明刻〈三教源流搜神大全〉探源》,载《古代文献研究集林(第二集)》,陕西师范大学出版社,1992年。

[2] [日]二阶堂善弘《元帅神研究》,第67页。

第九章 安天与封神:通俗文学与社会一般宗教生活中的神系构建　367

　　二阶堂善弘的观点未必正确,因为有不少《搜神广记》以外的条目,《三教搜神》和《增补搜神记》的内容完全一致。虽然不可能得出确切的结论,但可以肯定的是二书都是典型的坊刻,在共同的承袭者之外还存在相同的内容,必然有一先一后的抄袭关系。《增补搜神记》今存金陵唐氏富春堂刊本(日本内阁文库藏)有罗懋登撰于万历癸巳年(万历二十一年)后不久之序,此书又被完成于万历三十五年的万历《续道藏》收入,则其最早刊板必在此前,故很大可能早于《三教搜神》,李丰楙、贾二强的观点较为正确。

　　当然,在直接继承和随意性极强的钞纂中,各种钞纂本也会体现出不同的特点。二阶堂善弘通过细致的比较认为:相对于共同的母本《搜神广记》,《增补搜神记》则比较系统,增补内容相对全面,特别是大量增补了地方神祇,是非常显著的特色;《三教搜神》的体系比较散漫,增补内容随意性较强①。二阶堂善弘同时发现,《三教搜神》虽然收录元帅神甚为丰富,但没有出现当时民间信仰中的诸多神灵,特别是"八仙":"尽管《三教搜神大全》编纂时,八仙人员在很大程度上还尚未固定,但无论是在道教抑或民间信仰中,当时最为著名者非八仙莫属。事实上,在先见之《仙佛奇踪》里,完整地收录有八仙的传记。《搜神记大全》中虽然没有八仙的传记,但却独独列有'张果老'之项目。不过,八仙的其他成员,如吕洞宾、钟离权、韩湘子、何仙姑,其传记在《搜神广记》《三教搜神大全》和《搜神记大全》中一个也未予收录。这使人颇感蹊跷,也不明个中原因。对此,唯一能想象的就是编纂者对这些全真教系的神仙不大重视。"②实际上这和编纂者的倾向无关,而是《增补搜神记》《三教搜神》直接承自《搜神广记》,《仙佛奇踪》则来自《广列仙传》,

---

　　① [日]二阶堂善弘《元帅神研究》,第 70—80 页。从此一角度看,《三教搜神》采自《增补搜神记》的可能性更大。
　　② [日]二阶堂善弘《元帅神研究》,第 75 页。

二者根本不是同一个源流体系的缘故。总之，《增补搜神记》《三教搜神》尽管存在着差异，但这种差异性特点并不十分显著，并不能成为关于社会一般宗教生活的历时性写照。

总结以论，二书不外两大来源：一是前有成书《搜神广记》（《搜神广记》又来自对更早成书如《历世真仙体道通鉴》之类的钞纂），这是主体来源。拥有一个继承主体，是明代坊刻图书的常态；二是现有书籍如各种小说及其他读物。不妨以"祠山张大帝"和"门神二将军"为例作进一步的说明：

祠山张大帝，《搜神广记》与《增补搜神记》《三教搜神》均有此一条目，内容完全相同。祠山张大帝约起于唐，性质为水神或水利神，宋时颇有灵应，影响渐广，民间传说以外，渐为文人诗文、笔记所载，如宋叶适有《祷雨题张王庙》诗记祷雨得应事，黄震有《以申尚书省乞禁本军再行牛祭事》论禁止祠山祭神用牛，宋周密《癸辛杂识》、宋吴曾《能改斋漫录》、宋洪迈《夷坚志》、元程棨《三柳轩杂识》、明田艺蘅《留青日札》并有相关记述。明时由于朝廷的提倡[1]，在太湖周边影响益广，小说中既有反映，也有对此民间传说的进一步敷演（如《西湖二集》）。《搜神广记》与《增补搜神记》《三教搜神》所叙祠山张大帝事迹虽然完整有序，但内容基本不出于上述笔记之外，没有任何新的建构。祠山张大帝在宋代可能就为佛教所吸收，今日本仍有寺庙视其为保护神[2]。被道教正式吸收、申发仅见于《道法会元》[3]，根据其内容看，应是在吸收《搜神广记》基础上的改编。《增补搜神记》《三教搜神》既没有任何文字增加，当

---

[1] 参阅赵翼《陔余丛考》卷三十五。
[2] Yoshihiro Nikaidō, *Asian Folk Religion and Culture Interaction*, Taiwan University Press, 2015, p.42.
[3] Yoshihiro Nikaidō, *Asian Folk Religion and Culture Interaction*, pp.46—47.

然对其在明代的影响和祭祀实况也就没有任何反映。

《增补搜神记》《三教搜神》取资小说之处甚夥。最直接的证据是受《西游记》的影响,如《增补搜神记》"门神二将军"条有云:"《西游记》小词有'本是英雄豪杰旧勋臣,只落得千年称户尉,万古作门神'句,传于后世也。"(明《道藏》本同)此词即见于《西游记》世德堂本第十回①。富春堂、世德堂皆为唐氏家族书坊,或是同一书坊的不同招牌,故二书实即为一家所刊的可能性很大。《三教搜神》"门神二将军"条的内容完全相同,此亦可证其与《增补搜神记》的承继关系。间接证明则更多,据二阶堂善弘的研究,《三教搜神》很多条目所载细节,与《宣和遗事》《武王伐纣平话》《封神演义》《南游记》、邓志谟《飞剑记》《咒枣记》《铁树记》等有密切的关系,也有颇多相同之处②。

《增补搜神记》《三教搜神》的编纂随意性也是极为显著的。明代坊刻宗教读物的商品属性和内容性质,决定了此一类书籍不存在由专门作者调查、收集、整理的撰作方式,而只能是书坊主或其雇佣写手依据既有材料所进行的随意编创。富春堂本《增补搜神记》有罗懋登所撰《引搜神记首》,其中有曰:

昔新蔡干常侍所著《搜神记》……迄今日千百年于斯,善

---

① 最早是太田辰夫据《三教搜神》指出了这一点,见其《〈永乐大典〉本〈西游记〉考》(原刊于《神户外大论丛》第20卷3、4号,1969年;后收入《西游记研究》,原出版于1984年,中译本见王言译,复旦大学出版社,2017年)。但太田氏据《三教搜神》卷一"儒氏源流"孔子的追封尊号"大成至圣文宣王",认为是元代而不是明代的尊号,故《三教搜神》应该是在洪武后、嘉靖前刊印的,从而得出结论"门神"的故事在元代的《西游记》中就已经存在。这个结论显然是错误的,因为其对《三教搜神》的性质的理解并不正确。"儒氏源流"中的内容来自对《搜神广记》的直接继承,属于明代以前的情况;而"门神二将军"条不见于《搜神广记》,显系《增补搜神记》《三教搜神》的新增,且较早的《增补搜神记》刊刻不会早于万历二十一年,又同样出于唐氏书坊,因此其中所谓"西游记"指当时流行的《西游记》是毫无疑问的。

② [日]二阶堂善弘《元帅神研究》,第179—254页。善

本已就圮,虽闽刻间有之,而存什一于千伯,不免贻漏万之讥。登不肖走衣食,尝溯燕关,探邹鲁,游齐梁,下吴楚欧越之区,中间灵疆神界,磅礴谽谺,靡不领略而悉数之。岁万历纪元之癸巳,来止陪京,为披阅书记,得《搜神记》于三山富春堂,读之,见其列以卷、别以类,且绘以像赞之。不肖前日所周览者,而一墨盖不袭于旧,能得于意,发于未明,增于所未备,卓哉神也,要在造民福而拱翼我皇图于亿万斯永者。

此序文字颇为糟糕(甚至将干宝的"干",一律误为"于"),符合当时书坊主雇佣小说作者的古文水平。这段序言可以说明几点事实:(一)罗懋登很大可能就是编纂者,至少也是加工者。其为金陵唐氏书坊所雇佣的写手,于南京三山街富春堂依据各种材料编纂成此书。(二)罗氏尝撰《三宝太监西洋记通俗演义》,其本人很熟悉也很擅长创作神灵故事。(三)《增补搜神记》较多补充了地方神祇,可能与罗懋登的经历有关。这一点似乎与前述"此一类书籍不存在由专门作者调查、收集、整理的撰作方式"的结论矛盾,但考察其内容就可知道,这一部分神祇一大半仍是历史性人物;其他则篇幅较短,或记叙简略,仍属较为随意的拼凑或虚构,并非对地方神祇的忠实记录。

另外,这种随意性也表现在民间匠人的发挥上。比如"赵元帅"条,《搜神广记》《三教搜神》《增补搜神记》三书文字全同(与《道法会元》卷二百三十二"正一玄坛赵元帅秘法"中"赵元帅录"同源);而所配图像,《增补搜神记》为赵公明修髯长袍坐于帐中,较为独特;《新编连相搜神广记》和《三教搜神》均为暴髭执鞭跨虎,与明《道藏》本扉页图中的赵元帅相似①,符合《法海遗珠》卷三十六"神

---

① 见尹翠琪《〈道藏〉扉画的版本、构成与图像研究》,《"国立"台湾大学美术史研究集刊》第 43 期(2017 年)。

霄都督金轮执法赵元帅符法"所言"紫黑色面胡须,圆眼,铁幞头,黄抹额,金甲,皂□袍,绿靴,左手提铁索,右手仗铁鞭,乘黑虎"(《道藏》26/924)的形象,但二图的具体造型仍然有相当的区别,反映出民间刻工在继承传统中的不同的理解和创造。

《搜神广记》之赵公明 　　《增补搜神记》之赵公明

《三教搜神》之赵公明

总体而言,明代仙传均乃商业书坊依据各种前有成书或历史资料钞纂拼凑而成,是非常典型的商业出版的草率随意之作。即使是较有特色的《增补搜神记》《三教搜神》,既不是社会一般宗教生活的历史的和现实的忠实记录,也很难反映具体的情状,只能在一定程度上提供一种补充性的印证。此类读物多取资于通俗文学,但在反映、建构程度上尚远远不如通俗文学。

在古代中国,正统史传自古就有"不语怪力乱神"的传统,除国家祠祀、灾异祥瑞外,很少有关于社会一般宗教生活的系统记录。地方史志一方面兴起较晚,另一方面受到正统史观的规范,也缺乏对社会一般宗教生活深入全面的记载。而义理化的宗教有意识建构教派化的宗教内史,则不免添饰和神化,更称不上是历史实录。从社会一般宗教生活本身来说,较为丛散、杂乱、多绪的外在表现,也使其很难得到系统的描述。于是,社会一般宗教生活的描述即多由文人笔记小说、见闻杂记以及通俗宗教读物承担。文人记录多出于一人之闻见,零散而孤立,且带有精英观念的立场;而通俗宗教读物则不免沿袭、钞纂、拼凑。由此,《增补搜神记》《三教搜神》等在近现代被视为社会一般宗教生活中的神祇系统的第一手客观材料,此一认识观点是非常值得商榷的。

明代仙传的性质既明,则其所收录的神祇及其体系的实质不难推知。李丰楙认为,"搜神"一类的开创者——元版《搜神广记》与勃兴于宋元的朝元仙杖图存在密切关系:"其一是作为第一大组的诸神,从玉皇上帝以下,依尊卑次序排列,至于五岳、四渎,正与朝元仙杖图的主要神祇相符——它是道教宫观常见的壁画(如山西永乐宫)。编纂者依照次序,编辑成组,且置于释、儒等神之前,反映当时民间所习见的神仙世界。二是此本(案:指元版《搜神广记》)连相的插画风格,除三教源流作坐像外,其余均为朝元仙杖的行进图,诸神多有侍从持幡随行,且行于云中。此一版画风格与民

第九章 安天与封神：通俗文学与社会一般宗教生活中的神系构建 373

间画匠所遗的白描朝元图颇为一致。四渎神以下，也依照朝元图画风。类似版画与明代通行的两种刊本（西天竺藏板七卷本、富春堂刊六卷本）大为不同；后者都采取明人仙传常见的每幅独立的立像或坐像。"①这个观点有相当的道理。元版《搜神广记》的继承者明代《增补搜神记》《三教搜神》，在神祇谱系方面并不存在体系化的建设。而另一类仙传《广列仙传》《有像列仙全传》《仙佛奇踪》以及《仙媛纪事》基本按时代先后排列仙佛，体系建设亦付阙如。在神祇体系方面，明代仙传的共同特征仅仅就是强调"三教"而已，除此以外既无对社会一般宗教生活神祇体系的切实反映，也缺乏有意识的建构。

总体而言，众多的寺庙壁画、民间版画、通俗宗教读物中，确实不存在着一个占有绝对统治地位的神祇谱系。韩书瑞（Susan Naquin）综述道：

> 并不存在把所有的神灵组织起来进行单一支配的系统。相反，不同的神灵体系和神灵群体彼此叠合，相互竞争，并且随着时代的变化以纷杂的方式进行演变。在印刷品和绘画中，有许多版本的"百神图"显示了在排行里的提升，组成了一个万神殿，每一个成为不同神灵的集合。几个世纪以来，许多称号已经在其经文中或由国家指派给不同的神灵，但这样的系统化的努力只能部分地产生效果。被授以称号和公认的神灵更可能树碑立传，特别是在寺院或政府神殿中被祭祀的神灵；更深刻的变化流行于不在经典之中的神灵。②

---

① 李丰楙《中国民间信仰资料汇编·提要与总目》，载《中国民间信仰资料汇编（第一辑）》，第2页。
② [美]韩书瑞（Susan Naquin）《北京：公共空间和城市生活（1400—1900）》，孔祥文译，孙昉审校，中国人民大学出版社，2019年，第40页。

变动不居的万神殿正是中国宗教的根本特质之一，但这并不意味着神祇谱系不趋向于一个能够达成理解的并实现分享的共同结构和直观体系，无论这种趋向是通过"竞争"、"征服"还是"选择"（一个谱系征服另外几个谱系，实质上正是民众选择的结果）以达成。问题的关键是，是什么样一种力量造成并推动了这一演变趋势。韩书瑞所指出的国家、制度性宗教的寺院、义理化宗教的经文的作用，并不是正确的答案。

二　通俗小说与仪式

将文学作品视为对现实世界的模仿、摹写、复制或映现的"模仿说"或"客观映现说"，是西方文艺理论史上较为古老的观点。中国的传统是"诗者，志之所之也"（《诗·大序》），认为文学的本质是言志抒情，功用是"兴观群怨"，大抵是西方所谓"表现说"和"实用说"的结合。就叙事性作品而言，中国古代学者很早就非常严格地强调史传与"小说"的分野，绝不承认"街谈巷语"的小说家言可以忠实地反映现实。当代即使是极端坚持文学无法脱离客观现实的理论，也不认为文学作品就是人生和社会的镜像式的表现。叙事文学中固然极多现实主义的作品，比如明代所谓"世情小说"，但它们也并非对世俗内容的简单照搬。正如本书前几章所讨论的，文学对现实的反映更主要的是一种"再现"，叙事作品特别是通俗小说乃是通过对虚构的典型人物的刻画和典型情节、场景的构造等建立起来的种种象征和隐喻，表达作者对于人生和社会的看法。

然而，"客观映现说"却在通俗小说的研究中出现回潮迹象，而且吊诡的是，这一"回潮"并不是在《金瓶梅》、《醒世姻缘传》等"客观现实主义"作品，而是在过去所认为的虚构的、"魔幻的"小说《西游记》《封神演义》的研究中频繁发生，并且多以"宗教与文学"或

"文学的宗教解释"等切入视角引起。这一类研究的出发点是:《西游记》《封神演义》的作者应是教内人士,其作品中的宗教描述无一不是现实佛道教和社会一般宗教生活的反映;素材内容已不必论,即使是明显虚构的、荒诞的、夸饰的情节,也都可以和社会一般宗教生活具体行为相互印证。《西游记》的相关研究已在本书第一章中有所涉及,此姑从略。《封神演义》的相关研究,以近年梅林宝(Mark R.E. Meulenbeld)的著作《恶魔之战:道教、地方网络与一部明代小说的历史》(Demonic Warfare: Daoism, Territorial Networks, and the History of a Ming Novel)较为典型①。

梅林宝反对将明代小说视为虚构性文学创作的观念,他认为《封神演义》所反映的是明代地方道教仪式、与之相应的祠庙网络和地方社会、国家政治组织体系。具体来说就是:这部作品中的神魔之战和千奇百怪的法术以及最后的"封神",是宋以来新兴道教法术(如雷法)的根本功能的反映,亦即收治众多不受约束的淫邪神鬼,并通过道教体系使之纳入一个合法的秩序系统中去这样一种民间道教仪式的体现;同时也是此仪式结构的直接反映,"封神"就意味着对神祇系统的标准化,代表了明代政治通过道教仪式、神祇系统、祠庙体系所构建的社会秩序。"《封神演义》本身并不是一个仪式文本,但它明显呈现为所谓的准仪式(paraliturgy)。也就是,它以仪式的事实为基础,并就是仪式的事实。"②梅林宝的结论

---

① Mark R.E. Meulenbeld, *Demonic Warfare: Daoism, Territorial Networks, and the History of a Ming Novel*, University of Hawai'i Press, 2015.梅著书评有:谢世维,《汉学研究》,2016,34(2):345—352;James A. Benn, *Daoism: Religion, History and Society*, No.8(2016):281—289;黎志添,《中国文化研究所学报》,64,2017.01,345—350;许蔚,《古典文献研究》第21辑上卷,凤凰出版社,2018年,第285—294页。

② Mark R.E. Meulenbeld, *Demonic Warfare: Daoism, Territorial Networks, and the History of a Ming Novel*, p.67.

是,《封神演义》是宗教解释性叙事的范例。在某种意义上,它不仅仅是一部关于宗教现象的文本,它本身就是一部宗教著作。

没有人反对通俗小说与地方宗教、仪式之间存在密切联系,正像没有人会反对文学必然反映人生、反映社会一样。我们也不能否认《封神演义》既与林林总总的民间神祇、仪式及祠庙相关,也与元明社会和宗教制度存在某种深层联系,但如果视此作品不仅完全是地方宗教和政治社会组织体系的映射叙述,甚至是一种"准仪式"文本,同时完全否定任何意义上的文学虚构性,特别是无视其对社会一般宗教生活的反向建构力量的事实[1],则显然是存在问题的。

《金瓶梅》第六十二回"潘道士解禳祭灯法,西门庆大哭李瓶儿"叙李瓶儿病重,西门庆怀疑有邪祟,应伯爵建议请"门外五岳观潘道士"行"天心五雷法"来捉鬼。几天后,潘法官来到:

> 只见进入角门,刚转过影壁,恰走到李瓶儿房穿廊台基下,那道士往后退讫两步,似有呵叱之状。尔语数四,方才左右揭帘,进入房中。向病榻而至,运双睛,努力以慧通神目一视,仗剑手内,掐指步罡,念念有辞,早知其意。走出明间,朝外设下香案。西门庆焚了香。这潘道士焚符,喝道:"直日神将,不来等甚!"噀了一口法水去,见一阵狂风所过,一黄巾力士现于面前。但见:……那位神将拱立阶前,大言:"召吾神那厢使令?"潘道士便道:"西门氏门中,李氏阴人不安,投告于我案下。汝即与我拘当坊土地,本家六神,查考有何邪祟,即与

---

[1] 实际上梅氏也注意到了这一点,比如他的论点之一是:We may see the use of the late imperial novel as a storehouse for cultural repertoires that can be employed by ritualists and militias, as well as by the broader communities of which they are a part.(p.3)但因为其论述策略和结论性质,遂使他在逻辑上不得不予以忽略。参阅许蔚《评 Mark R. E. Meulenbeld 著 Demonic Warfare: Daoism, Territorial Networks, and the History of a Ming Novel》,《古典文献研究》第 21 辑上卷,第 291 页。

我擒来,毋得迟滞。"言讫,其神不见。须臾,潘道士瞑目变神,端坐于位上,据案击令牌,恰似问事之状,久久乃止。出来,西门庆让至前边卷棚内,问其所以。潘道士便说:"此位娘子,惜乎为宿世冤愆所诉于阴曹,非邪祟也,不可擒之。"西门庆道:"法官可解禳得么?"潘道士道:"冤家债主,须得本人可舍则舍之,虽阴官亦不能强。"因见西门庆礼貌虔切,便问:"娘子年命若干?"西门庆道:"属羊的,二十七岁。"潘道士道:"也罢,等我与他祭祭本命星坛,看他命灯何如。"西门庆问:"几时祭?用何香纸祭物?"潘道士道:"就是今晚三更正子时,用白灰界画,建立灯坛,以黄绢围之,镇以生辰坛斗,祭以五谷枣汤,不用酒脯,只用本命灯二十七盏,上浮以华盖之仪,余无他物。官人可斋戒青衣在内,坛内俯伏行礼,贫道祭之。鸡犬皆关去,不可人来打搅。"

……

到三更天气,建立灯坛完备,潘道士高坐在上。下面就是灯坛,按青龙、白虎、朱雀、玄武,上建三台华盖,周列十二宫辰,下首才是本命灯,共合二十七盏。先宣念了投词。西门庆穿青衣,俯伏阶下,左右尽皆屏去,再无一人在左右。灯烛荧煌,一齐点将起来。那潘道士在法座上披下发来,仗剑,口中念念有词,望天罡,取真炁,布步诀,蹑瑶坛。正是:三信焚香三界合,一声令下一声雷。但见晴天星明朗灿,忽然一阵地黑天昏;卷棚四下皆垂着帘幙,须臾起一阵怪风。所过正是:……大风所过三次,一阵冷气来,把李瓶儿二十七盏本命灯尽皆刮尽,惟有一盏复明。那潘道士明明在法座上,见一个白衣人领着两个青衣人从外进来,手里持着一纸文书,呈在法案下。潘道士观看,却是地府勾批,上面有三颗印信,唬的慌忙下法座来,向前唤起西门庆来,如此这般,说道:"官人,请起来罢。娘子已是获罪于天,无所祷也。本命灯已灭,岂可复救乎? 只在旦夕之间而已了。"那西门庆听了,低首无语,满眼落泪,哭泣哀告:"万望法师搭救则个。"潘道士道:"定数难逃,难以搭救了。"就要告辞。……①

尽管《金瓶梅》是"客观现实主义"的杰作,其作者尤是一位细节写实的高手,但如此详实的描述对当时的人来说却并非一件困难的事情,因为这些捉鬼驱邪法术无时无刻不在社会中上演,是当时人们生活的一部分。文学必然反映生活,而当时的宗教生活可以说是每一个人的必需品;那些在我们今天人看起来陌生甚至是奇怪的事情,在当时只不过是普通的生活现象而为人们所习知,根本不需要什么特别的身份而后可。另一方面,通俗小说的作者所见到的以及其作品所反映的无非都是鲜活的宗教生活,就像上引《金瓶梅》所描述的"天心五雷法",它是民间最为流行的驱鬼救命之术,既不可能完全符合义理化宗教中的规范仪式,更不可能具备国家宗教层面的收治淫邪、镇魂安鬼的功能。

从文学上说,这和李瓶儿死后做丧的描写一样,都是起到烘托李瓶儿之死的效果。在古代小说中,显灵、降神、预言、占卜等都是非常必要的情节构造手段。《金瓶梅》此回中的"潘道士解禳祭灯法"也不例外,它的功能就是表达李瓶儿之死乃世缘注定、不可避免。因此作者必然还要给宗教法术加上神异的结果,比如这场"祭灯"的最后,竟然从门外有白衣、青衣三人持来一纸带着三颗印信的"地府勾批"。这显然属于小说作者的创造。文学作品有反映,有模仿,有继承,但对于杰出的文学作品而言,它们之所以成功的秘诀还在于它们所具有的典型化的虚构。因此,小说生产之坊铺不等于文士之书房,文士之书房不等于朝廷之史馆。

---

① 陶慕宁校注《金瓶梅词话》,第 788—790 页。

当然,《封神演义》不是现实主义的写实作品,而是继《西游记》而起并与之共同成为"神魔小说"鼻祖的双子星座之一。可恰恰因为如此,它才有可能成为一种关于宗教生活的隐喻,而不是像现实主义作品那样成为宗教生活的"副本"。如第三章所论,《封神演义》隐喻的核心是"神—魔"二元对立,是自古就有的善恶价值观念的重要表现形式。从某种意义上说,《封神演义》的"神魔小说"类型意义最为突出①,即对于"神—魔"二元对立特别是正—邪双方战斗模式的贡献程度,要远高于《西游记》。《西游记》是通过"取经"故事,表现正直的求道者与妖魔鬼怪的斗争及其自我救赎,相对而言较为个体化;而《封神演义》则是借武王吊民伐罪这一历史题材,反映正邪双方的势不两立以及神明的超凡力量,明显偏重于国家和社会命运的层面,与社会大众的接受心态是甚相符合的。必须强调的是:"封神"其实不是《封神演义》的中心主题,它只不过是终结这个以"武王伐纣"为表面形式的"神—魔斗争"故事的情节手段。和《水浒传》的"石碣受天文、英雄排座次"一样,"封神"的核心观念可能确实不属于杜撰,而是受到整饬、约束淫邪神怪的传统观念和明初以来国家宗教镇魂安鬼思想的影响,同时包括排比仙位以秩祀神灵的用意(详下一节所论),并且在后世发挥了重要的建构性作用,但这毕竟不是作品最重要的隐喻意义所在。

"神—魔"二元对立的主题以及其故事载体"武王伐纣"、"唐僧取经"的历史悠久性,逻辑地证明了《封神演义》《西游记》的神魔世界尽管是现实世界地方社会宗教生活的某种反映,但绝不是实录,更不是地方宗教的"准仪式"。这是一个中国社会古老的宗教主题,始终为神话、各种本土创生宗教及外来宗教所表现,并非仅仅对应于收魔降妖的种种法术。作品中的仪式内容固然是通俗文学

---

① 参阅本书第三章第三小节的相关论述。

的编创者——文化/社会中间阶层——自身宗教经验的反映，但很多也是他们对于宗教生活的一种理解，并最终成为一种创造。梅林宝也承认，《封神演义》本身并不是一种仪式性的文本，之所以可以称之为"准仪式"，乃是如"封神"所代表的种种意旨可以与道教礼拜仪式的原则合并理解。其实，这正是通俗文学作者才能具备的理解，即将地方社会中林林总总的驱魔降妖法术，构造出"神—魔"之争，以表现正义战胜邪恶的价值理念。一般民众和操作仪式的僧道、师巫，他们具有祈禳祷求的需要，但永远不可能像《封神演义》的作者那样具有整饬众神、构建信仰义旨的主观愿望。

我们永远也不能忘记通俗文学的商品本性。《封神演义》《西游记》作为一种"畅销书"商品，就注定它们不同于早期神话、传说叙事，其内容既不可能完全依附于仪式，更不可能是仪式的一部分。作为一种魔幻作品，《封神演义》等神魔小说的作者在虚构无数具体生动的情节，营造众多鲜活的场景之外，尤还必须升华自己的宗教经验，设计出一种能够构成其超自然魔幻境界的内在逻辑，无论它是不是符合宗教教义、仪式规范或一般性理解。《封神演义》《西游记》在这方面的创造十分显著，关于两书的"文学性"的研究已经充分证明了这一点，本章下一节也会具体举出例证予以说明。

文学创造同时也是极具个性特点的。以俗神的塑造为例，这一塑造过程当然会有历史的、现实的来源，但很多对象的选择、神性的添加、角色的转换、细节的增强，则完全是作者根据自己的理解（或喜好）而选择、创造出来的。因此不同的作者，便会展现不同的面貌。这也就是为什么同一神灵的形象会在不同的作品中有较大差异的原因。毫无疑问，同样的神祇在《封神演义》和其他作品中的性格、法力甚至仪式性功能都不尽相同。

总之，《封神演义》如果可以称为是一个"仪式"文本的话，一定是通过它的建构和影响作用而体现出来的。因为《封神演义》最后成为一种仪式"范本",发挥了其对宗教生活的反向建构。众多的事实都可以证明,不论是当时的仙传、宗教读物,还是后世的民间奉祠之神和宗教生活仪式乃至秘密宗教法术,很多都是来自《封神演义》,或出自对它的模仿。《封神演义》之所以能够成为仪式范本并发挥建构作用,不外乎是作者本身在继承、吸收的基础上进行了有意识的创造,且富于文学魅力的缘故。

《封神演义》作为一种"仪式范本(模板)"的建构,表现是多方面的,但在神祇系统这一点上特别突出。

三 《西游记》《封神演义》的神系建构

万历续修《道藏》前后,正是《西游记》《封神演义》刊刻流行(《西游记》世德堂本刊于万历二十年,《封神演义》约成书时间不能完全确定,大约在十六世纪末、十七世纪初)的时期,作为通俗文学的杰出代表,在主客观两方面都体现出一种新的建设。

《封神演义》的成书是否在《西游记》之后,是否受到《西游记》的影响甚至多有抄袭,现当代研究者的意见不尽一致[①]。个人认为,《封神演义》毫无疑问是《西游记》影响产生以后的作品(参阅第三章的相关论述)。但无论先后,可以肯定的是:在神祇系统方面,《封神演义》和《西游记》的主观态度和创作性质并不相同。《封神

[①] 如柳存仁认为《封神演义》早于《西游记》(柳存仁《毗沙门天王父子与中国小说之关系》《陆西星与吴承恩事迹补考》,均载《和风堂文集》);黄永年《〈今本〈西游记〉袭用〈封神演义〉说辩证》,《陕西师大学报》1984年第3期)、陈大康《明代小说史》认为《封神演义》抄袭《西游记》。徐朔方主张难以定论(《再论〈水浒传〉和〈金瓶梅〉不是个人创作》,载其《古代小说戏曲研究》)。关于《封神演义》和其他小说的关系,当代学者已颇有研究,可见龚敏《〈封神演义〉的成书时间及其与元明小说关系考》(载《小说考索与文献钩沉》)中的综述。

演义》基本上是有意识的虚构(有些虚构来自《武王伐纣平话》等前有创作),而《西游记》则主要是吸收、继承旧有说法和社会一般认识并加以整饬。当然,《封神演义》的虚构仍然是根据相关"材料"进行的,且有浓厚的社会一般宗教生活的客观"影子";《西游记》在继承、整饬的同时,也有丰富的创造。

《封神演义》的主要虚构,除了"阐教—截教"的"神—魔"二元对立结构外,还有很多关键点上的创造发挥,典型例子是"鸿钧一道传三友",即"鸿钧道人"作为最高至神,传道老子、元始天尊、通天教主三位弟子。"一气化生三气"本是道教形成时期的重要观念,但化生三气的主体是"元始",且"三气"对应于"三天"乃至"三洞"(《太上洞玄灵宝业报因缘经》,明《道藏》6/81)。《封神演义》则在"元始(天尊)"之上新创"鸿钧道人",其三位弟子又分掌阐、截二教,与传统完全相背①。作者并非不熟悉道教传统,所以这显然是一种有意识的"解构"。就小说创作来说,这种"解构"正是作者显示独创以吸引读者的重要手段。另外,《封神演义》"封神"之名,大多也采取虚拟人名,并没有完全照搬道教传统、历史传说和民间信仰的内容。最能说明问题的是将轩辕黄帝称名"柏鉴",完全没有出处可考,以致被当代研究者认为是别有寓意。实际上,这也是小说作者有意虚构时的一种惯用手法。

与《封神演义》相比,《西游记》所构造的万神殿则具有显著的继承性和融会性,亦即在吸收当时一般社会共同认识的基础上再

---

① 第七十七回借通天教主的疑惑,清楚地表示了"鸿钧一道传三友"和传统"上清、玉清、太清"的不同:"通天教主不知其故:自古至今,鸿钧一道传三友,上清、玉清不知从何教而来?手中虽是招架,心中甚是疑惑。"一如柳存仁指出的,《封神演义》作者对传统的三元式道教神系(三洞、三清)完全不持严肃的态度(Liu Ts'un-Yan, *Buddhist And Taoist Influences On Chinese Novels*, Volume 1, *The Authorship of the Feng Shen Yen I*, Wiesbaden: Harrassowitz, 1962, p.132)。

第九章　安天与封神:通俗文学与社会一般宗教生活中的神系构建

加以自身的理解,进行某种整饬。其神祇体系涵括佛道、统罗众神,形成以"玉帝"为中心的天官系统、以"三清"为中心的神仙道教系统和以佛祖如来为中心的佛神系统。每一系统中的位号仙名,几乎都有依据,亦即具备社会一般宗教生活的实际基础。其中原因,应该是"封神"对《封神演义》来说是小说情节的原点,非虚构新创不足以呈现其独特意味;而三教之万神殿对《西游记》则主要是一种背景,借以映衬出唐僧师徒的除妖斗魔、终归大道的冒险历程,所以必然以继承、整理为主而使之能够呈现出某种真实情境。

尽管出发点有所不同,《封神演义》和《西游记》在神祇系统的建构上仍然存在显著的共性,从不同的方面共同完成了建立体系、构筑层次、突出重点的工作。

首先是在体系方面,《西游记》明确地建立了佛、道、天帝天官三个组别。比较集中的陈述是"安天大会":

> 如来佛祖殄灭了妖猴,即唤阿傩、迦叶同转西方极乐世界。时有天蓬、天佑急出灵霄宝殿道:"请如来少待,我主大驾来也。"佛祖闻言,回首瞻仰。须臾,果见八景鸾舆,九光宝盖;声奏玄歌妙乐,咏哦无量神章;散宝花,喷真香,直至佛前谢曰:"多蒙大法收殄妖邪,望如来少停一日,请诸仙做一会筵奉谢。"……玉帝传旨,即着雷部众神,分头请三清、四御、五老、六司、七元、八极、九曜、十都、千真万圣,来此赴会,同谢佛恩。又命四大天师、九天仙女,大开玉京金阙、太玄宝宫、洞阳玉馆,请如来高坐七宝灵台。调设各班座位,安排龙肝凤髓,玉液蟠桃。
>
> 不一时,那玉清元始天尊、上清灵宝天尊、太清道德天尊、五炁真君、五斗星君、三官四圣、九曜真君、左辅、右弼、天王、哪吒、元虚一应灵通,对对旌旗,双双幡盖,都捧着明珠异宝,寿果奇花,向佛前拜献曰:"感如来无量法力,收伏妖猴。蒙大

天尊设宴呼唤,我等皆来陈谢。请如来将此会立一名,如何?"如来领众神之托曰:"今欲立名,可作个'安天大会'。"各仙老异口同声,俱道:"好个'安天大会'!好个'安天大会'!"言讫,各坐座位,走斝传觞,簪花鼓瑟,果好会也。(第七回《八卦炉中逃大圣,五行山下定心猿》)①

显然,"安天大会"出场的最高尊神就是佛祖、三清、玉帝。"三清"虽然渊源甚早,但主要还是在宋以降逐渐成为道教传统天尊帝君的代表并成为主神。明代"三清"的地位已经确定,这在《西游记》中有很生动的反映(第四十四回描写孙悟空戏弄道观中的"三清"塑像)。"三清"成为主神,应该是道教内部以及民间供奉简化需求的产物,这个时期的科仪汇编、寺观壁画、通俗文学对此都进行了固化。"玉帝"的直接来源也是道教早期的"天尊帝君",至唐代转化为"玉皇"、"玉帝",开始成为道教仙界主宰者的泛称(如《高上玉皇本行集经》,明《道藏》1/695),宋真宗、徽宗并予以正式册封,北宋时道教类书《云笈七签》把玉皇解释为"天尊"的三代之一,南宋时道教内部则尊其为"玉真天帝玄穹至圣玉皇大帝",编列在"元始天尊"、"灵宝天尊"、"道德天尊"之下(《上清灵宝大法》卷十三,明《道藏》30/730)。元赵道一在进《历世真仙体道通鉴》表中称为"昊天金阙至尊玉皇上帝",后世道教基本上沿袭了这一称号。总体来看,无论道教内部做何种整合,"玉皇大帝(玉皇上帝)"虽然也是"玄穹主宰"之一,仍然不是最高神。然而在民间信仰中情况则有不同,在宋以后各地都有的玉皇奉祀中,玉皇大帝不仅是信众心目中道教最高神,也是主宰天地的至高无上之神。《西游记》继承融会民间玉皇信仰和"天上皇帝"的观念,同时加以自身的理解,构造出玉皇大帝统领天官、仙、鬼、人间帝王及黎民百姓的崇高地

---

① 《西游记》,第78—79页。

第九章 安天与封神：通俗文学与社会一般宗教生活中的神系构建 385

位,使之与佛、道最高神并列而实际上则具有统领佛道的意味。三个系列的成立,完美地容纳了原有佛道教神祇和民间俗神,而玉帝系统的加入,使原本模糊不清的"天尊帝君"既得到了梳理,也得到了简化。明显受到《西游记》影响的《全像五显灵官大帝华光天王传》开篇亦描写了一个"斗宝会"："却说三十三天玉皇上帝起一斗宝会,出下玉旨,会集三界神祇及西方诸佛,俱各要赴天曹,各带宝贝赴会。三月三日,大开天门,西方世尊同上帝首座,众神挨揸而进,山呼□毕,序次而立。"①是书乃坊编之作,水平低劣,神系方面亦乏明确的认识,且叙述不详,但玉帝、诸佛、三界神祇三元系统仍然是很清楚的。

其次是在结构上,将"天尊帝君"及其辅神"高天上真"以下的教祖、得道仙真、四方众神、幽府鬼官编排不同层面,依层组织。在此方面,《西游记》以两个系列编列：一是各方神仙,一是天官。前者较为集中的叙述是王母的"蟠桃大会"：

> 仙女道："上会自有旧规。请的是西天佛老、菩萨、罗汉,南方南极观音,东方崇恩圣帝,十洲三岛仙翁,北方北极玄灵,中央黄极黄角大仙,这个是五方五老。还有五斗星君,上八洞三清、四帝、太乙天仙等众。中八洞玉皇、九垒、海岳神仙；下八洞幽冥教主、注世地仙。各宫各殿大小尊神,俱一齐赴蟠桃嘉会。"(第五回《乱蟠桃大圣偷丹,反天宫诸神捉怪》)②

"蟠桃大会"出席者是次一级的得道仙真,包括"五方五老"中的"十洲三岛仙翁"、"北方北极玄灵"、"中央黄极黄角大仙",以及"上八洞三清、四帝、太乙天仙等众"、"中八洞玉皇、九垒、海岳神

---

① 《全像五显灵官大帝华光天王传》,影印英国博物院藏明本,《古本小说集成》第1辑第120册,第1页。

② 《西游记》,第52页。

仙"、"下八洞幽冥教主、注世地仙"均为此属①。很明显,《西游记》对这些众神进行了有意识的层次梳理②。在八十一难的故事中,这些神仙还各有出场,着墨甚多。

《西游记》对天官系统没有系统的描述,较为集中一些的也是第五回中的一段:

> 话表齐天大圣到底是个妖猴,更不知官衔品从,也不较俸禄高低,但只注名便了。那齐天府下二司仙吏,早晚伏侍,只知日食三餐,夜眠一榻,无事牵萦,自由自在。闲时节会友游官,交朋结义。见三清,称个"老"字;逢四帝,道个"陛下"。与那九曜星、五方将、二十八宿、四大天王、十二元辰、五方五老、普天星相、河汉群神,俱只以弟兄相待,彼此称呼。今日东游,明日西荡,云去云来,行踪不定。
>
> 一日,玉帝早朝,班部中闪出许旌阳真人,俯囟启奏道:"今有齐天大圣,无事闲游,结交天上众星宿,不论高低,俱称朋友。恐后闲中生事。不若与他一件事管,庶免别生事端。"(第五回《乱蟠桃大圣偷丹,反天宫诸神捉怪》)③

"九曜星"以下显然是指天官。书中还屡屡提及诸如雷火诸神、天兵天将、四海龙王、雷公电母、风婆巽郎、云童雾子等,虽然都是总称,并未具体展开,但仍可看出《西游记》对这些流行观念的整理,最主要的就是通过"七十二难"叙事,使这些原本为请神召将的神煞变成了玉皇大帝统率的"天兵天将"的组成部分,随时听从孙

---

① "上中下八洞"的系统化,至少在元代社会中就已经出现,见元杂剧《秦修然竹坞听琴》第三折【尾煞】(《全元戏曲》第3卷,第251页)。

② 当然,《西游记》的处理也存在矛盾、模糊之处,但基本逻辑仍然较为清楚。

③ 《西游记》,第50页。

悟空的呼唤以辅佐其降魔除妖。这不仅就将原本丛散的神将清晰化和体系化了,而且进一步赋予了权威性和正当性。

《封神演义》同样也是以"神仙"和"天官"编列。阐、截二教实质上就是"神仙"系列,分别以老子、元始天尊、通天教主的弟子展开编排。最后的"封神榜",实际上就是"天官"系统。排列榜位的做法可能是受到《水浒传》或水浒故事的影响,"封神"的义旨应有三点内容:一是带有整饬、收束淫邪神怪的传统观念;二是受到明初以来国家宗教安魂镇鬼思想的影响①;三是具有排比仙位以秩祀神灵的用意,与道教所谓"昊天上帝,符历开极,真道凝虚,梯级群仙,陶冶万类"(《历世真仙体道通鉴》赵道一序,明《道藏》5/99)相同,反映出典型的"巷间之意"——社会一般宗教生活中认识神祇身份、排比神祇高低位次、确定神祇功能的观念。其中,第三点程度最重。由于"仙"、"神"不同是作者的主要出发点之一②,因此"封神"主要处理的是次一级的神祇。与《西游记》不同的是,《封神演义》以排列位次的方式非常清楚地建立了此一系统的层次结构,分别为:三界首领八部三百六十五位清福正神之职、三天正神炳灵公、五岳正神、雷部正神(率二十四位天君正神)、火部正神、瘟部正神、斗部正神(率五斗群星吉曜恶刹正神、群星、二十八宿、天罡星、

---

① 以上两点可参 Mark R. E. Meulenbeld, *Demonic Warfare: Daoism, Territorial Networks, and the History of a Ming Novel*。并见上一节的相关讨论。

② 按照《封神演义》作者的观念,这种秩次首先需要判分具体的仙、神,如第七十二回:"通天教主曰:吾三教共议封神,其中有忠臣义士上榜者,有不成仙道而成神道者,各有深浅厚薄,彼此缘分,故神有尊卑,死有先后。"又第八十四回:"(鸿钧道人曰)故命你三个共立封神榜,以观众仙根行深浅,或仙或神,各成其器。"其内在逻辑是:高圣上仙以外,世间修道人物有道德完满肉身成圣者,有根基不深而应上天劫运不幸身灭者,"本无仙体之缘,该有如此之劫"。"封神"就是要让那最后一部分"阵亡忠臣孝子,逢劫神仙,早早对其品位,无令他游魂无依,终日悬望"(第九十九回)。

地煞星、九曜星官、北斗五气水德星君)、直年太岁(率日直众星)、镇守灵霄宝殿四圣大元帅、金龙如意正一龙虎玄坛真君之神(率招宝、纳珍、招财、利市四正神);此后是"辅弼西方教典"之神:依次为四大天王、哼哈二将;主痘碧霞元君之神(率五方痘神及元配卫房圣母元君);接下来是女神:感应随世仙姑正神(云霄娘娘、琼霄娘娘、碧霄娘娘);最后是助逆罪深者申公豹,封为"分水将军"(第九十九回《姜子牙归国封神》)①。除"辅弼西方教典"和女神两类外,其他均属于"天官天兵"系统,与《西游记》第五回的简单表述,大致是吻合的。

《封神演义》《西游记》的天官之神,其素材显然来自传统道教符箓"天神将军"、宋以来新兴道教特别是各种雷法体系和民间信仰,甚至是其他小说如《水浒传》的创造,作者依据其独特的理解,创造性地进行了体系化的建设。

第三是在吸收宋以来的新生教祖和新生神祇方面,二者都根据实际状况和自身的理解予以吸纳并安排位置。不同的是,《封神》的名位以虚构人物为主,而《西游记》的名位则多为历史仙真。

《西游记》安排道教传统中影响巨大的"教主"葛仙翁、张天师(张道陵)和宋元以后新兴教派净明道所宗奉的许真君,再加上一位"丘弘济"②,共为"四天师"。第五十一回:

---

① 《封神演义》,中华书局,2009年,第699—709页。此本以明金阊舒载阳刻本为底本,校以清初周之标序本和康熙四雪草堂刊本整理而成。

② "丘弘济",尹志华据元代道士陈致虚《太上洞玄灵宝无量度人上品妙经注》卷下注、《上阳子金丹大要》卷八及《无上九霄玉清大梵紫微玄都雷霆玉经》等以"葛玄、张道陵、许孙、浮丘真君"并列,认为此"丘弘济"为"浮丘真君"(源出《列仙传》之"浮丘公")之讹(尹志华《〈西游记〉里的四大天师》,《中国道教》2015年第4期),颇有道理。但《西游记》此处"丘弘济"之讹乃因小说作者指称丘处机之需要所致,也有较大可能(参阅柳存仁《全真教和小说西游记》,《和风堂文集》第3册,第1381页)。此种"讹误",实质上正是通俗小说富于"创造"的绝佳例证。

第九章 安天与封神：通俗文学与社会一般宗教生活中的神系构建

行者这才是以心问心，自张自主，急翻身，纵起祥云，……径入南天门里。直至灵霄殿外，果又见张道陵、葛仙翁、许旌阳、丘弘济四天师并南斗六司、北斗七元都在殿前迎着行者，一齐起手道："大圣如何到此？"又问："保唐僧之功完否？"（第五十一回《心猿空用千般计，水火无功难炼魔》）①

四大天师的身份则属于玉帝属臣，据第三回、第六回对"邱弘济真人"的描写来看，他们的地位甚高。毫无疑问，这一安排是符合当时宗教生活的实际观念的②。

在其他新生神祇方面例证更多，较为典型的是"元帅神"（雷部诸元帅）。日本学者二阶堂善弘依据各种资料充分梳理了"元帅神"的演变③，其研究可以证明《封神演义》和《西游记》发生的显著影响。需要强调的是，"元帅神"虽然在根本上源自宋以来新兴的道教"雷法"诸派，但其形式体系的发展及功能、内涵的完善，则无疑是新兴教派和民间信仰互动的结果。因为正如二阶堂善弘指出的，在明代道教内部新编的文献如《法海遗珠》《道法会元》中，"元帅神"仍然是不系统甚至是抵牾的。而在民间传说和地方仪式中，元帅诸神已经融合了各方面的民间信仰因素，不仅具有姓名、事迹，而且还具备了形象。《西游记》和《封神演义》则大大跃进，完成了"元帅神"在道教神祇系统中的定位，并固化了其神格内涵。易言之，"八天君"或"十二天君"成为后世道观的祀神及请神召将的

---

① 《西游记》，第 619 页。
② 张道陵是正一系的祖师，正一系不仅历史影响深厚，也是当时官方承认的与全真道并列的道教主流之一；许逊为净明祖师，净明道作为从地方逐渐扩展到全国的义理化派系，在明代社会亦有较大影响；葛玄作为传统灵宝系祖师，在道教内部始终具有重要地位。如果"丘弘济"确指全真宗师丘处机，则更不必言，全真道在某种程度上已经成为元明道教的代称。从这一点来看，"丘弘济"对应于丘处机的可能性确乎较高。
③ 二阶堂善弘《元帅神研究》。

对象,其实并不是《道法会元》等雷法经籍的影响而是《封神演义》和《西游记》的作用①。

第四是最高神方面,二书均不有意突出,如《封神》对"元始天尊"、《西游记》对"三清",一方面承认他们的至尊地位,一方面并不予以显著的表现。在《西游记》"安天大会"的道教系列中,"三清、四御、五老、六司、七元、八极、九曜、十都"不过是修辞手法,其实际内容乃是下文的"玉清元始天尊、上清灵宝天尊、太清道德天尊、五炁真君、五斗星君、三官四圣、九曜真君、左辅、右弼、天王、哪吒、元虚一应灵通"。其中"五斗星君"、"左辅、右弼"照理应是天官系统,"天王"、"哪吒"则是修道成圣者,如此,"高天上真"组也就是"玉清元始天尊"、"上清灵宝天尊"、"太清道德天尊"以及辅神"三官四圣"、"九曜真君",既被大大简化,处理也较为轻淡,其态度与唐以后的道教普化趋势极相符合。

以上四个方面的建构,意义十分显著。首先,佛、道、天界三元系统不仅仅是"三教融合"这一普遍观念的反映,更主要的它是作为理解和阐释者的通俗文学作者的一种合理建构,确实也只有这样一种三元系统才能完美地对应于社会一般宗教生活的实际。其次,我们可以明显地看到《封神演义》《西游记》建立的结构体系并不完全等同于一种"官僚体系"②,它虽然存在明显的层级,亦带有世俗官僚体系的意味,但总体上仍以神灵的威力与功能为主。"封神"之排比仙位,目的是"秩祀神灵",实际上不外乎是区别灵验程度和功能类别的需要。这也印证了韩森、魏乐

---

① 二阶堂善弘虽未明确提出,但其研究结论显然可以证明这一观点。见《元帅神研究》,第 260—262 页。

② 一般认为,中国民众信仰(包括本土创生宗教及其普化在内)将神与世俗官僚视为一事,按照现世政治的官僚模式构建超自然的神灵体系;在这一神灵体系中,天上的神祇无一不是地上官僚的对应。

博、韩明士分别从不同方面否定"官僚模式"绝对性的结论①。而吸收宋以来的新生教祖和新生神祇,充分证明了宗教的普化过程以及通俗文学的吸收、整理作用。最高神的退化,则与中国多神教的性质契合一致。

四 《西游记》《封神演义》与社会一般宗教生活中的神系

前已论述,明代坊刻仙传来源陈旧、编纂随意,在具体层面上并不能有效反映宗教生活的实际。但《新编连相搜神广记》《三教源流搜神大全》《新刻出像增补搜神记大全》与《历世真仙体道通鉴》以及同时代的历史资料汇纂相比,删除了绝大多数的纯粹历史性的、不再活跃于社会宗教生活中的仙真,在一定程度上仍然能够印证当时社会宗教生活中的神系状况。以《新刻出像增补搜神大全》《三教源流搜神大全》论,若不计其中的佛教禅师、地方俗神和遗留的历史上的得道人物,剩下的如东华帝君、西灵王母、后土、玄天上帝、梓潼帝君、三元大帝、五岳四渎、三茅、许(逊)、萨(守坚)诸真君、司命、诸元帅、天妃娘娘、张天师、雷电风雨神、诸水神,与当时及清以降的普化道教所祀神祇基本重合②。另外,《新刻出像增补搜神大全》尽管较为全面,排列亦颇系统,然而佛教内容不多。《三教源流搜神大全》应是继《增补搜神大全》而来(详前文

---

① 韩森(Valerie Hansen)、魏乐博(Robert P. Weller)、韩明士(Robert Hymes)的研究,分别见其著作《变迁之神:南宋时期的民间信仰》(包伟民译,浙江人民出版社,1999年)、*Unities and Diversities in Chinese Religion*(University of Washington Press, 1987)、《道与庶道:宋以来的道教、民间信仰和神灵模式》(皮庆生译,江苏人民出版社,2007年)。

② 详参本章第一节的相关讨论。

所述),系统性不如后者,但一是名称上以"三教"号召,内容上增加丰富的佛教神祇,二是在神祇系统仍然体现出一定的层次,这明显是受到《西游记》《封神演义》的影响。

当然,最能证明《西游记》《封神演义》建构的巨大影响的,还是社会一般宗教生活的实际情况。社会宗教生活的神祇系统主要表现在立观奉祀以及施食超度、醮祭祈禳等仪式活动中。其中,普化的佛教因神祇系统相对独立,除了"哼哈二将"、"韦驮"等外,直接采自《西游记》《封神演义》者较少。而普化的道教,因其与民间信仰紧密相关的包容体的本质,其最后定型的神祇系统,在极大程度上可以说是《西游记》《封神演义》建构的一脉相承。

综合考察明清以来的普化道教的实际情况,可以发现道教宫观基本上分为两类:一是相沿较久,或是为朝廷敕封的重要道观以及较大都市的宗教活动中心。一是广大市镇、乡村的丛散、多样化的庙宇。前者的神祇供奉较为系统,一般具备道士组织;而后者则相对零散简易,大多没有专门的神职人员。很明显,如果说后者更能够体现出社会一般宗教生活中民间信仰祭祀情况的话,前者则毫无疑问更能够反映出普化"道教"的形态实际。

明清以来的重要宫观,除专奉东岳大帝、文昌大帝、真武大帝、关帝等庙外,奉祀之神明显分为两个层次:第一层次是至上神,第二层次是本观教主或祖师、得道仙真以及被社会观念赋予某种功能的重要神灵。第一层次主要是"三清"、"玉皇",至上神系统已得到极大的简化。第二层次中,除专奉老子者和全真、正一及各大历史山门各奉其祖师者外,新兴宫观亦有其专祀,如明成祖时所建北京大德显灵宫,奉祀主神有三:一为神霄派祖师"雷祖"(九天应元雷声普化天尊),一为萨守坚,一为王灵官(隆恩真君);同属明成祖所建洪恩灵济宫,奉祀主神是被明成祖敕封而进入国家祀典的五代徐知证、徐知谔兄弟①。

除至上神和祖师、教主外,道观的奉祀选择虽然彼此高度重叠,但也有所侧重。一些大都市里的社会宗教活动中心,更多地糅合了俗神奉祀而成为一个较大系统。江南地区苏州玄妙观,"这观踞郡城之中,为姑苏之胜。基址宽敞,庙貌崇宏,上至三清,下至十殿,无所不备"(《警世通言》第十五卷《金令史美婢酬秀童》)②。清道光时期所祀之神几乎全都是俗神:三清、玉皇、东岳、三官、观音、关帝、三茅、文昌、财神、八仙、真官、雷尊、火神、元帝、天后、斗姆③。其中"观音"来自佛教,"东岳"、"三官"、"关帝"、"文昌"、"财神"、"真官"、"雷尊"(雷祖)实质上都是"天官",三茅、八仙、天后则是"神仙",其结构实际即是"玉皇"并佛、道二教:玉皇率领"天官"而"三清"率"神仙"。这样一种体系,与《西游记》《封神演义》《三教源流搜神大全》完全相同。来源于佛道教但主要成长于民间的俗神反过来进入道教的神系,这是道教"包容"和"普化"的重要表现,而实现这一过程的主要力量之一就是通俗文学。其中《西游记》《封神演义》的作用至深至巨。最典型的就是"玉皇大帝",其不仅成为民间的祭奉,甚至进入宫观成为至上神之一,尤是《西游记》的贡献。

明清授符传箓及醮祭祈禳等实际宗教活动中的神祇,基本上已由传统科仪文书中繁杂的神圣名号转化为新编科仪手册中简易的"天官天将",如北斗及四斗、五星二十八宿、雷部元帅神、值年太岁等。此一"天官天将"的结构亦基本上和《西游记》《封神演义》相

---

① 张广保《明代的国家宫观与国家祭典》,载王岗、李天纲编《中国近世地方社会中的宗教与国家》,复旦大学出版社,2014年,第174—179页。

② 魏同贤校点《警世通言》,《中国话本大系》,江苏古籍出版社,1991年,第196页。

③ 巫仁恕《明清江南东岳神信仰与城市群众的集体抗议——以苏州民变为中心》,载李孝悌编《中国的城市生活》,北京大学出版社,2013年,第198页。

同,其中"元帅神"最为典型①。这种转化尤是一种必然,因为作为一种仪式化的宗教,普化道教主要就依靠其各种祭祀仪式(斋醮)及施法仪式(发递、进表、告斗、供天、解星、移星易宿、收坟地司、镇宅、翻解、立狱、捉生代替、发檄、度关、钱瘟、金刀断索、起伏尸、火司朝、宿启朝、青玄朝、九幽钥、三朝、斋王、款王、传经转案、迎真度魂、皇坛三宝、群仙会、会诸司、开方、各种灯仪、大十献、小十献、解冤结、召饭、上供、望乡台、颁赦、度桥、召孤魂、请三宝、开启、寄库给牒、送丧,以及小型法事还受生、送鬼、暖材、开路、设召、起灵斩煞、按神、安座、招魂、召七、召三朝、半夜七、接煞、起座、净宅、预告等和经忏法事玉皇经忏、雷祖经忏、真武经忏、三官经忏、观音经忏、斗经斗忏、朝天忏、青玄忏、九幽忏等②)实现其社会功能并传达其宗教意义的,其中"请神召将"是重要内容。这些仪式本应乎社会一般宗教生活的需要而举行,因此传统道教的保护神将当然也就没有世俗社会所创造的"天官天将"来得亲切而可信。

降及近世,虽然"变迁"是普化宗教的常态之一,但道教神祇结构却依然非常稳定,与明清并无明显的差别。关于近现代道教宫观和民间奉祀的情况,因为传统的宫观志和相关碑记既罕有近世记载,同时也不尽真实可靠,需要进行大量的田野调查。可是由于中国宗教在二十世纪发生了数十年的断裂,此类田野工作又极为艰难,仍有待于进一步开拓。这是一个更加专门的宏大题目,这里无法详细展开,仅举数例,以概其余。

日人吉冈义丰曾于上世纪二十年代去北京白云观参修,窪德忠曾分别于上世纪四十年代和八十年代两次来中国参观道教观宇,其记录反映出当代(二十一世纪)重新义理化以及商业化改造

---

① 参阅二阶堂善弘《元帅神研究》,第 260 页。
② 李养正《道教概说》,中华书局,1996 年,第 280—281 页。

第九章　安天与封神：通俗文学与社会一般宗教生活中的神系构建　395

之前的道观奉祀情形，可以视为近世的实录。根据窪德忠的描述，昆明三清阁 1983 年尚保持的奉祀有三清、真武、哪吒太子、文昌帝君、关帝；属于武当一系的太和宫则有孙悟空、八仙、雷神、玄武、真武大帝、刘海蟾、风伯、老子、哪吒太子等神像。而这些都不过是劫后之余，立观之初的奉祀神灵远远超过此数。同据窪德忠的追述，1941 年北京白云观立有三教神像 195 尊之多①。关于白云观的详细调查则由吉冈义豊完成，其具体名目为②：

丘祖殿：
　　长春全德神化明应主教真君（主神）
　　　　光天体道诚明张真人（辅神）
　　　　洞明祁真人（辅神）
　　　　辅玄履道玄逸张真人（辅神）
　　　　虚白文逸明应孙真人（辅神）
　　　　崇真光教淳和王真人（辅神）
　　　　惠慈利物至德王真人（辅神）
　　　　凝和持正明素苗真人（辅神）
　　　　神仙演道孙大宗师（辅神）

老律殿：
　　长春全德神化明应主教真君（主神）
　　　　丹阳抱一无为普化真君（辅神）
　　　　长真凝神元静蕴德真君（辅神）
　　　　长生辅化宗元明德真君（辅神）

---

①　[日]窪德忠《道教诸神》，萧坤华译，四川人民出版社，1989 年，第 7—9、70 页。
②　以下据吉冈义豊《白云观访信录》（汪帅东译，北京联合出版公司，2016 年）的描述整理而成，括号内为本人按语。吉冈氏所述不清、前后变化者，参考《新编北京白云观志》（李养正编著，宗教文化出版社，2003 年）予以补充、梳理。

广宁通元妙极太古真君(辅神)

玉阳体元应慈普度真君(辅神)

清静渊贞元虚顺化元君(辅神)

玉皇殿:

昊天至尊金阙玉皇上帝(主神)

四圣、三十二天帝(辅神,具体名号略)

左辅真武(次一级辅神)

右弼玄武(次一级辅神)

四御殿:

昊天金阙玉皇上帝(主神)

勾陈上宫天皇大帝(辅神,左)

万星救主无极元皇中天紫微北极大帝(辅神,右)

高上神霄玉清真王南极长生大帝统天元圣天尊(辅神,左)

承天效法后土地(辅神,右)①

三清阁:

玉清圣境元始天尊(主神,中)

上清真境灵宝天尊(主神,左)

太清仙境道德天尊(主神,右)

东木公(辅神)

赤精子(辅神)

皇老(辅神)

水精子(辅神)

金母公(辅神)

先天老子(辅神)

---

① 此处祀神名号据《新编北京白云观志》,第128页。

第九章 安天与封神:通俗文学与社会一般宗教生活中的神系构建 397

  释迦牟尼佛(辅神)
  孔夫子(辅神)
  三官:天官、地官、水官(辅神)
  南海观音(辅神)
    当方土地福德王(次一级辅神)
    重阳王祖师(次一级辅神)
    西王母(次一级辅神)
    孟子(次一级辅神)
    思子(次一级辅神)
    曾子(次一级辅神)
    颜子(次一级辅神)
    天皇(次一级辅神)
    人皇(次一级辅神)
    地皇(次一级辅神)

灵官殿:
  王灵官(主神)
    马元帅(辅神)
    温元帅(辅神)
    赵元帅(辅神)
    关元帅(辅神)

丰真殿:
  张三丰(主神)

儒仙殿:
  张儒仙(主神)

东西宗师庑:
  十八宗师(主神,名号略)

东华殿（原五祖殿）：
东华紫府辅元体道帝君（主神）
正阳开悟传道垂教帝君（辅神）
纯阳演正警化孚佑帝君（辅神）
张果老（辅神）
李铁拐（辅神）
韩湘子（辅神）
吕纯阳（辅神）
曹国舅（辅神）
蓝采和（辅神）
何仙姑（辅神）
钟离权（辅神）

孚佑帝君殿（吕祖殿）：
孚佑帝君吕纯阳（主神）
附八仙殿：
大泽罗真人（辅神）
崇道吴真人（辅神）
天爵张真人（辅神）
明阳葛真人（辅神）
弘教柳真人（辅神）
崇德何真人（辅神）
弘济程真人（辅神）
仲山黄真人（辅神）

元君殿（原子孙堂）：
天仙圣母青灵普化碧霞元君（主神）
眼光娘娘（辅神）

子孙娘娘(辅神)
　　痘疹娘娘(次一级辅神)
　　抱子娘娘(次一级辅神)
　　催生娘娘(次一级辅神)
　　送子娘娘(次一级辅神)

火神殿：
　　南方荧惑火德真君(主神)
　　　东厨司命灶君(辅神)
　　　九天至德增福财神(辅神)

华祖殿：
　　天医神首寿世灵通广济警世广慈普愍神奥华峰元化
　　　太乙帝君(华佗,主神)
　　　高遍真君(辅神)
　　　慈愍真君(辅神)
　　　高和真君(辅神)
　　　黄老真君(辅神)
　　　高鹊真君(辅神)
　　　高缓真君(辅神)

真武殿：
　　佑圣真武灵应真君(主神)
　　　九天开化文昌帝君(辅神)
　　　汉祖天师正乙张道陵(辅神)
　　　　正乙玄坛赵元帅(次一级辅神)
　　　　关元帅(次一级辅神)
　　　　马元帅(次一级辅神)
　　　　温元帅(次一级辅神)

南极殿：

  南极老人(主神)

斗姥阁：

  圆明道母天尊(主神)

   高上神霄玉清真主南极长生大帝(辅神)

   月府素曜太阴星君玉翰长行天尊(辅神)

   纠察灵官(辅神)

   皇坛土地(辅神)

   日宫天子太阳帝君翰不息天尊(辅神)

   太德荫兰金仙玄女三洲揭灵护法三元小丹灵霄玉女(辅神)

   太德荫兰金仙统御龙玄第四太明玄女(辅神)

   太德荫兰金仙第一玄女卅六女都副帅灵台玉女玄明仙姑(辅神)

   太德荫兰金仙天灵太保金山仙童(辅神)

   紫微掌推魕罡天池玉女太明玄后清元正法淑仪靖苦天姥(辅神)

   天市掌机魕罡永保鉴德至感太明玄妣翠云电辇灵懂天幾玉姥(辅神)

元辰殿(后土殿、顺星殿)：

  厚德广大后土皇灵地祇帝君(主神)

   上辅先生太公姜真君(辅神)

   上清先生灵宝廖真君(辅神)

    六十元辰(次一级辅神，名号略)

龙王庙：

  龙王(主神)

功德祠(斗府官):

    斗母/姥(主神)

关帝殿:

    关帝(主神)

        周仓(辅神)

        关平(辅神)①

远可对照前身大天长观于金大定十四年修竣后之情形:

前三门榜曰"十方大天长观",中三门曰"玉虚之门",设虚皇醮坛三级,中大殿曰玉虚,以奉三清;次有阁曰通明,以奉昊天上帝;次有殿曰延庆,以奉元辰众像。翼于其东者,有殿曰"澄神";翼于其西者,有殿曰"生真",以奉六位元辰。东有钟阁曰"灵音",兼奉玉皇上帝、虚无玉帝;次有阁曰"大明",以奉太阳帝君;次有殿曰"五岳",以奉诸岳帝暨长白山兴国灵应王。西阁曰"飞玄",以秘道藏,兼奉三天宝君;次有阁曰"清辉",以奉太阴皇君;次有殿曰"四渎",以奉江河淮济之神。(金《中都十方大天长观重修碑》,载《宫观碑志》,《道藏》19/716)②

近可比较清康熙四十五年重修白云观之状况:

古迹岁久,废而复兴。洪武二十七年,命中官董工,重建前后二殿廊庑厨库各房。永乐四年,亦命工重修其地。宣德三年创建三清殿。正统五年建造玉皇阁、长春殿及道舍钵堂。……今我朝康熙四十五年,见其地基太狭,则易隙地以广之。……今上重建玉皇殿、三清殿、长春殿、七真殿、灵官殿、

———

① [日]吉冈义豊《白云观访信录》,第73—102、266—295页。参阅石井昌子《道教的神》,载福井康顺等监修《道教》第1卷,第120—134页。

② 此材料据李养正编著《新编北京白云观志》所发,宗教文化出版社,2003年,第741页。

四圣殿、山门牌楼、石桥旗杆、钟鼓楼、垣墙,并及钵堂厨库、东西祠堂、道舍,焕然一新,灵坛金碧,地附都城,平衍爽垲。(清康熙四十五年《重修白云观碑记》)①

比照可知,清末民初的白云观虽然仍旧保持全真祖庭的地位,但在"普化宗教"的趋势下,再加上"道教"以及全真道教的衰落,白云观祀神已经成为社会一般宗教生活的反映。尽管白云观并不是像妙峰山那样的公共空间,但它仍然是一个非常契合社会一般宗教生活现状的活动中心。正因如此,白云观祀神不仅庞杂、重复,充满历时性因素,而且具有堆积性、随意性的特点,符合社会一般宗教生活的本质特征。

白云观祀神可以分为两大块:一是祖师丘处机及全真祖师、十八位宗师,二是以普化道教为主并融合多方形成的社会一般宗教生活的泛神体系。后一神系除吕祖、张三丰等内容外,其组成、名称、结构与苏州玄妙观大抵相同,也和《西游记》《封神演义》《新编连相搜神广记》《新刻出像增补搜神记大全》《三教源流搜神大全》基本一致。如后土殿中"上辅先生太公姜真君"的加入②,更是《封神演义》的直接作用。

可以肯定,至少从明末开始至于近代,在全国性的范围内,普化道教奉祀神系的主要内容与基本格局大体相同,并且是《西游记》《封神演义》影响以后的有机延续。在如此范围广大、方言歧异、地方文化及区域信仰多元、社会一般宗教生活丛生繁杂的近世社会中,以及在宗教义理化趋于停歇、传统经藏蠹于深阁的局面下,"道教"神系如何会取得这样一种高度同一的结果并从而实现

---

① 李养正编著《新编北京白云观志》,第705页。
② 吉冈义豊的描述谓姜真君像执如意,站童两人,右者执封神榜,左者执剑。见《白云观访信录》,第280页。

了"包容"与"普化"？答案不言自明。通俗文学出于其满足社会需要的本质动机,通过吸纳、固化、建构和新创,并以其流传、接受和教化的优势,成为实现这种同一的主要力量,《西游记》《封神演义》是最为典型的代表。

第十章 概括与结论

本书研究内容主要分为三个部分：第一部分（绪论中的部分内容以及第二到第四章）讨论了通俗文学的性质及其建构宗教生活的"内在性"；第二部分（第五到第七章）着重分析通俗文学对社会宗教信仰的形塑与强化；第三部分（第八、九两章）则从两个方面研究了通俗文学对"俗神"的建构。本书研究旨在指出通俗文学对社会一般宗教生活具有反向作用，这一反向作用的核心是一种"建构"，亦即整理内容、拼合信仰核心并进行重构式的阐释。在此基础之上，本书研究提出中国近世社会文化共同体的形成机制，乃是一种"普化"模式。

一 通俗文学对社会一般宗教生活的建构

总结以论，通俗文学对社会一般宗教生活的建构可以用三个相互关联交织在一起的方面来概括：

第一是形塑和强化了庶民社会的宗教信仰，亦即通俗文学承载着社会一般生活的宗教道德准则并通过传播而影响社会，反过来实现了对民俗信仰的进一步形塑和强化。在庶民社会的宗教生活中，不同地方和不同时代的信仰往往都是一些片断性的存在，不同的乡土历史记忆无法拼合为一个共同性的主题。通俗文学则可以做到这一点，很多传说在说唱文本、章回小说得到聚合、定型、强化，并传播、传化到各地，从而既使原有的成形的信仰主题得到强化,又使原来混杂的、丛散的信仰得到重新形塑。

第二是对民间"万神殿"的整理、创造和重要俗神的建构、普及起到了异乎寻常的作用。中古特别是南宋以后,出于社会的变迁及其带来的人口流动、阶级升降以及文化水平普遍提高的缘故,民间地域性神祇开始了传播、变迁过程。但即便如此,在一个广大帝国的民间多神信仰社会中,神灵系统仍然不可避免地呈现出一个庞杂繁复的面貌,需要包括佛僧、道士和中下层有文之人在内的社会文化主导者的有意识整理。由元至明,如果说仙传体现了对历史渊源的某种梳理、普及的话,通俗小说如《西游记》《封神演义》等则集中反映了一种创造。

实际上,《西游记》和《封神演义》等通俗小说都并不旨在"真灵位业"的建构,但其作者依据自己的世界观和价值观,充分发挥了独特的理解力和高华的想象力,在文学性的虚构中达成了一种近乎义理化的建设:几乎包罗了所有的神话的、历史的、佛道教的以及民间的神灵,并给予了谱系地位,甚至根据需要改换了神格。事实已经证明,近世中国的社会一般宗教生活的"万神殿"图卷,是由《西游记》《封神演义》等通俗文学而不是"制度性宗教"的义理化规范完成的。

比谱系整理更重要的是"俗神"的建构。"俗神"发生于民间信仰的自发选择,但其再选择、传播、认同及最终"长成"则大有赖于通俗文学的力量。只有摆脱了历史和义理化宗教的束缚而被赋予新的神性,并得到广泛的传播、接受而成为社会一般信仰的对象,才可以称为真正的"俗神"。从观音、关帝、文昌、真武到妈祖,中国世界中的伟大"俗神"无不都是通俗文学的子女。

在真正"俗神"的长成过程中,通俗文学较民间文学而言居功尤伟。这是因为:"通俗文学"最本质的属性是"世俗性",尽管其中融合了精英阶层的教化观念,其精神核心仍然是"世俗的"而不是

"精英的",必然以社会生活和普通人的情感为表现对象,体现出社会的共同价值观。而这种共同价值观的重要体现,就是"俗神"及其神性。通俗文学作品的商品本质,本是庶民社会越来越扩大了的娱乐、交际、信仰生活的需求的产物,故而具有广泛的传播度和接受度。同时,"通俗文学"与"民间文艺"也是互动的,既吸收民间文艺的营养并进行艺术提升,同时又成为民间文艺的取资对象。从事实来看,上升到国家祭祀和精英思想层面并影响至于整个东亚文化圈的关帝,是最为典型的"俗神"之一,而此一"俗神"虽然历经精英文本、口头传说和民间文艺的塑造,但其最终"长成"毫无疑问是由杰出的通俗文学作品《三国演义》建构完成的。尤其耐人寻味的是,《三国演义》恰为糅合历史记录、民间故事,又反过来影响和催生民间文艺的通俗书面文学的最佳代表,这进一步印证了通俗文学沟通大小传统,跨越地域限制的文化功能。

第三是沟通大小传统,抟合社会一般宗教伦理。通俗文学的性质、内容和思想意趣,已经证明其本身就是大小传统融合的产物。更重要的是,通俗文学的创作主体是文化/社会中间阶层,这个阶层既是社会一般文化的整理者和传播者,又是上层精英分子和一般庶民之间的中介人,从而又使其通俗文学创作在大小传统之间扮演了沟通的角色。通俗文学所拥有的强大传播力和影响力,又可以证明它对于社会一般价值体系的抟合作用。我们从精英文本中看到的诸如"三教合一"的观念和血缘伦理道德信条,在通俗文学作品中更能得到生动而又简明清晰的表现。而通俗文学所溢然纸外的那种建立在挚诚信念基础上的宗教情感,却很少能在精英文学中发现。传统四部文献体系所代表的精英观念始终排斥小说、戏曲的地位,只能说明大小传统的对立,既不能否定通俗文学的普化事实,又从反面证明了精英阶层自上而下教化的局限性。

当然，上述三个方面不过是通俗文学反向作用之大端，实际上，通俗文学的反向作用在其他方面也有重要的表现，比如社会一般宗教生活的形式体系、仪式活动和符号系统中的众多现象和行为，都或者直接来自通俗文学的种种建构，或间接源自它们的启发、刺激。

并非没有学者认识到通俗文学对于抟合社会认同的重要性，如姜士彬即已提出：通俗文学有助于跨越这两个阶级间的文化鸿沟，因而在中国文化的整合中具有深远的作用。但他认为其中的原因是通俗文学不过是辅助精英教化的工具——一方面，它将民间文学和口头文化中的主题和母题带入写本文学的领域，引起了精英读者群体的关注，否则很可能继续无视它们。另一方面，它可以成为宣传精英思想、理念、价值的主要工具[1]——观点则不免有误，因为通俗文学达成观念融合的原因显然不在于此。通俗文学固然是一种融合，但更是"中间阶层"的一种建构，它宣传的思想、理念、价值正是这样一种建构所形成的，不是只属于精英阶层的，也不仅仅是属于一般庶民的，而是属于全社会的。正是因为这样一种建构，从而实现了"普化"亦即中国近世社会/文化共同体的形成。

总之，十六世纪以降兴盛发达的通俗文学及其衍生形态，以其世俗化、商品性、普化性的本质特性，对中国的"普化宗教"发生了深刻的影响，达成了对社会一般宗教生活的形塑和建构，从而对近世中国社会集体记忆的凝聚、价值观念的抟合和传播、文化分享和共同体认同，发挥了无可比拟的作用。

---

[1] ［美］姜士彬（David Johnson）《明清社会的信息沟通方式、阶级与意识》，徐彤译，载张聪、姚平主编《当代西方汉学研究集萃·思想文化史卷》。

二　普化凡庶：中国近世社会/文化共同体的形成

基于对通俗文学在社会一般宗教生活上的建构作用的考察，本书最后对绪论中提出的根本问题，作出一个尝试性的回答。

中国近世社会/文化共同体的最终奠定，应该是一种"普化"的结果。"普化凡庶"，古语有之，这里姑以此旧瓶换装新酒，借以表示一个全新的概念：由社会中间阶层融会大小传统、沟通上下阶层而实现的对凡庶大众的价值观抟合以及普及性传播，最终达成一种广泛的社会/文化认同的过程。"普化"是不同于精英自上而下的"教化"的一种模式，这种模式是十六世纪以降中国社会共同体形成的主要方式。

很多研究者认为，近世中国在一个可以通过各种手段延伸至广大乡村的庞大的行政控制体系之外，统治者另外发展出自上而下的教化的手段，以使整体社会接受一种有利于帝国政权的价值体系。萧公权以清朝统治者为例总结曰："大体继承前朝建立起来的传统，支持理学'正统'学派已被接受的社会和道德主张。通过'科举'体系，他们试图将官方的意识形态灌输到士子和官员的心中。藉由这些人的影响力，并利用各种各样的制度，包括乡村学校、通俗宗教和宗族组织，他们致力把这种意识形态延伸到乡下地区数以百万计的未受教育者。"[1]在社会一般宗教生活方面，"教化"既包括华琛（James L. Watson）所谓的代表着国家扩张的"神明的标准化"[2]、杜赞奇（Prasenjit Duara）所谓官方阐释加诸民间阐

---

[1] 萧公权《中国乡村——论19世纪的帝国控制》，张皓、张升译，台北联经出版事业股份有限公司，2014年，第7页。

[2] ［美］华琛（James L. Watson）《神的标准化：在中国南方沿海地区对崇拜天后的鼓励（960—1960年）》，载韦思谛（Stephen C. Averill）编《中国大众宗教》。

释的"刻划"①,也包括王斯福(Stephan Feuchtwang)所谓的在政治的强大作用下民间宗教对王朝制度的模仿②,等等。这些结论看起来冠冕堂皇,但实际上问题重重,显而易见者即有:(1)官方的意识形态可以像行政控制一样轻易地延伸到乡下地区吗?难道说乡村价值体系的形成是出于像明《大诰》、清《六谕》《圣谕》《圣谕广训》的口号式、纲领式文件和强制性学习?不识字的人群通过地方官或乡绅的宣讲得到训示后就能发生认同③?(2)统治者利用学校、科举制度固然可以收服一大批读书人归化顺从(特别是对异族统治者如清室而言),但如何去教化不识字、不得进学、考试及仕进的广大庶民?(3)宗族或继嗣群组织和宗教生活当然拥有强大的固有理念和影响力,但它们是被统治者"利用",还是它们本身就是社会一般观念的代表?是通过它们去灌输精英价值观,还是它们本身就已经建构出一种适合整体社会的一般价值观念?

不可否认的是,古代中国最突出的成就之一就是发展出一套复杂的政治组织体系,实现了一个多区域文化的广大疆域的统一施政和有效管理。但过于强调政治的突出优势从而忽视宗教、经济活动的独立性和独特性显然是有问题的。在这方面,"文化他者"往往有较为清晰的认识,如谢和耐(Jacques Gernet)指出:"在中国社会中无疑存在着一些独立的宗教生活形式、传统和行伍军

---

① [美]杜赞奇(Prasenjit Duara)《刻划标志:中国战神关帝的神话》,载韦思谛(Stephen C. Averill)编《中国大众宗教》。

② [英]王斯福(Stephan Feuchtwang)《帝国的隐喻:中国民间宗教》。

③ 必须承认,明清帝王确实意识到通俗手段的重要性,因此他们的"圣谕"往往采取简单、通俗的语言甚至是通俗文学形式比如口诵韵文;各类地方官又编撰用通俗语言来解释、批注有关训诫的文本读物。尽管如此,类似文本仍然是训诫式的、口号式的,甚至是带有惩诫、威胁意味的法律条文宣示。因此,这些圣谕及宣讲没有取得所期望的效果是很正常的(参阅萧公权《中国乡村——论19世纪的帝国控制》,第217—240页)。

人界、一个摆脱了国家控制的很活跃的商业领域,但任何神职阶层、任何军事等级、任何商业阶级都从未曾在那里达到夺取政权的程度。这无疑正是中国社会的一种恒量常数和最大新奇特征之一。它在这方面有别于所有其他社会。"[1]谢和耐所指出的社会就是基于共同宗教生活及信仰的乡土社会。"乡土社会"的存在从正反两方面说明除政治因素外仍然还有规约社会的其他因素,只不过这些因素并没有超越政治而已。也就是说,政治性力量不应该是唯一的力量,特别是当十六世纪的经济、社会得到相当程度的发展以后。

乡土社会的核心无非是社会一般宗教生活。由国家祭祀而形成的、凝聚着精英思想的一整套自上而下的"神道设教",既是政府控制手段,也是精英阶级"移风易俗"的方式,尽管它们会取得形式上的成效,但始终无法取代社会一般宗教生活的具体影响。有两个基本事实可以证明这一点:一是在乡土社会真正发挥作用的林林总总的宗教形式,总体上完全独立于"神道设教"以外。而被国家纳入祀典的地方祠祀本身,无不体现出一定的大小传统都具有的共同因素,从而具有沟通性。二是国家对宗教等文化生活的整合只是结构上的而不是内容上的,其干预手段非常灵活,同时以不违反世俗道德核心作为判断是非的基本标准[2]。而地方政府的祭祀活动主要还是一种地方控制手段[3],它没有办法进行价值理念的融会,在这一过程中士人或地方精英撰写的相关仪式文章和寺碑庙记等所体现出的那种和国家祭祀相同的理念,主要反映的还

---

[1] [法]谢和耐(Jacques Gernet)《中国社会史》,耿昇译,江苏人民出版社,2005年,第25页。

[2] 这是华琛(James L. Watson)睿智的发现,换一种说法就是"国家鼓励的是象征而不是信仰"。见其《神的标准化:在中国南方沿海地区对崇拜天后的鼓励(960—1960年)》,载韦思谛(Stephen C. Averill)编《中国大众宗教》,第83页。

[3] 参阅萧公权《中国乡村——论19世纪的帝国控制》,第259—264页。

是精英阶层的主观意识,而不是一般庶民的心态。清代著名的幕僚汪辉祖在处理地方事务时的经历很能说明这一点,其《学治臆说》卷下"各乡土地神与土神有别"条有曰:

> 所谓土神者,四境共事之神也。至各乡土地神,则又有说。楚俗,每逢祈雨,里民各舆其土之神,鸣锣击鼓,至县堂,请地方官叩祷,宁远亦然。岁己酉四月,余方率属步祷,而舆神者先后集于大堂,凡二十余神。礼房吏,援例请行礼。余曰:是非礼也。命移神座,分列大堂左右,升堂,各乡耆跽而请。余告之曰:"若辈之为是举,谓民之需雨急也。民需雨,而官不知,宜以神告徼;今官固先民而祷矣,是何为者!况官之行礼,为九叩首,为六叩首,为三叩首,国有定制,无敢增减。权幽明合一之理,各乡土地神,分与地保等,地方官不可与地保平行,土地神独可与地方官抗礼乎?不可抗礼,而与以见官,是谓亵神。且神而有知,应赴城隍神祈求,不暇入县门也;若其无知,则土偶耳,官为叩祷,于礼无稽。余非不爱民者,悖礼经而远国典,不可且不敢也。其速舆尔神以归,道逢戚友,传述余言,不劳更入城也。"众皆唯唯退,后遂无至者。然此在莅治二年后,民已相信,故能以庄语晓之。否则,则必谓官不恤民,或滋饶舌。随事制宜,未可一例行也。

汪辉祖一方面强调必须坚持国家祀典,不能为淫俗所左右,但另一方面他也认识到这些"其土之神"在地方乡土社会的不可取代,所以采取了这一"随事制宜"的做法。他的总体态度是:"当敬者,不独城隍神也,凡地方土神,为阖境尊信者,其先必有功德于民,始能血食勿替。或以非祀典所载,不为之礼,此尤不可。盖庸人妇稚,多不畏官法,而畏神诛,且畏土神甚于畏庙祀之神。神不自灵,灵于事神者之心,即其畏神之一念,司土者为之扩而充之,俾知迁善改过,讵非神道设教之意乎!"(《学治臆说》卷下"敬土神"条)希望能通过地方官的巧妙利用,达成与政治理念的统一。然而国家政治和"神道设教"的核心是畏官法、遵礼经、守国典,而庶民惟知"畏神诛",二者不可能因为政治的外在力量达成根本性的一致。如果按汪辉祖所主张的,将"畏神之一念"扩充为"迁善改过"之大小传统的共同思想,那么这种统一就不仅是可能的,而且是必然的了。可是,自上而下的政治措施以及"神道设教"显然做不到这一点。万志英(Richard von Glahn)对"五通神"的研究表明:尽管官府试图赋予五通神更高的神性,但还是改变不了这一神祇在人们心目中的邪魔角色;另外一方面,官府对五通神的极力压制,虽然使其有所消歇,但也没能改变它在江南地区的持续盛行[1]。而且,如萧公权指出的,统治者的"神道设教"必然会破产,最好的证据就是中国近世的"邪教"亦即秘密宗教的盛行[2]。

  明太祖朱元璋除有意识开展"神道以教"外,强力整饬民间宗教生活,有些要求甚至非常具体,如学者常引之《大明会典》所载敕令:"凡各处乡村人民,每里一百户内,立坛一所,祀五土五谷之神,专为祈祷雨旸时若,五谷丰登。每岁一户轮当会首,常川洁净坛场。遇春秋二社,预期率办祭物,至日,约聚祭祀。其祭用一羊、一豕,酒果香烛随用。祭毕,就行会饮。会中先令一人读抑强扶弱之誓,其词曰:'凡我同里之人,各遵守礼法,毋恃力凌弱。违者先共制之,然后经官。或贫无可赡,周给其家。三年不立,不使与会。其婚姻丧葬有乏,随力相助。如不从众,及犯奸盗诈伪,一切非为之人,并不许入会。'读誓词毕,长幼以次就坐,尽欢而退。务在恭

---

[1] Richard von Glahn, *The Sinister Way: The Divine and the Demonic in Chinese Religious Culture*, University of California Press, 2004, p. 206, pp.236—256.

[2] 萧公权《中国乡村——论19世纪的帝国控制》,第270页。

敬神明,和睦乡里,以厚风俗。"(卷九十四)政府的政治力量固然可以刺激宗教活动的展开,并直接造成一些形式成果,但不可能达成整饬的理想目标,如上述政府要求,就很少能够被完全接受①。

在另一方面,有研究表明,明中叶以后随着各级地方政府逐渐放权,开始出现基层社会的全面自治化。基层社会在基层政权、乡族组织以外,另外也发展出一套以村庙为中心的自发的祭祀组织,承担着乡村宗教生活的领导和组织任务②。在很多地区,传统小区组织主要表现为神庙祭祀组织③。相较于国家政治体制而言,这些组织无疑是地方社会管理和庶民价值观念导向的主要承担者,是杜赞奇(Prasanjit Duara)所谓地方社会中的文化网络的中心④。

自上而下"教化"的最大成就无疑是教育,以科举为根本导向的官私之学是其中的最主要部分。教育在相对不发达地区上的展开比如官学的设立以及规模的扩大、私人教育水平的提升等,唯一的后果是地方精英的形成。无论这些精英们最后是成为学问家、山人隐士还是官员,他们都无一例外地有赖于科举制度,科举是形

---

① 范丽珠、[美]欧大年《传统社会北方农村民间中的政府角色》,载范丽珠、[美]欧大年《中国北方农村社会的民间信仰》,第71页。

② 郑振满《神庙祭典与社区发展模式——莆田江口平原的例证》,载其《乡村与国家:多元视野中的闽台传统社会》,生活·读书·新知三联书店,2009年,第210—237页。关于明清之际乡村寺庙大量转化为社庙且其村社作用日益凸显的例证,可见赵世瑜《圣姑庙:金元明变迁中的"异教"命运与晋东南社会的多样性》,载其《在空间中理解时间:从区域社会史到历史人类学》,北京大学出版社,2017年。关于清代华北村庙的社会组织功能,姚春敏《清代华北乡村庙宇与社会组织》(人民出版社,2013年)有比较详细的论述。关于都邑中的祭祀组织在宗教生活中的具体表现及其意义,康豹(Paul R. Katz)的研究(*Demon Hordes and Burning Boats: The Cult of Marshal Wen in Late Imperial Chekiang*, State University of New York Press, 1995)作出了独特的分析。

③ 郑振满《明清福建里社组织的演变》,载其《乡村与国家:多元视野中的闽台传统社会》,第238—253页。

④ 杜赞奇(Prasanjit Duara)的观点,见其《文化、权力与国家——1900—1942年的华北农村》。

成地方精英的最大推动力,而地方精英成功以后又反过来进一步推动服务于科举的教育。然而科举对乡村社会无法进入科举的一般庶民的教育并没有推动作用,所以在对地方的道德伦理建设和乡民的素质教育方面,以科举为主导的教育并不能产生效果。这也是明清统治者往往特别强调推进乡民教育的原因所在。

庶民接受教育的可能性,总体上与社会经济水平有密切关系是没有疑义的。包弼德(Peter K. Bol)分析南宋至明婺州地区地方精英的成长状况,即指出理学运动的兴起和经济繁荣齐头并进,在贫困之中地方精英即容易遭到削弱,因为没有更多的财富使家族增加教育投资①。这同样适用于庶民阶层。由此来看,只有到明代中期以后经济得到一定的发展,社会的教育水平才能有所提高。可即便如此,整体近世时期的教育水平并没有实现质的突破,因为科举始终是从上至下的教育的主体部分,远远大过乡民教育。

从精英思想层面上看,自"轴心突破"以后某种"共同精神"固然就已经形成。不过,这种共同性并没有在精英思想层面以外的广大社会中得到普化,佛教的传入和本土各种创生宗教特别是其包容体道教,以及它们所形成的社会一般宗教生活在很大程度上作为大传统的对立面的历史,就足以说明这一点。阶级分析的结论可以进一步给予证明,"同在大多数规模庞大的农民社会里一样,统治者与被统治者之间的权力和威望有着天壤之别。传统上,社会分为四个阶级,由上而下依次为士大夫(或古代的军功贵族)、农民、手工业者和商人。受过教育的士大夫被看作是道德高尚的人,士大夫代整个中国社会至尊的皇帝行使最高权力,控制公共生活的各个方面,也给我们留下了自然是按统治阶级观点写成的有

---

① [美]包弼德(Peter K. Bol)《宋明理学与地方社会:一个12至16世纪间的个案》,杜永涛译,载张聪等编《当代西方汉学研究集萃——思想文化史卷》,第80页。

关中国历史的浩瀚材料"①。士大夫控制一切,并不意味着他们就可以凭借其政治力量和精英思想主导"教化"以实现深层的和合,甚或恰恰相反,却会导致大小传统的鸿沟进一步加深。所以,儒家政治之所以一直强调"教化","关乎教化"甚至是一切文化、政治、社会行为最基本的评判标准,原因就在于以精英文化为标准的"天下大同"的使命并没有完成。

中国十五世纪以降商品经济的发展并没有促生资本主义,也没有产生足以造就"想象的共同体"的诸多条件。但十六世纪至十八世纪的经济发展的保持和社会流动的加剧,仍然为整体社会的沟通与融合提供了物质基础,保障了世俗文化的深入展开,并进而推动了"中间阶层"开始发挥出其强大的文化功能,亦即通过通俗文学而实现的沟通上下、抟合观念的建构作用。

中间阶层绝不等于"乡绅阶层"或"乡族势力"。按傅衣凌的理论,"乡族势力"是直接控制基层社会的,包括乡绅在内的地方代表,其主要特点是具有双重身份:一方面被国家利用控制基层社会,另一方面作为乡族利益的代表或代言人与政府抗衡,并组织乡族的活动②。由此可以认为,"乡绅阶层"是"乡族势力"的核心。二者共同构成"地方精英"(local elite),属于精英阶层的最末一层,明清时期在地方上具有举足轻重的地位,有些甚至能凌驾于官府之上③。中间阶层则是既无法参与国家行为,又不能代表乡族反

---

① [美]费正清、[美]赖肖尔《中国:传统与变革》,第16页。
② 参阅郑振满《乡族与国家:多元视野中的闽台传统社会》,生活·读书·新知三联书店,2009年;森正夫《"地域社会"视野下的明清史研究——以江南和福建为中心》,江苏人民出版社,2017年,第396页。
③ 关于明代末期的"乡绅之横",可见中岛乐章《明代乡村纠纷与秩序:以徽州文书为中心》第八章第三节的简单综述(郭万平等译,江苏人民出版社,2012年第2版)。

对政府的群体。(生员偶尔会集体抗拒地方官的不良政治,但和乡族势力仍不可同日而语。)

中间阶层的特质包括文化、政治两个方面。在近世中国社会分层的问题上,姜士彬的分析要比绝大部分学者的"金字塔式结构"结论更准确、更有启发性,原因正在于他指出了"文化"也是分层的要素之一。识字与否(即是否具有读写能力)作为文化标准最核心的内容,要比"精英—大众"笼统二分法有效得多①。文化上,中间阶层断文识字,不可避免地接受正统价值观并具备相应的实践行为②;政治上,中间阶层和社会大众情况几同,很多人就是庶民的一分子,具有和大众相同的情感和需求。此一"文化/社会中间阶层"的具体构成,包括落第生员、低级礼生③、低级塾师、书坊主、雇佣写手、商人、手工业者、代笔者、宗教职业者、乡镇市民、江湖术士、书会先生、民间文艺从业者,他们与社会其他人员固然有着阶级的差别,但主要还是以思想观念、文化水平为标准居于代表着大小传统的精英阶级和庶民阶级之间。

本尼迪克特·安德森强调一个非声音的、非任意性符号的、基于神圣经典的"神圣书写语言"在形成"宗教共同体"中的重要性,并非是他不知道能够阅读这些文字(即使是拼音文字的拉丁文)毕竟是少数这个反面事实,而是他发现有一个横跨欧洲全局的书写拉丁文的文人阶级以及一种连接拉丁文和方言就如同连接了天堂和尘世的观念的存在,可以解决二者之间的矛盾④。安德森的理

---

① [英]田海(Barend ter Haar)《中国历史上的白莲教》,第295页。
② 参阅田海的综述,见《中国历史上的白莲教》,第294页。
③ 低级礼生,应属"中间阶层"。关于"礼生"群体的包含范围和身份属性,学者探讨已多,详见刘永华《民间礼仪、王朝祀典与道教科仪:近世闽西四保祭文本的社会文化史阐释》(载郑振满主编《仪式文献研究》第3辑,社会科学文献出版社,2016年)一文中的综述。
④ [美]本尼迪克特·安德森(Benedict Anderson)《想象的共同体——民族主义的起源与散布》,第11—18页。

论并不能完全套用到古代中国的实际中去,因为:第一,古代中国并非一个类似于中世纪欧洲的"宗教共同体",而是以儒家思想为本的大传统和以融合血缘伦理道德的一般宗教生活为本的小传统的综合体;第二,古代中国主要不是面临着雅言和方言的不同,而是面对着识字与文盲、精英与凡庶、典雅与低俗、文言与白话的鸿沟;第三,在古代中国,沟通差异和跨越鸿沟并非追求从世俗到天堂的解脱,而是要教化民众服从现世的秩序。尽管如此,安德森睿智地指出在一个古典共同体中沟通、融合阶层的存在事实——在一个以神为顶点的宇宙秩序中,"有文之士"构成一个战略性地位的阶层①——仍然是一个了不起的发现。在十六世纪以降的中国,这样一种阶层就是我们所说的"文化/社会中间阶层",是"普化"的主体。

探讨神灵"标准化"的华琛,敏锐地注意到"价值观和象征物在跨越社会界线时的改变",亦即信仰内涵的阶层差异,但没有意识到他划分所谓社会阶层时却存在一个严重的疏误,即在"国家官僚——地方精英"和"识字的农民——不识字的佃户——不识字的妇女和船民"中间,忽略掉了"中间阶层"②。而此一中间阶层正是使社会权力上下阶层价值观和象征物发生改变并为社会普遍接受的关键力量。由于华琛未能发现中间阶层的普化之力,因此他所谓"标准化"便存在着无法解决的疑难,不能完美解释神明同一性的形成以及文化共同体的实现机制。

类似的忽视存在于很多研究中,比如关于寺庙神灵信仰与仪式(temple cults)在地方社会中的功能,当今学术界有这样一种假

---

① [美]本尼迪克特·安德森(Benedict Anderson)《想象的共同体——民族主义的起源与散布》,第14—15页。
② [美]华琛(James L. Watson)《神的标准化:在中国南方沿海地区对崇拜天后的鼓励(960—1960年)》,载韦思谛(Stephen C. Averill)编《中国大众宗教》。

设:围绕着寺庙仪式,有三种掌握了不同权力的群体"官员"、"地方菁英"、"神职人员"形成了一个相互连结的三角网络——"官员藉由颁发封号和文告来支持寺庙并试图引导地方宗教传统,同时也给予金钱和文字著作上(赠与碑或匾额)的赞助;他们也致力于限制神职人员的任命与寺庙的数量来规范他们的行为。地方菁英藉由寺庙及其仪式来界定他们的区域范围与塑造主体性,藉此加强他们支配地方事务的合法性。神职人员则致力于吸收并重新设计地方神明的位阶与仪式,同时寻求政府对他们传统正统性的赞助与认可。"[1]同样缺失了"中间阶层"。此一"三角网络"或许是信仰与仪式外在物质形式表现的行动者,但显然不是寺庙仪式所传达的信仰获得普遍契同的主导者,尤其不是一个上升为全国性俗神、实现"标准化"并获得同一性的神明的推动主体。

"普化"——推动中国近世社会/文化共同体形成的根本力量的具体内容,是由两个交织在一起的部分组成的,一个是宗教的"普化",亦即宗教与世俗伦理的融合形成社会一般宗教伦理道德。宗教的"普化"是双向的,既包括国家对地方祠祀的承认以及对名宦祠、乡贤祠、忠义孝悌贞烈等祠的推动,也包括乡村宗教生活整合到王朝国家的漫长过程,这一过程的实现包括地方上对庙宇和神坛的兴建、控制,对于神灵的定期祭祀及巡游,关于神灵显灵的传说、风水观念,以及道士、和尚、风水师、士大夫因朝廷或者神灵之名对于天道的权威解释等[2]。宗教"普化"的核心是将"皇帝"、"祖宗"、"神明"挎合为一物,实现"神的标准化"。弗里德

---

[1] [美]康豹(Paul R.Katz)《中国帝制晚期以降寺庙仪式在地方社会的功能》,载林富士主编《中国史新论——宗教史分册》,第375—376页。

[2] [英]科大卫(David Faure)《皇帝与祖宗——华南的国家与宗族》,卜永坚译,江苏人民出版社,2010年,第255—256页。

曼（Maurice Freedman）认为："在某种意义上，中国宗教是一种公民宗教——不是被苛刻而巧妙地筹算出来以服务于政治利益，而是依赖于对社会和宇宙的解释，依赖于对权威的理解，这种权威归根结底不允许宗教与世俗相分离。凯撒就是教宗，教宗就是凯撒（Caesar was Pope, Pope Caesar）。如果教派因为对按惯例构成的社会感到厌烦而企图在世俗和宗教之间引进鲜明差异的话，那么，他们会招致政府的应对措施——政府会杀害他们或割去他们的器官，这种反应应该昭示作为局外人的我们，持有权力的精英不准备容忍权威的分裂。中国在使宗教权威保持缄默这一方面基本上是非常成功的。这是中国宗教统一性的一个方面。"①不允许宗教与世俗分离，实际就是不允许宗教与世俗伦理道德分离。中国是农业社会，以血缘伦理为组织社会的核心原则，而以血缘伦理为本的道德观念是中国社会——无论是古代还是近世——的根本意义上的统一性所在。

另一个是通俗文学的"普化"，即通俗文学不仅传播和分享宗教观念，更重要的是以其沟通大小传统的内在建构性和强大的文学力量，对社会一般宗教伦理道德的形成又发挥了捏合和建构作用。中间阶层所编撰的通俗文学、善书宝卷及其他宗教读物、实用指南等及其衍生的通俗文艺网络，并不是如姜士彬所认为的仅仅是将复杂的儒家思想和理念"通俗化"或"翻译"②，而是在其中赋予了自己的理解。也唯其能赋予自己的理解，才能影响它们的直接读者和间接受众。

---

① ［英］莫里斯·弗里德曼（Maurice Freedman）《论中国宗教的社会学研究》，载武雅士（Arthur P. Wolf）编《中国社会中的宗教与仪式》，第45—46页。
② ［美］姜士彬（David Johnson）《明清社会的信息沟通方式、阶级与意识》，徐彤译，载张聪、姚平主编《当代西方汉学研究集萃·思想文化史卷》，第308页。

十六至十八世纪社会、经济的发展与变化,造成了这一"普化"的出现并持续至今。中国社会/文化共同体的形成,乃是这一"普化模式"而不是"精英传统教化模式"的作用结果。我们这里所说的"社会/文化共同体"当然不等于民族主义意义上的民族国家共同体,而是指完全不同于西欧的、方向相逆的社会发展结果:一个古老的、规模庞大的王朝型共同体最后基本消弭方言、地域、主次文化、大小传统、阶级的鸿沟而凝聚成一个近代型的文化/社会共同体,并最后在由王朝被动地转向现代民族国家的过程中较为成功地实现了转型:成为一个较大的民族国家而不是分裂为大大小小的多个民族国家。

引用及参考文献

古典文献

《礼记》,《十三经注疏》本。

《读四书大全说》,[明]王夫之撰,《船山全书》(修订版),岳麓书社,2011年。

《汉书》,[汉]班固撰,中华书局标点本。

《明史》,[清]张廷玉等编,中华书局标点本。

《国榷》,[明]谈迁撰,张宗祥校点,中华书局,1958年。

《明实录》,台湾"中央研究院"历史语言研究所校印,1962年。

《清实录》,中华书局影印本,2008年第2版。

《今言》,[明]郑晓撰,李致忠点校,中华书局,1984年。

《养吉斋丛录》,[清]吴振棫撰,童正伦点校,中华书局,2005年。

《南吴旧话录》,[清]李延昰撰,民国四年(1915)铅印本。

《列朝诗集小传》,[清]钱谦益撰,上海古籍出版社排印本,1983年。

《关帝文献会要》,[清]孙苣编,《稀见清代四部辑刊》影印清康熙四十九年东皋雪堂刻本,学苑出版社,2016年。

《解梁关帝志》,[清]张镇编,宋万忠、武建华标点注释,山西人民出版社,1992年。

《大明会典》,[明]申时行等修,[明]赵用贤等纂,《续修四库全书》影印明万历内府刻本,上海古籍出版社,1996年。

《大明律》，怀效锋点校，辽沈书社，1990年。

《大清律例》，[清]刘统勋等纂修，《四库提要著录丛书》影印清乾隆三十三年武英殿刻本，北京出版社，2010年。

《皇明诏令》，《续修四库全书》影印明嘉靖十八年傅凤翔刻二十七年浙江布政司增修本，上海古籍出版社，1996年。

《学治臆说》，[清]汪辉祖撰，《丛书集成初编》本，中华书局。

《清续文献通考》，刘锦藻编，浙江古籍出版社影印上海商务印书馆《十通》本，1988年。

《东京梦华录笺注》，[元]孟元老撰，伊永文笺注，中华书局，2007年第2版。

《吴社编》，[明]王穉登撰，《丛书集成初编》本，商务印书馆，1936年。

《闽部疏》，[明]王世懋撰，《丛书集成初编》本，商务印书馆，1936年。

《广志绎》，[明]王士性撰，吕景琳点校，中华书局，1981年。

《闽书》，[明]何乔远撰，《四库全书存目丛书》影印明崇祯刻本，齐鲁书社，1997年。

《味水轩日记校注》，[明]李日华撰，屠友祥校注，上海远东出版社，2011年。

《泉南杂志》，[明]陈懋仁撰，《宛委山堂丛书》本。

《海东札记》，[清]朱景英撰，台湾银行经济研究室编《台湾文献丛刊》，1958年。

《扬州画舫录》，[清]李斗撰，汪北平、涂雨公点校，中华书局排印本，1960年。

《(成化)山西通志》，《四库全书存目丛书》影印民国二十二年影抄明成化十一年刻本，齐鲁书社，1996年。

《(雍正)山西通志》，山西省史志研究院整理，中华书局，2006年。

《(万历)绍兴府志》,明万历刻本。

《(乾隆)泉州府志》,《中国地方志集成·福建府县志辑》影印本,上海书店出版社,2000年。

《(万历)歙志》,[明]张涛纂修,《上海图书馆藏稀见方志丛刊》影印明万历三十七年刻本,国家图书馆出版社,2011年。

《重辑枫泾小志》,[清]许光墉等编,光绪十七年铅印本。

《关帝祠志》,清刻本,日本早稻田大学藏。

《山右石刻丛编》,[清]胡聘之编,清光绪二十五至二十七年胡氏自刻本。

《四库全书总目》,[清]永瑢等撰,中华书局,1965年。

《士礼居藏书题跋记》,[清]黄丕烈撰,潘祖荫辑,周少川点校,书目文献出版社,1989年。

《皕宋楼藏书志》,[清]陆心源撰,中华书局影印本,1990年。

《荀子校释》,王天海校释,上海古籍出版社,2005年。

《脉望》,[明]赵台鼎撰,《陈眉公家藏秘笈续函》(《宝颜堂秘笈》续集)本。

《古今印史》,[明]徐官撰,《续修四库全书》影印复旦大学图书馆藏清道光二十年海虞顾氏《篆学琐著三十种》本,1996年。

《醉翁谈录》,[宋]罗烨撰,古典文学出版社,1957年。

《席上腐谈》,[元]俞琰撰,文渊阁《四库全书》本,台湾商务印书馆,1986年。

《南村辍耕录》,[元]陶宗仪撰,中华书局排印本,2004年。

《水东日记》,[明]叶盛撰,魏中平点校,中华书局,1980年。

《野记》,[明]祝允明撰,《丛书集成初编》本。

《四友斋丛说》,[明]何良俊撰,中华书局排印本,1959年。

《戒庵老人漫笔》,[明]李诩撰,魏连科点校,中华书局,1982年。

《留青日札》,[明]田艺蘅撰,《瓜蒂庵藏明清掌故丛刊》本,上海古籍出版社,1985年。

《少室山房笔丛》,[明]胡应麟撰,上海书店出版社排印本,2009年。

《五杂组》,[明]谢肇淛撰,上海书店出版社排印本,2009年。

《万历野获编》,[明]沈德符撰,中华书局排印本,1959年。

《陶庵梦忆》,[明]张岱撰,马兴荣点校,上海古籍出版社,1982年。

《书影》,[清]周亮工撰,上海古籍出版社排印本,1981年。

《香祖笔记》,[清]王士禛撰,湛之点校,上海古籍出版社,1982年。

《陔余丛考》,[清]赵翼撰,中华书局影印商务印书馆1957年本,1963年。

《书隐丛说》,[清]袁栋撰,《续修四库全书》影印上海师范大学图书馆藏清乾隆刻本,上海古籍出版社,1995年。

《啸亭杂录》,[清]昭梿撰,何英芳点校,中华书局,1980年。

《野语》,[清]程岱葊撰,《续修四库全书》影印天津图书馆藏清道光十二年刻二十五年廛隐庐增修本,上海古籍出版社,1995年。

《花影集》,[明]陶辅撰,程毅中点校,中华书局,2008年。

《庚巳编》,[明]陆粲撰,谭棣华、陈稼禾点校,中华书局,1987年。

《松窗梦语》,[明]张瀚撰,盛冬铃点校,中华书局,1985年。

《花当阁丛谈》,[明]徐复祚撰,《借月山房汇钞》本,南京大学图书馆藏。

《板桥杂记》,[清]余怀撰,李金堂校注,上海古籍出版社,2000年。

《觚剩》,[清]钮琇撰,南炳文、傅贵久点校,上海古籍出版社,1986年。

《豆棚闲话》，[清]艾衲居士撰，上海古籍出版社，1983年。

《金壶七墨》，[清]黄钧宰撰，清同治十二年松江萧隆盛刻本，南京大学图书馆藏本。

《新编连相搜神广记》，上海古籍出版社《绘图三教源流搜神大全(外二种)》影印元刻本，2012年。

《新刻出像增补搜神记大全》，明万历间金陵富春堂刊本，日本内阁文库藏。

《三教源流搜神大全》，上海古籍出版社《绘图三教源流搜神大全(外二种)》影印叶德辉郋园刻本，2012年。

《悟真篇浅解》，[宋]张伯端撰，王沐浅解，中华书局，1990年。

《参同契发挥》，[元]俞琰撰，文渊阁《四库全书》本，台湾商务印书馆，1986年。

《历世真仙体道通鉴》，[元]赵道一编，明《道藏》，文物出版社、上海书店、天津古籍出版社影印本，1988年。

《古文参同契集解》，[明]蒋一彪撰，文渊阁《四库全书》本，台湾商务印书馆，1986年。

《文昌帝君化书》，《美国哈佛大学哈佛燕京图书馆藏中文善本汇编》本，商务印书馆、广西师范大学出版社，2003年。

《法藏碎金录》，[宋]晁迥撰，文渊阁《四库全书》本，台湾商务印书馆，1986年。

《罗湖野录》，[宋]释晓莹，夏广兴整理，上海师范大学古籍整理研究所编《全宋笔记》第5编第1册，大象出版社，2012年。

《渭南文集校注》，[宋]陆游撰，《陆游全集校注》本，钱仲联、马亚中主编，浙江古籍出版社，2016年。

《遗山集》，[金]元好问撰，文渊阁《四库全书》本，台湾商务印书馆，1986年。

《陵川集》，[元]郝经撰，文渊阁《四库全书》本，台湾商务印书馆,1986年。

《秋涧集》,[元]王恽撰,《四部丛刊》本。

《桀庵集》,[元]同恕撰,文渊阁《四库全书》本,台湾商务印书馆,1986年。

《楼居杂著》,[明]朱存理撰,文渊阁《四库全书》本,台湾商务印书馆,1986年。

《文简集》,[明]孙承恩撰,文渊阁《四库全书》本,台湾商务印书馆,1986年。

《嵩渚文集》,[明]李濂撰,《四库全书存目丛书》影印杭州大学图书馆藏明嘉靖刻本,齐鲁书社,1997年。

《杨忠介集》,[明]杨爵撰,文渊阁《四库全书》本,台湾商务印书馆,1986年。

《世经堂集》,[明]徐阶撰,《四库全书存目丛书》影印北京大学图书馆藏明万历间徐氏刻本,齐鲁书社,1997年。

《徐文长逸稿》,[明]徐渭撰,《四库全书存目丛书》影印苏州大学图书馆藏明天启三年张维城刻本,齐鲁书社,1997年。

《太函集》,[明]汪道昆撰,胡益民、余国庆点校,黄山书社,2004年。

《焚书》,[明]李贽撰,中华书局,2009年第2版。

《焦氏澹园集》,[明]焦竑撰,国家图书馆出版社影印明万历三十四年刻本,2012年。

《大泌山房集》,[明]李维桢撰,《四库全书存目丛书》影印北京师范大学图书馆藏明万历三十九年刻本,齐鲁书社,1997年。

《处实堂集》,[明]张凤翼撰,《四库全书存目丛书》影印国家图书馆藏明万历刻本,齐鲁书社,1997年。

《容台集》,[明]董其昌撰,邵海清点校,西泠印社出版社,2012年。

《黄忠端公文略三卷　诗略二卷　说略一卷》,[明]黄尊素撰,

《四库禁毁书丛刊》影印康熙十五年许三礼刻本,北京出版社,1997—1999年。

《落落斋遗集》,[明]李应升撰,《四库禁毁书丛刊》影印明崇祯刻本,北京出版社,1997—1999年。

《无他技堂遗稿》,[明]蒋臣撰,《四库禁毁书丛刊》影印康熙四十九年蒋于湄刻本,北京出版社,1997—1999年。

《潜研堂集》,[清]钱大昕撰,吕友仁校点,上海古籍出版社,2009年。

《童山集》,[清]李调元撰,清乾隆刻道光五年增修《函海》本。

《文章辨体汇选》,[明]贺复征编,文渊阁《四库全书》本,台湾商务印书馆,1986年。

《全唐文》,中华书局影印本,1983年。

《全唐诗》,中华书局排印本,1960年。

《蓉塘诗话》,[明]姜南撰,周维德集校《全明诗话》本,齐鲁书社,2005年。

《六十种曲》,[明]毛晋编,中华书局,2007年第2版。

《全宋词》,唐圭璋编,中华书局,1965年。

古代通俗小说及资料汇编

《古本小说集成》,《古本小说集成》编委会,上海古籍出版社,1994年。

《古本小说丛刊》,刘世德等主编,中华书局,1987年。

《中国话本大系》,石昌渝主编,江苏古籍出版社,1990年。

《中华孤本小说》,肖枫、陈景华主编,中国戏剧出版社,2002年。

《中国古典小说研究资料丛书》,上海古籍出版社,1980—1991年。

《明代小说辑刊》，侯忠义主编，巴蜀书社，1993—1999 年。

谭正璧编《三言两拍资料》，上海古籍出版社，1980 年。

孔另境编《中国小说史料》，上海古籍出版社，1982 年。

朱一玄编《明清小说资料选编》，南开大学出版社，2012 年。

中文论著

［法］阿诺尔德·范热内普（Arnold van Gennep）《过渡礼仪》，张举文译，商务印书馆，2012 年。

［美］包筠雅（Cynthia J.Brokaw）《功过格——明清社会的道德秩序》，杜正贞、张林译，赵世瑜校，浙江人民出版社，1999 年。

［美］彼得·伯克（Peter Burke）《图像证史（第二版）》，杨豫译，北京大学出版社，2018 年第 2 版。

［日］滨岛敦俊《总管信仰——明清江南农村社会与民间信仰》，朱海滨译，厦门大学出版社，2008 年。

［加］卜正民（Timothy Brook）《纵乐的困惑：明代的商业与文化》，方骏等译，生活·读书·新知三联书店，2004 年。

［加］卜正民（Timothy Brook）《为权力祈祷：佛教与晚明中国士绅社会的形成》，张华译，江苏人民出版社，2005 年。

蔡丰明《江南民间社戏》，台湾学生书局，2008 年。

蔡铁鹰《西游记的诞生》，中华书局，2007 年。

蔡亚平《读者与明清时期通俗小说创作、传播的关系研究》，暨南大学出版社，2013 年。

曾永义《明杂剧概论》，商务印书馆，2015 年。

陈宝良《明代儒学生员与地方社会》，中国社会科学出版社，2005 年。

陈大康《古代小说研究及方法》，中华书局，2006 年。

陈大康《明代小说史》,人民文学出版社,2007年。

陈美林、李忠明《中国古代小说的主题与叙事结构》,安徽文艺出版社,2000年。

陈学文《明清时期商业书及商人书之研究》,台湾洪叶文化有限公司,1997年。

陈寅恪《金明馆丛稿二编》,生活·读书·新知三联书店,2001年。

程国赋《明代书坊与小说研究》,中华书局,2008年。

程毅中《明代小说丛稿》,人民文学出版社,2006年。

[日]大木康《明末江南的出版文化》,周保雄译,上海古籍出版社,2014年。

戴元枝《明清徽州杂字研究》,上海教育出版社,2017年。

丁乃通《中西叙事文学比较研究》,陈建宪等译,吴世民校,华中师范大学出版社,2005年。

[美]杜赞奇(Prasenjit Duara)《文化、权力与国家——1900—1942年的华北农村》,王福明译,江苏人民出版社,1996年。

[日]渡边欣雄《汉族的民俗宗教:社会人类学的研究》,周星译,天津人民出版社,1998年。

段江丽《醒世姻缘传研究》,岳麓书社,2003年。

樊树志《晚明大变局》,中华书局,2015年。

范金民主编《江南社会经济研究》,中国农业出版社,2006年。

范丽珠等《中国与宗教的文化社会学》,时事出版社,2012年。

[美]费正清、[美]赖肖尔《中国:传统与变革》,陈仲丹等译,江苏人民出版社,1992年。

冯保善《凌濛初研究》,人民文学出版社,2009年。

冯汝常《中国神魔小说文体研究》,上海三联书店,2009年。

[英]弗雷德里赫·麦克斯·缪勒(Friedrich Max Müller)《宗

教的起源与发展》，金泽译，陈观胜校，上海人民出版社，2010年。

［日］福井康顺等监修《道教》，朱越利译，上海古籍出版社，1990—1992年。

傅勤家《中国道教史》，商务印书馆，1937年。

傅衣凌《明清时代的商人及商业资本》，人民出版社，1956年。

高惠军、陈克整理《天后宫行会图校注》，天津古籍出版社，2017年。

［荷兰］高延（Jan Jakob Maria de Groot）《中国的宗教系统及其古代形式、变迁、历史及现状》第6卷，芮传明译，花城出版社，2018年。

［美］高彦颐（Dorothy Ko）《闺塾师：明末清初江南的才女文化》，李志生译，江苏人民出版社，2005年。

龚敏《小说考索与文献钩沉》，齐鲁书社，2010年。

郭英德《元杂剧与元代社会》，北京师范大学出版社，1996年。

韩春平《明清时期南京通俗小说创作与刊刻研究》，暨南大学出版社，2012年。

韩建业《早期中国——中国文化圈的形成和发展》，上海古籍出版社，2015年。

［美］韩明士（Robert Hymes）《道与庶道：宋以来的道教、民间信仰和神灵模式》，皮庆生译，江苏人民出版社，2007年。

［美］韩南（Patrick Hanan）《创造李渔》，杨光辉译，上海教育出版社，2010年。

［美］韩南（Patrick Hanan）《韩南中国小说论集》，王秋桂等译，北京大学出版社，2008年。

［美］韩森（Valerie Hansen）《变迁之神：南宋时期的民间信仰》，包伟民译，浙江人民出版社，1999年。

［美］韩书瑞（Susan Naquin）、罗友枝（Evelyn Sakakida Rawski）

《十八世纪的中国社会》,陈仲丹译,江苏人民出版社,2008年。

[美]韩书瑞(Susan Naquin)《千年末世之乱:1813年八卦教起义》,陈仲丹译,江苏人民出版社,2010年。

[美]韩书瑞(Susan Naquin)《山东叛乱:1774年王伦起义》,刘平等译,江苏人民出版社,2008年。

[美]韩书瑞(Susan Naquin)《北京:公共空间和城市生活(1400—1900)》,孔祥文译,孙昉审校,中国人民大学出版社,2019年。

何炳棣《明初以降人口及其相关问题:1368—1953》,葛剑雄译,生活·读书·新知三联书店,2000年。

何炳棣《明清社会史论》,徐泓译注,台北联经出版事业股份有限公司,2013年。

[美]何谷理(Robert E. Hegel)《明清插图本小说阅读》,刘诗秋译,生活·读书·新知三联书店,2019年。

何朝晖《晚明士人与商业出版》,上海古籍出版社,2019年。

胡士莹《话本小说概论》,商务印书馆,2011年。

胡小伟《关公崇拜溯源》,北岳文艺出版社,2009年。

胡亚敏《叙事学》,华中师范大学出版社,2004年。

黄竹三、王福才《山西省曲沃县任庄村扇鼓神谱调查报告》,王秋桂主编《民俗曲艺丛书》,财团法人施合郑民俗基金会,1994年。

[日]吉冈义丰《白云观访信录》,汪帅东译,北京联合出版公司,2016年。

纪德君《明清通俗小说编创方式研究》,社会科学文献出版社,2012年。

江苏省社会科学院明清小说研究中心编《中国通俗小说总目提要》,中国文联出版公司,1990年。

[英]杰克·古迪(Jack Goody)《神话、仪式与口述》,李源译,

中国人民大学出版社,2014年。

金登才《清代花部戏研究》,中华书局,2014年。

金泽《宗教人类学导论》,宗教文化出版社,2001年。

景安宁《元代壁画:神仙赴会图(第二版)》,北京大学出版社,2016年。

荆学义《经典的传播——关羽形象传播研究》,中央编译出版社,2014年。

[日]酒井忠夫《中国善书研究(增补版)》,刘岳兵等译,江苏人民出版社,2010年。

[美]康豹(Paul R. Katz)《多面相的神仙——永乐宫的吕洞宾信仰》,吴光正等译,刘耳校,齐鲁书社,2010年。

[英]柯律格(Craig Clunas)《长物:早期现代中国的物质文化与社会状况》,高昕丹等译,洪再新校,生活·读书·新知三联书店,2015年。

[英]科大卫(David Faure)《皇帝和祖宗:华南的国家与宗族》,卜永坚译,江苏人民出版社,2010年。

[英]科大卫(David Faure)《近代中国商业的发展》,周琳等译,浙江大学出版社,2010年。

[法]劳格文(John Lagerwey)主编《客家传统社会》,中华书局,2005年。

李伯重、周春生主编《江南的城市工业与地方文化(960—1850)》,清华大学出版社,2004年。

李丰楙《许逊与萨守坚:邓志谟道教小说研究》,台湾学生书局,1997年。

[俄]李福清(B.L.Riftin)《古典小说与传说》,李明滨选编,中华书局,2003年。

李零《中国方术考》,东方出版社,2000年。

李明军《中国十八世纪文人小说研究》，昆仑出版社，2002年。

李世瑜《宝卷综录》，中华书局，1961年。

李舜华《明代章回小说的兴起》，上海古籍出版社，2012年。

李天纲《金泽：江南民间祭祀探源》，生活·读书·新知三联书店，2017年。

李亦园《宗教与神话》，广西师范大学出版社，2004年。

梁漱溟《中国文化要义》，学林出版社，1987年。

［美］林达·约翰逊（Linda Cooke Johnson）主编《帝国晚期的江南城市》，成一农译，上海人民出版社，2005年。

林富士主编《中国史新论·宗教史分册》，台北联经出版事业股份有限公司，2011年。

林姗妏《〈三教开迷归正演义〉研究》，台北花木兰文化出版社，2005年。

刘国钧著，郑如斯补订《中国书史简编》，书目文献出版社，1982年。

刘平《中国秘密宗教史研究》，北京大学出版社，2010年。

刘勇强《话本小说叙论——文本诠释与历史构建》，北京大学出版社，2015年。

刘勇强《中国古代小说史叙论》，北京大学出版社，2007年。

刘桢《中国民间目连文化》，巴蜀书社，1997年。

柳存仁《和风堂文集》，上海古籍出版社，1991年。

鲁迅《鲁迅全集》，人民文学出版社，2005年。

鲁迅《中国小说史略》，人民文学出版社，1976年。

陆坚、王勇编《中国典籍在日本的流传与影响》，杭州大学出版社，1990年。

路遥等《中国民间信仰研究述评》，路遥主编"民间信仰与中国社会研究系列"，上海人民出版社，2012年。

［美］罗伯特·达恩顿(Robert Darnton)《拉莫莱特之吻：有关文化史的思考》，萧知纬译，华东师范大学出版社，2011年。

罗尔纲《水浒传原本和著者研究》，江苏古籍出版社，1992年。

［法］罗杰·夏蒂埃(Roger Chartier)《书籍的秩序》，吴泓缈等译，商务印书馆，2013年。

马书田《中国民间诸神》，团结出版社，1997年。

马西沙、韩秉方《中国民间宗教史》，中国社会科学出版社，2004年。

［美］曼素恩(Susan Mann)《缀珍录——十八世纪及其前后的中国妇女》，定宜庄等译，江苏人民出版社，2005年。

毛文芳《物·性别·观看——明末清初文化书写新探》，台湾学生书局，2001年。

［美］梅维恒(Victor H. Mair)《唐代变文——佛教对中国白话小说及戏曲产生的贡献之研究》，杨继东、陈引驰译，中西书局，2011年。

苗怀明《二十世纪中国小说文献学述略》，中华书局，2009年。

缪咏禾《中国出版通史·明代卷》，中国书籍出版社，2008年。

南炳文《佛道秘密宗教与明代社会》，天津古籍出版社，2002年。

［美］欧大年(Daniel L. Overmyer)《中国民间宗教教派研究》，刘心勇等译，周育民校，上海古籍出版社，1993年。

潘建国《古代小说文献丛考》，中华书局，2006年。

［美］浦安迪(Andrew H. Plaks)《明代小说四大奇书》，沈亨寿译，生活·读书·新知三联书店，2006年。

［美］浦安迪(Andrew H. Plaks)《浦安迪自选集》，刘倩等译，生活·读书·新知三联书店，2011年。

［美］蒲乐安(Roxann Prazniak)《骆驼王的故事——清末民变研究》，刘平等译，商务印书馆，2014年。

齐裕焜《明代小说史》,浙江古籍出版社,1997年。

[日]青木正儿《中国近世戏曲史》,王古鲁译,蔡毅校订,中华书局,2010年。

邱邵雄《中国商贾小说史》,北京大学出版社,2004年。

[日]秋月观映《中国近世道教的形成——净明道的基础研究》,丁培仁译,中国社会科学出版社,2005年。

[日]三石善吉《中国的千年王国》,李遇玫译,上海三联书店,1997年。

[日]森正夫等编《明清时代史的基本问题》,周绍泉等译,商务印书馆,2013年。

商伟《礼与十八世纪的文化转折——〈儒林外史〉研究》,严蓓雯译,生活·读书·新知三联书店,2012年。

[美]施坚雅(G. William Skinner)主编《中华帝国晚期的城市》,叶光庭等译,陈桥驿校,中华书局,2000年。

[美]施珊珊(Sarah Schneewind)《明代的社学与国家》,王坤利译,浙江大学出版社,2019年。

宋莉华《明清时期的小说传播》,中国社会科学出版社,2004年。

孙昌武《佛教与中国文学》,上海人民出版社,2007年。

孙昌武《中国文学中的维摩与观音》,天津教育出版社,2005年。

孙楷第《日本东京所见小说书目》,中华书局,2012年。

孙楷第《中国通俗小说书目》,中华书局,2012年。

孙逊《明清小说论稿》,上海古籍出版社,1986年。

孙逊《中国古代小说与宗教》,复旦大学出版社,2000年。

[法]索安(Anna SEIDEL)《西方道教研究编年史》,吕鹏志等译,中华书局,2002年。

[美]太史文(Stephen F. Teiser)《幽灵的节日:中国中世纪的

信仰与生活》,侯旭东译,浙江人民出版社,1999年。

[日]太田辰夫《西游记研究》,王言译,复旦大学出版社,2017年。

[英]田海(Barend ter Haar)《中国历史上的白莲教》,刘平等译,商务印书馆,2017年。

[日]田仲一成《古典南戏研究:乡村、宗族、市场之中的剧本变异》,吴真校,中国社会科学出版社,2012年。

[日]田仲一成《中国祭祀戏剧研究》,布和译,北京大学出版社,2008年。

[日]田仲一成《中国戏剧史》,布和译,吴真校,北京大学出版社,2011年。

万晴川《中国古代小说与民间宗教及帮会之关系研究》,人民文学出版社,2010年。

万晴川《宗教信仰与中国古代小说叙事》,浙江大学出版社,2013年。

王尔敏《明清社会文化生态》,广西师范大学出版社,2009年。

王岗、李天纲编《中国近世地方社会中的宗教与国家》,复旦大学出版社,2014年。

王见川、皮庆生《中国近世民间信仰:宋元明清》,上海人民出版社,2010年。

王铭铭《社会人类学与中国研究》,生活·读书·新知三联书店,1997年。

王平《中国古代小说叙事研究》,河北人民出版社,2001年。

王清源等《小说书坊录》,北京图书馆出版社,2002年。

[英]王斯福(Stephan Feuchtwang)《帝国的隐喻:中国民间宗教》,赵旭东译,江苏人民出版社,2018年第2版。

[美]魏斐德(Frederic Evans Wakeman, Jr.)《大门口的陌生人——1839—1861年间华南的社会动乱》,王小荷译,中国社会科

学出版社,1988年。

[美]魏斐德(Frederic Evans Wakeman, Jr.)《中华帝国的衰落》,民主与建设出版社,梅静译,2017年。

文革红《清代前期通俗小说刊刻考论》,江西人民出版社,2008年。

巫仁恕《品味奢华:晚明的消费社会与士大夫》,中华书局,2008年。

吴光正《神道设教:明清章回小说叙事的民族传统》,武汉大学出版社,2012年。

吴晗《读史札记》,生活·读书·新知三联书店,1956年。

吴惠芳《万宝全书:明清时期的民间生活实录》,台北花木兰文化出版社,2005年。

吴真《孤本说唱词话〈云门传〉研究》,中华书局,2020年。

[美]武雅士(Arthur P. Wolf)编《中国社会中的宗教与仪式》,彭泽安等译,郭潇威校,江苏人民出版社,2014年。

向达《唐代长安与西域文明》,生活·读书·新知三联书店,1957年。

萧相恺、张虹《中国古典通俗小说史论》,南京出版社,1994年。

[法]谢和耐(Jacques Gernet)《中国社会史》,耿升译,江苏人民出版社,1995年。

谢水顺、李珽《福建古代刻书》,福建人民出版社,1997年。

徐朔方《古代戏曲小说研究》,浙江大学出版社,2008年。

许蔚《断裂与建构:净明道的历史与文献》,上海书店出版社,2014年。

杨讷《元代白莲教研究》,上海古籍出版社,2004年。

杨启樵《明代皇室与方术》,上海书店出版社,2004年。

杨庆堃《中国社会中的宗教——宗教的现代社会功能与其历

史因素之研究》，范丽珠译，上海人民出版社，2007年。

姚春敏《清代华北乡村庙宇与社会组织》，人民出版社，2013年。

叶德均《戏曲小说丛考》，中华书局，1979年。

叶明生《福建省邵武市大阜岗乡河源村"跳番僧"与"跳八蛮"》，王秋桂主编《民俗曲艺丛书》，财团法人施合郑民俗文化基金会，1993年。

叶明生《闽西上杭高腔傀儡与夫人戏》，王秋桂主编《民俗曲艺丛书》，财团法人施合郑民俗文化基金会，1995年。

于君方《观音——菩萨中国化的演变》，陈怀宇等译，商务印书馆，2012年。

余国藩《〈红楼梦〉、〈西游记〉与其他：余国藩论学文选》，李奭学编译，生活·读书·新知三联书店，2006年。

余英时《论天人之际》，中华书局，2014年。

余英时《儒家伦理与商人精神》，《余英时文集》第3卷，广西师范大学出版社，2004年。

袁世硕《文学史学的明清小说研究》，天津教育出版社，2008年。

张次溪编纂《清代燕都梨园史料》，中国戏剧出版社，1988年。

张净秋《清代西游戏考论》，知识产权出版社，2012年。

张敬《清徽学术论著》，台北华正书局，1993年。

张献忠《从精英文化到大众传播——明代商业出版研究》，广西师范大学出版社，2015年。

张秀民著，韩琦增订《中国印刷史（插图珍藏增订版）》，浙江古籍出版社，2006年。

张泽洪《道教唱道情与中国民间文化研究》，人民出版社，2011年。

张志公《传统语文教育教材论——暨蒙学书目和书影》，中华书局，2013年。

张忠良《济公故事综合研究》，台北秀威资讯科技股份有限公司，2007年。

张仲礼《中国绅士——关于其在十九世纪中国社会中作用的研究》，李荣昌译，上海社会科学院出版社，1991年。

赵红娟《拍案惊奇——凌濛初传》，浙江人民出版社，2007年。

赵景深《中国小说丛考》，齐鲁书社，1980年。

赵世瑜《狂欢与日常：明清以来的庙会与民间社会》，北京大学出版社，2017年。

赵伟《道教壁画五岳神祇图像谱系研究》，文化艺术出版社，2013年。

赵益《六朝隋唐道教文献研究》，凤凰出版社，2012年。

郑振铎《中国俗文学史》，上海人民出版社，2006年。

郑振满《乡族与国家：多元视野中的闽台传统社会》，生活·读书·新知三联书店，2009年。

［日］中岛乐章《明代乡村纠纷与秩序：以徽州文书为中心》，郭万平等译，江苏人民出版社，2012年第2版。

［日］中野美代子《西游记的秘密（外二种）》，王秀文等译，中华书局，2002年。

周均韬、王长友主编《中国通俗小说家评传》，中州古籍出版社，1993年。

［美］周绍明（Joseph P.Mcdermott）《书籍的社会史——中华帝国晚期的书籍与士人文化》，何朝辉译，北京大学出版社，2009年。

周育德《中国戏曲与中国宗教》，中国戏剧出版社，1990年。

朱伟华《建构与生成——屯堡文化及地戏形态研究》，广西师范大学出版社，2008年。

庄吉发《真空家乡：清代民间秘密宗教史研究》，台北文史哲出版社，2002年。

外文著作

Bordahl, Vibeke & Wan, Margaret B. eds., *The Interplay of the Oral and The Written in Chinese Popular Literature*, NIAS studies in Asian topics; 46, NIAS press, 2010.

Brokaw, Cynthia J. & Chow, Kai-wing eds., *Printing and Book Culture in Late Imperial China*, University of California Press, 2005.

Chao, Shin-yi. *Daoist Ritual, State Religion, and Popular Practice: Zhenwu Worship from Song to Ming (960—1644)*, Routledge, 2011.

Chia, Lucille. *Printing for Profit: The Commercial Publishers of Jianyang, Fujian (11th—17th Centuries)*, Harvard University Asia Center, 2002.

Chow, Kai-Wing. *Publishing, Culture, and Power in Early Modern China*, Stanford University Press, 2003.

Dudbridge, Glen. *The Legend of Miao-shan*, Ithaca Press for the Board of the Faculty of Oriental Studies, Oxford University, 1978.

Idema, Wilt Lukas. *Chinese Vernacular Fiction: The Formative Period*, Leiden, 1974.

Johnson, David G. *Spectacle and Sacrifice: The Ritual Foundations of Village Life in North China*, Harvard University Asia Center, 2009.

Johnson, David G. & Nathan, Andrew J. & Rawski, Evelyn S. eds., *Popular Culture in Late Imperial China*, Taipei: SMC

Publishing Inc., 1987.

He, Yuming. *Home and The World: Editing the "Glorious Ming" in Woodblock-Print Books of the Sixteenth and Seventeenth Centuries*, Harvard University Asia Center, 2013.

Katz, Paul R. *Demon Hordes and Burning Boats: The Cult of Marshal Wen in Late Imperial Chekiang*, State University of New York Press, 1995.

Liu, Ts'un-Yan. *Buddhist and Taoist Influences on Chinese novels, Volume 1: The Authorship of the FengShenYanI*, Harrassowitz, 1962.

Meulenbeld, Mark R.E. *Demonic Warfare: Daoism, Territorial Networks, and the History of a Ming Novel*, University of Hawai'i Press, 2015.

Nikaidō, Yoshihiro. *Asian Folk Religion and Cultural Interaction*, Taipei: National Taiwan University Press, 2015.

Rawski, Evelyn Sakakida. *Education and Popular Literacy in Ch'ing China*, The University of Michigan Press, 1979.

Schipper, Kristofer & Verellen, Franciscus eds., *The Taoist Canon: A Historical Companion to the Daozang*(《道藏通考》), The University of Chicago Press, 2004.

Shahar, Meir & Weller, Robert P. eds., *Unruly Gods: Divinity and Society in China*, University of Hawai'i Press, 1996.

Shahar, Meir. *Crazy Ji: Chinese Religion and Popular Literature*, Harvard University Asia Center, 1998.

von Glahn, Richard. *The Sinister Way: The Divine and the Demonic in Chinese Religious Culture*, University of California Press, 2004.

Wang, Richard G. *Ming Erotic Novellas: Genre, Consump-

tion, *and Religiosity in Cultural Practice*, The Chinese University Press, 2011.

Weller, Robert P. *Unities and Diversities in Chinese Religion*, University of Washington Press, 1987.

大塚秀高《中国通俗小說書目改訂稿（初稿）》，東京：汲古書院，1984 年。

磯部彰《〈西遊記〉受容史の研究》，東京：多賀出版株式会社，1995 年。

磯部彰《〈西遊記〉形成史の研究》，東京：創文社，1993 年。

井上進《明清学術変遷史——出版と伝統学術の臨界点》，東京：平凡社，2011 年。

井上進《書林の眺望——伝統中国の書物世界》，東京：平凡社，2006 年。

井上進《中国出版文化史——書物世界と知の風景》，名古屋：名古屋大學出版會，2002 年。

酒井忠夫《中国日用類書史の研究》，東京：国書刊行會，2011 年。

澤田瑞穂《校注破邪詳辯——中國民間宗教結社研究資料》，東京：道教刊行會，1972 年。

中文论文

安双成《顺康年间〈续金瓶梅〉作者丁耀亢受审案》，《历史档案》2000 年第 2 期。

［美］包弼德(Peter K. Bol)《宋明理学与地方社会：一个 12 至 16 世纪间的个案》，杜勇涛译，载伊沛霞等主编，张聪等编《当代西方汉学研究集萃——思想文化史卷》，上海古籍出版社，2012 年。

［美］包筠雅（Cynthia J.Brokaw）《17—19世纪中国南部乡村的书籍市场及文本的流传》，张玉龙、翟辉译，载《史华兹与中国国际学术研讨会论文集》，华东师范大学出版社，2006年。

［日］表野和江《明末吴兴凌氏刻书活动考——凌濛初和出版》，吴正岚译，《中国典籍与文化》2003年第3期。

车文明《台阁：一种古老而广泛的广场表演艺术》，《文化遗产》2008年第2期。

车锡伦《〈破邪详辩〉所载明清民间宗教宝卷的存佚》，《世界宗教研究》1996年第3期。

陈宝良《明代生员新论》，《史学集刊》2001年第3期。

陈大康《书生的困惑、愤懑与堕落——从小说笔记看明代儒贾关系之演变》，《华东师范大学学报（哲学社会科学版）》1994年第1期。

陈大康《熊大木现象：古代通俗小说传播模式及其意义》，《文学遗产》2000年第2期。

陈洪、陈宏《论〈西游记〉与全真教之缘》，《文学遗产》2003年第6期。

陈洪《〈西游记〉与全真教之缘新证》，《文学遗产》2015年第5期。

陈洪《牛魔王佛门渊源考》，《南开学报》1992年第5期。

陈赟沅《〈叶法师符石镇妖〉——〈警世通言〉中的另一"四十卷"》，载辜美高、黄霖主编《明代小说面面观——明代小说国际学术研讨会论文集》，学林出版社，2002年。

陈正宏《万宝全书杂考——兼与吴惠芳女士商榷》，载北京大学中国古文献研究中心、淡江大学中国文学系、复旦大学中国古代文学研究中心编《海峡两岸古典文献学学术研讨会论文集》，上海古籍出版社，2002年。

程国赋《论明代坊刊小说的广告手段》,《学术研究》2007年第6期。

程国赋《明代小说读者与通俗小说刊刻之关系阐析》,《文艺研究》2007年第7期。

程毅中《〈心经〉与"心猿"》,《文学遗产》2004年第1期。

[日]大木康《关于明末白话小说的作者和读者》,吴悦译,《明清小说研究》1988年第2期。

[日]大木康《晚明俗文学兴盛的精神背景》,载胡晓真主编《世变与维新——晚明与晚清的文学艺术》,台北中研院中国文哲研究所,2001年。

[日]大冢秀高《关羽的故事》,载周兆新主编《三国演义丛考》,北京大学出版社,1995年。

[英]杜德桥(Glen Dudbridge)《西游记祖本考的再商榷》,《新亚学报》第6卷第2期,1964年。

[美]杜赞奇(Prasenjit Duara)《刻划标志:中国战神关帝的神话》,载韦思谛(Stephen C. Averill)编《中国大众宗教》,陈仲丹译,江苏人民出版社,2006年。

段士朴、许诚《〈扇鼓神谱〉初探》,中国戏曲学会·山西师范大学戏曲文物研究所《中华戏曲》第6辑,山西人民出版社,1988年。

[日]二阶堂善弘《日本禅宗寺院之宋明伽蓝神》,载李奭学、胡晓真编《图书、知识建构与文化传播》,台湾汉学研究中心,2015年。

方胜《评道教小说〈韩湘子全传〉》,《明清小说研究》1990年第2期。

[日]福井文雅《佛教与全真教的成立》,何劲松译,《世界宗教研究》1996年第2期。

龚敏《明代出版家杨尔曾编撰刊刻考》,载《小说考索与文献钩沉》,齐鲁书社,2010年。

顾歆艺《〈居家必备〉、〈居家必用〉及古文献的另一种价值》,载北京大学中国古文献研究中心、淡江大学中国文学系、复旦大学中国古代文学研究中心编《海峡两岸古典文献学学术研讨会论文集》,上海古籍出版社,2002年。

顾乐真《从"古傩"到师公戏》,《中国傩文化论文选》,贵州民族出版社,1989年。

关德栋、周中明《论子弟书》,《文史哲》1980年第2期。

[美]韩书瑞(Susan Naquin)《反叛间的联系:清代中国的教派家族网》,载韦思谛(Stephen C. Averill)编《中国大众宗教》,陈仲丹译,江苏人民出版社,2006年。

[美]韩书瑞(Susan Naquin)《中华帝国后期白莲教的传播》,载韦思谛(Stephen C. Averill)编《中国大众宗教》,陈仲丹译,江苏人民出版社,2006年。

[美]何谷理(Robert Hegel):《明清白话文学的读者层辨识——个案研究》,载乐黛云、陈珏编选《北美中国古典文学研究名家十年文选》,江苏人民出版社,1996年。

侯冲《〈佛门请经科〉:〈西游记〉研究的新资料》,《宗教学研究》2013年第3期。

侯会《华光变身火神考:明代小说〈南游记〉源流初探》,《明清小说研究》2008年第2期。

侯会《疑〈水浒传〉与摩尼教信仰有关》,载中国社会科学院文学研究所中国古代小说研究中心《中国古代小说研究》第1辑,人民文学出版社,2005年。

胡小伟《关公信仰与大中华文化》,载酒井忠夫、胡小伟等著《民间信仰与社会生活》,上海人民出版社,2011年。

[美]华琛(James L. Watson)《神的标准化:在中国南方沿海地区对崇拜天后的鼓励(960—1960年)》,载韦思谛(Stephen C.

Averill)编《中国大众宗教》,陈仲丹译,江苏人民出版社,2006年。

[美]华琛(James L.Watson)《仪式还是信仰?——晚期帝制中国的统一文化建构》,宋刚译,载姚平主编《当代西方汉学研究集萃·宗教史卷》,上海古籍出版社,2012年。

黄大宏《"二度创作":文本的主题与小说本事研究——以〈拍案惊奇〉卷一本事为中心》,《明清小说研究》2004年第3期。

黄卉《明代通俗小说的传播方式》,《明清论丛》第7辑,紫禁城出版社,2006年。

黄卉《明代通俗小说书价与读者群》,《明清论丛》第6辑,紫禁城出版社,2005年。

黄美英《神圣与世俗的交融:宗教活动中的戏曲和阵头游戏》,载李亦园、庄英章主编《"民间宗教仪式之检讨研讨会"论文集》,台北中国民族学会,1985年。

黄竹三《上党祭祀活动的"供盏献艺"》,《戏曲研究》2002年第2期。

[日]矶部彰《关于〈礼节传簿〉中的〈西游记〉队舞戏》,中国戏曲学会·山西师范大学戏曲文物研究所《中华戏曲》第10辑,山西人民出版社,1991年。

纪德君《明代通俗小说对民间知识体系的建构及影响》,《南京大学学报(哲学人文科学社会科学版)》2017年第3期。

贾二强《佛教与民间五通神信仰》,《佛学研究》2003年。

[美]姜士彬(David Johnson)《明清社会的信息沟通方式、阶级与意识》,徐彤译,载伊沛霞、姚平主编,张聪、姚平本卷主编《当代西方汉学研究集萃·思想文化史卷》,上海古籍出版社,2012年。

蒋竹山《汤斌禁毁五通神:清初政治精英打击通俗文化的个案》,《新史学》第6卷第2期。

金荣华《通俗文学与雅正文学的本质与趋势》,中兴大学中国文学系主编《通俗文学与雅正文学第二届全国学术研讨会论文集》,中兴大学中国文学系,2001年。

［日］金文京《〈三国志演义〉版本试探——以建安诸本为中心》,载周兆新主编《三国演义丛考》,北京大学出版社,1995年。

［日］金文京《从"秉烛达旦"谈到〈三国志演义〉和〈通鉴纲目〉的关系》,载周兆新主编《三国演义丛考》,北京大学出版社,1995年。

［日］金文京《晚明小说、类书作家邓志谟生平初探》,载辜美高、黄霖主编《明代小说面面观——明代小说国际学术研讨会论文集》,学林出版社,2002年。

［美］康豹(Paul R. Katz)《西方学界研究中国社区宗教传统的主要动态》,李琼花译,《文史哲》2009年第1期。

［美］康豹(Paul R.Katz)《中国帝制晚期以降寺庙仪式在地方社会的功能》,载林富士主编《中国史新论——宗教史分册》,台北联经出版事业股份有限公司,2010年。

［英］柯大卫(David W. Faure)、刘志伟《"标准化"还是"正统化"？——从民间信仰与礼仪看中国文化的大一统》,《历史人类学学刊》第6卷第1、2期合刊(2008年10月)。

来新夏《〈破邪详辩〉初探》,《安徽史学》1985年第3期。

劳悦强《从纪事本末体论章回小说的叙事结构》,载辜美高、黄霖编《明代小说面面观——明代小说国际学术研讨会论文集》,学林出版社,2002年。

李焯然《城市、空间、信仰:安溪城隍信仰的越界发展与功能转换》,载复旦大学文史研究院编《都市繁华——一千五百年来的东亚城市生活史》,中华书局,2010年。

李丰楙《邓志谟〈萨真人咒枣记〉研究——南宋到明末的萨、王传说之考察》,《汉学研究》第6卷第1期,1988年6月。

李丰楙《邓志谟〈铁树记〉研究——兼论冯梦龙〈旌阳宫铁树镇

妖〉的改作问题》,台湾清华大学人文社会学院中国语文学系主编《小说戏曲研究》第2集,台北联经出版事业股份有限公司,1989年2月。

李丰楙《邓志谟道教小说的谪仙结构——兼论中国传统小说的神话结构》,台湾清华大学人文社会学院中国语文学系主编《小说戏曲研究》第4集,台北联经出版事业股份有限公司,1993年2月。

李济贤《徐鸿儒起义新探》,中国社会科学院历史研究所明史研究室编《明史研究论丛》第1辑,江苏人民出版社,1982年。

李健民《清嘉庆元年川楚白莲教起事原因的探讨》,《"中央研究院"近代史研究所集刊》第22期上,1993年。

李小荣《〈西游记〉〈心经〉关系之略论》,《贵州大学学报(社会科学版)》第19卷第6期,2001年11月。

李一《〈扇鼓神谱〉注释》,中国戏曲学会·山西师范大学戏曲文物研究所《中华戏曲》第6辑,山西人民出版社,1988年。

李忠明《明末通俗小说刊刻中心的迁移与小说风格的转变》,《南京师大学报(社会科学版)》2004年第4期。

梁其姿(Angela Ki Che Leung)《明代社会中的医药》,《法国汉学》第6辑,中华书局,2002年。

林辰《从〈两交婚小传〉看天花藏主人》,载王多闻校点《两交婚》附录,春风文艺出版社,1985年。

林枫《明代中后期商业发展水平的再认识》,《中国社会经济史研究》2003年第4期。

林富士《中国史新论·宗教史分册》导言《中国史研究的宗教向度》,载林富士主编《中国史新论·宗教史分册》,台北联经出版事业股份有限公司,2010年。

林志鹏《袁黄〈四书删正〉考述》,《中国典籍与文化》2016年第

3 期。

刘琼云《圣教与戏言——论世本〈西游记〉中意义的游戏》,《中国文哲研究集刊》第 36 期,2010 年 3 月。

刘晓红《20 世纪上半期中国农村文盲问题及其成因》,《广西社会科学》2008 年第 2 期。

刘荫柏《西游记与元明清宝卷》,《文献》1987 年第 3 期。

刘勇强《一僧一道一术士——明清小说超情节人物的叙事学意义》,《文学遗产》2009 年第 2 期。

[美]马兰安(Anne E. McLaren)《〈花关索说唱词话〉与〈三国志演义〉版本演变探索》(原题:Chantefables and the Textual Evolution of the *San-kuo-chih yen-I*,分两部分载 T'oung Pao,1985),载周兆新主编《三国演义丛考》,北京大学出版社,1995 年。

[美]梅尔清(Tobie Meyer-Fong)《印刷的世界:书籍、出版文化和中华帝国晚期的社会》,刘宗灵等译,《史林》2008 年第 4 期。

[美]莫里斯·弗里德曼(Maurice Freedman)《论中国宗教的社会学研究》,载武雅士(Arthur P. Wolf)编《中国社会中的宗教与仪式》,彭泽安等译,郭潇威校,江苏人民出版社,2014 年。

欧阳健《〈续金瓶梅〉的成书年代》,《齐鲁学刊》2004 年第 5 期。

潘建国《明清时期通俗小说的读者与传播方式》,《复旦学报(社会科学版)》2001 年第 3 期。

[美]彭慕兰(Kenneth Pomeranz)《泰山女神信仰中的权力、性别与多元文化》,载韦思谛(Stephen C. Averill)编《中国大众宗教》,陈仲丹译,江苏人民出版社,2006 年。

蒲慕州《中国古代的信仰与日常生活》,载林富士主编《中国史新论·宗教史分册》,台北联经出版事业股份有限公司,2010 年。

齐裕焜《明代建阳坊刻通俗小说评析》,《福建师范大学学报(哲学社会科学版)》2006 年第 1 期。

邱丽娟《清代民间秘密宗教活动中"男女杂处"现象的探讨》，《台湾师大历史学报》第 35 期(2006 年 6 月)。

商伟《一本书的故事与传奇——美国哥伦比亚大学东亚图书馆藏〈新编对相四言〉影印本序》，南京大学古典文献研究所《古典文献研究》第 18 辑上卷，凤凰出版社，2015 年。

[日]上田望《〈三国志演义〉版本试论——关于通俗小说版本演变的考察》，载周兆新主编《三国演义丛考》，北京大学出版社，1995 年。

[日]上田望《明代通俗文艺中的三国故事——以〈风月锦囊〉所选〈精选续编赛全家锦三国志大全〉为线索》，载周兆新主编《三国演义丛考》，北京大学出版社，1995 年。

石衍丰《道教神仙谱系的演变》，《道家文化研究》第 7 辑，上海古籍出版社，1995 年。

苏秉琦、殷玮璋《关于考古学文化的区系类型问题》，《文物》1981 年第 5 期。

[美]苏海涵(Michael Saso)《道教仪式的正统与异端》，载武雅士编《中国社会中的宗教与仪式》，彭泽安等译，郭潇威校，江苏人民出版社，2014 年。

苏兴《介绍、简评国外及我国台湾学术界对〈西游记〉作者问题的论述》，《东北师范大学学报》1986 年第 3 期。

[美]苏源熙《署名时代：〈红楼梦〉如何最终找到一个作者的》，载卞东波编译《中国古典文学研究的新视镜——晚近北美汉学论文选译》，安徽教育出版社，2016 年。

孙逊、周君文《古代小说中的民间宗教及其认识价值——以白莲教、八卦教为主要考察对象》，《文学遗产》2005 年第 5 期。

孙逊、周君文《弥勒教与我国古代小说——兼从弥勒教透视我国民间宗教的若干特征》，《中华文史论丛》总第 80 辑，上海古籍出版社,2005年。

谭帆《稗戏相异论——古典小说戏曲"叙事性"与"通俗性"辨析》,《文学遗产》2006年第4期。

唐长孺《北朝的弥勒信仰及其衰落》,载《魏晋南北朝史论丛续编·魏晋南北朝史论拾遗》,中华书局,2011年。

[日]田仲一成《道教镇魂仪式视野下的〈封神演义〉的一个侧面》,载陈伟强主编《道教修炼与科仪的文学体验》,凤凰出版社,2018年,第151—190页。

[日]田仲一成《目连戏的成立过程——以宋代佛典〈佛说目连救母经〉为起点的考察》,载黄仕忠主编《戏曲与俗文学研究》第2辑,社会科学文献出版社,2016年。

涂秀红《明代建阳书坊刊刻小说之概况》,《闽江学院学报》2014年第3期。

万晴川《明清小说与民间秘密宗教及帮会之关系论纲》,《江西师范大学学报(哲学社会科学版)》2005年第5期。

[美]万志英(Richard von Glahn)《太湖盆地民间宗教的社会学研究》,载李伯重、周春生主编《江南的城市工业与地方文化(960—1850)》,清华大学出版社,2004年。

汪燕岗《明代苏州通俗小说的出版》,载中国社会科学院文学研究所中国古代小说研究中心《中国古代小说研究》第3辑,人民文学出版社,2008年。

王汎森《"人间腹笥多藏草,隔代安知悔立言"——丁野鹤与〈续金瓶梅〉》,《中国文化》第12期。

王岗《作为圣传的小说,以编刊艺文传道》,载盖建民编《开拓者的足迹——卿希泰先生八十寿辰纪念文集》,巴蜀书社,2010年。

王见川《〈明心宝鉴〉与〈水浒传〉、〈西游记〉关系初探》,载侯冲、王见川主编《〈西游记〉新论及其他:来自佛教仪式、习俗与文本的视角》，台湾博扬文化事业有限公司，2020年。

王见川《清代皇帝与关帝信仰的"儒家化"：兼谈"文衡圣帝"的由来》，《北台湾科技学院通识学报》第4期。

王见川《清末民初中国的济公信仰与扶乩团体：兼谈中国济生会的由来》，《民俗曲艺》第162期，2008年12月。

王明《农民起义所称的李弘和弥勒》，载王明著《道家和道教思想研究》，中国社会科学出版社，1984年。

王水照《作品、产品与商品——古代文学作品商品化的一点考察》，《文学遗产》2007年第3期。

王学泰《关羽崇拜的形成》，载卢晓衡主编《关羽、关公和关圣——中国历史文化中的关羽学术研讨会论文集》，社会科学文献出版社，2002年。

王一樵《清朝乾嘉时期庶民社会的邪教恐惧与秩序危机：以档案中的民间秘密宗教案件为中心》，《政大史粹》第20期，2011年6月。

王正华《生活、知识与文化商品——晚明福建版"日用类书"与其书画门》，载胡晓真、王鸿泰《日常生活的论述与实践》，台北：允晨文化实业股份有限公司，2011年。

巫仁恕《明清江南东岳神信仰与城市群众的集体抗议——以苏州民变为讨论中心》，载李孝悌编《中国的城市生活》，北京大学出版社，2013年。

吴惠芳《〈中国日用类书集成〉及其史料价值》，《近代中国史研究通讯》第30期，2000年。

吴震《关于袁了凡善书的文献学考察——以〈省身录〉〈立命篇〉〈阴骘录〉为中心》，《中国哲学史》2016年第3期。

向达《关于三宝太监下西洋的几种资料》，载《唐代长安与西域文明》，生活·读书·新知三联书店，1957年。

辛德勇《论中国书籍雕版印刷技术产生的社会原因及其时间》,《中国典籍与文化论丛》第 16 辑,凤凰出版社,2014 年。

许道龄《玄武之起源及其蜕变考》,《史学集刊》第 5 期,1947 年 12 月。

许红霞《道济及〈钱塘湖隐济颠禅师语录〉有关问题考辨》,《北京大学古文献研究所集刊》第 1 辑,1999 年 12 月。

许尚枢《济公信仰与社会生活》,载酒井忠夫、胡小伟《民间信仰与社会生活》,上海人民出版社,2011 年。

薛若邻《关索的由来和关索戏的缘起》,中国戏曲学会·山西师范大学戏曲文物研究所《中华戏曲》第 12 辑,山西人民出版社,1992 年。

严文明《中国史前文化的统一性与多样性》,《文物》1987 年第 3 期。

杨德睿《邪恶的母亲:苏州上方山太姆崇拜研究》,《古典文献研究》第 19 辑上卷,凤凰出版社,2016 年。

叶桂桐《〈醒世姻缘传〉研究述评》,《蒲松龄研究》1994 年第 1 期。

[美]伊维德(Wilt L. Idema)《元杂剧——异本与译本》,凌筱峤译,《中国文哲研究通讯》第 25 卷第 2 期。

尹翠琪《〈道藏〉扉画的版本、构成与图像研究》,《台湾大学美术史研究集刊》第 43 期(2017 年 9 月)。

尹志华《〈西游记〉里的四大天师》,《中国道教》2015 年第 4 期。

游子安《敷化宇内:清代以来关帝善书及其信仰的传播》,香港中文大学《中国文化研究所学报》第 50 期,2010 年 1 月。

袁世硕《清代〈西游记〉道家评本解读》,《文史哲》2003 年第 4 期。

袁逸《明代书籍价格考——中国历代书价考之二》,《编辑之友》1993年第3期。

曾雨萍《近十年来两岸明清民间秘密宗教研究之回顾(1993—2003)》,《台湾师大历史学报》第32期(2004年6月)。

章培恒《〈封神演义〉的性质、时代和作者》,载章培恒《不京不海集》,复旦大学出版社,2012年。

章培恒《〈封神演义〉作者补考》,载章培恒《不京不海集》,复旦大学出版社,2012年。

章宏伟《袁了凡生平事迹考述(上)——袁了凡的家世、生卒年和籍贯考》,载田澍等编《第十一届明史国际学术讨论会论文集》,天津古籍出版社,2007年。

张光直《中国相互作用圈与文明的形成》,《庆祝苏秉琦考古五十年论文集》,文物出版社,1989年。

张海英《从明清商书看商业知识的传授》,《浙江学刊》2007年第2期。

张海英《日用类书中的"商书"——析〈新刻天下四民便览三台万用正宗·商旅门〉》,《明史研究》,2005年。

张朋园《劳著〈清代教育及大众识字能力〉》(书评),《近代史研究集刊》第9期。

张清发《从产销看明代书坊对通俗小说的经营策略——以商品形态为主要观察》,《台北教育大学语文集刊》第21期,2012年1月。

张献忠《明代南京商业出版述略》,中国社会科学院历史研究所明史研究室编《明史研究论丛》第10辑,故宫出版社,2012年。

张献忠《袁黄与科举考试用书的编纂——兼谈明代科举考试的两个问题》,《西南大学学报(社会科学版)》第36卷第3期,2010年5月。

张之中《山西傩戏概述》,中国戏曲学会·山西师范大学戏曲文物研究所《中华戏曲》第 12 辑,山西人民出版社,1992 年。

赵红娟《〈西游证道大奇书〉及其相关问题》,《文献》2011 年第 4 期。

赵红娟《凌濛初及其家族的刻书经商活动》,《湖州师院学报(哲学社会科学)》第 20 卷第 2 期,1998 年 4 月。

赵世瑜《圣姑庙:金元明变迁中的"异教"命运与晋东南社会的多样性》,载赵世瑜《在空间中理解时间:从区域社会史到历史人类学》,北京大学出版社,2017 年。

赵益《〈真诰〉与"启示录"及"启示文学"》,《武汉大学学报(人文科学版)》第 65 卷第 1 期,2012 年 1 月。

赵益《明代通俗日用类书与庶民社会生活关系的再探讨》,《古典文献研究》第 16 辑,凤凰出版社,2013 年。

周彦文《论历代书目中的制举类书籍》,《书目季刊》第 31 卷第 1 期,1997。

朱刚《宋话本〈钱塘湖隐济颠禅师语录〉考论》,《西南民族大学学报》(人文社会科学版)2013 年第 12 期。

朱恒夫《吴承恩〈西游记〉与傩歌"唐忏"之关系》,《明清小说研究》1994 年第 4 期。

朱建明《清代徽班史料的重大发现——记〈乾隆三十九年春台班戏目〉》,《黄梅戏艺术》1983 年第 1 期。

外文论文

Brown, Melissa J. "Ethnic Identity, Cultural Variation, and Processes of Change: Rethinking the Insights of Standardization and Orthopraxy", *Modern China*, Vol. 33, No. 1, Ritual, Cultural Standardization, and Orthopraxy in China: Reconsidering James

L. Watson's Ideas(Jan., 2007), pp.91—124.

Carlitz, Katherine. "Printing as Performance: Literati Playwright-Publishers of the Late Ming", in Cynthia J. Brokaw & Kai-wing Chow eds., *Printing and Book Culture in Late Imperial China*, University of California Press, 2005, pp.267—303.

Cedzich, Ursula-Angelika, "The Cult of the Wu-t'ung/Wu-hsian in History and Fiction: The Religion Roots of the Journey to the South". in David G.Johnson, *Ritual and Scripture in Chinese Popular Religion. Five Studies*, Berkeley: Chinese Popular Culture Project, 1994, pp.137—218.

E. McLaren, Anne. "Constructing New Reading Publics in Late Ming China", in Cynthia J. Brokaw & Kai-wing Chow eds., *Printing and Book Culture in Late Imperial China*, University of California Press, 2005, pp.152—183.

Hayes, James. "Specialists and Written Materials in the Village World", in David Johnson, Andrew J. Nathan, Evelyn S. Rawski eds., *Popular Culture in Late Imperial China*, Taipei: SMC Publishing Inc., 1987, pp.75—111.

Johnson, David. "Chinese Popular Literature and Its Contexts", *Chinese Literature: Essays*, Articles, Reviews(CLEAR), Vol.3, No.2(Jul., 1981), pp.225—233.

Johnson, David. "Communication, Class, and Consciousness in Late Imperial China", in David Johnson, Andrew J. Nathan, Evelyn S. Rawski eds., *Popular Culture in Late Imperial China*, Taipei: SMC Publishing Inc., 1987, pp.34—74.

Katz, Paul R. "Orthopraxy and Heteropraxy beyond the State: Standardizing Ritual in Chinese Society", *Modern China*,

Vol.33, No.1, Ritual, Cultural Standardization, and Orthopraxy in China: Reconsidering James L. Watson's Ideas(Jan., 2007), pp.72—90.

Pomeranz, Kenneth. "Orthopraxy, Orthodoxy, and the Goddess(es) of Taishan", *Modern China*, Vol.33, No.1, Ritual, Cultural Standardization, and Orthopraxy in China: Reconsidering James L. Watson's Ideas(Jan., 2007), pp.22—46.

Riftin, Boris. "Chinese Performing Arts and Popular Prints", in Vibeke Bordahl & Margaret B.Wan eds., *The Interplay of the Oral and The Written in Chinese Popular Literature*, NIAS studies in Asian topics; 46, NIAS press, 2010, pp.187—221.

Shahar, Meir. "Vernacular Fiction and the Transmission of God's Cults in Late Imperial China", in Meir Shahar & Robert P. Weller eds., *Unruly Gods: Divinity and Society in China*, University of Hawai'i Press, 1996, pp.184—211.

Shek, Richard. "Millenarianism: Chinese Millenarian Movements", in Eliade, M. & Adams, C.J. eds., *The Encyclopedia of Religion*, New York: MacMillan,1987, 9, pp.532—535.

Sutton, Donald S. "Death Rites and Chinese Culture: Standardization and Variation in Ming and Qing Times", *Modern China*, Vol.33, No.1, Ritual, Cultural Standardization, and Orthopraxy in China: Reconsidering James L. Watson's Ideas(Jan., 2007), pp.125—153.

Sutton, Donald S. "Introduction", *Modern China*, Vol.33, No.1, Ritual, Cultural Standardization, and Orthopraxy in China: Reconsidering James L. Watson's Ideas(Jan., 2007), pp.3—21.

Szonyi, Michael. "Making Claims about Standardization and

Orthopraxy in Late Imperial China: Rituals and Cults in the Fuzhou Region in Light of Watson's Theories", *Modern China*, Vol.33, No.1, Ritual, Cultural Standardization, and Orthopraxy in China: Reconsidering James L. Watson's Ideas(Jan., 2007), pp.47—71.

Teiser, Stephen F. "Popular Religion", *The Journal of Asian Studies*, Vol.54, No.2(May,1995), pp.378—395.

von Glahn, Richard "The Enchantment of Wealth: The God Wutong in the Social History of Jiangnan", *Harvard Journal of Asiatic Studies*, Vol.51, No.2(Dec.,1991), pp.651—714.

Ward, Barbara E. "Regional Operas and Their Audiences: Evidence from Hong Kong", in David Johnson, Andrew J. Nathan, Evelyn S. Rawski eds., *Popular Culture in Late Imperial China*, Taipei: SMC Publishing Inc., 1987, pp.161—187.

Watson, James L. "Orthopraxy Revisited", *Modern China*, Vol.33, No.1, Ritual, Cultural Standardization, and Orthopraxy in China: Reconsidering James L. Watson's Ideas (Jan., 2007), pp.154—158.

二ノ宮聡《炳霊公信仰と『封神演義』》,《關西大学中國文学會紀要》30號(2009年3月)。

二階堂善弘《『封神演義』の成立について》,《東洋文化》第69期(1992年)。

山本一夫《『封神演義』の戲曲化と民間信仰への影響》,《東方宗教》第101號(2003年5月)。

遊佐徹《『封神演義』と「五瘟神」信仰:『封神演義』研究の3》,《岡山大学文学部紀要》39號(2003年7月)。

后　记

　　当我开始思考这一课题的时候，固已意识到问题的内涵极其深厚，并时常为它蕴藏的无穷意义而感到激动，当然也就预见到它的探索过程一定坎坷艰屯，但我从未想到过的是，此一计划之外的研究竟会耗费近十年的时光。回顾来路，恍如一梦。不过，这并不令我后悔，因为学术和人生不同，人生之路上的迷失歧途必然只是虚度岁月，而学术历程上的每一次误入险境，则无疑是一段又一段发现的旅程。人生苦短，没有什么经历比人类意义的发现之旅更有价值的了。

　　感谢周（勋初）师长期以来的谆谆教诲，正是先生"研究宗教必须上下求索"的开示，才使我从中古转向近世，并从对当代的关注中结束中国宗教与文学的研习之旅。先生今年已九十有三，在此衷心祝愿我师松鹤遐龄！同时还要感谢文学院古典学科的各位师友，没有他们一如既往的关心和帮助，以及共同营造的优良氛围，我不可能具备这样一种趣之所趣的条件。最后要特别感谢魏乐博（Robert P. Weller）教授和杨德睿教授，他们以优秀宗教人类学家的智慧和学识，给了我很多具体的指导。

　　在校完最后一页书稿之际，已是江南杂花生树、草长莺飞的时节。不禁想起那些春天的午后，和张伯伟、郑善谟两教授在仙林校区那条我称之为"文学小道"上散步的情形：春日迟迟，卉木萋萋，野马尘埃，恍惚迷离，仿佛物我齐等而不异。日月逝矣，岁不我与，一切繁华终将落尽，惟有安心无可代替。

赵　益

2021年3月识于金陵南秀村

图书在版编目(CIP)数据

普化凡庶:近世中国社会一般宗教生活与通俗文学/赵益著.--上海:上海古籍出版社,2021.5
ISBN 978-7-5325-9977-6

Ⅰ.①普… Ⅱ.①赵… Ⅲ.①宗教文化-文化史-研究-中国-近代②通俗文学-研究-中国-近代 Ⅳ.
①B929.2②I0

中国版本图书馆 CIP 数据核字(2021)第 077667 号

普化凡庶:近世中国社会一般宗教生活与通俗文学

赵益 著

上海古籍出版社　出版发行

(上海瑞金二路 272 号　邮政编码 200020)
(1)网址:www.guji.com.cn
(2)E-mail:guji1@guji.com.cn
(3)易文网网址:www.ewen.co
常熟人民印刷厂印刷

开本 635×965　1/16　印张 29.25　插页 5　字数 394,000
2021 年 5 月第 1 版　2021 年 5 月第 1 次印刷
印数:1—1,800
ISBN 978-7-5325-9977-6
Ⅰ·3560　定价:138.00 元
如有质量问题,请与承印公司联系